权威·前沿·原创

皮书系列为
"十二五""十三五""十四五"时期国家重点出版物出版专项规划项目

BLUE BOOK

智 库 成 果 出 版 与 传 播 平 台

高质量发展蓝皮书

BLUE BOOK OF HIGH QUALITY DEVELOPMENT

中国经济高质量发展报告（2023）

ANNUAL REPORT ON THE HIGH QUALITY DEVELOPMENT OF CHINA (2023)

践行创新发展理念

主　编／韩保江

执行主编／邹一南　李　蕾　朱晟君　周　密

副主编／贺灿飞　谭日辉

社会科学文献出版社

SOCIAL SCIENCES ACADEMIC PRESS (CHINA)

图书在版编目（CIP）数据

中国经济高质量发展报告 . 2023／韩保江主编；邹
一南等执行主编；贺灿飞，谭日辉副主编 . --北京：
社会科学文献出版社，2023. 11
（高质量发展蓝皮书）
ISBN 978-7-5228-2830-5

Ⅰ.①中…　Ⅱ.①韩…　②邹…　③贺…　④谭…　Ⅲ.
①中国经济-经济发展-研究报告-2023.Ⅳ.①F124

中国国家版本馆 CIP 数据核字（2023）第 211856 号

高质量发展蓝皮书
中国经济高质量发展报告（2023）

主　　编／韩保江
执行主编／邹一南　李　蕾　朱晟君　周　密
副 主 编／贺灿飞　谭日辉

出 版 人／冀祥德
组稿编辑／任文武
责任编辑／张丽丽
责任印制／王京美

出　　版／社会科学文献出版社·城市和绿色发展分社（010）59367143
　　　　　　地址：北京市北三环中路甲 29 号院华龙大厦　邮编：100029
　　　　　　网址：www.ssap.com.cn
发　　行／社会科学文献出版社（010）59367028
印　　装／三河市东方印刷有限公司

规　　格／开 本：787mm×1092mm　1/16
　　　　　　印 张：26.5　字 数：441 千字
版　　次／2023 年 11 月第 1 版　2023 年 11 月第 1 次印刷
书　　号／ISBN 978-7-5228-2830-5
定　　价／128.00 元

读者服务电话：4008918866

编　委　会

主要编撰者简介

韩保江 经济学博士,第十四届全国政协委员、外事委员会委员,中共中央党校(国家行政学院)主讲教授、博士生导师、经济学教研部原主任,享受国务院政府特殊津贴。主要研究社会主义市场经济理论、中国特色社会主义政治经济学、经济体制改革、国有企业改革、收入分配、当代世界经济和经济全球化等问题。先后出版《西方世界的拯救——现代资本主义收入分配制度变迁与贡献》《全球化时代》《刀尖上的舞者——中国职业经理人制度建设案例研究》《中国奇迹与中国发展模式》《瞭望中国——关于中国发展前途的思考》《新常态下中国经济的难题与出路》《中国特色社会主义经济问题》等专著,主编或编著《国际市场学》《劳动关系概论》《当前中国经济热点18个怎么看》《中国经济体制改革发展史》等教材30多部。在《经济研究》《管理世界》《人民日报》《光明日报》《经济日报》《瞭望》等著名报纸杂志上发表论文200余篇,其中20余篇被《新华文摘》和人大复印报刊资料全文转载。

邹一南 经济学博士,中共中央党校(国家行政学院)经济学教研部教授,硕士生导师,校(院)教学与智库建设创新工程乡村振兴项目组首席专家,国家高端智库委托课题"高质量发展蓝皮书"项目负责人。主要研究发展经济学、国民经济学。主持3项国家社科基金项目,出版学术著作6部,在《管理世界》《中国农村经济》等CSSCI来源期刊发表论文40余篇,其中9篇被《新华文摘》和人大复印报刊资料全文转载。曾获2016、2017、2018年度中共中央党校(国家行政学院)科研创新成果一等奖,2017年度国家发改委宏观经济研究院优秀研究成果一等奖,2022年度中央和国家机关"关键小事"调研攻关活动优秀研究成果二等奖,中国社会科学院第11、12、13届优秀皮书报告奖二等奖、三等奖、三等奖等奖项，2020 年被团中央授予第 20 届全国青年岗位能手称号。

李 蕾 管理学博士，中共中央党校（国家行政学院）经济学教研部教授、科研秘书、博士生导师。主要研究领域为创新管理、战略管理。美国罗犹拉·马利蒙特大学访问学者。中共中央党校（国家行政学院）创新工程"创新发展与高水平科技自立自强"课题组首席专家。长期在中共中央党校省部级干部进修班、中青年干部培训班、县委书记研修班等主体班次主讲"加快建设创新型国家""实施科教兴国战略"等课程，在《中国行政管理》《中国软科学》《国际经济合作》《人口与发展》《光明日报》《学习时报》等期刊和重要报纸上发表学术论文数十篇。公开出版《企业战略联盟与竞争力提升》《中国企业成长实践研究》等多部学术专著。撰写的英文管理案例有四篇被美国哈佛大学案例库收录，撰写的中文管理案例曾入选第二届、第三届"全国百篇优秀管理案例"。

朱晟君 理学博士，北京大学城市与环境学院研究员，博士生导师，北京大学博雅青年学者。兼任地表过程分析与模拟教育部重点实验室副主任、中国地理学会经济地理专业委员会副主任、全国经济地理研究会常务理事、中国城市经济学会理事兼青年工作委员会副主任、国际区域研究协会中国分会理事兼副秘书长，英文期刊 *Growth and Change* 共同主编（Co-Editor-in-Chief）。主要研究全球化与区域发展、产业转型和产业升级、城市经济和产业发展等。在 *Economic Geography*，*Journal of Economic Geography*，*Regional Studies* 等英文期刊及《地理学报》《地理研究》《地理科学进展》《地理科学》《经济地理》等中文期刊发表中英文论文 100 余篇，其中英文论文 50 余篇。出版中英文专著 3 部。曾主持国家自然科学基金优秀青年科学基金项目，获得黄廷方/信和青年杰出学者奖、中国地理学会科学技术奖——青年科技奖等奖励，研究成果"中国工业地理格局动态演化研究"入选中国地理学会 2021 年度"中国地理科学十大研究进展"。

周 密 经济学博士，南开大学中国城市与区域经济研究中心主任，教授，博士生导师，全国经济地理研究会常务理事，天津"131"创新型人才，南开大学百名青年学科带头人。长期从事中央重大政策的理论化工作，主要研究领域为创新经济地理学、区域协调发展理论与政策等。近年来，在《经济研究》《管理世界》《中国工业经济》《世界经济》等 CSSCI 来源期刊发表论文 80 余篇，其中多篇论文被《新华文摘》、《中国社会科学文摘》、人大复印报刊资料、《高等学校文科学术文摘》、《理论参考》等全文转载。已出版著作 3 部。主持和参与国家社科基金项目、教育部人文社科基金项目、天津社科基金项目等国家级和省部级项目 60 余项。获教育部高等学校科学研究优秀成果奖（人文社会科学）三等奖、全国智库优秀成果奖、天津市社会科学优秀成果奖一等奖、天津市高校智库优秀决策咨询研究成果一等奖、天津市教学成果奖一等奖、2020 年度天津市统战理论政策研究创新成果一等奖等多项奖励。多篇咨政建言报告获得国家和省部级领导肯定性批示。

贺灿飞　理学博士，北京大学城市与环境学院院长，北京大学-林肯研究院城市发展与土地政策研究中心副主任，北京大学博雅特聘教授，国家杰出青年科学基金获得者，教育部长江学者特聘教授（2016），国家教材委员会地理专业委员会委员，教育部地理科学类教学指导委员会主任。现为中国地理学会副理事长，中国区域经济学会副会长，全国经济地理研究会副会长，北京市地理学会副理事长，国际区域研究协会中国分会理事长，国际地理联合会经济空间动态委员会执委，国际区域研究协会研究委员会委员。主持国家自然科学基金重点项目、面上项目和青年科学基金项目等多项，主持"十二五"国家科技支撑计划课题、国土资源部行业公益性课题以及国家发改委地区司和基础设施司、世界银行、能源基金会等委托的课题多项。《地理研究》《地理科学》《世界地理研究》《城市与环境研究》副主编，*Growth and Change* 共同主编（Co-Editor-in-Chief），*Urban Studies* 国际通讯编辑。在国内外知名杂志发表学术论文 370 余篇，其中国际期刊论文 110 多篇，出版著作 20 余部（含合著）。获评北京市优秀教师、第三届全国优秀地理科技工作者，获第九届全国青年地理科技奖、第六届全国教育科学研究优秀成果奖二等奖、国土资源科学技术奖二等奖、中国社会科学院优秀科研成果奖三等奖以及华夏建设科学技术奖三等奖、第二届吴传钧人文与经济地理优秀论文一等奖。

谭日辉 社会学博士，北京市社会科学院智库建设与管理处处长、研究员，北京城市管理研究基地主任，《中国社区发展报告》主编。2012年借调中宣部1年，主持完成中国博士后科学基金项目、北京市社会科学基金项目等省部级项目50余项。出版专著5部，在《光明日报》《城市发展研究》《城市问题》《现代城市研究》《湖南师范大学学报》《重庆大学学报》等重要报纸杂志上发表论文40余篇，其中被《新华文摘》全文转载2篇，被人大复印报刊资料全文转载3篇。曾获得2014~2015年度北京市优秀调研成果二等奖；2015年北京市哲学社会科学优秀成果奖二等奖。主要研究方向为城市治理、社区、社会组织、城市社会学、空间社会学、社会心理学等。

摘　要

　　创新是驱动经济社会发展的主要力量，也是提高综合国力的关键支撑。党的十八大以来，以习近平同志为核心的党中央高度重视创新发展，针对我国创新能力不高、科技发展水平较低、科技对经济社会发展的贡献率有待提升等问题，党和政府先后出台了一系列支持创新发展的政策，以期为发挥创新对经济增长的拉动作用提供更好的体制机制支撑。党的二十大报告指出，必须坚持科技是第一生产力、人才是第一资源、创新是第一动力，并提出要深入实施创新驱动发展战略，开辟发展新领域新赛道，不断塑造发展新动能新优势。在这样的背景下，对进入新时代以来全国和各地区创新发展水平进行量化评估、分析总结就显得日益迫切，基于量化评估分析结果对未来推动创新发展提出相应的政策建议就具有重要的理论和现实意义。本年度的高质量发展蓝皮书以"践行创新发展理念"为主题，包括总报告以及技术创新篇、体制机制篇、调查研究篇、区域发展篇和国际借鉴篇，全面而富有建设性地评价当前我国经济创新发展水平，并提出相关政策建议。

　　总报告基于习近平总书记关于创新发展的重要论述，构建体现科技创新和制度创新"双轮驱动"的经济创新发展指数，并对新时代十年即 2013~2022年全国和各地区经济创新发展水平进行测算。研究表明，2022年中国经济创新发展指数为 34.33，较 2013 年增长了 47.60%，年均增长率达到 4.4%。二级指标中，制度与环境指标得分从 6.42 提高到 8.96，资源与投入指标得分从 3.80 提高到 6.38，产出与效益指标得分从 13.03 提高到 18.99。从各地区的情况来看，经济发达地区的经济创新发展指数总体高于经济欠发达地区，而且在制度与环境、资源与投入、产出与效益上发达地区与欠发达地区并未呈现明显的收敛趋势。未来推进创新发展，应进一步坚持科技创新和制度创新"双轮"

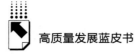

驱动，发挥新型举国体制的作用，为创新发展营造更好的政策制度环境。应进一步加强基础研究，加快构建高质量区域创新体系，缩小区域之间的创新发展差距。

分报告由技术创新篇、体制机制篇、调查研究篇、区域发展篇和国际借鉴篇组成，从不同角度对近年来中国经济创新发展取得的成就和存在的问题进行分析和展望，并提出相应的政策建议。其中，技术创新篇分别对新一代人工智能、量子信息、集成电路、脑科学与类脑研究、基因与生物、临床医学与健康、深空深地深海和极地探测七大科技前沿领域技术创新发展的情况进行分析和展望；体制机制篇分别对我国科技管理体制改革、知识产权法治保障体系、国际科技交流合作机制、科技成果转化和产业化的进展进行分析和展望；调查研究篇分别对国家科研机构（以中国安全生产科学研究院为例）、高水平研究型大学（以北京大学为例）、科技领军企业（以中国电子信息产业集团有限公司为例）、国家重点实验室（以宁夏大学省部共建煤炭高效利用与绿色化工国家重点实验室为例）的科技创新发展情况进行调查研究；区域发展篇分别对北京、上海、粤港澳国际科技创新中心和成渝地区科技创新中心发展进展进行分析和展望；国际借鉴篇分别对美国、德国、日本科技创新最新动态进行追踪和分析。最后，本书对改革开放以来中国创新发展重要事件进行了梳理回顾。

关键词： 高质量发展　创新发展理念　科技创新　制度创新

目 录 ↰

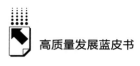

Ⅳ　调查研究篇

Ⅴ　区域发展篇

Ⅵ　国际借鉴篇

皮书数据库阅读**使用指南**

代序
多管齐下　推动经济高质量发展

韩保江*

推动经济高质量发展，是习近平经济思想的核心要义和实践要求，是以习近平同志为核心的党中央根据我国经济进入新发展阶段所面临的严峻复杂形势和新的发展要求而作出的重大抉择，是新时代中国经济发展的鲜明主题。它既关乎人民能否过上美好生活，又关乎中国式现代化能否如期实现。学懂弄通这一重大理论和实践问题具有重大的现实意义。

一　经济高质量发展是实现中国式现代化的根本抉择

（一）经济高质量发展的"大逻辑"是经济发展新常态

习近平总书记指出："新常态下，我国经济发展的主要特点是：增长速度要从高速转向中高速，发展方式要从规模速度型转向质量效率型，经济结构调整要从增量扩能为主转向调整存量、做优增量并举，发展动力要从主要依靠资源和低成本劳动力等要素投入转向创新驱动。"[①] "我国经济发展进入新常态，是我国经济发展阶段性特征的必然反映，是不以人的意志为转移的。认识新常

---

* 韩保江，经济学博士，第十四届全国政协委员、外事委员会委员，中共中央党校（国家行政学院）主讲教授，经济学教研部原主任，主要研究方向为中国特色社会主义政治经济学等。
① 中共中央文献研究室编《习近平关于社会主义经济建设论述摘编》，中央文献出版社，2017，第96页。

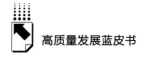

态、适应新常态，引领新常态，是当前和今后一个时期我国经济发展的大逻辑。"① 因此，要适应和把握我国经济发展进入新常态的趋势性特征，保持战略定力，增强发展自信，坚持变中求新、变中求进、变中突破，走出一条质量更高、效益更好、结构更优、优势充分释放的发展新路。

（二）经济高质量发展是顺应社会主要矛盾新变化的必然要求

党的十九大作出了"中国特色社会主义进入新时代，我国社会主要矛盾已经转化为人民日益增长的美好生活需要和不平衡不充分的发展之间的矛盾"的重大判断。让人民过上美好生活，满足人民的高品质生活要求，矛盾和问题集中体现在发展质量上。因此，习近平总书记指出："解决我国社会的主要矛盾，必须推动高质量发展。我们要重视量的发展，但更要重视解决质的问题，在质的大幅提升中实现量的有效增长。"② "新时代新阶段的发展必须贯彻新发展理念，必须是高质量发展。"③

（三）经济高质量发展是实现中国式现代化的根本抉择

全面建设社会主义现代化国家，实现中国式现代化是我们党确立的"第二个百年"奋斗目标，是进入新发展阶段的中心任务。习近平总书记指出："我们的任务是全面建设社会主义现代化国家，当然我们建设的现代化必须是具有中国特色、符合中国实际的，我在党的十九届五中全会上特别强调了5点，就是我国现代化是人口规模巨大的现代化，是全体人民共同富裕的现代化，是物质文明和精神文明相协调的现代化，是人与自然和谐共生的现代化，是走和平发展道路的现代化。"④ 要实现这一目标，除了推进经济高质量发展别无他途。因此，党的二十大报告明确指出："高质量发展是全面建设社会主义现代化国家的首要任务。"

---

① 中共中央文献研究室编《习近平关于社会主义经济建设论述摘编》，中央文献出版社，2017，第79~81页。
② 《习近平谈治国理政》第三卷，外文出版社，2020，第238页。
③ 习近平：《论把握新发展阶段、贯彻新发展理念、构建新发展格局》，中央文献出版社，2022，第421页。
④ 《习近平著作选读》第一卷，人民出版社，2023，第23页。

二　经济高质量发展的思想内涵和实践要求

（一）新发展理念是高质量发展的思想内涵

创新、协调、绿色、开放、共享的新发展理念是习近平经济思想的主要内容，是一个系统的理论体系，回答了关于发展的目的、动力、方式、路径等一系列理论和实践问题，阐明了我们党关于发展的政治立场、价值导向、发展方式、发展道路等重大政治问题。因此，习近平总书记指出："党的十八大以来我们对经济社会发展提出了许多重大理论和理念。其中新发展理念是最重要、最主要的。"① 完整、准确、全面把握新发展理念，必须从客观规律上去把握。习近平总书记指出，五大发展理念"不是凭空得来的，是我们在深刻总结国内外发展经验教训的基础上形成的，也是在深刻分析国内外发展大势的基础上形成的，集中反映了我们党对经济社会发展规律认识的深化，也是针对我国发展中的突出矛盾和问题提出来的"②。必须从根本宗旨上去把握。人民是我们党执政的最深厚基础和最大底气。为人民谋幸福、为民族谋复兴，既是我们党领导现代化建设的出发点和落脚点，也是新发展理念的"根"和"魂"。只有坚持以人民为中心的发展思想，坚持发展为了人民、发展依靠人民、发展成果由人民共享，才会有正确的发展观、现代化观。因此，要作出有效的制度安排，主动解决地区差距、城乡差距、收入差距过大的问题，使全体人民在共建共享发展中有更多获得感，增强发展动力，不断实现全体人民共同富裕。从问题导向上去把握。我国发展已经站在新的历史起点上，要根据新发展阶段的新要求，坚持问题导向，更加精准地贯彻新发展理念，举措要更加精准务实，切实解决好发展不平衡不充分的问题，真正实现高质量发展。从忧患意识上去把握。随着我国社会主要矛盾变化和国际力量对比深刻调整，我国必须增强忧患

①　习近平：《论把握新发展阶段、贯彻新发展理念、构建新发展格局》，中央文献出版社，2022，第 479 页。
②　习近平：《以新的发展理念引领发展，夺取全面建设成小康社会决胜阶段的伟大胜利》（2015 年 10 月 29 日），《十八大以来重要文献选编》（中），中央文献出版社，2016，第 825 页。

意识、坚持底线思维，随时准备应对更加复杂困难的局面。

新发展理念是高质量发展的价值引领，是经济发展的"红绿灯""指挥棒"，高质量发展是新发展理念的实现表现和实践过程。习近平总书记指出："高质量发展，就是能够很好满足人民日益增长的美好生活需要的发展，是体现新发展理念的发展，是创新成为第一动力、协同成为内生特点、绿色成为普遍形态、开放成为必由之路、共享成为根本目的的发展。"① 因此，创新、协调、绿色、开放、共享的新发展理念就是新时代我国经济发展需要遵循的"高质量发展规律"。

（二）高质量发展的实践要求

推动经济高质量发展，必须坚定不移贯彻新发展理念，以深化供给侧结构性改革为主线，坚持质量第一、效益优先，切实转变发展方式，推动质量变革、效率变革、动力变革，使发展成果更好惠及全体人民，不断实现人民对美好生活的向往。因此，从供给看，高质量发展应该实现产业体系比较完整，生产组织方式网络化智能化，创新力、需求捕捉力、品牌影响力、核心竞争力强，产品和服务质量高。从需求看，高质量发展应该不断满足人民群众个性化、多样性、不断升级的需求，这种需求又引领供给体系和结构的变化、供给变革又不断催生新的需求。从投入产出看，高质量发展应该不断提高劳动效率、资本效率、土地效率、资源效率、环境效率，不断提升科技进步贡献率，不断提高全要素生产率。从分配看，高质量发展应该实现投资有回报、企业有利润、员工有收入、政府有税收，并且充分反映各方各自市场评价的贡献。从宏观经济循环看，高质量发展应该实现生产、流通、分配、消费循环畅通，国民经济重大比例关系和空间布局比较合理，经济发展比较平稳，不出现大起大落。

（三）完整、准确、全面理解新发展理念，要防止陷入几个误区

一是对新发展理念的"根"和"魂"理解不深，坚持以人民为中心的自觉性不够，从而导致在贯彻新发展理念的实践过程中"只见物、不见人"。习

---

① 《习近平谈治国理政》第三卷，外文出版社，2020，第238页。

近平总书记指出："人民是我们党执政的最深厚基础和最大底气。为人民谋幸福、为民族谋复兴，这既是我们党领导现代化建设的出发点和落脚点，也是新发展理念的'根'和'魂'。只有坚持以人民为中心的发展思想，坚持发展为了人民、发展依靠人民、发展成果由人民共享，才会有正确的发展观、现代化观。"① 这就是说，无论是创新发展、协调发展，还是绿色发展、开放发展、共享发展，最终都要以最广大的人民群众特别是基层群众"满意不满意、答应不答应"为根本检验标准。离开人民群众认可的所谓"创新、协调、绿色、开放、共享"，不符合新发展理念的内在要求。如果在贯彻新发展理念过程中只听"上级命令"，只追求"高富美"，而不真正把"人民群众和普通老百姓的合理需求和基本生计"摆进去，必然会导致在创新、协调、绿色、开放、共享上"搞运动"和"一刀切"，进而导致出现大量的诸如"运动式拆违并乡""上半年号召拆猪圈、下半年又号召建猪圈""上半年关煤矿、下半年开煤矿""运动式减碳""盲目地去工业化"等"上下一个样，左右一样高"的"合成谬误"。

二是对新发展理念内在统一的"整体性"理解不够，从而新发展理念在贯彻实践中存在被"碎片化"和"肢解化"的倾向。习近平总书记指出："五大发展理念是一个不可分割的整体，相互联系、相互贯通、相互促进，要一体坚持、一体贯彻。不能顾此失彼，也不能相互替代。"这里讲"五大理念是一个整体"，并不是讲这五个方面是简单的"并联"或"串联"的"板块关系"，而是强调它们是"五位一体的辩证统一的关系"。其中，"创新发展"更多强调的是"生产力"，而协调发展、开放发展、绿色发展、共享发展强调的是生产关系、上层建筑和意识形态。如果把"创新发展、协调发展、绿色发展、开放发展、共享发展"比喻成新的动车组列车，虽然每节动车都自有动力，但"创新发展"是"火车头"，处于主导地位，其他节动车处于从属地位。发展动力决定发展速度、效能、可持续性。因此，创新发展更具有决定性意义，是摆在"第一位"的。这就要求在贯彻新发展理念的过程中，相关职能部门或一些地方基层政府不能"马路（片）警察——各管一段（一片）"，也不是"等量齐观、

---

① 习近平：《论把握新发展阶段、贯彻新发展理念、构建新发展格局》，中央文献出版社，2022，第 479 页。

平均用力"，而是要围绕更好解放和发展社会生产力特别是经济建设这个关键，协同发力，从而避免在实践中各部门都拿着贯彻新发展理念的"尚方宝剑"，却只管自己的"一亩三分地"而形成政策冲突和部门打架的现象。

三是对新发展理念的科学内涵理解不完整，只强调"创新、协调、绿色、开放、共享"的发展要求，而忽视了"发展"这个本质要求，从而在贯彻新发展理念过程中不能很好地处理提高发展质量、优化结构与保障必要的经济增长速度的关系。习近平总书记在党的十八届五中全会上讲得很清楚，新发展理念指的是"创新发展、协调发展、绿色发展、开放发展、共享发展"五大理念，后来为便于记忆被简化为"创新、协调、绿色、开放、共享"。很显然，在新发展理念中，被简化了的这五个词都是"定语"，讲的是对发展的要求，最终都要落实在"发展"这个"主语"和本质上。没有必要的发展速度，没有经济总量的不断做大，创新、协调、绿色、开放、共享就会失去载体，这就要求在实践中立足"发展"和"增长"来讲创新、讲协调、讲绿色、讲开放、讲共享，从而避免出现"创新不发展（不经济）"、"协调不发展（不经济）"、"绿色不发展（不经济）"、"开放不发展（不经济）"和"共享不发展（不经济）"的问题，防止脱离国情、不惜代价的"跃进式"的"创新"、"齐步走式"的"协调"、"冲锋式"的绿色、"崇洋式"的开放、"杀富济贫式"的共享，一切都要从实际出发、因地制宜、实事求是。我们不要再以GDP论英雄，但绝不是不要GDP，必要的经济增长速度是保持优势并全面建成小康社会国家的必要条件。因此，努力"做大做好蛋糕"还是"第一要务"。2021年底召开的中央经济工作会议强调："必须坚持高质量发展，坚持以经济建设为中心是党的基本路线的要求，全党都要聚精会神贯彻执行，推动经济实现质的稳步提升和量的合理增长。"

三　推进经济高质量发展的根本路径与主要抓手

（一）推进经济高质量发展的根本路径

1. 建设现代化经济体系

习近平总书记指出："推动高质量发展，就要建设现代化经济体系，这是我国发展的战略目标。"①　"国家强，经济体系必强。只有形成现代化经济体系，才能更好顺应现代化发展潮流和赢得国际竞争主动，也才能为其他领域现代化提供有力支撑。"②　所谓经济体系，是指社会经济活动各个环节、各个层面、各个领域的相互关系和内在联系构成的一个有机整体。现代化经济体系的现代化特征和要求在于符合新发展理念所揭示的发展趋势。因此，建设现代化经济体系，必然要建设"创新引领、协同发展"的产业体系，实现实体经济、科技创新、现代金融、人力资源协同发展，使科技创新在实体经济发展中的贡献份额不断提高，现代金融服务实体经济的能力不断增强，人力资源支撑实体经济发展的作用不断优化。要建设"统一开放、竞争有序"的市场体系，实现市场准入畅通、市场开放有序、市场竞争充分、市场秩序规范，加快形成企业自主经营公平竞争、消费者自由选择自主消费、商品和要素自由流动平等交换的现代市场体系。要建设"体现效率、促进公平"的收入分配体系，实现收入分配合理、社会公平正义、全体人民共同富裕，推进基本公共服务均等化，逐步缩小收入分配差距。要建设"彰显优势、协调联动"的城乡区域发展体系，实现区域良性互动、城乡融合发展、陆海统筹整体优化，培育和发挥区域比较优势，加强区域优势互补，塑造区域协调发展新格局。要建设"资源节约、环境友好"的绿色发展体系，实现绿色循环低碳发展、人与自然和谐共生，牢固树立和践行绿水青山就是金山银山理念，形成人与自然和谐发展现代化建设新格局。要建设"多元平衡、安全高效"的全面开放体系，发展更高层次开放型经济，推动开放朝着优化结构、拓展深度、提高效益方向转变。要建设"充分发挥市场作用、更好发挥政府作用"的经济体制，实现市场机制有效、微观主体有活力、宏观调控有度。以上几个体系是统一整体，要一体建设、一体推进。我们建设的现代化经济体系，要借鉴发达国家有益做法，更要符合中国国情、具有中国特色。

2. 构建新发展格局

习近平总书记指出："加快构建以国内大循环为主体、国内国际双循环相互促进的新发展格局，是把握未来发展主动权的战略性布局和先手棋，是

---

① 《习近平谈治国理政》第三卷，外文出版社，2020，第239页。

② 《习近平谈治国理政》第三卷，外文出版社，2020，第240页。

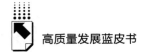

新发展阶段要着力推动完成的重大历史任务，也是贯彻新发展理念的重大举措。"①

（1）构建新发展格局的思想灵魂是贯彻和体现新发展理念的要求。习近平总书记指出："贯彻新发展理念，必然要求构建新发展格局，这是历史逻辑和现实逻辑共同作用使然。"② 像新发展理念决定了经济体系的"现代化"一样，新发展理念也决定了发展格局的"新"之所在。所谓新发展格局，就是内化了新发展理念的发展格局，是通过创新、协调、绿色、开放、共享等发展途径实现国民经济循环畅通的高质量发展格局。

（2）构建新发展格局的关键在于经济循环的畅通无阻，就像人们讲的要调理好统摄全身阴阳气血的任督二脉。经济活动是一个动态的周而复始的循环过程。经济活动需要各种生产要素的组合在生产、分配、流通、消费各环节有机衔接，从而实现循环流转。在正常情况下，如果经济循环顺畅，物质产品会增加，社会财富会积聚，人民福祉会增进，国家实力会增强，会形成一个螺旋式上升的发展过程。如果经济循环过程中出现堵点、断点，循环就会受阻，在宏观上就会表现为增长速度下降、失业增加、风险积累、国际收支失衡等情况，在微观上就会表现为产能过剩、企业效益下降、居民收入下降等问题。在我国发展现阶段，畅通经济循环最主要的任务是保障供给侧有效畅通，有效供给能力强可以穿透循环堵点、消除瓶颈制约，可以创造就业和提供收入，从而形成需求能力。

（3）构建新发展格局最本质的特征是实现高水平的自立自强。当前，我国经济发展环境出现了变化，特别是生产要素相对优势出现了变化。劳动力成本在逐步上升，资源环境承载能力遇到了瓶颈，旧的生产函数组合方式已经难以持续，科学技术的重要性全面上升。在这种情况下，我们必须更加强调自主创新。全面加强对科技创新的部署，集合优势资源，有力有序推进实施创新攻关的"揭榜挂帅"体制机制，加快克服重要领域"卡脖子"技术难题，加强创新链和产业链对接，推动产业链供应链优化升级。

---

① 习近平：《把握新发展阶段，贯彻新发展理念，构建新发展格局》，《求是》2021 年第 9 期。

② 习近平：《论把握新发展阶段、贯彻新发展理念、构建新发展格局》，中央文献出版社，2021，第 13 页。

（二）推动经济高质量发展的主要抓手

第一，统筹供给侧结构性改革与需求侧管理。供给侧结构性改革，说到底最终目的是满足需求，主攻方向是提高供给质量，根本途径是深化改革。讲最终目的是满足需求，就是要深入研究市场变化，理解现实需求和潜在需求，在解放和发展社会生产力中更好满足人民日益增长的美好生活需要。讲主攻方向是提高供给质量，就是要减少无效供给、扩大有效供给，着力提升整个供给体系的质量，提高供给结构对需求结构的适应性。讲根本途径是深化改革，就是要完善市场在资源配置中起决定性作用的体制机制，打破垄断，健全要素市场，使价格机制真正引导资源配置，同时要加强激励、鼓励创新，增强微观主体内生动力，提高赢利能力，提高劳动生产率，提高全要素生产率，提高潜在增长率。因此，供给侧结构性改革不仅是建设现代化经济体系和构建新发展格局的主要抓手，而且是实现经济高质量发展的主要手段。但是，要实现经济高质量发展，仅靠供给侧结构性改革是不够的，还必须统筹加强需求侧管理，充分激活消费、投资和出口的"拉动力"，用好"供给侧"和"需求侧"双边力量。这是因为供求关系是决定经济增长的最基本关系。供给和需求的对立统一的矛盾运动是经济发展的根本动力。因此，要坚持以深化供给侧结构性改革为主线，用改革的办法深入推进"三去一降一补"，提高供给结构的适应性和灵活性，使经济供给体系更好地适应需求结构变化。同时，要以需求侧管理为重要抓手，实施扩大内需战略，充分发挥我国超大规模市场优势，尤其要加强现代流通体系建设，着力打通生产、分配、流通、消费各个环节堵点，优化需求结构，引导和创新新的需求，形成释放内需潜力的可持续动力，实现更高水平的供需动态平衡。

第二，实施创新驱动发展战略，解决"卡脖子"问题。创新作为推动发展的第一动力，不仅是建设现代化经济体系和构建新发展格局的战略支撑，而且是实现经济高质量发展的根本手段。科技创新要瞄准世界科技前沿，强化基础研究，实现前瞻性基础研究、引领性原创成果重大突破，彻底破解"卡脖子"问题。为此，一方面，要深化科技体制改革，建立以企业为主体、市场为导向、产学研深度融合的技术创新体系，加大政府研发投入力度，加强对中小企业创新的支持，促进科技成果转化。另一方面，要培养造就一大批具有国际水平的战略科技人才、科技领军人才、青年科技人才和高水平创新团队。尤其要加快完善创新激励与容错机制，强化知识产权创造、保护、运用，充分解放和调动科技人员的创新积极性。

第三，推动区域城乡协调发展。城乡协调发展的区域是实现经济高质量发展的空间载体。因此，一方面，要实施好党的十八大以来制定的区域重大战略、区域协调发展战略、主体功能区战略和新型城镇化战略，进而形成优势互补的区域经济布局和产业分工协作体系，这是推动经济高质量发展的内在要求。因此，要建立更加有效的区域协调发展新机制，强化举措推进西部大开发形成新格局，深化改革加快东北等老工业基地振兴，发挥优势推动中部地区崛起，创新引领率先实现东部地区优化发展。要以城市群为主体构建大中小城市和小城镇协调发展的城镇格局，加快农业转移人口市民化。要以共抓大保护、不搞大开发为导向推动长江经济带和黄河流域高质量发展。尤其要支持资源型地区经济转型发展，加快边疆发展，确保边疆巩固、边境安全。另一方面，要推进农业农村现代化，下好乡村振兴这盘大棋。实现农业农村现代化和乡村振兴是解决发展不平衡不充分问题的必然要求，也是全面建设社会主义现代化国家的重大任务。要坚持农业农村优先发展，按照产业兴旺、生态宜居、乡风文明、治理有效、生活富裕的总要求，建立健全城乡融合发展体制机制和政策体系，加快推进农业农村现代化。要巩固和完善农村基本经营制度，既要深化农村土地制度改革，完善承包地"三权"分置制度，又要深化农村集体产权制度改革，保障农民财产权益，壮大集体经济。要构建现代农业产业体系、生产体系、经营体系，完善农业支持保护制度，既要发展多种形式适度规模经营，培育新型农业经营主体，健全农业社会化服务体系，实现小农户和现代农业发展有机衔接，又要防止"耕地非农化"倾向，守牢"18亿亩耕地红线"，确保国家粮食安全，把中国人的饭碗牢牢端在中国人自己手中。要促进农村一二三产业融合发展，拓展农民就业创业和增收渠道。要健全自治、法治、德治相结合的乡村治理体系，培养造就一支懂农业、爱农村、爱农民的"三农"工作队伍。

第四，稳步推进"碳达峰"和"碳中和"，推动经济绿色发展。习近平总书记多次强调，降低二氧化碳排放、应对气候变化不是别人要我们做，而是我们自己要做。因为我国作为人口超过14亿的发展中大国，所面对的资源环境约束问题尤其突出。面向未来，再沿着只讲索取不讲投入、只讲发展不讲保护、只讲利用不讲修复的老路走下去是不可想象的，必须正确处理好人口问题、资源问题、环境问题与发展问题的关系，走可持续发展道路。"双碳"目标的提出，既是对全球可持续发展进程的有力推动，也是着力破解资源环境对我国可持续发展的制约，推动经济社会发展建立在资源高效利用和绿色低碳发展基础之上，我国必须迈出的决定性步伐。但是，实现"双碳"目标不可能一蹴而就，既要积极有为，更要有节奏有步骤稳妥推进。我国在以化石能源为主的能源结构条件下，经济增长不可避免地要以一定的碳排放为代价。如果在思想认识上急功近利、急于求成，就很难把握好降碳的节奏和力度，容易在绿色低碳转型过程中过度反应，产生"先破后立"的倾向，丢了"饭碗"搞转型。我们还应看到，我国各地的资源禀赋、发展水平、战略定位和控排潜力不尽相同，一味地追求"碳冲锋"，搞"一刀切"，不充分考虑区域资源分布和产业分工的客观现实差异，既不利于地方科学制定"双碳"行动方案，也不利于全国层面如期实现"双碳"目标，甚至会导致形成"合成的缪误"，诱发"绿天鹅"金融风险。

第五，构建高水平对外开放新格局，用足"两种资源、两个市场"。所谓高水平对外开放，就是指要实现国内规则与国际规则的有效衔接，从注重商品和要素流动型开放向注重规则、规制、管理、标准等制度型开放转变，有效提升我国对外开放的系统性、整体性、协同性。"制度型"高水平对外开放是畅通社会再生产过程，实现经济高质量发展的必由之路。从生产看，通过对外开放，可以引入高端生产要素和短缺资源，弥补国内生产所需，推动技术进步，提高全要素生产率。从分配看，通过对外开放，加速我国新型工业化、城镇化进程，带动就业，提高收入，既有利于做大"蛋糕"，又有利于分好"蛋糕"。改革开放40多年来，外贸外资企业直接或间接带动就业超过2亿人，其中8000多万人是农民工。从流通看，通过对外开放，可以促进效率提升，解决内部循环不畅等问题。与国际水平相比，我国流通业还存在成本高、效率低、标准不统一等短板弱项。2020年，我国社会物流总费用与国内生产总值的比率为14.7%，比美、日等发达国家高5~7个百分点。通过高水平对外开放，可借鉴国际先进经验，使国内流通企业在国际竞争大潮中不断提升效率、发展壮大。从消费看，通过对外开放，可以增加优质供给，助推国内消费升级，更

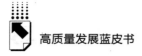

好满足人民美好生活需要。

第六，统筹做大做好"蛋糕"和切好分好"蛋糕"，促进全体人民共同富裕。共同富裕是社会主义的本质要求，是经济高质量发展的重要特征和重要途径。但是，"实现共同富裕的目标，首先要通过全国人民共同奋斗把'蛋糕'做大做好，然后通过合理的制度安排正确处理增长和分配的关系，把'蛋糕'切好分好。这是一个长期的历史过程，我们要创造条件、完善制度，稳步朝着这个目标迈进"①。因此，一方面，必须坚持以经济建设为中心，始终保持必要合理的经济增长速度，同时要在推动高质量发展中强化就业优先导向，提高经济增长的就业带动力，不断促进就业量的扩大和质的提升，进而做大做好"蛋糕"。要支持中小微企业发展，发挥其就业主渠道作用。要吸取一些西方国家经济"脱实向虚"的教训，不断壮大实体经济，创造更多高质量就业岗位。要加大人力资本投入力度，提升教育质量，加强职业教育和技能培训，提高劳动者素质，使劳动者更好适应高质量发展需要，切实防范规模性失业风险。另一方面，构建初次分配、再分配、三次分配协调配套的基础性制度安排，要处理好效率和公平的关系。要坚持按劳分配为主体，提高劳动报酬在初次分配中的比重，完善按要素分配政策。要发挥再分配的调节作用，加大税收、社保、转移支付等的调节力度，提高精准性。要发挥好第三次分配作用，引导、支持有意愿有能力的企业和社会群体积极参与公益慈善事业，但不能搞道德绑架式"逼捐"。尤其要完善公共服务政策制度体系，坚持尽力而为、量力而行，重在提升公共服务水平，在教育、医疗、养老、住房等人民群众最关心的领域精准提供基本公共服务，兜住困难群众基本生活底线，不吊高胃口、不空头许诺，防止落入"福利主义陷阱"。

---

① 习近平：《正确认识和把握我国发展重大理论和实践问题》，《求是》2022年第10期。

总 报 告
General Report

B.1

2022年中国经济创新发展指数报告

邹一南　孙生阳*

摘　要：　创新是驱动经济社会发展的主要力量，也是提高综合国力的关键支撑。本文以习近平总书记关于创新发展的重要论述为指导，构建体现科技创新和制度创新"双轮驱动"的经济创新发展指数，并对2013~2022年全国和各地区经济创新发展水平进行测算。研究表明，2022年中国经济创新发展指数为34.33，较2013年增长了47.60%，年均增长率达到4.4%。二级指标中，制度与环境指标得分从6.42提高到8.96，资源与投入指标得分从3.80提高到6.38，产出与效益指标得分从13.03提高到18.99。从各地区的情况来看，经济发达地区的经济创新发展指数总体高于经济欠发达地区，而且在制度与环境、资源与投入、产出与效益上发达地区与欠发达地区并未呈现明显的收敛趋势。未来推进创新发展，应进一步坚持科技创新和制度创新"双轮"驱动，发挥新

---

*　邹一南，经济学博士，中共中央党校（国家行政学院）经济学教研部教授，主要研究方向为发展经济学、国民经济学；孙生阳，中共中央党校（国家行政学院）经济学教研部讲师，主要研究方向为农业经济学。

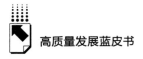

型举国体制的作用，为创新发展营造更好的政策制度环境。与此同时，应加强基础研究，把基础研究摆在科技创新的核心位置。最后，应加快构建高质量区域创新体系，缩小区域之间的创新发展差距。

关键词： 创新发展指数　制度创新　科技创新　区域差距

一　研究背景和文献综述

创新发展注重的是解决发展动力问题。党的十八大以来，以习近平同志为核心的党中央高度重视创新发展，针对我国创新能力不高、科技发展水平较低、科技对经济社会发展的贡献率有待提升等问题，党和政府先后出台了一系列支持创新发展的政策，以期为发挥创新对经济增长的拉动作用提供更好的体制机制支撑。党的二十大报告指出，必须坚持科技是第一生产力、人才是第一资源、创新是第一动力，并提出要深入实施创新驱动发展战略，开辟发展新领域新赛道，不断塑造发展新动能新优势。这些重要部署，深刻体现了党和政府对创新发展的高度重视，也深刻体现了党和国家对创新规律有更加深刻的洞察与更加系统的把握，为推动创新发展赋予了新的时代内涵。

随着创新的重要性日益提高，对全国各地区的创新发展水平进行量化评估逐渐得到政府部门的高度关注。2014 年，国家统计局社科文司"中国创新指数（CII）研究"课题组通过建立我国创新发展水平评价指标体系，对创新指数进行了测算。该指标体系涵盖了创新环境、创新投入、创新产出、创新成效4 个领域，并针对每个领域选取了相应的指标，共计包括 21 个指标。基于这一指标体系研究发现，我国创新指数从 2005 年的 100 增加至 2012 年的 148.2，其中创新产出的年均增幅最高，达到了 7.3%；创新成效的年均增幅较低，但也达到了 4.1%。① 尽管这一研究为构建创新发展水平评价指标体系的设计原

---

① 国家统计局社科文司"中国创新指数（CII）研究"课题组：《中国创新指数研究》，《统计研究》2014 年第 11 期。

则与体系框架提供了参考借鉴，但其采用"逐级等权法"进行权数的分配却不尽合理。除此以外，该指标体系并未关注法治环境以及新型举国体制对创新发展的潜在影响，进而可能削弱知识产权保护以及制度创新的作用，从而可能造成对创新发展水平的测量误差。

与此同时，国内外学术界也围绕创新指标体系的设计原则与体系框架进行了广泛而深入的讨论。目前，学术界主要形成了六大较为权威的创新指标体系，分别来自1979年世界经济论坛推出的《全球竞争力报告》[2006年开发出全球竞争力指数（GCI）]、1989年洛桑国际管理发展学院推出的《世界竞争力年鉴》、2001年欧盟创新政策研究中心推出的《欧洲创新记分牌》、2007年世界知识产权组织推出的《全球创新指数》、2011年中国科学技术发展战略研究院推出的《国家创新指数报告》、2013年美国彭博社推出的《彭博创新指数》。[①] 上述报告提出的主要是综合性创新指标，还有学者围绕某个领域的创新指标进行了更加深入细致的研究。例如，颜莉构建了区域创新效率的评价指标体系，这一体系包括创新投入和创新产业两个方面，在创新投入方面把人力资源投入、创新资金投入、创新环境投入作为主要的评价指标；在创新产出方面把科技成果、经济效益、社会效益、环境绩效、区域竞争力作为主要的评价指标。[②] 此外，陈劲和陈钰芬构建了企业技术创新绩效评价指标体系，[③] 赵彦飞等构建了国家创新环境评价指标体系，[④] 单东方构建了资源型地区创新能力评价指标体系。[⑤] 在创新指标的测算方法方面，一部分研究认为对指标权重的赋值可以采用专家打分法，但另一部分研究则认为利用专家打分法得到的评价结果可能会受到主观因素的影响。为消除主观因素的影响，学术界目前关于指标赋权的主要方法包括熵值法、CRITIC法、独立性法、信息量法。[⑥]

---

① 杜斌、张可云、夏婷婷：《中国迈进创新型国家行列了么——基于六大权威评价指标体系的综合研判》，《科技进步与对策》2022年第15期。
② 颜莉：《我国区域创新效率评价指标体系实证研究》，《管理世界》2012年第5期。
③ 陈劲、陈钰芬：《企业技术创新绩效评价指标体系研究》，《科学学与科学技术管理》2006年第3期。
④ 赵彦飞、李雨晨、陈凯华：《国家创新环境评价指标体系研究：创新系统视角》，《科研管理》2020年第11期。
⑤ 单东方：《资源型地区创新能力评价指标体系构建》，《统计与决策》2020年第2期。
⑥ 单连慧、钟华、胥美美等：《科技评价中不同权重赋值方法的比较研究：以中国医院科技量值为例》，《科技管理研究》2022年第2期。

上述研究为中国经济创新发展指数编制及测算提供了参考借鉴，但仍然存在以下几方面的不足。第一，在指标的选取上，尽管世界知识产权组织推出的《全球创新指数》中的 GII 构建等具有一定的参考价值，但其中部分指标的选取可能与中国实际情况相差较大，不能充分体现符合中国国情的创新发展水平，特别是新发展理念提出以来中国创新发展的特征及其变化；第二，在指标的数据选择上，部分研究仅关注部分地区或某一年份的经济创新发展水平，缺乏对全国范围内跨时期创新发展动态变化的比较研究；第三，在指标的权重赋值方法上，现有研究也尝试采用主观或客观的方法进行权重赋值，但仍然存在进一步改善的空间，主要表现为由于各项指标的数值变异程度存在差异，应详细区分这些差异反映出的经济信息量对总指数的影响。

鉴于此，本文以习近平总书记关于创新发展的重要论述为指导，构建反映创新发展理念的评价指标体系，并结合数据的可得性，利用熵值法赋权，对2013～2022 年全国以及各省份经济创新发展水平进行测算，从不同层面分析党的十八大以来全国以及各省份在推动经济创新发展方面取得的成效与不足，为更好践行创新发展理念提供相关的实证证据。

二　中国经济创新发展指数的构建

（一）编制依据

习近平总书记指出："创新是一个系统工程，创新链、产业链、资金链、政策链相互交织、相互支撑，改革只在一个环节或几个环节搞是不够的，必须全面部署，并坚定不移推进。科技创新、制度创新要协同发挥作用，两个轮子一起转。"[①] 习近平总书记的重要论述，不仅指出了我国当前推动经济创新发展过程中需要解决的主要问题，而且也指明了未来进一步推动经济创新发展需要努力的方向，是构建我国经济创新发展指数的重要依据。

回顾历史可以发现，自新中国成立以来，历届党中央领导集体均十分重视

---

① 习近平：《论把握新发展阶段、贯彻新发展理念、构建新发展格局》，中央文献出版社，2021。

创新发展。1956年，毛泽东在全国知识分子问题会议上发出"向科学进军"的号召："全党努力学习科学知识，同党外知识分子团结一致，为迅速赶上世界科学先进水平而奋斗！"同年，我国第一个科学技术长远规划《1956-1967年科学技术发展远景规划》颁布实施。① 改革开放后，邓小平作出了"科学技术是第一生产力"的重要论断，此后，江泽民和胡锦涛又分别作出实施"科教兴国战略"与"建设创新型国家"的重要决策。然而，受发展阶段和发展条件限制，过去的创新政策主要集中在对科学技术的研发攻关上，尽管对于科技资源要素的合理配置以及创新文化的培育有所提及，但并未将其摆在推动创新发展的重要位置。现如今，制度创新的作用已经与科技创新同等重要。党的十八大以来，习近平总书记从全面深化科技体制改革的高度出发，要求提升创新体系效能，着力激发创新活力，破除一切制约科技创新的思想障碍和制度藩篱。习近平总书记要求："在实践载体、制度安排、政策保障、环境营造上下功夫，在创新主体、创新基础、创新资源、创新环境等方面持续用力，强化国家战略科技力量，提升国家创新体系整体效能。"② 因此，习近平总书记所揭示的创新发展规律与发展方向，为我们构建符合新时代特征，体现科技创新和制度创新"双轮驱动"的经济创新发展指数提供了基础性依据。

（二）指标选取

经济创新发展指数是一个指标体系，其自身就是这个指标体系的一级指标。在此基础上，选取制度与环境、资源与投入、产出与效益三者作为二级指标，其中制度与环境二级指标下设科技环境、金融创新、创新文化、法治环境、新型举国体制5个三级指标，资源与投入二级指标下设基础研究投入、研发资金投入、研发人员投入、外部技术投入、产品创新投入5个三级指标，产出与效益二级指标下设劳动要素效益、技术要素效益、土地要素效益、环境要素效益、管理要素效益5个三级指标。每一个三级指标都通过相应的测算指标来进行度量（见表1）。

---

① 桂黄宝、王梦蕾、胡珍：《中国共产党科技自立自强思想和实践的百年回顾》，《科学管理研究》2023年第2期。

② 习近平：《论把握新发展阶段、贯彻新发展理念、构建新发展格局》，中央文献出版社，2021。

表1　中国经济创新发展指数构建

一级指标	二级指标	三级指标	测算指标	指标方向	指标权重
经济创新发展指数	制度与环境	科技环境	科技拨款占财政拨款比重	+	0.0599
		金融创新	直接融资比例	+	0.0266
		创新文化	经济活动人口中受过高等教育人员的比例	+	0.0568
		法治环境	知识产权行政执法案件数	+	0.1252
		新型举国体制	规模以上工业企业R&D经费内部支出中的政府资金占比	+	0.0549
	资源与投入	基础研究投入	基础研究经费占R&D经费比例	+	0.0492
		研发资金投入	R&D经费占GDP比例	+	0.0348
		研发人员投入	R&D人员全时当量	+	0.0595
		外部技术投入	高新技术产品进口额	+	0.1146
		产品创新投入	规模以上工业企业新产品开发经费支出	+	0.0752
	产出与效益	劳动要素效益	劳动生产率	+	0.0955
		技术要素效益	全要素生产率	+	0.0630
		土地要素效益	城市建成区单位面积土地产出率	+	0.0748
		环境要素效益	单位GDP能耗	−	0.0529
		管理要素效益	规模以上企业非国有资本出资占比	+	0.0472

　　中国经济创新发展指数在指标选取上以习近平总书记关于创新发展的重要论述为指导，并借鉴参考了已有的创新发展指数研究。其一，该指标体系充分体现了创新政策和创新环境的重要性。在制度与环境二级指标下，选取了衡量科技环境的科技拨款占财政拨款比重、衡量金融创新的直接融资比例、衡量法治环境的知识产权行政执法案件数、衡量新型举国体制的规模以上工业企业R&D经费内部支出中的政府资金占比等测算指标，反映了制度与环境对创新发展的支撑作用。其二，该指标体系体现了加快建设创新型国家的时代要求。不仅通过选择基础研究经费占R&D经费比例反映基础研究的受重视程度，也通过选择R&D经费占GDP比例、R&D人员全时当量、高新技术产品进口额、规模以上工业企业新产品开发经费支出，反映研发资金投入、研发人员投入、外部技术投入、产品创新投入对创新发展的贡献。其三，创新的目标是要实现与产业化的对接，把创新成果应用到经济社会发展当中，所以必须充分考虑产

出与效益。因此，本文通过选择劳动生产率、全要素生产率、城市建成区单位面积土地产出率、单位 GDP 能耗、规模以上企业非国有资本出资占比，分别反映劳动要素效益、技术要素效益、土地要素效益、环境要素效益、管理要素效益对创新发展的贡献。其四，该指标体系共 3 个二级指标、15 个三级指标，指标数量精炼，不仅避免了采用多个类似指标对同一领域问题的重复度量，也最大限度地考虑了指标在全国不同地区的普遍适用性。其五，该指标体系中所有指标均为体现创新发展静态结果的指标，而没有体现动态过程的指标，因而经济创新发展指数反映的是某一地区在某一时点上的创新发展水平，可有效避免短期政策变动和外部冲击的影响。

（三）数据来源

中国经济创新发展指数根据全国和 31 个省、自治区、直辖市 2013～2022 年的数据编制而成。数据主要采自国家统计局、国家知识产权局、中国人民银行的社会融资规模增量统计表、《中国劳动统计年鉴》、《中国科技统计年鉴》、《中国工业统计年鉴》以及部分省份的统计年鉴和论文等。对于部分缺失数据，采用线性插值等方法进行填补。

（四）测算方法

1. 标准化方法

由于各测算指标的单位不同，需要通过标准化消除量纲。本文采取最大最小值法，根据指标经济含义所体现出的对创新发展的影响方向将数值映射在 [0，100]，即实现所有指标的满分为 100 分。鉴于全国和各省份的指标在测算口径上具有一致性，可将两个层面的数据一起进行标准化处理。

对于正向指标，采取如下处理：

$$st\_x_{ij} = \frac{x_{ij} - \min\{x_{ij}\}}{\max\{x_{ij}\} - \min\{x_{ij}\}} \times 100, \forall i, j$$

对于负向指标，采取如下处理：

$$st\_x_{ij} = \frac{\max\{x_{ij}\} - x_{ij}}{\max\{x_{ij}\} - \min\{x_{ij}\}} \times 100, \forall i, j$$

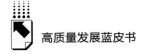

2. 赋权方法

本文设置的经济创新发展指数共 3 个二级指标，15 个三级指标。由于每个三级指标均从不同角度考察创新发展水平，因此在初步赋予每个三级指标等权重的基础上，通过"倒推加总"的方式得到 3 个二级指标的权重。考虑到不同三级指标的数值变异程度不同，其所反映出的经济信息量也有所不同，应将其对于经济创新发展指数的影响进行区分。由于熵值法可通过计算数据所反映出来的信息"熵"来衡量变量的无序程度，无序程度较大的变量能够对经济创新发展指数产生更大的影响，因此本文在确定二级指标的权重后，对每个三级指标运用熵值法赋权。

熵值法的实施步骤如下：

（1）将全国、省级层面数据标准化后，计算第 i 年份第 j 项指标值的比重：

$$Y_{ij} = \frac{\text{st\_}X_{ij}}{\sum_{i=1}^{m}\text{st\_}X_{ij}}$$

（2）计算变量的信息熵：

$$e_j = -k \times \sum_{i=1}^{m} Y_{ij} \times \ln(Y_{ij}) \text{，其中 k} = \frac{1}{\ln m}$$

（3）计算信息熵冗余度：

$$d_j = 1 - e_j$$

（4）计算指标权重：

$$w_j = \frac{d_j}{\sum_{j=1}^{n} d_j}$$

（5）权重调节①：

---

① 由于熵值法仅考虑变量的离散程度，与根据经济意义进行变量选择的目标不完全一致，根据（1）～（4）步进行测算得到的结果可能会导致变量权重差异过大，从而难以全面衡量各指标的综合水平，为克服熵值法这一弱点，在第（2）步引入 Δ，在保持各变量权重大小关系的前提下降低权重的差距。

$$e_j = -k \times \sum_{i=1}^{m} Y_{ij} \times \ln(Y_{ij} + \Delta)$$

取 $\Delta = 0.005$，将变量之间的权重差距控制在一定范围内，最终得出三级指标权重如表 1 所示。

三 中国经济创新发展指数的测度与分析

（一）中国经济创新发展水平及变化趋势

经测算，2022 年中国经济创新发展指数为 34.33。其中，产出与效益指标得分最高，达到了 18.99；制度与环境指标得分次之，为 8.96；资源与投入指标得分最低，仅为 6.38（见表 2）。这一结果表明，当前我国在推动经济创新发展过程中，尽管在产出与效益方面取得了较为显著的成就，同时完善了支持创新的制度与环境，但在资源与投入方面仍然存在较大的提升空间。

在制度与环境二级指标下，科技环境的得分最高，金融创新、创新文化、法治环境的得分相差不大，新型举国体制的得分较低。这一方面表明，党的十八大以来，以习近平同志为核心的党中央高度重视科技创新工作，特别是在资金支持方面，党和政府先后出台了一系列政策以确保财政对科技创新的支持，并通过多项措施解决科技创新资金的分散问题，提高科技资金的使用效率。另一方面，我国也倡导创新文化的培育，把强化知识产权创造、保护、运用等摆在了推动创新发展的重要位置，激发了全社会的创新活力。但值得注意的是，近年来备受关注的新型举国体制并未充分发挥其应有的作用，其得分仅为0.73。造成这一现象出现的主要原因可能与新型举国体制提出的时间较短有关。2021 年，《中华人民共和国国民经济和社会发展第十四个五年规划和 2035年远景目标纲要》提出健全社会主义市场经济条件下新型举国体制，事实上，尽管近年来规模以上工业企业 R&D 经费内部支出中的政府资金占比不断下降，企业创新主体的地位不断提高，但由于体制机制的建立在一定程度上具有周期性，因此其对创新发展的长期影响仍然有待进一步的观察。

在资源与投入二级指标下，研发资金投入、研发人员投入、外部技术投入、产品创新投入得分都在 1 以上，但基础研究投入得分明显偏低（见表 2）。

这一结果表明，基础研究投入不足已经成为影响我国经济创新发展的关键因素。从全国层面的数据上看，2022 年，我国基础研究经费占 R&D 经费比例约为 6.3%。而与世界其他创新型国家相比，2012 年瑞士、法国、丹麦在基础研究方面的投入占比就分别达到了 30.4%、24.2%、18.3%。① 我国基础研究投入占比较低可能与创新行业内部收入存在结构性差距有关。事实上，科技创新越接近市场的领域越容易获得高收入，但因为基础研究很难直接转化为经济收益，并且存在许多不稳定不确定的因素，因此长期以来我国对于基础研究的重视程度不够。但是，基础研究是整个创新体系的源头，如果忽略基础研究的重要性，不仅不利于攻破"卡脖子"问题，而且也会制约创新发展。

在产出与效益二级指标下，环境要素效益的得分最高，劳动要素效益、技术要素效益、土地要素效益、管理要素效益的得分相对较为接近（见表 2）。这一方面表明，近年来在习近平生态文明思想的指导下，我国经济实现了绿色发展与创新发展的深度融合，环境要素效益对创新发展的贡献率不断提高。特别是在"双碳"目标的约束下，过去污染排放较大的工业企业，纷纷进行技术创新与改造升级，例如加大对风电、光伏发电等技术的研发与应用力度，有效解决了资源禀赋与节能减排之间的结构性矛盾，具体表现为单位 GDP 能耗的不断下降。但另一方面，技术要素效益的得分并未达到预期，其背后反映的是全要素生产率较低，这也表明了我国经济发展依赖劳动要素与土地要素的情况仍然存在，技术进步在创新发展中的作用仍然有待加强。

表 2　2022 年中国经济创新发展指数和各二、三级指标得分测算结果

指标	测算结果
经济创新发展指数	34.33
制度与环境	8.96
科技环境	3.54
金融创新	1.63
创新文化	1.57
法治环境	1.49
新型举国体制	0.73

① 西桂权、付宏、王冠宇：《中国与发达国家的科技创新能力比较》，《科技管理研究》2018 年第 23 期。

续表

指标	测算结果
资源与投入	6.38
基础研究投入	0.76
研发资金投入	1.33
研发人员投入	1.41
外部技术投入	1.21
产品创新投入	1.67
产出与效益	18.99
劳动要素效益	3.77
技术要素效益	3.69
土地要素效益	3.26
环境要素效益	4.48
管理要素效益	3.78

从2013～2022年中国经济创新发展指数和各二级指标得分的变化趋势来看，其均呈现总体上升的趋势，并且增幅较为平稳。其中，经济创新发展指数从2013年的23.26增长至2022年的34.33，增幅达到47.60%，年均增长率达到4.4%。在各二级指标中，制度与环境指标得分从2013年的6.42增长到2022年的8.96，增幅达到39.57%，年均增长率为3.8%，制度与环境指标是三个二级指标中增幅和年均增长率最低的指标。资源与投入指标得分从2013年的3.80增长到2022年的6.38，增幅达到67.70%，年均增长率为5.9%，尽管资源与投入指标得分的基数较低，但其是三个二级指标中增幅和年均增长率最高的指标。产出与效益指标得分从2013年的13.03增长到2022年的18.99，增幅达到45.69%，年均增长率为4.3%（见表3）。

表3　2013～2022年中国经济创新发展指数和各二级指标得分变化情况

年份	经济创新发展指数	制度与环境	资源与投入	产出与效益
2013	23.26	6.42	3.80	13.03
2014	23.67	6.75	3.85	13.07
2015	24.19	7.27	3.95	12.97
2016	25.62	7.64	4.07	13.91

续表

年份	经济创新发展指数	制度与环境	资源与投入	产出与效益
2017	27.80	7.64	4.37	15.79
2018	29.85	8.69	4.68	16.48
2019	31.28	9.14	4.99	17.14
2020	30.57	8.29	5.35	16.93
2021	34.57	8.83	6.06	19.69
2022	34.33	8.96	6.38	18.99
增幅(%)	47.60	39.57	67.70	45.69
年均增长率(%)	4.4	3.8	5.9	4.3

注：表中增幅与年均增长率为按原始数据计算得到的数据，略有误差，未做调整。余同。

　　尽管中国经济创新发展指数和各二级指标得分均呈现稳定的增长趋势，但各三级指标却呈现出明显的差异（见表4）。在制度与环境二级指标下，法治环境指标得分的增幅最高，达到了252.4%，创新文化指标得分的增幅次之，达到了179.1%。这表明党的十八大以来，党和政府十分重视营造创新文化和规范创新的法治环境。一方面，近年来我国经济活动人口中受过高等教育人员的比例不断增加，劳动力素质的提高为培育创新文化创造了有利条件；另一方面，我国也不断完善知识产权的保护工作，依法惩治各种侵犯知识产权的违法行为，具体表现为知识产权行政执法案件数不断增长。但是，新型举国体制指标得分却出现了负增长，从2013年的1.11下降到了2022年的0.73，是15个三级指标中唯一负增长的指标。在资源与投入二级指标下，产品创新投入指标得分的增幅最高，达到了198.2%，明显高于基础研究投入、研发资金投入、研发人员投入、外部技术投入指标得分增幅，这与近年来我国规模以上工业企业新产品开发经费支出不断上涨有关。基础研究投入指标得分虽然增幅也达到了51.7%，但其年均增长率仅为4.7%，明显滞后于研发人员投入和产品创新投入指标得分的年均增长率。更为关键的是，经过10年发展，在资源与投入二级指标中，基础研究投入的指标得分仍明显低于除新型举国体制指标外的其他指标得分，排名靠后的情况并未得到改善。在产出与效益二级指标下，劳动要素效益指标得分的增幅最高，达到了181.0%，这一结果可能与近年来劳动生产率的持续提高有关。技术要素效益指标得分的增幅次之，但也达到了115.9%，这表明近年来随着科学技术的进步，全要素生产率对经济发展的贡献作用日益提升。然而需要注意的是，由于管理要素效益得分的基数较大，而且近年来规模以上企业非国有资本出资占比并未出现明显变化，因此管理要素效益得分的增长幅度并不明显。

表4　2013年和2022年中国经济创新发展指数各三级指标得分及变化情况

指标	得分		增幅（%）	年均增长率（%）
	2013年	2022年		
科技环境	3.31	3.54	6.8	0.7
金融创新	1.01	1.63	61.6	5.5
创新文化	0.56	1.57	179.1	12.1
法治环境	0.42	1.49	252.4	15.0
新型举国体制	1.11	0.73	-34.3	-4.6
基础研究投入	0.50	0.76	51.7	4.7
研发资金投入	1.06	1.33	25.4	2.5
研发人员投入	0.80	1.41	76.3	6.5
外部技术投入	0.88	1.21	36.9	3.5
产品创新投入	0.56	1.67	198.2	12.9
劳动要素效益	1.34	3.77	181.0	12.2
技术要素效益	1.71	3.69	115.9	8.9
土地要素效益	2.16	3.26	51.0	4.7
环境要素效益	4.05	4.48	10.7	1.1
管理要素效益	3.77	3.78	0.2	0.0

（二）各地区经济创新发展水平、变化趋势及对比分析

表5列出了31个省级区域2022年经济创新发展指数和各二级指标的得分与排名情况。2022年，广东经济创新发展指数为61.14，排名第一，经济创新发展指数居前5位的省级区域还有江苏、浙江、上海、北京，其经济创新发展指数分别为58.84、56.01、54.96、49.60。经济创新发展指数居后5位的省级区域分别是甘肃、宁夏、新疆、青海、西藏，其经济创新发展指数分别为19.53、19.32、17.51、17.08、16.01。从总体上看，各省级区域经济创新发展指数排名与各省级区域的经济发展状况紧密相关。对于经济发达的省级区域来说，其对于创新发展更为重视，而且也具备推动创新发展的技术、资金、人才、文化等条件，因此经济创新发展指数较高。但对于经济欠发达的省级区域来说，由于其经济基

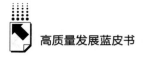

础较为薄弱,推动经济创新发展面临较大的困难与阻力,因此在某种程度上对传统经济发展路径有较强的依赖性,因此经济创新发展指数较低。

从各地区二级指标的得分来看,制度与环境指标得分排名前5位的地区分别是浙江、北京、广东、上海、江苏;排名后5位的地区分别是新疆、广西、云南、西藏、青海。可以发现,制度与环境指标得分排名靠前的地区,均为经济发展水平较高的地区,这些地区普遍对科技创新给予了较强的财政支持,而且直接融资比例较高、经济活动人口中受过高等教育人员的比例较高、知识产权行政执法案件数较多、规模以上工业企业R&D经费内部支出中的政府资金占比较高。得益于此,这些地区为创新发展营造了良好的政策制度环境,进而在制度与环境方面取得了较高的得分。相比之下,排名靠后的地区由于经济发展水平相对落后,不仅基础设施等创新"硬件"支撑不到位,而且在创新"软件"环境方面发力不足,从而导致制度与环境指标得分较低。

资源与投入指标得分排名前5位的地区分别是广东、江苏、上海、浙江、北京;排名后5位的地区分别是贵州、山西、青海、宁夏、内蒙古。值得注意的是,资源与投入指标得分排名前5位的地区在制度与环境指标的得分上也排名前5位,但排名后5位的地区发生了明显变化。在排名后5位的地区中,还包括了一些资源发达地区,比如山西和内蒙古。这可能是由于这些地区矿产资源较为丰富,因此其在某种程度上仍然具备依赖资源发展的条件,从而造成其推动创新发展的内生动力较弱。例如,山西和内蒙古R&D经费占GDP比例仅分别为1.2%、1.0%,显著低于全国2.6%的平均水平;而且其规模以上工业企业新产品开发经费支出也不高,同样显著低于全国平均水平。

产出与效益指标得分排名前5位的地区分别是上海、江苏、福建、北京、浙江;排名后5位的地区分别是青海、宁夏、甘肃、新疆、西藏。产出与效益指标得分排名仍然与经济发展水平呈正相关的关系。对于经济发展水平较好的地区来说,其劳动生产率、全要素生产率、城市建成区单位面积土地产出率、规模以上企业非国有资本出资占比更高,单位GDP能耗更低,因此其产出与效益指标得分排名较为靠前。相比之下,经济发展水平较为落后的地区,无论是劳动生产率还是全要素生产率等,均与经济发展水平较好的地区存在一定差距,加之欠发达地区的产业结构调整较慢,在节能减排等绿色技术应用方面较为滞后,从而拉高了单位GDP能耗,造成产出与效益指标得分排名较为靠后。

表 5 　2022 年各地区经济创新发展指数及其二级指标得分测算结果与排名情况

地区	经济创新发展指数		制度与环境		资源与投入		产出与效益	
	测算结果	排名	测算结果	排名	测算结果	排名	测算结果	排名
北京	49.60	5	15.28	2	11.38	5	22.94	4
天津	36.10	8	9.23	8	5.96	10	20.90	7
河北	27.73	17	6.36	19	3.70	21	17.67	16
山西	22.24	23	5.63	24	2.03	28	14.58	23
内蒙古	22.07	24	5.33	25	1.16	31	15.59	17
辽宁	25.90	18	7.49	15	3.88	18	14.53	24
吉林	23.28	21	4.87	26	3.70	20	14.72	22
黑龙江	25.65	20	8.50	11	2.82	24	14.34	26
上海	54.96	4	14.21	4	13.06	3	27.69	1
江苏	58.84	2	11.77	5	21.15	2	25.93	2
浙江	56.01	3	20.67	1	12.42	4	22.92	5
安徽	35.74	9	10.12	7	6.83	7	18.79	14
福建	39.34	6	8.48	12	5.77	12	25.09	3
江西	31.62	15	8.41	13	3.84	19	19.36	10
山东	38.27	7	8.08	14	11.12	6	19.07	11
河南	30.87	16	6.60	17	5.53	13	18.74	15
湖北	35.28	10	8.67	10	6.01	9	20.59	8
湖南	35.16	11	7.14	16	5.96	11	22.06	6
广东	61.14	1	14.55	3	27.55	1	19.05	12
广西	21.08	26	3.75	28	2.87	23	14.46	25
海南	25.87	19	6.05	21	4.53	16	15.29	20
重庆	31.70	14	6.27	20	5.06	14	20.37	9
四川	31.86	13	10.31	6	6.20	8	15.35	19
贵州	22.68	22	5.67	23	2.11	27	14.90	21
云南	21.45	25	3.28	29	2.65	25	15.51	18
西藏	16.01	31	3.22	30	3.92	17	8.87	31
陕西	32.74	12	9.18	9	4.56	15	18.99	13
甘肃	19.53	27	5.82	22	2.91	22	10.80	29
青海	17.08	30	2.53	31	1.68	29	12.87	27
宁夏	19.32	28	6.59	18	1.56	30	11.17	28
新疆	17.51	29	4.66	27	2.24	26	10.61	30

从 31 个省级区域经济创新发展指数的变化趋势来看，2013~2022 年，各地区经济创新发展指数均有一定程度的提高。从增幅来看，浙江、河北、安徽、江西、山西、西藏的增幅较高，增幅均在 70%以上，特别是浙江的经济创新发展指数从 2013 年的 29.29 增长到 2022 年的 56.01，增幅达到了 91.2%（见图 1）。主要原因是这几个地区的资源与投入二级指标得分增长幅度较大，除山西以外，浙江、河北、安徽、江西、西藏的资源与投入二级指标得分增幅均在 100%以上。从全国位次上看，尽管 2022 年各地区经济创新发展指数的位次与 2013 年大致相同，但是排名居前 5 位的地区发生了变化。例如，北京从 2013 年的第 1 位下降至 2022 年的第 5 位，广东从 2013 年的第 2 位上升至 2022 年的第 1 位，天津从 2013 年的第 5 位下降至 2022 年的第 8 位，浙江从 2013 年的第 6 位上升至 2022 年的第 3 位。总体上看，东南沿海地区的经济创新发展水平明显提升，而且经济发达地区的经济创新发展水平相对于经济欠发达地区始终保持着一定的优势。

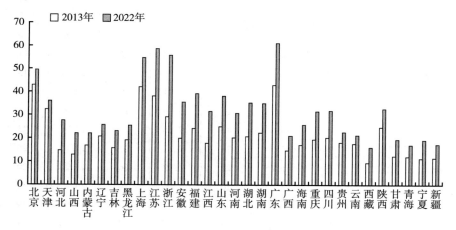

图 1　2013 年、2022 年各地区经济创新发展指数

从 31 个省级区域制度与环境指标得分的变化趋势来看，绝大多数地区的制度与环境指标得分有所提高，但部分地区的制度与环境指标得分却出现了下降（见图 2）。其中，制度与环境指标得分增幅较大的地区有浙江、四川、江西、河北 4 个地区，其制度与环境指标得分增幅均在 130%以上。原因主要是这些地区法治环境三级指标得分的增幅较大。但是，青海、云南、贵州、陕西的制度与环境指标得分却出现了负增长，降幅分别为 37.7%、18.3%、4.0%、3.3%，造成这一结果的原因主要是上述地区在新型举国体制三级指标得分上均出现了不同程度的负增长。

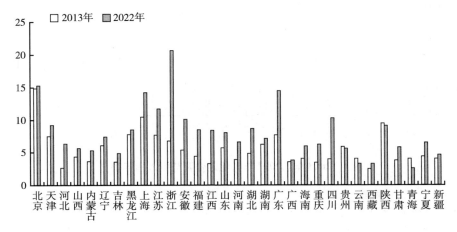

图2　2013年、2022年各地区制度与环境指标得分

从31个省级区域资源与投入指标得分的变化趋势来看，除青海和宁夏外，其他地区的资源与投入指标得分均有所提高（见图3）。从增幅来看，广西、福建、安徽、河北等地区的增幅均超过了100%，主要原因是这些地区的产品创新投入三级指标得分增幅较大，而且部分地区基础研究投入三级指标得分的增幅更是明显超过其他地区。但对于青海和宁夏来说，其基础研究投入三级指标得分出现了负增长，而且其他三级指标得分的增幅也相对较小，特别是青海的外部技术投入三级指标得分也出现了负增长的情况。

从31个省级区域产出与效益指标得分的变化趋势来看，各地区产出与效益指标得分均有所提高（见图4）。从增幅来看，山西、青海、宁夏产出与效益指标得分的增幅较高，分别达到了105.4%、114.8%、108.5%，主要原因是这些地区劳动要素效益和技术要素效益三级指标得分的增幅较高。相比之下，广东、天津、北京的产出与效益指标得分增幅较小，这一方面与其基数较大有关，另一方面则与这些地区部分三级指标得分出现负增长有关，例如北京的管理要素效益三级指标得分出现负增长，天津的技术要素效益、土地要素效

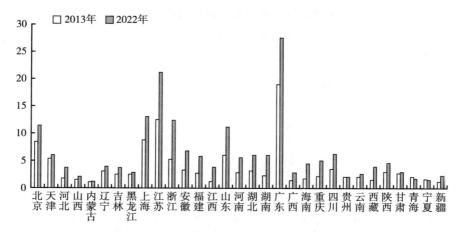

图3　2013年、2022年各地区资源与投入指标得分

益、环境要素效益三级指标得分出现负增长，广东的技术要素效益三级指标得分出现负增长。

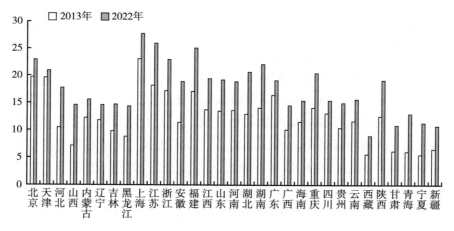

图4　2013年、2022年各地区产出与效益指标得分

四　结论与政策建议

本文以习近平总书记关于创新发展的重要论述为指导，基于制度与环境、资源与投入、产出与效益三方面内容，构建了中国经济创新发展指数，并利用统计数据，对党的十八大以来全国和各地区经济创新发展指数进行了测算。测算结果显示，2022年中国经济创新发展指数为34.33，较2013年增长了47.60%，年均增长率达到4.4%。在3个二级指标中，2022年制度与环境、资源与投入、产出与效益指标得分分别为8.96、6.38、18.99，比2013年分别提高了39.57%、67.70%、45.69%。在15个三级指标中，创新文化、法治环境、产品创新投入、劳动要素效益指标得分提升幅度较大，管理要素效益指标得分提升速度较慢，新型举国体制指标得分出现负增长。从各地区的情况来看，经济发达地区的经济创新发展指数总体高于经济欠发达地区，且不同地区的创新发展水平差异较大。进一步地，在制度与环境指标上部分地区由于法治环境的改善得分获得大幅提升，在资源与投入指标得分上产品创新投入的作用比较突出，在产出与效益指标得分上劳动要素效益与技术要素效益的作用比较突出。

基于中国经济创新发展指数测算结果，本文提出以下几点政策建议，以期进一步推动经济创新发展。

第一，要进一步坚持科技创新和制度创新"双轮"驱动，发挥新型举国体制的作用，为创新发展营造更好的政策制度环境。研究表明，尽管近年来制度与环境指标得分稳步提升，但与资源与投入、产出与效益指标得分相比，制度与环境指标得分的年均增长率最低。造成这一现象的主要原因与三级指标新型举国体制得分出现负增长有关，其背后反映的是创新资源配置与组织方式效率低下。因此，要正确认识政府和市场的关系，找到有为政府和有效市场的结合点。一方面，要充分发挥市场在创新资源优化配置中的决定性作用，重点突出企业的创新主体作用；另一方面，创新主体应在国家政策引导与相关部门的协调下，不断提升自身的创新能力、活力和效率，同时积极探索建立对接与合作机制，针对关键核心技术开展联合攻关，营造良好的协同创新生态，解决创新主体间存在的目标与利益冲突。

第二，要进一步加强基础研究，把基础研究摆在科技创新的关键位置。研究表明，2013年基础研究投入指标得分仅为0.50，即使到2022年，也仅增长至0.76。基础研究投入指标得分的年均增长率不仅低于5%，而且也是资源与投入指标当中得分最低的指标。造成这一现象的主要原因是对基础研究的重视程度和投入不足。因此，要进一步拓宽基础研究投资渠道，提高经费支出比

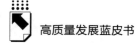

重。一方面，要适当提高基础研究经费占研发经费投入的比重，尽管我国已经将 2025 年基础研究经费占研发经费投入的比重目标值设定在 8%以上，但是与发达国家 15%~25%的普遍水平相比，仍然存在提升空间。另一方面，与其他研究不同，基础研究具有高投入、高风险、唯一性、长周期等特点，因此应该保障长期稳定的财政投入，与此同时，也要进一步鼓励科技领军型企业投入基础研究，探索建立社会捐赠更多投向基础研究的体制机制。

第三，要进一步构建高质量区域创新体系，缩小区域之间的创新发展差距。研究表明，经济发达地区的经济创新发展水平普遍高于经济欠发达地区，2013 年，经济创新发展指数居第 1 位的地区比居末位的地区高了 33.61，到 2022 年，这一差距增长到了 45.13，表明区域之间的创新发展差距并未随着时间的推移而呈现收敛的趋势。因此，要缩小区域创新发展差距，促进区域协调发展。一方面，政策制定部门应适当加大调控力度，加强对经济欠发达地区创新发展的支持，同时经济发达地区也要发挥帮扶作用，带动欠发达地区的创新发展；另一方面，欠发达地区要结合当地比较优势，因地制宜地推动创新发展，与此同时，还要进一步完善创新制度与环境，重点发挥法治环境改善对创新发展的拉动作用。

参考文献

［1］陈劲、陈钰芬：《企业技术创新绩效评价指标体系研究》，《科学学与科学技术管理》2006 年第 3 期。

［2］单东方：《资源型地区创新能力评价指标体系构建》，《统计与决策》2020 年第 2 期。

［3］单连慧、钟华、胥美美等：《科技评价中不同权重赋值方法的比较研究：以中国医院科技量值为例》，《科技管理研究》2022 年第 2 期。

［4］杜斌、张可云、夏婷婷：《中国迈进创新型国家行列了么——基于六大权威评价指标体系的综合研判》，《科技进步与对策》2022 年第 15 期。

［5］桂黄宝、王梦蕾、胡珍：《中国共产党科技自立自强思想和实践的百年回顾》，《科学管理研究》2023 年第 2 期。

［6］国家统计局社科文司"中国创新指数（CII）研究"课题组：《中国创新指数研究》，《统计研究》2014 年第 11 期。

〔7〕 西桂权、付宏、王冠宇：《中国与发达国家的科技创新能力比较》，《科技管理研究》2018 年第 23 期。

〔8〕 习近平：《论把握新发展阶段、贯彻新发展理念、构建新发展格局》，中央文献出版社，2021。

〔9〕 颜莉：《我国区域创新效率评价指标体系实证研究》，《管理世界》2012 年第 5 期。

〔10〕 赵彦飞、李雨晨、陈凯华：《国家创新环境评价指标体系研究：创新系统视角》，《科研管理》2020 年第 11 期。

〔11〕 邹一南、韩保江：《新时代中国经济绿色发展指数研究》，《行政管理改革》2022 年第 9 期。

技术创新篇
Technology Innovation

B.2
2022年新一代人工智能
技术创新发展报告

朱晟君　方海峰　俞国军*

摘　要： 人工智能的发展已成为衡量一个国家科技创新能力和经济竞争力的重要指标，它对我国的经济发展、社会进步、社会治理等具有重要意义，实现新一代人工智能技术创新发展是我国建设创新型国家和世界科技强国的内在要求。我国在人工智能的产业规模、基础设施和技术专利等方面已经取得了显著成就，但在智能芯片和操作系统等关键技术领域和产业人才方面仍存在短板，同时还面临着美国的技术封锁和经济打压以及科技伦理制度不完善等挑战。要克服这些问题和挑战，需要加大科研投入力度，加快人才培养，促进产学研一体化合作，健全相关法律法规，以及强化国际合作交流。这些措施有助于推动我国人工智能技术的创新发

---

* 朱晟君，北京大学城市与环境学院研究员，博士生导师，北京大学博雅青年学者，主要研究方向为城市经济和产业发展等；方海峰，中共浙江省委党校（浙江行政学院）在读硕士研究生，主要研究方向为马克思经济哲学；俞国军，中共浙江省委党校（浙江行政学院）浙工发展战略研究院讲师。

展，应对现有和未来的挑战。

关键词:　人工智能　技术创新　新兴产业

当下，由人工智能（AI）引发的科技革新和行业变迁正如火如荼地进行着。党的十八大以来，以习近平同志为核心的党中央对智能经济的发展给予了极高的重视，并推动人工智能与实体经济的深度融合，为我国实现经济高质量发展增添了强大驱动力。2019 年，习近平总书记在致第三届世界智能大会的贺信中指出："中国高度重视创新发展，把新一代人工智能作为推动科技跨越发展、产业优化升级、生产力整体跃升的驱动力量，努力实现高质量发展。"①2022 年以来，我国人工智能的深层次研究和开发不断强化，人工智能技术创新、扩展和应用进度不断加快，人工智能的战略地位和推动作用持续显现。

一　2022年国内外人工智能发展情况

（一）国外人工智能发展情况

1. 深化人工智能立法，创新与规范并重

近年来，以美国、欧盟、日本等为代表的发达国家和地区通过立法、政策制定等行政手段大力推动人工智能创新，人工智能的战略地位日益凸显。例如，美国继 2020 年出台《2020 年国家人工智能倡议法案》后，于 2022 年出台《2022年算法问责法案》②，不断优化人工智能监管方法。同时，美国还在其人工智能网站上公布了一份包括法律和行政命令在内的人工智能相关制度列表，不断从制

---

① 《习近平致第三届世界智能大会的贺信》，https：//www.gov.cn/xinwen/2019-05/16/content_5392199.htm。

② Algorithmic Accountability Act of 2022, https：//www.congress.gov/bill/117th-congress/senate-bill/3572.

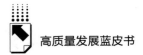

度层面保障规范人工智能技术发展。英国于 2022 年 6 月发布了《国防人工智能战略》①。该战略是将英国国防机构及其武装部队转变为"有效、高效、值得信赖和有影响力的国防组织"的蓝图。欧盟自 2021 年发布《人工智能法案（草案）》后，于 2022 年 11 月 25 日通过了《人工智能法案（草案）》折中版本②。该版本法案根据四个级别对人工智能进行分类，并规定了相应的义务，包括增强安全性、透明度和问责措施，旨在确保人工智能的使用方式符合欧洲的价值观和规则。日本于 2022 年 4 月发布了《人工智能战略 2022》③，旨在利用人工智能技术来应对国内的社会问题并提升产业的竞争力。

表 1　截至 2022 年部分国家支持人工智能发展战略梳理

主要类型	具体内容
资金投入	美国:2021 年,美国国防高级研究计划局设定人工智能研发投入预算 4.59 亿美元;美国国防部联合人工智能中心拟议预算 2.9 亿美元 澳大利亚:2018 年到 2019 年的政府预算,提出在四年内投资 2990 万澳元支持人工智能的发展 德国:到 2025 年人工智能投资额达到 30 亿欧元
基础研发	加拿大:"泛加拿大人工智能战略"中提出增加科学家和毕业生数量、确定三个优秀科学家群体、支持国家人工智能研究群体 法国:在选定的大学和研究机构建立跨学科的人工智能组织,分配适当的研究资源(包括与制造商合作、为人工智能应用专门设计的超级计算机);提高研究人员工资,加强产学研交流
人工智能应用	法国:人工智能发展的四大战略重点领域为健康、交通、环境、国防和安全,针对重点问题,在每个战略领域分别制定政策,为特定区域的平台发展奠定基础 德国:实施集成的"数字化中心"以支持每年 1000 家中小企业的数字化改造 日本:人工智能产业化进程聚焦三个优先领域,包括生产力、医疗健康和服务

资料来源：参见刘晨《我国人工智能产业竞争力评估：国内格局和全球比较》，https：//pic. bankofchina. com/bocappd/rareport/202209/P020220919610076628756. pdf。

---

① Defence Artificial Intelligence Strategy, https：//www. gov. uk/government/publications/defence－artificial－intelligence－strategy.
② Artificial Intelligence Act, https：//data. consilium. europa. eu/doc/document/ST－14954－2022－INIT/en/pdf.
③ AI Strategy 2022, https：//www8. cao. go. jp/cstp/ai/aistratagy2022en. pdf.

2. 加大人工智能投入力度，积极抢占产业高地

发达国家通过激励计划和直接投资项目等推动人工智能发展已有广泛实践。美国、欧盟、英国等经济体通过制定各种激励政策和实施直接投资项目，直接作用于人工智能技术的研发和创新。美国在《美国创新与竞争法案》中将人工智能摆在 2022 财年财政研发预算投入的优先位置，并投入高达 1000 亿美元的研发资金。欧盟出台"地平线欧洲"计划（2021-2027 年），包括人工智能在内的"数字、产业与空间"获得了150 亿欧元的资金投入，占该计划研究经费总额（955 亿欧元）的比例高达 15.7%。

在巨大投资带动下，目前全球生成式人工智能（Generative AI）产业迅速兴起。生成式人工智能是一种可以从文本、图像、代码和其他形式的内容中创造新意义的机器学习算法。生成式人工智能的主要产品，包括 DeepMind 的 Alpha Code（GoogleLab）、OpenAI 的 ChatGPT、GPT-3.5、DALL-E、MidJourney、Jasper 和 Stable Diffusion 等。2022 年 12 月，AI Saa 公司 CEO 辛迪·戈登（Cindy Gordon）在福布斯发文称，生成式人工智能已在 2022 年成为现实。另据英国《金融时报》报道，截至 2022 年投入生成式人工智能的资金已超过 20 亿美元，自 2020 年以来增长了 425%。[1]

（二）我国人工智能发展情况

1. 体制机制日趋完善

自 2017 年 7 月 20 日国务院发布《新一代人工智能发展规划》以来，我国人工智能的政策体系日益完善，这些政策为加快推进我国人工智能发展做了系统部署。在人才培养方面，以教育部为主或由教育部牵头印发了《高等学校人工智能创新行动计划》（2018 年）、《关于开展人工智能助推教师队伍建设行动试点工作的通知》（2018 年）、《关于"双一流"建设高校促进学科融合加快人工智能领域研究生培养的若干意见》（2020 年）等政策文件，人力社保部牵头印发了《关于发布人工智能工程技术人员等职

---

[1] Gordon C., The Year Of AI Hopes and Horrors, https：//www.forbes.com/sites/cindygordon/2022/12/30/ai-hopes-and-horrors/? sh=3ba070d7abed.

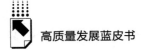

业信息的通知》（2019 年）。在科技创新方面，以科技部为主或由科技部牵头印发了《国家新一代人工智能开放创新平台建设工作指引》（2019年）、《新一代人工智能伦理规范》（2021 年）、《关于加快场景创新以人工智能高水平应用促进经济高质量发展的指导意见》（2022 年）、《科技部关于支持建设新一代人工智能示范应用场景的通知》（2022 年）等一系列政策文件。此外，科技部还印发了《国家新一代人工智能创新发展试验区建设工作指引》（2019 年），并专门分别发文支持北京、上海、深圳、天津、合肥、杭州、苏州、长沙等城市建设国家新一代人工智能创新发展试验区。在产业发展方面，工信部印发了《新一代人工智能产业创新重点任务揭榜工作方案》（2018 年），国家标委会牵头印发了《国家新一代人工智能标准体系建设指南》（2020 年）。这些政策的出台，标志着我国促进人工智能发展的体制机制框架已基本形成，为未来我国人工智能大发展打下了制度基础。

2. 产业规模进一步扩大

近年来，我国人工智能产业规模稳步扩大，正成为新的经济增长点和引领经济转型发展的重要支撑。据中国信通院测算，2022 年我国人工智能核心产业规模达到 5080 亿元，同比增长 18%①（见图 1），产业领域涵盖智慧农场、智能港口、智能矿山、智能工厂、智慧家居、智能教育、自动驾驶、智能诊疗、智慧法院、智能供应链等。从企业数量来看，截至 2022 年底，我国人工智能企业数量达到 4227 家，占全球人工智能代表企业数量的 15.5%。尤其是百度、阿里巴巴、华为、腾讯、科大讯飞、云从科技、京东等一批人工智能开放平台企业已经初步具备支撑产业快速发展的能力。根据企查查平台的数据，近十年我国新增注册的人工智能相关企业数量呈持续增长的态势，2022 年新增量环比上升了 18.55%。这些数据表明，我国人工智能产业正呈现繁荣发展态势。

3. 创新发展居全球领先地位

过去十年间，我国人工智能创新发展能力实现显著提升。在专利方

---

① 《2022 年核心产业规模达 5080 亿元，同比增长 18%！人工智能产业迎来发展新机遇》，https：//www.cnii.com.cn/tx/202303/t20230317_455459.html。

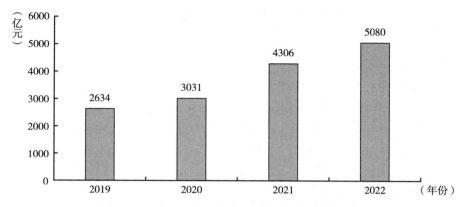

图 1　2019～2022 年中国人工智能核心产业规模

资料来源：《2022 年中国人工智能产业核心规模及产业发展趋势分析》，https：//www. 163. com/dy/article/I5HBSUU7051481OF. html。

面，据中国信通院测算，2013 年至 2022 年 11 月，我国累计人工智能发明专利申请量达到 38. 9 万项，占全球的 53. 4%，申请量居世界首位；累计人工智能发明专利授权量达到 10. 2 万项，占全球的 41. 7%。在发表论文方面，据中国信通院测算，2012 年至 2022 年 9 月，我国人工智能领域论文发表数量约为 28 万篇，占全球的 28%左右，其中高水平论文产出量已占全球的半壁江山。在关键核心技术方面，应用算法、智能芯片、开源框架等关键核心技术已取得重要突破，图像识别、语音识别等应用技术进入国际先进行列。在创新人才培育方面，我国已有 400 多所学校开设了人工智能专业，高端人才数量位居全球第二。在创新载体方面，人工智能算力基础设施建设已达到世界领先水平；全国一体化大数据中心体系基本构建完成，一批国家新一代人工智能公共算力开放创新平台已经建成。综合来看，我国人工智能创新发展水平已位居全球第一梯队。据中国科学技术信息研究所发布的《2022 全球人工智能创新指数报告》，2022 年中国人工智能创新指数为 55. 20，仅次于美国（72. 23），位居全球第二（见表 2）。根据该系列报告，2019 年以来我国人工智能创新指数排名一直位居全球第二。

表 2　2022 年全球主要国家人工智能创新指数排名情况

梯队	排名	国家	得分	梯队	排名	国家	得分
第一梯队	1	美国	72.23	第三梯队	24	葡萄牙	21.67
	2	中国	55.20		25	波兰	21.18
第二梯队	3	英国	46.59	第四梯队	26	马耳他	19.87
	4	德国	44.45		27	捷克	19.79
	5	新加坡	44.00		28	塞浦路斯	19.49
	6	加拿大	43.82		29	希腊	18.44
	7	日本	43.03		30	沙特阿拉伯	18.27
	8	韩国	41.79		31	爱沙尼亚	18.09
	9	以色列	39.30		32	巴西	17.64
	10	瑞典	39.19		33	匈牙利	16.53
	11	法国	38.01		34	罗马尼亚	15.92
	12	澳大利亚	37.98		35	南非	15.90
	13	荷兰	35.52		36	斯洛伐克	15.24
第三梯队	14	丹麦	34.56		37	墨西哥	14.75
	15	芬兰	33.51		38	印度尼西亚	14.11
	16	比利时	32.40		39	土耳其	13.65
	17	卢森堡	32.36		40	立陶宛	13.56
	18	爱尔兰	32.32		41	越南	13.50
	19	意大利	28.23		42	拉脱维亚	13.49
	20	奥地利	25.88		43	保加利亚	13.43
	21	西班牙	24.36		44	俄罗斯	13.40
	22	斯洛文尼亚	22.44		45	克罗地亚	13.20
	23	印度	22.34		46	阿根廷	11.22

资料来源：中国科学技术信息研究所：《2022 全球人工智能创新指数报告》，https：//www.istic.ac.cn/html/1/284/338/1506840089869938181.html。

4. 行业应用生态逐步形成

在国家大力推动下，我国人工智能行业应用生态逐步形成。据中国新一代人工智能发展战略研究院发布的《中国新一代人工智能科技产业发展报告·2022》①，我国人工智能科技应用涵盖 AR/VR、自动驾驶、无人机等多个领

---

① 《人工智能战略院在第六届世界智能大会上发布两份重量级报告 2022》，https：//cingai.nankai.edu.cn/2022/0709/c9373a462035/page.htm。

域，其中主要应用领域是大数据、云计算，相关企业数占人工智能主要企业数的42.55%。核心技术应用于硬件领域、机器学习和推荐领域、物联网领域、服务机器人领域的企业数量占比分别为7.64%、6.18%、6.00%、5.64%（见图2）。人工智能在各行业各领域的应用渗透，将为经济社会全方位高质量发展提供重要驱动支撑。

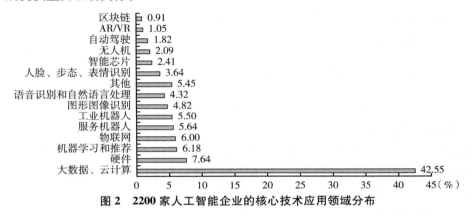

图2　2200家人工智能企业的核心技术应用领域分布

资料来源：中国新一代人工智能发展战略研究院：《中国新一代人工智能科技产业发展报告·2022》，https：//cingai.nankai.edu.cn/2022/0709/c9373a462035/page.htm。

5.产业区域集中发展明显

根据《中国新一代人工智能科技产业区域竞争力评价指数·2022》，我国人工智能科技产业区域集中发展的空间格局已经形成，主要形成了长三角、京津冀、珠三角和川渝四大人工智能产业区域经济圈。其中，长三角和京津冀两大区域的人工智能科技产业区域经济圈发展较快（见表3）。

表3　2018~2022年我国人工智能科技产业区域经济圈竞争力评价指数排名情况

区域经济圈	综合排名				
	2022年	2021年	2020年	2019年	2018年
长三角	1(103.0)	1(101.9)	2	2	2
京津冀	2(98.7)	2(100.5)	1	1	1
珠三角	3(69.5)	3(65.5)	3	3	4
川渝	4(29.2)	4(24.7)	4	4	3

注：括号内数据为指数测算结果。

资料来源：中国新一代人工智能发展战略研究院：《中国新一代人工智能科技产业区域竞争力评价指数·2022》，https：//cingai.nankai.edu.cn/2022/0709/c9373a462035/page.htm。

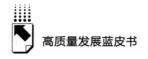

二 AI技术创新发展面临的问题与挑战

虽然我国在人工智能技术领域取得了显著成绩，但我国在人工智能技术的综合实力上与西方发达国家仍存在明显差距。这种差距主要体现在我国在人工智能领域的基础硬件、适配系统和软件、基础理论、技术人才、科技伦理规范等方面仍存在不足。

（一）核心技术发展较为滞后

人工智能是包括智能芯片、基础架构、操作系统、工具链、基础网络、智能终端、深度学习平台、大模型和产业应用在内的复杂技术体系。从技术发展阶段看，美国、日本等主要发达国家的人工智能技术已进入创新成熟阶段，但中国仍处于创新成长后期，在包括智能芯片和操作系统在内的基础软硬件领域，仍然存在着短板和不足。特别是我国某些上游基础技术仍严重依赖国外，如芯片制造技术等。此外，我国自主研发的国产人工智能基础软件在推广方面也存在不足。尽管已有一些具有独立知识产权的软件产品，但其市场占有率并不高，许多企业仍倾向于使用国外开源的人工智能算法和智能计算框架。这对国产产品的市场推广和发展带来了障碍，影响了其市场竞争力。

（二）产业技术人才比较缺乏

当前，与产业迅猛发展的势头相比，我国人工智能产业人才储备仍不足，这将在很大程度上影响整个行业的发展。具体来说，主要表现为产业基础人才储备不足、领军人才结构失衡、技术人才供给不足等。在基础人才储备方面，根据领英发布的《2022全球互联网技术人才前沿洞察报告》，截至2021年12月，全球互联网前沿技术人才总量为332万人，其中中国为11万人，仅为美国人才总数的1/10，位列世界第五①；在领军人才方面，2022年人工智能全球2000位最具影响力学者榜单显示，在21个子领域排名前100的学者中，中国

---

① 《2022全球互联网技术人才前沿洞察报告》，https：//business. linkedin. com/zh－cn/talent－solutions/webinars/2022/april/Internet_ Tech_ Insights_ hr。

仅有 232 人, 为美国 1146 人的 1/5[1]; 在人才培养方面, 全球人工智能研究排名前 20 的高校中, 中国仅占 2 所。[2]

(三)美国的技术封锁和经济打压

全球各大经济体普遍认识到人工智能发展的重要性, 都开始制定和执行各自的战略和行动计划以推动科技创新和产业发展。然而, 美国在充分理解到人工智能在提升国际竞争力方面的决定性作用后, 采取了对中国进行技术限制的策略, 遏制中国在人工智能领域的发展。2022 年, 美国发布的《芯片与科学法》[3] 旨在以美国为中心重塑全球半导体产业链, 并尽量减少对中国的依赖, 这对全球芯片制造企业提出了新的挑战。同年 10 月, 美国对中国半导体产业实施更严格的限制, 禁止中国企业获取高性能芯片和先进计算机, 对全球大型人工智能芯片制造商以及中国国内的 AI 芯片制造商都产生了深远影响。

(四)缺乏完善的科技伦理规范

科技创新的飞速发展对我国带来了显著的科技伦理挑战。在这其中, 人工智能领域的科技伦理问题同样不容忽视, 这包括道德主体、算法的偏见和歧视以及人工智能引发的法律责任问题。一些高级的人工智能系统已经表现出类似人的判断和决策能力, 这打破了原有的制度体系, 我们需要重新思考人工智能是否可以被视为道德主体, 并决定出现错误时责任的归属。同时, 如果输入的数据存在偏见, 这些偏见可能会通过算法反映在人工智能的决策中。此外, 人工智能在日常生活中的广泛应用也会引发一系列法律责任问题, 当人工智能作出的决策导致伤害或损失时, 需要明确责任的承担者。针对这些问题, 我国尚缺乏一套全面、明确、规范、协调的科技伦理治理体系。

---

[1] AI-2000-Most-Influential-Scholar, https://www. aminer. cn/ai2000.

[2] Capital T. , AI Research Rankings 2022: Sputnik Moment for China? https://thundermark. medium. com/ai-research-rankings-2022-sputnik-moment-for-china-64b693386a4.

[3] Actions-H. R. 4346-117th Congress (2021-2022), Chips and Science Act, https://www. congress. gov/bill/117th-congress/house-bill/4346/all-actions.

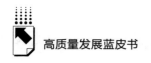

三　加快人工智能技术创新的政策建议

如今，人工智能已广泛渗透到各个行业和领域，从医疗保健、交通运输，到教育培训、娱乐休闲等，深刻改变了人们现有的工作方式和生活方式。同时，人工智能的技术进步和应用也对全球竞争格局产生了深远影响。在这样的大背景下，中国作为世界第二大经济体，应抓住机遇、应对挑战，加快发展和应用人工智能技术，而这也是建设创新型国家和世界科技强国的内在要求。

（一）加大科研投入力度，强化自主研发能力

面对全球人工智能技术日益激烈的竞争，必须进一步加大对人工智能科研的投入力度，以求在关键领域取得突破和领先。其中，硬件尤其是智能芯片的研发是当前的重中之重。在硬件方面，智能芯片是驱动人工智能发展的核心，其性能直接影响了人工智能的运算速度和能效。面对我国在智能芯片的设计和制造方面与世界先进水平还存在较大差距的事实，我国需要不断加大财政投入力度，支持人工智能重大基础研究，不断提升自主创新能力。要鼓励并引导企业和研究机构进行深度合作，开展联合研发，更好地推进科研成果转化，促进我国智能芯片产业发展。在软件方面，当前主流操作系统大多由西方国家控制。我国要在操作系统方面有所突破，必须引导和支持国内企业研发操作系统。与此同时，要鼓励和引导企业围绕国产操作系统开发相关应用软件，形成基于国产操作系统的应用软件生态，推动国产软件被社会广泛接受。

（二）加快人才培育，夯实人工智能关键支撑

人才是推动人工智能发展的关键因素。针对我国人工智能人才缺乏问题，必须及时制定应对策略，加快引育一批学术视野宽广、技术能力扎实、具有良好产业化头脑的人工智能高级人才，有效地推动人工智能产业的创新和发展。首先，要加大对基础人才的培养力度，扩大人工智能等相关专业招生规模，吸引更多学生进入该领域学习，增加人才储备。其次，优化领军人才的结构，引进海外高层次人才，通过提供更多的发展机会和平台，吸引和留住更多的领军人才。最后，提供更多的技术培训和进修机会，增强技术人才的技能和知识储备。

（三）促进产学研一体化合作，构筑人工智能创新生态

产学研一体化合作是我国推动技术创新、转化应用的重要方式，对我国人工智能技术创新发展具有关键作用。针对现阶段我国人工智能领域科研成果转化困境，未来需要进一步加强政府、科研机构和企业的深度合作，畅通从科研成果到生产力的转化路径。

第一，发挥政府作为人工智能推动者和规范者的作用，积极搭建产学研合作平台，优化科研成果转化环境，鼓励企业加大研发投入力度。例如，可通过税收、补贴、基金等政策工具，激励企业参与科研活动。同时，需要进一步加强知识产权保护，营造良好的创新环境。

第二，科研机构与企业之间应加强信息和资源的共享，形成紧密的合作关系。科研机构在基础理论、关键技术等方面具有显著优势，企业在产品研发、市场推广等方面有丰富经验，二者可以通过共建研发中心、联合培养人才等方式，实现优势互补，加速科技成果的转化应用。例如，企业可以在高校和研究院所设立研发中心，引进优秀科研人才，共同开展科研活动，同时，高校和研究院所也可以根据企业的技术需求和市场需求，实施有针对性的科研项目。

第三，建立产学研一体化合作长效机制。目前中国在科技成果转化过程中，往往存在短期化、项目化的问题，这种现象不利于科技成果的深度转化和长期发展。因此，政府、科研机构和企业应通过制订长期合作计划、建立长效激励机制等方式，推动产学研一体化合作常态化、长期化。

（四）健全相关法律法规，推动行业规范发展

随着人工智能的迅猛发展，数据安全、隐私保护、道德伦理等问题愈发凸显。因此，有必要完善相关法规，建立健全相关技术标准体系，推动产业的健康发展。

第一，健全人工智能相关法律法规。加快出台完善有关数据安全、隐私保护、道德伦理等的法律，弥补相关空白，确保人工智能的技术研发和应用在法律监管和保护下进行。

第二，健全人工智能相关技术标准体系。要积极构建人工智能技术标准体系，明确人工智能技术的性能指标、应用规则等，推动标准化工作的深入开展。

第三，鼓励政府、企业、科研机构、公众等社会各方共同参与人工智能相

关制度建设。政府需要在立法、执法等方面发挥主导作用；企业和科研机构需要提供技术支持，提出实际需求；公众需要参与到相关的讨论和决策中，保障其权益。

（五）强化国际合作交流，构建国际前沿技术生态

面对美国的技术封锁，中国应主动加强与其他国家和地区的技术合作和交流，构建多元化国际合作网络，实现技术资源共享，共同推动人工智能技术发展。通过国际技术合作，获得更多的技术资源和研发成果。进一步建立健全人工智能国际合作体制机制，通过设立国际技术合作交流项目等，广泛开展国际合作，共享全球研发资源，引进先进的技术和设备，吸收新的研发理念和方法，推动我国人工智能技术发展。

参考文献

［1］《2022 全球互联网技术人才前沿洞察报告》，https：//business. linkedin. com/zh-cn/talent-solutions/webinars/2022/april/Internet_ Tech_ Insights_ hr。

［2］高蕾、符永铨、李东升等：《我国人工智能核心软硬件发展战略研究》，《中国工程科学》2021 年第 3 期。

［3］刘晨：《我国人工智能产业竞争力评估：国内格局和全球比较》，《宏观观察》2022 年第 41 期。

［4］童嘉、邓勇新、李拓宇：《我国人工智能人才队伍建设：现状、瓶颈及若干建议——基于中美两国的比较分析》，《创新科技》2022 年第 11 期。

［5］肖君拥、朱海峰：《美国"芯片法案"的历史根源及效果预估》，《人民论坛》2023 年第 6 期。

［6］中国科学技术信息研究所：《2022 全球人工智能创新指数报告》，https：//www. istic. ac. cn/html/1/284/338/1506840089869938181. html。

［7］中国新一代人工智能发展战略研究院：《中国新一代人工智能科技产业发展报告·2022》，https：//cingai. nankai. edu. cn/2022/0709/c9373a462035/page. htm。

［8］中国新一代人工智能发展战略研究院：《中国新一代人工智能科技产业区域竞争力评价指数·2022》，https：//cingai. nankai. edu. cn/2022/0709/c9373a462035/page. htm。

B.3
2022年量子信息技术创新发展报告

范明钰*

摘　要： 以量子计算、量子通信和量子测量为代表的量子信息技术领域不断取得突破，实用化前景越来越明朗。基于量子原理的量子信息科学，可能会突破现有信息技术的物理极限，引发信息技术颠覆性变革，以及改变各国军事潜力，引发世界各国持续关注和加大资金投入力度。本文从世界主要国家在量子信息技术领域的政策入手，对量子信息技术及其标准化的最新研究与应用进展进行分析，认为推动量子信息技术发展已上升为各国的国家战略，各国制定了发展规划和技术路线，重视基础研究，强调产、学、研合作，力图融入和打造全产业链生态体系，并在各个产业链环节上培养人才。本文提出在量子科技领域国际竞争态势日益凸显的情况下，应继续通过政府的研发投入为量子信息技术提供支持，以国家实验室为核心建设量子信息科学中心，确定量子信息科学未来发展中的关键问题和重大挑战；监管、评估量子信息技术项目的实施情况，包括关键组件和材料研发、信息交流和标准建设、技术转化机制建设和效果；完善人才引进和培育机制；拓展国际合作空间；开展量子工程相关应用探索。

关键词： 量子信息　量子计算　量子通信　量子测量

量子信息科学（QIS）是量子物理与信息科学交叉形成的新生学科，它基

---

* 范明钰，电子科技大学计算机科学与工程学院教授，博士生导师，主要研究方向为电子信息技术、芯片安全、网络空间安全、密码技术等。

于独特的量子现象，包括叠加、纠缠、压缩等，以经典理论无法实现的方式来获取和处理信息，在通信、高性能计算、传感与测量等领域拥有广阔的应用前景，可能会突破现有信息技术的物理极限，引发信息技术颠覆性变革，引领新一轮科技革命和产业变革，并有望在物理、化学、生物与材料科学等基础科学领域带来突破。尤其是，其在武器、通信、传感和计算技术方面的突破，具备改变各国军事潜力的力量。近年来推动量子信息技术（QIT）发展已上升为各国国家战略，并刺激了投资资金和研发投入的大幅增加。

量子信息技术（量子技术）的三个关键领域——计算、通信和测量（传感），被视为经济和军事战略的关键部分。然而开发量子信息技术并不容易，只有少数国家有能力组织和开展相应的研发。量子互联网是由量子计算机和其他量子设备组成的网络，研究人员认为，它是对现有互联网的一种补充，而不是取代。未来 10~15 年，美国将建立州际量子网络。长期以来量子信息科学主要是科学研究，基于量子比特的信息处理技术尚未成熟，量子信息技术目前还不能取代经典的信息处理技术，但是在过去的十年，人们对将其转化为应用技术的兴趣浓厚，预计十几年后其将成为日常生活的一部分。

一 2022年量子信息技术发展总体情况

2022 年是量子科技领域发展具有标志性意义的一年。科技突破奖和诺贝尔物理学奖都授予了量子科技研究人员。2022 年 9 月 22 日，科技突破奖授予 4 位量子信息科学领域的工作者，他们分别是 David Deutsch，Peter Shor，Charles H. Bennett 和 Gilles Brassars；2022 年 10 月 22 日，诺贝尔物理学奖授予 Alain Aspect，John F. Clauser 和 Anton Zeilinger，表彰他们在"纠缠光子实验、验证违反贝尔不等式和开创量子信息科学"方面所作出的贡献；2022 年 11 月 22 日，IBM 推出 433 量子比特量子处理器 Osprey，并称在量子硬件和软件方面取得了新进展。在投资方面，与 2021 年相比，2022 年全球风险投资额下降 35%，而与此同时，量子产业投资额仅下降 5%，显示出量子产业更大的抗风险性①。

---

① The Quantum Insider, Quantum Technology Investment Update 2022 Review, https：//thequantuminsider. com/wp - content/uploads/2023/02/Quantum - Technology - Investor - Update_vFF. pdf.

本文从各国量子信息技术政策对比入手，通过梳理量子信息技术领域的进展，及国际标准化现状，分析研究量子信息技术创新发展情况，并提出建议。共四个部分，第二部分是世界各国量子信息技术政策情况；第三部分是量子信息技术与标准化发展现状；第四部分是总结及中国的应对措施。

二　世界各国量子信息技术政策情况

目前美国和中国在量子信息技术研发及应用方面领先。鉴于量子信息技术对国防和安全的潜在影响，北约也将量子信息技术确定为关键新兴和颠覆性技术之一。越来越多的国家将自主建造量子计算机作为路线图的关键节点。

（一）美国量子信息技术进展及其与中国的比较

1. 美国量子信息技术进展

2022年5月4日，美国总统签署两项指令，为美国在量子信息技术这个极具前景的科技领域继续保持领导地位奠定了基础，同时降低了量子计算机对美国国家和经济安全所构成的风险。

第一项指令是《关于加强国家量子倡议咨询委员会的行政命令》，通过加强国家量子倡议咨询委员会来进一步推动实现总统对促进尖端科学技术取得突破的承诺。该委员会是联邦政府在量子信息科学和技术方面的主要的独立专家咨询机构，指令明确该委员会直接受命于白宫，确保总统、国会、联邦部门和机构以及普通民众能够第一时间获得有关量子信息科学和技术的最新信息，以推动美国决策制定并提升技术优势。

第二项指令是《国家安全备忘录（NSM）》，概述了美国政府如何应对量子计算机给美国网络安全造成的风险，确定了保持美国在量子信息科学方面的竞争优势所需的关键步骤，指明了各机构在将易受攻击的计算机系统迁移到抗量子密码学过程中所要采取的具体行动方向。

美国一直从多方面推动量子科技发展。一是注重顶层设计，强化高位推动。2020年发布了《美国量子网络战略愿景》，是全球首个力推量子互联网的国家。2021年发布《国家量子倡议法案》，2022年新增《量子网络基础设施和劳动力发展法案》，全面提高自身在量子网络建设方面的能力。二是成立专门协调机构，多部门推进。美国有包括国防部、能源部在内的 10 多个联邦政府部门参与国家量子计划。成立了国家量子协调办公室，将其作为联邦民用量子信息科学技术活动的协调中枢；还成立了量子信息科学小组委员会，由其负责协调联邦在量子信息科学及相关技术方面的研究与开发。三是加强生态体系建设，促进协同创新。组建量子经济发展联盟，建立量子技术产业及相关供应链，联盟包含高校、研究机构、国家实验室、科技企业、军工企业和初创公司，还包括其他非量子领域但支持量子技术的供应商。四是加强国际合作，扩大创新空间。从 2019 年开始，分别和日本、英国、澳大利亚、韩国等建立量子研究伙伴关系；与英国、日本、加拿大、意大利、比利时和奥地利计划联合开发"联邦量子系统"，防范复杂的网络攻击。五是定义关键和新兴技术，为政策出台作参考。2022 年 2 月，发布新版《关键和新兴技术列表更新》，重新定义 19 项关键和新兴技术，其中包括量子信息技术。

2. 中美量子信息技术发展对比

2022 年 2 月 2 日，兰德公司发布《美国和中国量子技术工业基础评估》报告，从四类评估指标（国家科研基础、政府活动、私营企业活动和技术成果）出发，对美国和中国量子技术工业基础发展情况进行量化分析，认为：第一，美国是目前大多数（非全部）量子技术的全球领导者，中国的量子技术正在迅速发展。美国在量子信息科学方面的整体研究产出广泛且稳定，在很多应用领域都位于或接近于世界前沿，主要集中在量子计算和量子测量领域，在量子通信方面则不然。第二，中美研发主体、研发模式不相同。2021年美国政府各部门在量子技术研发方面的投入为 7.1 亿美元，近年来年均增长 20%；中国政府在量子技术研发领域的投入为每年 8400 万美元至 30 亿美元。美国量子技术部署由私营企业主导，没有明确的技术领导者，主要关注量子计算领域；中国量子技术研发主要集中在政府资助的实验室，研究成果展现了技术的快速进步，但同时只有 4400 万美元的非政府资金投入量子技术的研发，仅占美国的 3%。第三，量子技术发展迅速且潜力巨大，但最终应用时间仍具有高度的不确定性。不同技术方法可能需要不同的组件，导致供应链建立困难，成本高。

（1）美国量子信息技术

国家科研基础：美国在学术论文发表方面，过去 10 年有超过 1500 个机构共发表超过 10000 篇论文，主要集中在量子计算领域，其次是量子通信及量子测量领域。其中在量子计算和量子通信领域的高被引论文数量最多，研究的国际化程度非常高，有超过一半的论文存在国际合作的情况，少量美国研究人员与国家军事院校开展了合作。

政府活动：美国政府是美国量子研究最大的资助者，2021 年美国量子信息技术研发投入共计 7.1 亿美元。近年来美国量子信息技术的研发投入年均增速在 20%左右，背后的主要驱动力量是国家量子行动计划（National Quantum Initiative ACT）的实施。

私营企业活动：美国私营企业在量子信息科学领域具有广泛和多样化的特点，至少有 182 家，这些企业大多在 2017 年以后成立，既有大型的，也有初创的。美国私营企业主要集中在量子计算、量子测量和量子通信领域，其中量子计算领域最多，量子通信领域最少。风投是初创公司的重要资金来源，目前累计投入 12.8 亿美元，且风投主要集中在量子计算领域。

技术成果：截至 2021 年 7 月，美国最高性能的量子技术原型系统主要集中在量子计算领域。在量子测量领域美国也处于全球领先地位，但在量子通信领域仍处于学术研究阶段。

（2）中国量子信息技术

国家科研基础：过去 10 年超过 2000 个研究机构共发表论文超过 14000 篇，论文数量稳定增长；量子通信领域高被引论文数超过美国，在量子计算和量子传感领域论文数少于美国；发表的论文中存在明显的国际合作，但国际合作程度低于美国。

政府活动：中国政府每年在量子技术研发领域的投入在 8400 万美元到 30 亿美元；与美国相比，中国的政府研发投入主要集中在少数研究机构，中国政府已经明确将量子技术作为战略优先方向；从资助和技术成果来看，中国量子技术研发主要集中在政府资助的实验室。

私营企业活动：在研发方面处于边缘地位，企业数量只有美国的 3%，集中在量子通信领域。

技术成果：中国在量子超导 Transmon qubit（传输线分流等离子体振荡量

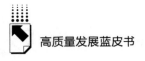

子比特）方面与美国处于同一水平；中国在玻色子取样量子计算领域处于全球领先地位，但在量子计算的其他领域落后于美国；中国在量子通信领域处于全球领先地位，但在量子传感领域落后于美国。

（二）其他主要国家和地区的量子信息技术

1. 欧盟

欧盟认为，尽管相关技术和专业知识的发展在很大程度上起源于欧洲，但中国和美国对量子信息技术投入巨资，欧洲的研究面临落后的风险。

2022 年发布 EuroQCI（欧洲量子通信基础设施）、EuroQCS（欧洲量子计算和模拟基础设施）等计划，全面推进实施量子技术战略。

EuroQCI 计划旨在建立跨越整个欧盟，包括其海外领土的安全量子通信基础设施。位于巴塞罗那的 MareNostrum 4 超级计算机是被选中的六台新欧洲量子计算机之一。六台新欧洲量子计算机安装在欧盟各地，主要用于研究，也向初创企业和其他公司开放，目的是刺激泛欧量子生态系统。每个设施周围的量子相关集群预计也将得到显著提升。

EuroQCS 计划由欧洲超级计算（HP）和量子计算界联合发布，涵盖了欧洲主要的超级计算中心和对高性能计算有巨大需求的相关科研机构，包括意大利的欧洲核物理研究中心、德国的 Julich 研究所、德国的莱布尼茨超级计算中心、法国的原子能委员会、西班牙的巴塞罗那超级计算中心等，详细介绍了欧洲量子计算技术的发展现状和未来计划，就如何实现高性能计算提供了方案。

2. 加拿大

加拿大已宣布启动国家量子战略，致力于实现加拿大量子技术的未来愿景，并帮助创造数千个就业机会，提升加拿大在量子研究方面的现有地位，并发展加拿大的量子技术、企业和人才。

该战略由关键量子技术领域的三个任务驱动：一是计算硬件和软件，使加拿大在持续开发、部署和使用这些技术方面成为世界领先者；二是通信，为加拿大配备国家安全量子通信网络和后量子密码能力；三是传感器，支持加拿大开发人员和新量子传感技术的早期采用者。

这些任务将通过对三项内容的投资来推进：一是研究，投资 1.41 亿加元用于支持基础和应用研究，以实现新的解决方案和创新；二是人才，投资

4500万加元用于在加拿大发展和留住量子专业人才，并吸引来自加拿大和世界各地的专家，以建立量子行业；三是商业化，投资1.69亿加元用于将研究转化为可扩展的商业产品和服务。

3. 英国

英国科学、技术与创新部已发布国家量子战略，将量子技术确定为未来十年保障英国繁荣和安全的重中之重，并为英国国家量子科技计划（NQTP）提供了扩展行动计划和十年愿景。扩展行动计划分为两个五年进行，将在2024年至2034年为量子技术研发提供25亿英镑的政府投资，并将额外引入至少10亿英镑的私人投资。十年愿景是使英国成为世界领先的量子科技强国，确保量子技术成为英国数字基础设施和先进制造业基地不可或缺的一部分，推动经济增长并助力建设一个强大而有弹性的社会经济体。

4. 澳大利亚

澳大利亚政府发布了首个国家量子战略，用于引导科学研究、行业伙伴、初创企业和政府之间的合作，目标是培育工业、企业、大学、各州地区和国际合作伙伴间的合作优势，建立一个繁荣、可靠的量子生态系统，将澳大利亚变成全球量子技术领导者，在未来建立更强大的产业并创造就业机会。

该战略有5个主题：支持量子技术的研发和商业应用，发展必要的量子基础设施和材料，培养专业的、不断增长的量子人才，建立符合国家利益的国际标准和框架，构建可靠的、包容的量子生态系统。每个主题都有一套周期超过7年的行动方案，主要集中在政府可以实施和促进的协调和合作行动上，以维持量子产业持续稳定发展。

三　量子信息技术与标准化发展现状

（一）量子通信技术

利用量子纠缠及不可克隆原理，在经典通信辅助下进行量子态信息传输，已成为量子信息科学中许多应用的重要组成部分。利用光子量子比特，在地理上分离的节点之间远距离共享量子信息，是当前量子信息各领域中最先实现应

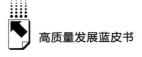

用的领域。

第一个实际应用量子通信技术的是量子密钥分发（QKD）系统，已经刺激了量子安全系统和设备的商业化。QKD 系统利用光子量子比特通过自由空间和光纤链路传输量子信息，在双方之间建立起安全的加密密钥。2023 年 5 月，中国实现光纤中 1002 公里点对点远距离 QKD，创下光纤无中继 QKD 距离的世界纪录。2022 年基于光纤传输的 QKD 和量子安全直接通信（QSDC）两类技术，在长度方上均刷新了长度纪录。双场 QKD（TF-QKD）也是近年来主要的发展方向。对于 QKD 系统性能的提升，各国除了在安全性这一核心方面继续努力，也在核心组件方面加大研发力度，例如高品质光源，除了可在 QKD 系统中应用，还可能赋能量子计算和量子精密测量。

下一个应用量子通信技术的是"量子隐形传态"。在量子密钥分配中，密钥是使用量子技术分发的，而在量子隐形传态中，信息本身是使用纠缠量子对传输的。到目前为止，量子隐形传态在光纤电缆上实现的最大通信距离是 50 公里，未来几年面临的挑战是如何扩大量子隐形传态的规模，以实现更远距离的安全通信。

量子通信的最终目标是创建"量子互联网"——由纠缠的量子计算机组成的网络，通过物理基本定律保证安全的量子通信。然而，量子互联网不仅需要远距离的量子隐形传态，还需要开发其他关键的使能技术，如量子处理器，及包括互联网协议和量子互联网软件在内的全面量子互联网堆栈。这是一项长期的工作，虽然很难确定这项技术是否及何时成熟，但大多数学者认为时间跨度为 10~15 年。在量子通信应用方面，目前的主要应用行业仍然是国防军工、电网和金融。

（二）量子计算技术

量子计算利用量子叠加等基本原理，以量子比特为基本单元进行存储，使用量子算法进行操作，计算速度远超经典计算机，提升了解决计算困难问题的能力。量子计算领域的一个特点是，各国的竞争从单一的技术比拼走向政策、技术、产品、人才、应用和生态的综合性竞争。同时，国家间合作也变得频繁，呈现国家竞争与合作并存的局面。量子计算应用备受关注的是其对信息保护技术带来了冲击，现有的密码算法已不再安全或者必须增加密钥长度。

亚马逊开启了量子计算硬件之路，与 Rigetti 等硬件制造商合作开发 Braket 量子计算机，提供对量子后端设备 IonQ、Rigetti 和 D-Wave 的访问端口，这三个访问端口分别代表量子计算的三种物理实现方法（离子阱、超导和退火量子计算）。2023 年 5 月 31 日，中国科学院量子信息与量子科技创新研究院宣布，接入"祖冲之号"同款 176 比特超导量子计算机的新一代量子计算云平台正式上线，并对全球用户开放。由于量子比特对外部干扰极其敏感，为了能够控制、操纵和利用它们，量子比特需要被冷却到非常接近绝对最低温度的水平。IBM 的 DiVincenzo 提出 5 条准则（DiVincenzo Criteria）和两个附加量子通信标准，只有满足准则的物理体系，才有望构建出可行的量子计算机。量子计算公司有三种：量子计算巨头、以硬件为重点的量子计算公司和以软件为重点的量子计算公司。世界主要国家和地区的量子计算政策与行动如表 1 所示。

表 1　世界主要国家和地区的量子计算政策与行动

国家/地区	政策与行动	时间	主要内容
美国	制定《量子信息科学和技术劳动力发展国家战略计划》	2022 年	建议采取几项行动来评估量子劳动力前景，让更多人准备好从事量子技术工作，加强各级 STEM 教育，加快探索量子技术前沿，为未来行业发展扩大人才库
	援款 2500 万美元支持开发光量子计算机	2022 年	支持开发下一代量子计算机，创造新就业机会，保障美国作为前沿技术领导者的未来
	国家科学基金会发布"Dear Colleague Letter"公告	2022 年	支持使用 IBM、微软、亚马逊提供的量子云资源进行的量子研究
	海军研究实验室宣布与其他五个政府机构合作成立华盛顿城域量子网络研究联盟	2022 年	创建、演示、运行量子网络区域试验平台
	总统签署《量子网络安全防范法案》	2022 年	鼓励联邦政府机构采用不受量子计算影响的加密技术
	参议院通过 2800 亿美元芯片法案支持量子计算等关键领域技术研发	2022 年	为能源部国家实验室注入新资金，推动量子计算的研究

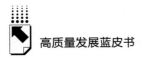

续表

国家/地区	政策与行动	时间	主要内容
美国	15 名量子专家加入国家量子倡议咨询委员会	2022 年	推进美国的国家量子倡议
	空军发布 2000 万美元的关于量子信息服务项目的国防机构指标公告	2022~2024 年	要求工业界开发新的量子计算算法软件，用于未来指挥控制通信和情报系统中的机器自动化和学习
	哥伦比亚大学获能源部 1260 万美元的量子材料项目	2022~2024 年	推进可按需创建和控制量子相关新材料和工具
欧盟	发布芯片法案支持量子芯片研发	2022~2030 年	到 2030 年预计将投入超过 430 亿欧元，培育量子芯片开发的技术和工程能力
	战略研究和产业议程（SRIA）文件提出 2030 年量子技术路线图	2022~2029 年	开发量子计算设备，解决与工业、科学和技术相关的特定问题
	欧洲量子互联网联盟（QIA）启动七年计划	2022 年	开发连接遥远城市的全栈式原型网络，构建欧洲制造的量子互联生态系统
德国	联邦教育和研究部 2 个量子计算项目投入 2 亿欧元	2022 年	在德国尖端技术的基础上构建一台完整的量子计算机，制造高质量的量子比特
英国	以数字战略支持量子计划，2024 年前投入 10 亿英镑	2022~2024 年	通过最大限度地部署私人资本、吸引私人投资来支持早期企业
澳大利亚	2021 年国家研究基础设施（NRI）路线图确定量子技术等八大新兴技术和研究领域	2022 年	支持建设量子技术基础设施，包括支持量子器件的设计、工程和制造、精密电子、光学、软件开发、材料和计量学
中国	将量子信息写入"十四五"规划	2021~2025 年	瞄准量子信息等战略性前瞻领域，发挥我国优势，提高数字基础研发能力
	发布计量发展规划。建成以量子计算为核心的先进测量体系	2022~2035 年	在 2035 年建成以量子计量为核心、科技水平一流的国家现代先进测量体系
	2022 年中央经济工作会议	2022 年	明确加快量子计算研发和推广应用
英、美、法、德、日等	成立量子集团 12 国	2022 年	通过人员交流促进国际量子合作与协作

资料来源：根据公开资料整理得到。

实现量子技术的计算能力的关键，一方面是增加量子计算机支持的量子比特数量，另一方面是确保量子比特的行为方式能够获得可靠的、无错误的结果。谷歌的研究人员证明，在某些条件下，谷歌 Sycamore 量子处理器可以实现纠错技术，该技术甚至可以呈指数级扩展，这一发现使得容错量子计算机研发迈出了重要一步。谷歌称其目标是在十年内建造一台拥有 100 万个物理量子位的纠错计算机。① 英伟达的新平台 QODA 则可能开启量子-经典混合计算的时代，可帮助程序员将量子加速添加到现有应用程序中。② 北京玻色量子科技有限公司发布自研 100 量子比特相干光量子计算机——"天工量子大脑"③。衡量量子计算机有用性的另一个维度是量子比特的质量，主要指标包括相干时间（决定量子态可以保持多久）、量子比特之间的连接程度、门保真度等④。在相干时间方面，2021 年清华大学在离子阱系统上刷新了单量子比特相干时间纪录（5500 秒）。在量子比特之间的连接程度方面，离子阱系统可以实现全连接，但量子比特数量较少，超导量子计算机，例如祖冲之号和悬铃木，单个量子比特只与周围 4 个量子比特相连，如果能够提高连接性，那么可解决问题的规模将呈指数级增长，日本 RIKEN 首次实现了三个半导体（硅自旋）量子比特的纠缠。在门保真度方面，目前最先进的量子计算系统的量子纠缠门保真度在 99% 以上，目前最高纪录是澳大利亚硅量子计算公司通过半导体技术实现的 99.99%，但该公司仅开发了 2 个量子比特。

当前任何一种技术路线都无法同时在所有指标上领先，不同技术路线各有优缺点。目前还不断有研究团队在制造新的量子比特。在 IBM 所用技术和工艺中，既有传统半导体工艺中的成熟技术，也有为制备超导比特专门发展和改

① CQI, Quantum Computing Report, Google Goal: Build an Error Corrected Computer with 1 Million Physical Qubits by the End of the Decade, https://quantumcomputingreport.com/google-goal-error-corrected-computer-with-1-million-physical-qubits-by-the-end-of-the-decade/.
② Stephanie Condon, Nvidia's New Platform Could Usher in the Era of Hybrid Quantum-classical Computing, https://www.zdnet.com/article/nvidias-new-platform-will-usher-in-the-era-of-hybrid-quantum-classical-computing/.
③ 《国内最新量子计算机真机亮相，求解加速超 100 倍，创始团队来自清华中科院等》，https://www.thepaper.cn/newsDetail_forward_23116540。
④ 《ICV 联合光子盒全球发布〈2022 全球量子计算产业发展报告〉》，https://www.quantumchina.com/lzcl。

进的工艺。IBM 将这些技术和工艺综合起来，攻克了工程上的一些技术难题，取得行业领先成果，一定程度上证明了大规模超导量子计算系统的可行性。同时，IBM 在很多技术和工艺方面都有所创新，比如 3D 封装技术、柔性线技术、低温 CMOS 技术等，这也对技术的发展方向有所启发。

量子计算仍处在早期快速发展阶段，各技术路线未收敛的特点愈发明显，各个路线均有不同程度的突破；产业链逐渐变得清晰与完善，整机所需的上游硬件设备与器件选型逐渐清晰，同时，量子计算机的软件系统也在不断跟进；参与者积极探索在化工、金融、航空航天等下游领域的应用；超导量子计算方面，IBM 公司的超导量子计算技术路线在 2022 年突破了量子纠错的盈亏平衡点；离子阱量子计算方面，向容错量子计算机迈进，探索扩展量子比特的方式，探索多样的技术路线；光量子计算方面，呈现出各项指标均有所突破及高维光量子计算显露优势的特征；中性原子方面，在专用量子模拟机上表现出明显优势，技术原理在多领域通用；半导体量子计算方面，保真度实现突破并走向可扩展性；量子拓扑计算方面，主要进展为持续探索研发新材料以及在技术原理上取得突破。

（三）量子测量技术

当前绝大多数基于经典力学原理的精密测量，仍有测不准、无法测等问题。利用量子材料、量子态来测量（感应）物理量（温度、电磁场、应变等），可提高经典分析测量的灵敏度。基于量子态对干扰极其敏感的事实，量子传感器能够测量各种不同性质物理量信息的微小差异。在过去的几十年里，量子传感的发展迅速。量子传感应用有两个突出的类型，一是光子量子传感，有多种类型，利用光的量子特性进行一系列传感应用，从远程目标检测到光存储器的读出；二是非光子量子传感，依赖于自旋量子位、捕获离子和其他具有明确量子态的材料，被用于磁力计、测温等。这两种类型也可用于增强经典传感器系统的性能。

2022 年，量子精密测量仪器在各技术路径方面都有所突破，之前停留在实验室运行阶段的仪器开始逐渐走出实验室，量子精密测量行业的关注度被提升到了前所未有的高度。限于篇幅，本文仅涉及原子钟、量子导航和雷达。

传感器的量子技术物理实现方式目前主要有 4 种。在实际应用中，需要将不同的技术进行组合，以达到最佳效用，例如，量子惯性导航由加速度计、陀螺仪、原子钟三种不同类型的传感器组成。

1. 原子钟

原子钟以原子吸收或释放能量时发出的电磁波为基础来计时，为时间测量和频率标准提供依据，也为其他基本物理量测量、物理常数定义和物理定律检验提供标准。原子钟精度的提高带动了基本物理量等精度的提高，促进新物理发现和科学技术进步。芯片原子钟是结合集成电路制造的技术工艺方法，以物理学的相干布居数囚禁（CPT）原理为基础的器件级频率基准产品。当前主要有两个发展方向：追求更高精度、实现更小体积。小型化通常以频率精度较低为代价。例如，NIST-F1 原子钟每 3000 万年走时误差只有 1 秒，但体积庞大，占地面积 3.7 立方米，耗电功率达 500 瓦。芯片原子钟的体积仅 1 立方厘米，耗电功率小，可以由普通电池来供电。美国国家标准与技术研究院（NIST）的 CPT 原子钟甚至比一粒米还要小。一般的 CPT 原子钟可为手表尺寸大小，用纽扣电池供电。当前，基于原子喷泉或热原子束和磁状态选择原理的原子钟可以达到相对不确定度 $\sim 10^{-15}$ 至 10^{-16}，最先进的芯片原子钟的不确定度为 2×10^{-12}。在全球市场中，拥有原子钟研发能力的企业和机构数量相对较多，但拥有批量生产能力的企业数量相对较少。2022 年中国空间站新增了"太空里最精准的时钟"——冷原子光钟，中国建立了世界上第一套上太空的冷原子钟组，且所有模块均由中国制造。

目前光钟有两种原子体系：囚禁冷却的中性原子团、囚禁冷却的单离子。随着光子集成、激光和微机电技术的发展，光钟可实现较小的体积和较高的精度，有望广泛应用于对体积、质量、功耗和精度敏感的各种国防装备中。

NIST 研制的锶原子光钟，不确定度达到 10^{-18} 量级、稳定度达到 10^{-19} 量级，相比微波原子钟进步了至少两个数量级。DARPA 在 2022 年 1 月提出其寻求将光钟从实验室转移到作战中。

中国科学家研制的钙离子光钟的不确定度与稳定度均进入 10^{-18} 量级。中国的梦天实验舱搭载了氢原子钟、铷原子钟和光钟，由此组成的空间冷原子钟组构成在太空中频率稳定度和准确度最高的时间频率系统。

芯片级原子钟（CSAC）在原子钟技术成熟的条件下，对尺寸小、重量轻、用量大的高精度时钟提出了新需求，可为移动网络终端远程控制及各种人

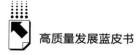

工智能设备提供高度精准的时间基准；可安装在各种便携式单兵设备上，使各移动作战单元与指挥系统之间能够保持高精度的时间同步；还可安装在增程炮弹等各种武器上，提高打击精度。CSAC 包括芯片级微波原子钟和芯片级光学原子钟。CSAC 与小型恒温晶振的体积和功耗相近，但是 CSAC 比小型恒温晶振的长期稳定度高 3 个量级以上，比芯片级微波钟具有更高的理论精度。小型恒温晶振的体积和功耗要比铷原子钟小近 2 个量级。CSAC 与微惯性测量组合和卫星导航技术相结合，形成微型导航定位授时单元，广泛应用于国民经济、军事领域和国家安全等方面。CSAC 精度高、生产难度大，受技术限制，目前全球可量产的企业较少。在国内市场，芯片级原子钟以进口产品和国产铷原子钟为主。

2. 量子导航

目前的导航依赖于卫星定位系统（GPS）；量子导航定位系统（ÇPS）利用量子纠缠光取代电磁波，通过测量相互关联的两束纠缠光的到达时间差，计算卫星与用户的距离及用户空间坐标。纠缠光的纠缠度、带宽、光谱、功率和脉冲中光子数都会影响 QPS 的精度，光子数越多，QPS 的定位精度越高。

欧空局的 NAVISP 项目旨在促进参与国及相关行业一起提出创新主张，采用基于量子技术的传感器进行辅助导航，包括跟踪局部重力变化，从而与区域和全球重力图相匹配。英国皇家海军已完成了量子导航系统的第一次测试，标志着量子技术从实验室到现实世界迈出了重要的一步。测试是在"XV Patrick Blackett 号"实验船上携带的快速原型舱中进行的。该系统使实验船在没有 GPS 的情况下知道它在世界哪个地方，后续可以内置应用到水下船只中。SandboxAQ 公司则获得了美国空军量子导航研究合同，推进量子导航系统的研究和开发，以弥补全球定位系统的不足。SandboxAQ 公司是一家 SaaS 公司，提供基于量子技术和人工智能的解决方案，专注于传感、安全和优化。

3. 量子成像（雷达）

量子成像在实际工程应用中是一个重要的领域。量子成像或称幽灵成像（Ghost Imaging，GI）是一种非直接成像方式，利用光场的二阶乃至高阶关联性质，间接重构图像。传统的量子成像技术采用三光子自发参量下转换产生纠缠光子束。限制量子成像技术空间分辨率的两个主要因素是满足相位匹配条件的角范围（通常很小）和光学元件的角孔径。量子探测成像的主要应用有量子雷达。根据发射端和接收端工作模式的不同，量子雷达分三类：一是量子发射、经典接收，如单光子雷达；二是经典发射、量子接收，如量子激光雷达；三是量子发射、量子接收，如干涉量子雷达和量子照明雷达。面临的技术难题主要体现在量子纠缠干涉、量子数量和量子相干态接收三方面。奥地利科学技术研究所（IST Austria）提出的微波量子照射雷达系统原型，利用纠缠微波光子作为探测方法，能够在嘈杂的热环境中探测物体，而传统的雷达系统经常会失败。2022 年对量子雷达的一项研究表明，量子雷达精准度可能比想象的能高，其或许可提高到现有系统的 500 倍[1]。中国电科 38 所的 77GHz 毫米波芯片及模组，首次实现两颗 3 发 4 收毫米波芯片及 10 路毫米波天线单封装集成，探测距离 38.5 米，刷新了全球毫米波封装天线最远探测距离的纪录[2]。量子雷达在理论和实践方面具备了基本的可行性，目前已没有不可逾越的科学障碍。与经典雷达相比，量子雷达提供了更简单的方法来显著提高分辨率。

（四）量子信息技术的标准化

1. 整体情况

量子信息技术的进展促进了通信、计算机和新型传感器的工程设计和应用。在将研究、创新与市场联系起来的过程中，标准化在研究成果的价值增值和知识转移方面起着至关重要的作用。传统上标准是由行业为行业制定的，但在量子信息技术背景下，科学也受益于标准化活动，并且是标准化活动的重要受益者。目前，量子信息技术的标准化仍处于早期阶段。

2. 具体情况

国际电信联盟（ITU-T）在 FG-QIT4N 量子信息焦点组中开展相关的量子信息技术标准化工作，焦点组的 WG1 工作组开展了预标准化研究和讨论。在 2021 年 3 月 23 日举行的量子技术标准联合研讨网络会上，来自 ISO、IEC、ITU-T、NIST、ETSI、ISO 和 CEN/CENELEC 等不同标准组织的代表进行了小

[1] Bob Yirka, A New Look at Quantum Radar Suggests It Might Boost Accuracy More than Thought, https://phys.org/news/2022-01-quantum-radar-boost-accuracy-thought.html.
[2] 《中国电科 38 所发布 77GHz 毫米波芯片，探测距离 38.5 米刷新世界纪录》，https://new.qq.com/rain/a/20210219A0DKT500。

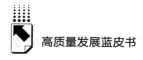

组讨论，讨论量子技术标准的总体重要性，确定最需要标准的领域，并根据时间表（路线图）确定了优先级。

美国国家标准与技术研究院（NIST）针对抗量子密码（PQC）标准化也发布了新的公告，预计 2024 年发布标准化文件。NIST 启动了量子信息对抗情况下的量子公钥密码算法的技术征集和评估标准化项目，为在经典计算体系与未来量子计算体系中，采用后量子密码学技术升级现有公钥密码体系，提供网络信息安全保障方案。

2023 年 3 月 22 日，为了引导量子技术快速发展领域的标准化工作，欧洲标准化组织中的欧洲标准化委员会（CEN）和欧洲电工标准化委员会（CENELEC）发布了两份重要文件——标准化路线图和量子技术用例报告，阐述了欧洲在量子计算、量子通信和量子计量方面的标准化需求。欧洲标准化组织 2022 年 10 月成立 CEN-CENELEC 量子技术联合技术委员会 JTC 22 QT，鼓励 JTC 22 QT 与欧洲或国际 SDO 进行协调和联络，如 ETSI、ITU、ISO、IEC、IEEE（分别为欧洲电信标准化协会、国际电信联盟、国际标准化组织、国际电工委员会、美国电气与电子工程师协会的简称）等，开展量子通信、量子计算和模拟及量子计量、传感和成像等方面的标准化活动。

Internet 工程任务组（IETF）的量子互联网研究小组（QIRG），旨在为量子互联网未来可能带来的工程问题寻找解决方案，例如标准化架构框架的定义和应用程序编程接口（API）的设计及量子互联网应用级别的定义。

IEEE 有一个被称为"行业连接"的结构，专门用于孵化关于标准的讨论，撰写白皮书，提出正式的标准。两个工作项目（P7130、P7131）在进行量子计算的标准化研究，目前处于起步阶段，旨在澄清概念、定义术语、识别标准化需求并提供性能评价指标和基准。

我国 2017 年成立了量子通信与信息技术特设任务组，由量子计算与测量标准化技术委员会（TC578）负责全国量子计算与测量领域标准化技术归口工作。2022 年，中国主导的《量子密钥分发的安全要求、测试和评估方法第 1 部分：要求》ISO/IEC 23837-1 和《量子密钥分发的安全要求、测试和评估方法第 2 部分：测试和评估方法》ISO/IEC 23837-2，进入标准发布阶段；2023 年 3 月中国主导的《信息技术量子计算术语和词汇》ISO/IEC4879 进入询问阶段。2023 年 5 月 23 日，我国《量子计算术语和定义》通过国家市场监督管理总局（国家标准化管理委员会）批准正式发布，标准编号为 GB/T42565-2023；《器件无关量子随机数产生器通用要求》获国家标准立项。

四　总结及中国的应对措施

各国都积极开展量子信息技术研发，布局和发展量子计算产业。其中以美国和中国表现最为突出，两国之间的竞争与对抗也愈发激烈。

从美国联邦政府对量子科技的规划和布局来看，具有两个特点。（1）对基础研究高度重视。美国《国家量子倡议法案》发布了为期 10 年的国家量子计划，以 5 年为节点开展评估，并进行相应的调整。目前，美国学界、商界关于量子科技的潜力已取得共识——极有可能催生变革性的技术，但仍需要大力投资基础研究。在历史上，"第一次量子革命"产生了原子钟、全球定位系统、激光、晶体管和磁共振成像等改变现代社会面貌的技术成果，"第二次量子革命"仍有许多需要解决的科学问题。因此，美国在量子信息科学领域的政策重点之一是保持其在相关领域的领先地位。（2）强调产、学、研合作，打造全产业链生态体系。对于作为未来经济竞争力决定性因素之一的量子信息科学，美国积极动员学界和产业界密切配合、多管齐下，力图在这一新兴的科技领域保持支配地位。美国向来重视产学研结合。无论是能源部的量子信息科学中心还是国家科学基金会的量子跃迁挑战研究所，都有自己的产业界合作伙伴，且 NSTC-SCQIS 的几家参与机构（包括国家科学基金会、能源部、国家航空航天局、国防部等）都运营和管理着小企业创新研究计划/小企业技术转移计划（SBIR/STTR）项目。这些项目可为量子信息科学领域的初创企业和小企业提供种子资金，支持企业研发和产业化活动。能源部国家实验室被选作量子信息科学中心承办地，有助于完善大学和私营企业之间的中间地带。

对于我国量子信息科技的创新发展，我们提出以下建议。（1）继续加大投入力度、推动基础性关键性问题的解决和完善技术转化机制。借助国家自然科学基金、科技重大专项、重点研发计划、战略性先导科技专项等支持开展量子信息技术攻关，重视和鼓励企业（包括民营企业）对量子信息科技的参与、投入和研发，为国内企业、研究机构和科研院所提供公开、透明的信息交流和沟通平台，以国家实验室为核心建设量子信息科学中心，确定量子信息科学未

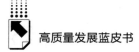

来发展中的关键问题和重大挑战，进一步推动量子技术基础性关键性问题的解决和健全完善技术转化机制。（2）监管、评估量子信息技术项目的实施情况，包括关键组件和材料研发、信息交流和标准建设、技术转化机制建设和效果。（3）完善人才引进和培育机制。实施量子信息技术专项行动，邀请国内外量子互联网领域高水平专家开展学术交流和合作；鼓励各地和高校、企业设立海外量子技术工作站。强化人才培育，支持高校建设相关专业，打造一批量子技术学科基地。（4）拓展国际合作空间。进一步完善国际技术合作机制，积极争取牵头和参与量子信息技术标准的制定工作；同"一带一路"主要国家和地区开展量子计算领域的科技合作，共同实施重大科技项目，形成示范带动效应。（5）及时开展量子工程相关应用探索。组织力量解决当前将量子信息技术研究成果转化到实际工程应用领域的基础难题，寻找各种机会尝试技术转化。发挥量子技术潜力，探索未来跨域式发展，推动将量子技术应用于人工智能、金融、密码解析等领域，将量子模拟应用于生物制药、分子化学、能源研究等领域。加强对量子信息技术与实际应用场景结合的探索，拓展可能具有潜力的应用方向。

参考文献

［1］ Amazon Braket 量子计算机，https：//aws. amazon. com/cn/braket/quantum - computers/？ nc1 = h_ ls。

［2］ Bob Yirka, A New Look at Quantum Radar Suggests It Might Boost Accuracy More than Thought，https：//phys. org/news/2022-01-quantum-radar-boost-accuracy- thought. html.

［3］ CEN/CLC/JTC 22 - Quantum Technologies，https：//standards. iteh. ai/catalog/tc/ cen/cc11746d-0acf-4bca-8b55-21e7e95c9988/cen-clc-jtc-22.

［4］ CQI, Quantum Computing Report, Google Goal：Build an Error Corrected Computer with 1 Million Physical Qubits by the End of the Decade，https：// quantumcomputingreport. com/google - goal - error - corrected - computer - with - 1 - million-physical-qubits-by-the-end-of-the-decade/.

［5］ Critical And Emerging Technologies List Update, https：//www. whitehouse. gov/ wp-content/uploads/2022/02/02-2022-Critical-and-Emerging-Technologies-List-

Update. pdf.

［6］ Daphne Leprince – Ringuet, Quantum Computers: Google Points the Way towards Scalable Fault – Tolerant Quantum Devices, https://www. zdnet. com/article/ quantum–computing–google–researchers–think–they–can–now–stop–qubits–going– wrong/? ftag = COS – 05 – 10aaa0g&taid = 60f794bdc5720500017c41d4&utm_ campaign = trueAnthem%3A + Trending + Content&utm_ medium = trueAnthem&utm_ source = twitter.

［7］ D. P. DiVincenzo, The Physical Implementation of Quantum Computation, *Fortschr. Phys.*, 2020（48）, 771.

［8］ ESA Probing Navigation Via the Quantum Realm, https://www. esa. int/ Applications/Navigation/ESA_ probing_ navigation_ via_ the_ quantum_ realm.

［9］ EuroQCI（European Quantum Communication Infrastructure）, https://www. eoportal. org/other–space–activities/euroqci#towards–an–operational–euroqci.

［10］ EuroQCS: European Quantum Computing & Simulation Infrastructure, https:// www. icvtank. com/newsinfo/602048. html.

［11］ Georgescu I. , The DiVincenzo Criteria 20 Years on, *Nat. Rev. Phys.*, 2020（2）.

［12］ Hayley Dunning, Quantum Sensor for a Future Navigation System Tested aboard Royal Navy Ship, https://www. imperial. ac. uk/news/245114/quantum–sensor– future–navigation–system–tested/.

［13］ IEEE Quantum Initiative Support for Standards IEEE Quantum, https://quantum. ieee. org/standards.

［14］ Innovation, Science and Economic Development Canada, Government of Canada Launches National Quantum Strategy to Create Jobs and Advance Quantum Technologies, https://www. newswire. ca/news–releases/government–of–canada– launches–national – quantum – strategy – to – create – jobs – and – advance – quantum – technologies–869929816. html.

［15］ ITU – T Focus Group on Quantum Information Technology for Networks （ FG – QIT4N）, https://www. itu. int/en/ITU–T/focusgroups/qit4n/Pages/default. aspx.

［16］ James Dargan, 81 Quantum Computing Companies: An Ultimate 2023 List, https://thequantuminsider. com/2022/09/05/quantum – computing – companies – ultimate–list–for–2022/.

［17］ Kristel Michielsen, Towards EuroQCS – The European Quantum Computer and Simulation infrastructure, https://www. bsc. es/sites/default/files/public/computer_ science/3b4hpc_ michielsen_ 2022. pdf.

［18］ Leah Hesla, Q – Next Quantum Center Releases Roadmap for the Development of Quantum Information Technologies, https://www. anl. gov/article/qnext–quantum–

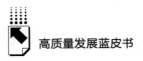

center - releases - roadmap - for - the - development - of - quantum - information - technologies.

[19] Manoj Mathews, A Study on Quantum Radar Technology Developments and Design Consideration for its integration, https：//arxiv. org/pdf/2205. 14000. pdf.

[20] Market Intelligence, United Kingdom ICT UK Launches National Quantum Strategy, https：//www. trade. gov/market-intelligence/united-kingdom-ict-uk-launches- national-quantum-strategy.

[21] McGrew W. F. , Zhang X. , Fasano R. J. , et al. , "Atomic Clock Performance Enabling Geodesy below the Centimetre Level", *Nature*, 2018 (564) .

[22] Michael Irving, IBM Reveals Osprey, The World's Most Powerful Quantum Computer, https：//newatlas. com/computers/ibm-osprey-worlds-most-powerful- quantum-computer/.

[23] Michiel Van Amerongen, Quantum Technologies in Defence& Security, https：// www. nato. int/docu/review/articles/2021/06/03/quantum-technologies-in-defence- security/index. html.

[24] National Quantum Initiative Act (Public Law 115-368), https：//www. quantum. gov/wp-content/uploads/2022/08/NQIA2018-NDAA2022-CHIPS2022. pdf.

[25] National Quantum Strategy, https：//www. industry. gov. au/publications/national- quantum-strategy.

[26] Parker, Edward, Daniel Gonzales, et al. , An Assessment of the U. S. and Chinese Industrial Bases in Quantum Technology, Rand Corporation, https：//www. rand. org/pubs/research_ reports/RRA869-1. html.

[27] Quantum Breakthrough Awards, https：//doi. org/10. 1038/s41566-022-01097-6.

[28] Quantum Internet Research Group (QIRG), https：//datatracker. ietf. org/rg/qirg/about/.

[29] SandboxAQ Awarded U. S. Air Force Contract for Quantum Navigation Research, https：//www. sandboxaq. com/press-release/sandboxaq-awarded-u-s-air-force- contract-for-quantum-navigation-research.

[30] Scott E. Crawford, Roman A. Shugayev, et al. , Quantum Sensing for Energy Applications：Review and Perspective, https：//onlinelibrary. wiley. com/doi/10. 1002/qute. 202100049.

[31] Section-by-Section Summary of the Quantum Network Infrastructure and Workforce Development Act of 2021, https：//www. thune. senate. gov/public/_ cache/files/ a5221e07 - 7f68 - 48bc - aaa4 - 4974bca4136d/39C6F32F6670B44D02D314CE 2470B5F9. quantum-network-infrastructure-and-workforce-development-act- summary-2021. pdf.

[32] Standardization for Quantum Technologies：Read Our Two Newly Published

Documents, https://www.cencenelec.eu/news−and−events/news/2023/brief−news/2023−03−22−standardization−for−quantum−technologies/.

［33］Stephanie Condon, Nvidia's New Platform Could Usher in the Era of Hybrid Quantum−Classical Computing, https://www.zdnet.com/article/nvidias−new−platform−will−usher−in−the−era−of−hybrid−quantum−classical−computing/.

［34］The Ecosystem：Europe's Quantum Computing Infrastructure to Get Six New Engines, https://sciencebusiness.net/news/ecosystem−europes−quantum−computing−infrastructure−get−six−new−engines.

［35］The National Quantum Coordination Office, https://www.quantum.gov/nqco.

［36］The Quantum Insider, Quantum Technology Investment Update 2022 Review, https://thequantuminsider.com/wp−content/uploads/2023/02/Quantum−Technology−Investor−Update_vFF.pdf.

［37］The White House National Quantum Coordination Office, A Strategic Vision for America's Quantum Networks, https://www.quantum.gov/wp−content/uploads/2021/01/A−Strategic−Vision−for−Americas−Quantum−Networks−Feb−2020.pdf.

［38］The White House, Fact Sheet：President Biden Announces Two Presidential Directives Advancing Quantum Technologies, https://www.whitehouse.gov/briefing−room/statements−releases/2022/05/04/fact−sheet−president−biden−announces−two−presidential−directives−advancing−quantum−technologies.

［39］Uchicagou News, The Quantum Internet, Explained, https://news.uchicago.edu/explainer/quantum−internet−explained.

［40］van Deventer O., Spethmann N., Loeffler M., et al., "Towards European Standards for Quantum Technologies", *EPJ Quantum Technol.*, 2022（9）, https://doi.org/10.1140/epjqt/s40507−022−00150−1.

［41］Vikki Davies, Federated Quantum System Launched at the G7 Summit 2021, https://cybermagazine.com/cyber−security/federated−quantum−system−launched−g7−summit−2021.

［42］Vikki Davies, Federated Quantum System launched at the G7 Summit 2021, https://cybermagazine.com/cyber−security/federated−quantum−system−launched−g7−summit−2021.

［43］《国内最新量子计算机真机亮相，求解加速超100倍，创始团队来自清华中科院等》, https://www.thepaper.cn/newsDetail_forward_23116540。

［44］《ICV联合光子盒全球发布〈2022全球量子计算产业发展报告〉》, https://www.quantumchina.com/lzcl。

［45］《ICV联合光子盒全球发布〈2022全球量子精密测量产业发展报告〉》, https://www.quantumchina.com/lzcl。

［46］《万字全文！2023 全球量子计算产业发展展望》，https：//www. quantumchina. com/lzcl。

［47］《西安同步电子小康，国产芯片级微型原子钟介绍》，https：//zhuanlan. zhihu. com/p/571915612。

［48］《中国电科 38 所发布 77GHz 毫米波芯片，探测距离 38.5 米刷新世界纪录》，https：//new. qq. com/rain/a/20210219A0DKT500。

［49］中国科学技术大学上海微系统与信息技术研究所：《我科学家实现千公里无中继光纤量子密钥分发》，https：//www. cas. cn/syky/202305/t20230530_ 4892013. shtml。

［50］《"祖冲之号"上线！中国 176 比特量子计算云平台面向全球开放》，https：//www. cas. cn/cm/202306/t20230601_ 4892541. shtml。

B.4
2022年集成电路技术创新发展报告

李先军*

摘　要：　集成电路产业不仅是数字经济时代的基础产业和核心产业，也是全球竞争的重要角力场。在近年来持续支持集成电路产业发展的政策背景下，我国集成电路产业尽管面临美国的全面打压，但总体发展保持良好的态势。产业总体规模保持较高的增速，全球竞争力有序提升，在产业链部分环节取得了一定的突破。展望未来，虽然面临严峻的外部压力尤其是美国的全面打压，但在新型举国体制推动和强大的需求牵引下，我国集成电路产业规模仍将持续快速增长，部分领域国产替代和自主可控能力将得以改善。未来，需要进一步加大集成电路产业支持力度，尤其是发挥新型举国体制优势，强化对基础研究的支持尤其是深化企业作为创新主体的功能，推动集成电路全产业链的有效突破和协同创新，同时也要防范与全球市场的"真脱钩"风险。

关键词：　集成电路产业　技术创新　数字经济

一　引言

作为数字经济的核心和基础，集成电路产业在数字经济时代至关重要。近年来，在外部尤其是美国及其盟友对我国集成电路产业加大打压力度的背景下，我国持续加强集成电路产业政策支持，为集成电路产业高质量发展营造良

＊　李先军，中国社会科学院工业经济研究所副研究员，主要研究方向为中小企业创新与经济发展、关键核心技术创新组织与政策等。

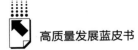

好的政策环境。我国集成电路产业保持快速增长态势，在全球市场的竞争力有序提升，成为支撑我国产业安全和经济安全的重要力量。未来，我国集成电路产业依然将保持增长态势，成为支持数字经济高质量发展、推动国产替代的重要力量。为此，本文在梳理我国集成电路产业政策演化脉络的基础上，分析我国集成电路产业发展取得的主要成效以及未来的总体趋势，并结合当前时代背景提出新形势下促进我国集成电路产业高质量发展的相关政策建议。

二　我国集成电路产业发展的政策举措

由于具有战略性、基础性和先导性特征，集成电路产业成为我国优先发展的重要产业之一。党的十八大以来，在高质量发展理念的引领下，我国注重对包括集成电路产业在内的高科技行业的政策支持，为集成电路产业发展营造良好的政策环境。

（一）强化顶层设计，为产业发展营造良好的政策环境

为了加速发展集成电路和软件产业，早在 2000 年 6 月，国务院就发布了《关于印发鼓励软件产业和集成电路产业发展若干政策的通知》（国发〔2000〕18 号文件，简称"18 号文"）。18 号文是进入 21 世纪以来我国发布的第一个系统支持集成电路产业发展的政策文件，明确提出，力争到 2010 年使我国集成电路产业成为世界主要开发和生产基地之一；经过 5~10 年的努力，国产集成电路产品能够满足国内市场大部分需求，并有一定数量的出口，同时进一步缩小与发达国家在开发和生产技术上的差距。自此之后每隔 10 年，国务院都出台了系统的支持集成电路产业发展的政策文件。然而，从政策目标来看，早期我国对于集成电路产业的支持主要集中在将集成电路产业作为软件服务业的组成部分上，在集成电路制造方面的定位为制造和代工基地。2006 年发布的《国家中长期科学和技术发展规划纲要（2006-2020 年）》，将"核高基"和集成电路作为 16 项"国家科技重大专项"的 2 项，确定了到 2020 年实施的内容和目标，这是国家首次从技术突破、系统创新的视角来加速国家集成电路产业的发展。

随着国际国内环境的快速变化，进一步加大对集成电路产业的政策支持力

度成为我国应对全球竞争和国内数字经济快速发展需求的必然选择。2021年3月十三届全国人大四次会议通过的《中华人民共和国国民经济和社会发展第十四个五年规划和2035年远景目标纲要》将集成电路作为七大"科技前沿领域攻关"的内容之一，提出要实现集成电路设计工具、重点装备和高纯靶材等关键材料研发，集成电路先进工艺和绝缘栅双极型晶体管（IGBT）、微机电系统（MEMS）等特色工艺突破，先进存储技术升级，碳化硅、氮化镓等宽禁带半导体发展，对集成电路全产业的未来发展方向予以了具体明确。

围绕集成电路产业的高质量发展，财政部、税务总局、国家发改委、工信部等相关部门围绕《新时期促进集成电路产业和软件产业高质量发展的若干政策》的总体要求，出台了一系列支持集成电路产业发展的相关政策，对进出口税、所得税、增值税、相关税费等优惠予以明确，对加速折旧、缓征税收等进行明确，并试行清单管理，形成对集成电路产业的精准支持。此外，各地政府也出台了一系列支持政策体系，集成电路产业发展迎来了前所未有的制度环境（见表1）。

表1 近年来我国支持集成电路产业发展的主要政策汇总

时间	政策名称	发布单位	主要内容
2015年6月	《关于支持有关高校建设示范性微电子学院的通知》	教育部、国家发改委等6部门	对建设示范性微电子学院提出了具体的方向和要求
2016年3月	《中华人民共和国国民经济和社会发展第十三个五年规划纲要》	十二届全国人大四次会议	提出大力推进先进半导体、机器人等新兴前沿领域创新和产业化，形成一批新增长点。培育集成电路体系，大力发展磷化铟、碳化硅等下一代半导体材料
2016年5月	《国家创新驱动发展战略纲要》	中共中央、国务院	提出了加大集成电路、工业控制等自主软硬件产品和网络安全技术攻关和推广力度；攻克高端通用芯片、集成电路装备的的关键核心技术
2016年7月	《"十三五"国家科技创新规划》（国发〔2016〕43号）	国务院	提出持续攻克"核高基"、集成电路装备等关键核心技术，建成体系化研发平台进而建成科技创新平台，形成具有国际竞争力的高新技术产业集群

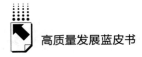
续表

时间	政策名称	发布单位	主要内容
2016 年 8 月	《装备制造业标准化和质量提升规划》(国质检标联〔2016〕396 号)	质检总局、国家标准委、工信部	提出在产业链各个环节和具体领域完善相关标准体系
2016 年 11 月	《"十三五"国家战略性新兴产业发展规划》(国发〔2016〕67 号)	国务院	提出做强信息技术核心产业,组织实施集成电路发展工程,启动集成电路重大生产力布局规划工程
2016 年 12 月	《信息产业发展指南》(工信部联规〔2016〕453 号)	国家发改委、工信部	从创新中心建设、集成电路布局、系统建设、财政支持、税收政策、人才政策等方面提出了具体明确的指导性政策
2017 年 4 月	《国家高新技术产业开发区"十三五"发展规划》(国科发高〔2017〕90 号)	科技部	提出优化产业结构,采取差异化策略和非对称路径,聚焦尖端领域,推进集成电路及专用装备、信息通信设备、高档数控机床和机器人等关键核心技术突破和应用
2018 年 3 月	《关于集成电路生产企业有关企业所得税政策问题的通知》(财税〔2018〕27 号)	财政部、税务总局、国家发改委、工信部	对集成电路生产企业所得税优惠政策做了进一步规定和调整
2020 年 7 月	《新时期促进集成电路产业和软件产业高质量发展的若干政策》(国发〔2020〕8 号)	国务院	为促进新时期我国集成电路产业的发展,从财税、投融资、研发、进出口、人才、知识产权、市场应用以及国际合作八个方面给予了更加优惠的政策
2021 年 3 月	《中华人民共和国国民经济和社会发展第十四个五年规划和 2035 年远景目标纲要》	十三届全国人大四次会议	将集成电路作为七大"科技前沿领域攻关"的内容之一,提出要实现集成电路设计工具、重点装备和高纯靶材等关键材料研发,集成电路先进工艺和绝缘栅双极型晶体管(IGBT)、微机电系统(MEMS)等特色工艺突破,先进存储技术升级,碳化硅、氮化镓等宽禁带半导体发展
2023 年 4 月	《财政部 税务总局关于集成电路企业增值税加计抵减政策的通知》(财税〔2023〕17 号)	财政部、税务总局	自 2023 年 1 月 1 日至 2027 年 12 月 31 日,允许集成电路设计、生产、封装测试、装备、材料企业,按照当期可抵扣进项税额加计 15%抵减应纳增值税税额,并对适用加计抵减政策的集成电路企业采取清单管理

资料来源:笔者整理。

（二）加大资源投入力度，为产业发展提供有效的资源支持

集成电路产业的战略重要性使得各国都在产业发展过程中加大资源支持力度，而产业本身的高投资强度、长周期投资和高风险特征也使得集成电路产业的发展离不开有效的外部支持。为此，在各国加大产业政策支持力度的背景下，我国也不断创新对产业发展的资金和人才支持。

资金支持方面，我国从 2014 年开始启动国家集成电路产业投资基金（大基金一期），募集资金 1387.2 亿元，2019 年底完成直接投资 1387 亿元，撬动地方和社会资本 5145 亿元，其中对集成电路设计、制造、封装测试和设备材料的投资占比分别为 17%、67%、10% 和 6%，为我国集成电路产业发展提供了有效的资金支持。2019 年 10 月，大基金二期启动，注册资本为 2041.5 亿元，截至 2023 年 9 月 7 日，大基金二期已宣布投资 54 家公司，累计协议出资 955 亿元。其中投资晶圆制造约 797 亿元，占比 83.5%；投资集成电路设计工具、芯片设计约 25 亿元，占比 2.6%；投资封装测试约 33 亿元，占比 3.5%；投资装备、零部件、材料约 99 亿元，占比 10.4%。较大基金一期的投资结构来看，大基金二期对于制造产能和材料、设备的投资明显增加，体现了对"补短板"问题的高度关注。此外，作为支持高科技企业直接融资的科创板，也发挥了支持集成电路企业发展的重要作用，自 2019 年 7 月科创板开板至 2023 年 7 月，科创板累计开展了 541 起 IPO，募资规模累计达 8478 亿元，其中 89 家科创板上市公司为半导体企业，占比最高，达 16%。

人才培养方面，自 2015 年教育部等六部门决定建设示范性微电子学院之后，全国共有 28 所高校建立了微电子学院，这些微电子学院成为培养集成电路产业人才的重要载体。《中国集成电路产业人才发展报告（2020-2021 年版）》数据显示，2020 年我国直接从事集成电路产业的人员约 54.1 万人，同比增长 5.7%。其中，设计业、制造业和封装测试业的从业人员规模分别为 19.96 万人、18.12 万人和 16.02 万人。

（三）融入全球体系，为产业发展提供充裕的市场和技术供给

集成电路产业是一个高度全球化的产业，这是集成电路发展效率提升和技

术进步的重要动因。当前，集成电路产业的国际产业分工格局主要表现为美欧主导设备、设计和 EDA 软件，日本主导材料和设备，韩国和中国台湾主导制造，中国大陆主导封装测试和产品组装。为此，在遵循产业全球化发展规律的背景下，我国集成电路产业的发展高度重视全球化，通过在供需两端主动融入全球化，实现产业的高质量发展。

供给方面，充分发挥我国的市场和人才优势，注重将集成电路产业的相关企业和创新主体引进来。行业内领先的集成电路生产企业进驻我国市场，会形成有效的示范效应和知识溢出效应，助推我国集成电路产业的发展。与此同时，在集成电路产业强化技术整合的背景下，我国企业积极参与资本市场，努力通过并购、参股等多种形式，实现在全球范围内对集成电路特定领域的技术、人才、客户的整合。

需求方面，从全球化发展来看，我国集成电路产业参与全球化的深度加大，全球竞争力有序提升。2021 年集成电路出口金额为 1537.9 亿美元，而进口金额高达 4325.5 亿美元，单品类逆差高达 2787.6 亿美元。但是，剔除外国和中国台湾地区半导体公司在中国大陆的活动，2020 年中国大陆公司在全球半导体销售和半导体制造市场的总体份额仅为 5%，我国半导体行业需求庞大但自身供给能力不足。

图 1　2013~2021 年我国集成电路进出口情况

资料来源：中华人民共和国海关总署。

三 我国集成电路产业发展的主要成效

（一）产业规模快速增长，结构和质量不断优化

党的十八大以来，我国集成电路产业发展的整体战略发生重大改变，从原有做大做强、提升效率的目标转向做强做优、兼顾安全的目标。从整体的政策体系来看，国家通过系统化体制设计，形成以专项规划为总纲，以重大专项为突破点，以科创板和大基金为重要资本撬动源，注重对"卡脖子"环节和领域的关注，强化新型举国体制，形成了对集成电路产业链发展的全方位、有重点的支持。在此背景下，我国集成电路产业在保持规模快速增长的同时结构得到进一步优化，在全球供应链和价值链的参与度进一步提高，且在部分领域取得了一定的突破，在进一步增强产业的全球竞争力方面取得一定的成效。

从生产和销售能力来看，我国集成电路产业保持较高的体量且依然维持高速增长态势。2013~2021年，我国集成电路产业规模保持年均19.54%的增长率，国内销售额从2508.5亿元增长到10458.3亿元（见图2）。其中，2021年集成电路设计业销售额同比增长19.6%，达4519亿元；制造业销售额同比增长24.1%，达3176.3亿元；封装测试业销售额同比增长10.1%，达2763亿元[①]。

从结构来看，我国集成电路产业的质量不断提升，设计、制造和封装测试三个环节的结构发生显著变化，附加值更高的设计和制造环节比重稳步增长。2013~2021年，设计和制造环节销售额占比分别从32.24%、23.95%上升到43.21%、30.37%，与之相对应的是，封装测试环节销售额占比从43.81%下降到26.42%（见图3）。

（二）全球竞争力逐步提升

2012~2022年，全球半导体产业规模从2915.6亿美元快速增长至5740.0亿美元（见图4），年均增速为7%，远超同期全球经济增速，成为牵引全球经

---

① 资料来源：中国半导体行业协会。

图 2 2013~2021 年我国集成电路产业销售额变化情况

资料来源：中国半导体行业协会。

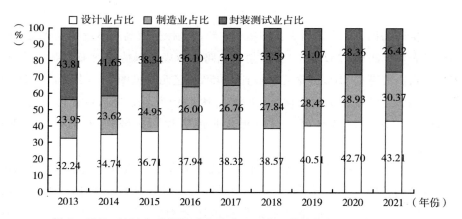

图 3 2013~2021 年我国集成电路产业三大环节销售额占比变化情况

资料来源：中国半导体行业协会。

济数字化转型的重要力量①。

从市场结构情况来看，半导体产业表现出显著的"一超多强"竞争格局。从其全球演化和竞争态势来看，美国居于主导地位且发展比较稳定，欧洲的影响力总体不大但发展也保持稳定，日本 20 世纪七八十年代迅速崛起但随后影

---

① 资料来源：美国半导体行业协会。

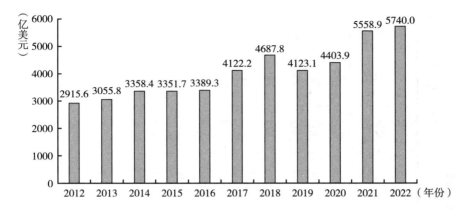

图 4　2012~2022 年全球半导体产业销售额

资料来源：美国半导体行业协会（SIA）。

响力呈现下降态势，韩国和中国的影响力稳步上升。从所占市场份额来看，2012~2020 年中国大陆半导体产业在全球市场中的占比呈快速增长态势，2020 年已达 26.30%。

从企业规模来看，2021 年半导体行业排名第五的高通销售额已达到 293 亿美元，位居行业第一的三星销售额则达到了 820 亿美元（见表 2）。行业内领先企业的变化情况反映了美国全球控制力的进一步增强，日本和欧洲的份额和影响力有所下降、韩国和中国台湾迅速崛起。

（三）部分领域实现突破，国产替代成效显著

设计环节，我国集成电路设计企业的数量自 2012 年以来逐年增加，并逐步进入全球市场的主流竞争格局。2022 年，我国集成电路设计企业达 3243 家，比上年的 2810 家，增长了 15.4%。制造环节，我国后来者居上，产能不断攀升，根据 Trend Force 数据，2021 年第一季度，中国大陆厂商占 7%的市场份额，中国台湾厂商占 65%的市场份额，韩国占 17%的市场份额，美国占 5%的市场份额。封装测试环节，中国大陆头部企业有三家，分别是长电科技、通富微电、华天科技，市场占有率为 20.9%。材料领域，我国也出现一些新企业并形成一定的突破和替代能力。设备领域，主要被欧、美、日巨头把控，但我国在各个细分环节均有布局，部分领域也取得了一些突破。EDA 软件和 IP 核

表2 2000~2021年全球半导体行业排名前十的企业销售额及市场份额

单位：亿美元，%

排名	2000年				2008年				2021年			
	公司	总部所在地	销售额	市场份额	公司	总部所在地	销售额	市场份额	公司	总部所在地	销售额	市场份额
1	英特尔	美国	297	13.6	英特尔	美国	345	13.0	三星	韩国	820	13.3
2	东芝	日本	110	5.0	三星	韩国	203	7.7	英特尔	美国	767	12.5
3	日本电器	日本	109	5.0	德州仪器	美国	116	4.4	SK海力士	韩国	374	6.1
4	三星	韩国	106	4.8	东芝	日本	104	3.9	美光	美国	300	4.9
5	德州仪器	美国	96	4.4	意法半导体	瑞士	103	3.9	高通*	美国	293	4.8
6	摩托罗拉	美国	79	3.6	瑞萨	日本	70	2.6	英伟达*	美国	232	3.8
7	意法半导体	瑞士	79	3.6	高通*	美国	65	2.5	博通*	美国	210	3.4
8	日立	日本	74	3.4	索尼	日本	64	2.4	联发科技*	中国台湾	177	2.9
9	英飞凌	德国	68	3.1	海力士	韩国	62	2.3	德州仪器	美国	173	2.8
10	飞利浦	荷兰	63	2.9	英飞凌	德国	59	2.2	超微半导体*	美国	164	2.7
合计			1081	49.4			1191	44.9			3512	57.1
全行业			2190	100			2652	100			6146	100

注：①*代表无晶圆厂设计企业；②本表数据不包含纯晶圆代工厂数据，台积电作为纯晶圆代工企业2021年在全部集成电路企业2021年在全部集成电路企业中的市场销售额居第三。

资料来源：IC Insight.

领域，国内企业华大九天、概伦电子具有一定的市场地位，芯原股份（VeriSilicon）有一定的市场竞争力。

四 新形势下我国集成电路产业发展的总体趋势

近年来，在美国加大对我国集成电路等高技术行业封锁打压力度的背景下，我国集成电路产业发展面临前所未有的严峻形势。但从现实来看，在严峻的外部压力下我国集成电路产业在加速技术进步和国产替代等方面取得显著成效，外部压力成为激发产业创新和发展的内在动力。展望未来，新形势下的技术革命和产业革命将深入推进，随着数字经济的发展集成电路产业需求将依旧保持旺盛，集成电路产业总体规模尽管会有所波动但总体增长的趋势不变甚至会出现爆发式增长；外部压力依然较大，尤其是在美国强化与其盟友的合作并共同打压中国的背景下，我国集成电路产业深度融入全球化面临严峻的现实挑战；在国内良好的政策引领和超大规模市场牵引下，集成电路产业链各个环节的突破将加速，产业的竞争力将进一步提升。

1. 产业总体将保持高速增长趋势，但短期将有所波动

在数字革命深化的背景下，5G、物联网、大数据、云计算、人工智能、新基建等步入快速发展阶段，巨大的市场需求为集成电路产业发展带来巨大的机会，未来集成电路产业保持高速增长的总体趋势不会发生变化。根据世界半导体贸易统计（WSTS）的预测，2023年全球半导体市场将出现下滑，预计市场规模将降至5050.95亿美元，在2024年将出现强劲的复苏态势，预计增长至5759.97亿美元，超过2022年的5740.84亿美元[1]。我国是全球集成电路行业的重要消费国，2019年中国半导体消费量占全世界的53%，预计2030年将达到58%[2]，我国占全球集成电路产业的消费比重将进一步提高。

然而，从短期来看，2023年产业发展处于相对低迷的时期。美国半导体行业协会（SIA）数据显示，2023年第一季度全球半导体销售额为1195亿美

---

[1] WSTS Semiconductor Market Forecast Spring 2023, https：//www.wsts.org/76/Recent-News-Release.

[2] ISS：The 2020 China Outlook, https：//www.semiconductor-digest.com/2020/01/28/iss-the-2020-china-outlook/.

元，环比下降 8.7%，同比下降 21.3%。另据 Gartner 2023 年 5 月的预测，2023
年全球半导体收入预计为 5320 亿美元，下降 11.2%。从结构来看：（1）存储
芯片市场下滑最为严重，DRAM 成为降幅最高的产品类型，第一季度营收约
96.6 亿美元，环比下降 21.2%，已连续三个季度下跌；NAND 第一季度营收
约 86.3 亿美元，环比下降 16.1%。（2）逻辑芯片表现出显著的结构差异，传
统芯片需求继续萎缩，AI 芯片、大算力芯片需求快速增长。受 PC、智能手机
消费低迷影响，英特尔、AMD、高通等第一季度销售收入均明显下滑，英特
尔第一季度营收同比下降 36%，已连续下跌 5 个季度，预计净亏损 28 亿美元，
为公司有史以来最大的单季亏损额。英伟达包含 AI 芯片在内的数据中心业务
第一季度营收为 42.8 亿美元，同比增长 14%，预计第二季度营收将增长至
110 亿美元，同比增长 64%。（3）功率器件等模拟芯片严重过剩，尤其是在行
业备货率高的背景下龙头企业大幅降价，我国国产芯片可能将遭遇较为严重的
打击。6 月初美国芯片大厂德州仪器开始在中国针对通用模拟芯片大幅降价，
此次降价没有固定幅度和底线，完全比照我国国产芯片价格，目的就是打击竞
争对手，其中电源管理芯片和信号链芯片是受此次降价策略影响的主要产品。

2. 产业全球化进程面临较高风险，但基于比较优势化解风险具有较大潜力

美国进一步强化对我国集成电路产业的全面"围剿"，强化与其亚太盟友
的合作对我国形成"包围"。2023 年以来，美国进一步强化对我国集成电路企
业的打击。2023 年 3 月 3 日、3 月 28 日、6 月 12 日，美国商务部产业安全局
分别将 28 家、5 家和 31 家中国实体企业列入"实体清单"。2023 年第二季度
以来，美国进一步与其亚太盟友强化合作试图对我国形成"合谋打击"。4 月
26 日，美韩签署包括《关于建立韩美下一代核心-新兴技术对话的联合声明》
在内的 6 份文件，韩国成为美国打击我国集成电路产业的新力量。5 月 23 日，
日本经济产业省公布《外汇法法令修正案》，正式将先进芯片制造设备等 23
个品类纳入出口管制，该管制在 7 月 23 日生效。6 月 22 日，美国与印度达成
一系列半导体合作协议，将先进技术制造引入印度；目前美光、泛林、应用材
料均表示将在印度增加半导体领域的相关投资。我国集成电路产业将面临更加
复杂、更加严峻且在短期内难以有效改善的全球竞争环境。

但是，基于我国庞大的国内市场，以及在集成电路产业后端的领先优
势，我国化解"脱钩"风险存在较大的潜力。尽管美国在补齐其先进制造环

节的"短板"，但其面临现实中人才尤其是产业工人不足的风险，且其在后端产品制造方面劣势明显，难以消耗国内的集成电路产品。我国尽管在先进制程集成电路全产业链上面临被美国限制、禁运的风险，但我国集成电路全产业链的有效布局，在新型举国体制背景下的重点突破，尤其是高制程集成电路的系统突破也将在产业链的各个环节得以体现。华为推出的麒麟9000s芯片就是在被美国极端封锁情况下所取得的一项突破，这也充分说明了我国在应对美国极限打压背景下的自我发展和突破能力。总体来看，依托后端强大的制造优势和超大规模市场，在有效的政策支持以及新型举国体制的推动下，富有活力的多元创新的市场主体，将成为我国集成电路产业打破美国及其盟友封锁的核心力量。

3. 产业链各环节突破加速推进，产业竞争将推动布局更合理

随着产业界和政府对我国集成电路产业的现实认识不断深化，进一步补齐制造环节以及支撑半导体发展的设备、材料、EDA 软件等领域的"短板"成为提升我国集成电路国产供应水平的关键，在此背景下，加大对相关领域的支持和社会投资力度成为发展的必然。可预见的现实是，未来我国在集成电路材料（例如大尺寸硅片、光刻胶、掩膜版、电子气体、湿化学品、溅射靶材、化学机械抛光材料等）、制造设备（例如光刻机、刻蚀机、镀膜设备、量测设备、清洗设备、离子注入设备、化学机械研磨设备、快速退火设备等）、制造环节（大型制造企业高端逻辑和存储芯片的制造以及中小制造企业特殊设备的制造）、EDA 软件和 IP 核等领域将涌现出一大批企业，它们会成为未来支撑我国集成电路产业发展的重要市场载体，其中也将涌现出一大批在"利基市场"中具有领先地位的企业，使得一部分"卡脖子"问题得到明显缓解。

五　新形势下促进我国集成电路产业高质量发展的政策建议

为推动新形势下我国集成电路产业的高质量发展，要进一步加大对集成电路产业的支持力度，尤其是要强化对基础研究的支持，在重点突破的同时推动多点布局，同时也要防范与全球市场的"真脱钩"风险。

（一）强化基础研究，进一步发挥市场力量推动底层创新

尽管目前产业界和决策层已形成加大力度支持集成电路产业发展的共识，但从目前的政策支持对象来看，目前政策主要关注短期产品和制造技术的"国产替代"，对集成电路未来发展的基础性、原始性技术以及产业链更底层的材料、设备、软件工具等重视程度不够。着眼于集成电路产业发展的现实需要，未来应进一步加强集成电路领域的基础研究，强化底层技术知识供给，为集成电路产业发展夯实基础。重点是对共性技术平台、大企业、高校、科研机构的基础研究加大支持力度，要以新建国家实验室为契机，探索建设与美国EUV技术联盟模式、日本"超大规模集成电路技术研究组合"类似的企业间技术共同研发实验室，形成有效的联合研发机制，并发挥好中小企业的数量巨大和边缘创新的优势。

（二）强化系统协同，推动全产业链的有序突破和升级

第一，树立集成电路产业链的整体安全观，强化我国在极限压力下的产业"备份"能力。近年来全球范围内集成电路产业竞争加剧，各国都开始注重构建完善的产业生态系统，以避免部分环节和领域被"卡脖子"，对于被美国视为"关键战略对手"的我国而言更应如此。我国不仅要强化集成电路产业链"长板"的锻造，更要加速补齐产业链"短板"，提升全产业链的贯通能力。

第二，加快从国家层面协同推动集成电路和软件系统生态的建设。在关注集成电路EDA工具和IP核国产突破和迭代升级的同时，要统筹操作系统、开源生态、指令级架构等整体软硬件系统、用户生态的协同推进，否则国产替代的目标只能停留在技术层面而非产业层面。要强化产业链协同，加快材料的商业化应用以实现有序迭代升级。

第三，加强芯片设计公共技术服务平台建设，为国内多场景芯片设计提供远端集成服务。构建国产EDA工具和IP核整合平台，把握汽车芯片、工业级芯片、第三代半导体设计发展的机遇，围绕国内多场景芯片需求，为国产芯片设计企业、代工企业提供芯片设计集成服务、云端服务，降低设计企业投入成本和设计风险。

第四，进一步提高芯片制造能力，尤其是高端制程芯片和下一代芯片制造能

力。紧跟全球芯片产能扩张浪潮，进一步吸引台积电、三星、英特尔等行业龙头企业在我国扩张产能尤其是先进产能，强化本土芯片供应能力；鼓励中芯国际、华润微电子、长江存储等国内领军企业复制产能，进一步提升自主可控的供给能力。

第五，进一步强化架构、封装和材料创新。围绕纳米级和原子级等级别的微电子及其物理特征，探索架构上的创新以满足未来高制程集成电路的需要。利用我国在封装领域的优势，推动封装企业加大与晶圆制造企业、设计企业的协同力度，提升系统级（SIP）封装、3D封装、晶圆级封装（WLP）、倒装封装（Flip-chip）、芯粒/小芯片封装（Chiplet）等先进封装能力，并创新相对较低制程芯片的封装工艺以保证单位体积的运算能力。加速晶体管本身、互连材料等方面的创新，加快推进碳纳米管、碳化硅、砷化镓等新晶圆材料的产业化应用以及其他复合材料的实验和中试，在铜互连工艺方面进一步开发铋、钴、钌或钼等材料并加强工艺的创新以提升晶体管连接效率，包括探索光互连等新的连接工艺。

（三）强化全球合作，防范"加拉帕戈斯综合症"发生

为应对美国及其盟友对我国集成电路产业的封锁，借鉴日本在应对日美贸易摩擦尤其是半导体行业贸易摩擦时的策略，在强化国际合作的同时，利用"新型举国体制"实现国产替代、在部分领域获取领先优势是我国当前和未来的必然之举。但是，需要予以高度关注的是，由于集成电路产业的高技术特征对用户表现出显著的"黑箱"特征，过度强调"国产替代"会导致国外企业对中国芯片产生不信任问题，中国芯片或者"中国制造"的集成电路产品市场开拓将面临较大的风险。要进一步深化对外开放，强化多边合作，敦促美国等西方国家改变"冷战"思维，修改具有"冷战"色彩的国际贸易规则，同时要防范国内"民族主义"倾向。

参考文献

［1］李先军、刘建丽：《产业基础领域强基战略：中国集成电路材料领域的竞争与发展》，https://doi.org/10.19313/j.cnki.cn10-1223/f.20230530.003。

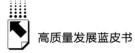

［2］李先军、刘建丽、张任之：《以多层生态战略破解先发者主导优势：以 EDA 为例》，《技术经济》2023 年第 5 期。

［3］刘建丽、李先军：《基于非对称竞争的"卡脖子"产品技术突围与国产替代——以集成电路产业为例》，《中国人民大学学报》2023 年第 3 期。

［4］曲永义、李先军：《创新链赶超：中国集成电路产业的创新与发展》，《经济管理》2022 年第 9 期。

［5］李先军、刘建丽、闫梅：《产业链优势重塑：各国破解汽车芯片短缺的举措及中国对策》，《当代经济管理》2022 年第 7 期。

［6］李先军、刘建丽、闫梅：《我国集成电路设备的全球竞争力、赶超困境与政策建议》，《产业经济评论》2022 年第 4 期。

［7］李先军、刘建丽：《中国集成电路产业发展："十三五"回顾与"十四五"展望》，《现代经济探讨》2021 年第 3 期。

［8］刘建丽、李先军：《当前促进中国集成电路产业技术突围的路径分析》，《财经智库》2019 年第 4 期。

B.5
2022年脑科学与类脑研究创新发展报告

摘　要：　当前，神经系统和精神障碍疾病已成为一类严重威胁我国人民生命健康的疾病。与此同时，随着社会经济活动的日益复杂化，智能化转型也成为未来社会发展的必然趋势。脑科学和类脑研究是一门研究人类大脑活动的学科。其成果有助于人类认识脑疾病的机制以及发展仿生人工智能。自2014年起，我国提出了中国"脑计划"，从制度层面确立了脑科学和类脑研究的重要地位。在相关政策的支持下，我国在脑科学和类脑研究领域取得了诸多创新成果，也推动了脑科学与类脑研究成果的产业化，成为该领域仅次于美国的创新大国。然而，当前我国也存在基础设施建设相对薄弱、人才建设不足以及部门缺乏协同合作三大问题。针对当前问题，本文提出应从资金投入机制、人才培育机制以及跨部门协作机制着手，通过拓展资金来源、创新人才培育和选拔体系以及建设跨学科合作平台等方式，推动脑科学和类脑研究的创新发展。

关键词：　脑科学与类脑研究　制度建设　技术创新　产业转化

脑科学和类脑研究是研究人类大脑和神经系统的学科。前者旨在了解大脑的结构和功能，以及神经系统如何影响行为和思维，而后者则是在脑科学基础上发展而来的，旨在通过模拟大脑的结构和功能，来实现人工智能的发展。当

---

* 贺灿飞，北京大学城市与环境学院院长，教授，博士生导师，主要研究方向为经济地理；蒋晟，理学博士，中共浙江省委党校（浙江行政学院）浙江发展战略研究院讲师，主要研究方向为经济地理。

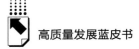

前，我国经济社会正经历重大转型。脑科学和类脑研究将为我国未来发展提供必要保障。首先，由于人口老龄化，神经系统和精神障碍疾病已成为一类严重威胁我国人民生命健康的疾病。而脑科学研究有助于更好了解脑相关疾病的发生机制和治疗方法，从而提升相关医疗水平和医疗服务质量。与此同时，随着科技的进步，智能化已经成为未来发展的一个重要方向，类脑智能作为智能化发展的重要组成部分，将会有力地推动制造业、服务业、教育、健康等众多领域的转型升级。在此背景下，加快脑科学和类脑研究的创新发展，对我国社会经济的高质量发展具有重要意义。为此，本文通过梳理中国脑科学和类脑研究的现状和面临的问题，提出进一步推动脑科学和类脑研究创新发展的政策建议。

一　2022年脑科学与类脑研究发展现状

（一）脑科学与类脑研究相关政策举措

脑科学和类脑研究耗资大、周期长，因此非常依赖政府或者大型企业的长期资助。在过往的十多年间，美、欧、日等发达国家（地区）纷纷实施了由政府主导的脑科学研究计划。比如，欧盟在2013年启动了为期十年的"人脑计划"（Humanbrainproject），旨在通过最先进的研究基础设施推进对神经科学、计算机等领域的研究。类似地，美国也在2014年启动了"创新性神经技术大脑研究"计划（Brain Research through Advancing Innovative Neuroethologies），希望借助对大脑结构功能的研究，推动新技术的开发与应用。

我国政府也较早启动了对脑科学和类脑研究的资助。在2006年发布的《国家中长期科学和技术发展规划纲要（2006-2020年）》中，"脑科学与认知科学"被列为8个基础研究科学前沿问题之一。此后，国家陆续通过"973"计划、"863"计划、国家自然科学基金等，对脑科学研究进行资助。2012年，科技部和国家自然科学基金委员会发布了《国家基础研究发展"十二五"专项规划》，将脑科学和认知科学列为发展重点。

我国也加大了脑科学和类脑研究领域的建设力度。在2014年的香山科学会议上，我国的脑科学研究学者专门讨论了中国"脑计划"的目标、任务和可行性,这标志着中国"脑计划"的准备工作全面展开。随后,2016 年,"十三五"规划纲要发布,将"脑科学与类脑研究"列为"国家重大科技创新和工程项目"。2017 年,科技部、教育部、中国科学院和国家自然科学基金委员会联合印发了《"十三五"国家基础研究专项规划》,提出要围绕脑与认知、脑机智能和脑的健康三个核心问题,统筹安排脑科学的基础研究、转化应用和相关产业发展。2018 年,围绕中国"脑计划"的安排,北京、上海、广东等地积极响应,陆续搭建了 50 多家相关技术研究平台。2021 年,科技部发布了《科技创新2030-"脑科学与类脑研究"重大项目 2021 年度项目申报指南》,宣告中国"脑计划"正式启动,国家财政拨款经费预算近 32 亿元,整体规模预计可达百亿元甚至千亿元级别。同年,《中华人民共和国国民经济和社会发展第十四个五年规划和 2035 年远景目标纲要》发布,将"脑科学"列为国家重点前沿科技项目。与之相对应,各省份也陆续推出了脑科学和类脑研究相关发展计划。近年来我国和部分省份支持脑科学和类脑研究的主要政策措施如表 1 所示。

表 1　近年来我国和部分省份支持脑科学和类脑研究的主要政策措施

发文/发布日期	发文机关	政策名称
2006 年 2 月	国务院	《国家中长期科学和技术发展规划纲要(2006-2020 年)》
2012 年 2 月	科技部、国家自然科学基金委员会	《国家基础研究发展"十二五"专项规划》
2016 年 3 月	国务院	《中华人民共和国国民经济和社会发展第十三个五年规划纲要》
2017 年 6 月	科技部、国家自然科学基金委员会、教育部、中国科学院	《"十三五"国家基础研究专项规划》
2021 年 1 月	科技部	《科技创新 2030-"脑科学与类脑研究"重大项目2021 年度项目申报指南》
2021 年 3 月	国务院	《中华人民共和国国民经济和社会发展第十四个五年规划和 2035 年远景目标纲要》
2021 年 8 月	北京市人民政府	《北京市"十四五"时期高精尖产业发展规划》
2022 年 9 月	上海市人民政府	《上海打造未来产业创新高地　发展壮大未来产业集群行动方案》
2022 年 9 月	浙江省科技厅	《浙江省科技领军企业管理办法》

资料来源:笔者整理。

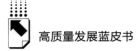

"一体两翼"布局是中国"脑计划"的核心特征。具体而言，"一体"指解析大脑认知功能原理，"两翼"分别指认知障碍相关重大脑疾病诊治和类脑计算、脑机智能的发展。对脑认知原理从分子细胞、功能环路、全脑网络到认知行为的多尺度研究，不仅可以促进认知障碍相关脑疾病的发病机制解析，而且也为类脑计算与脑机智能的原理模拟打下坚实的理论基础；同样，脑疾病的研究也可以为脑认知原理解析提供人脑研究的线索和新型神经调控技术；而类脑计算与脑机智能的发展则可以为认知障碍相关脑疾病的研究提供智能诊断、治疗和康复技术。三者相辅相成，为中国"脑计划"提供了源源不断的前进动力。

与其他国家的脑研究计划相比，中国"脑计划"存在三方面优势。首先，中国"脑计划"使用的数据完备丰富。不同于其他国家的脑研究计划仅将"脑疾病"治疗作为长期目标，中国"脑计划"将重大脑疾病诊治作为项目的重要一环，利用我国庞大的脑疾病人群数据进行大规模的队列研究和建立数据样本库，为探索早期预防、诊断和治疗手段提供最坚实的数据支撑。其次，中国电子信息技术发达。为此，"脑计划"将"类脑计算和脑机智能"放在优先发展的位置，利用脑科学研究成果反哺人工智能等研究领域，提升研究成果的转化效率。最后，中国灵长类动物种类和数量都非常丰富，在非人灵长类脑疾病模型方面也处于世界领先地位。因此，中国"脑计划"将重点发展猕猴模型，而非其他国家脑研究计划多采用的啮齿类动物模型。

（二）脑科学与类脑研究的创新成果

随着中国"脑计划"的提出与启动，我国脑科学和类脑研究蓬勃发展，涌现出大量重要的创新成果。2016～2022年，我国在脑科学和类脑研究领域共发表论文[①]约4.43万篇，占该领域全球总论文数的21.74%，仅次于美国位居全球第二，充分显示了我国在脑科学和类脑研究领域的创新地位（见图1）。

尽管在总量上与美国仍有差距，但随着我国"脑计划"的持续开展，这一差距在逐渐缩小。如图2所示，2016年，我国在脑科学和类脑研究领域的

---

① 指 SCI 论文，余同。

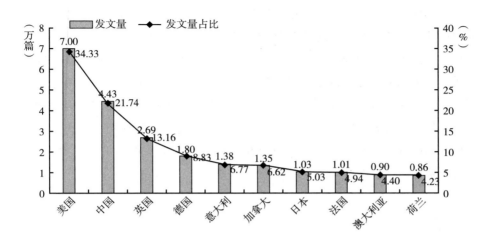

图1　2016~2022年全球主要国家脑科学和类脑研究领域论文累计发表数量与占比

资料来源：Web of Science，https：//www.webofscience.com/wos/alldb/basic-search。

论文发表数量仅为0.37万篇，而同期美国则达到了0.87万篇，是我国的2.35倍。然而，在之后的6年间，我国在该领域的发文量以17.63%的年复合增长率持续增长，而同期美国的年复合增长率仅为1.83%，差距明显。截至2022年，我国的发文量为0.98万篇，而美国的发文量为0.97万篇，我国实现了反超。

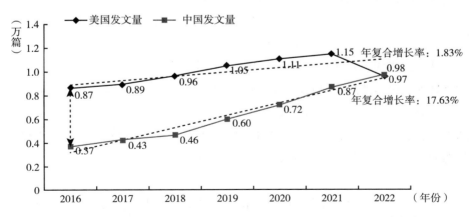

图2　2016~2022年各年中美两国脑科学和类脑研究领域论文发表数量

资料来源：Web of Science，https：//www.webofscience.com/wos/alldb/basic-search。

分地区来看（见图3），2016~2022年，东部沿海省（市）的发文量呈现明显的领先态势。其中，北京以20.38%的发文量占比位居榜首，且大幅领先位居第二的上海（11.63%），显示了其在脑科学和类脑研究领域的核心地位。广东、江苏和浙江分别以7.51%、7.49%和7.32%的发文量占比居第三、四、五名。这主要是因为这些省份的经济发达，科研院所丰富，能为脑科学和类脑研究提供更为充分的资金和人才资源。而在中西部地区，四川、重庆、湖北、湖南和河南五省（市）的发文量具有相对优势。这主要得益于它们三富的科研院所资源。

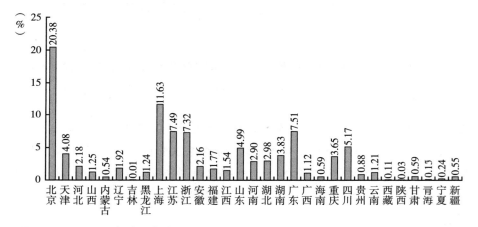

图3　2016~2022年我国各省（区、市）脑科学和类脑研究领域论文发表数量占比

资料来源：Web of Science，https：//www.webofscience.com/wos/alldb/basic-search。

从发文机构来看（见图4），2016~2022年，除中国科学院及中国科学院大学之外，医学类高校中的首都医科大学和南京医科大学在该领域具有明显的领先优势，分别发表了0.47万篇和0.20万篇论文。另外，复旦大学、上海交通大学、浙江大学和北京大学、中南大学这类医学专业较强的综合性大学也有较高的发文量，分别发表了0.27万篇、0.28万篇、0.29万篇和0.22万篇、0.14万篇论文。

从研究领域来看（见图5），我国的脑科学和类脑研究主要聚焦神经科学，该领域共有3.13万篇论文。除此之外，生物化学、放射学、药理学和行为科学领域的发文量也较高，分别有1.46万篇、1.13万篇、1.11万篇和1.07万

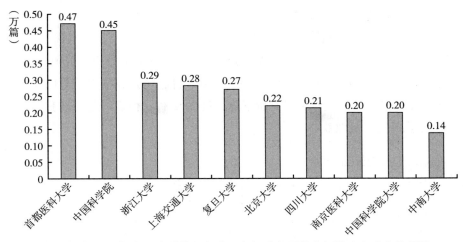

图4　2016~2022年我国脑科学和类脑研究领域主要发文机构论文发表数量情况

资料来源：Web of Science，https：//www.webofscience.com/wos/alldb/basic-search。

篇论文。然而值得注意的是，在数学与计算生物学、工程学和计算机科学这类与类脑研究密切相关的领域，我国的发文量相对较少，仅分别有 0.55 万篇、0.53 万篇和 0.44 万篇论文。

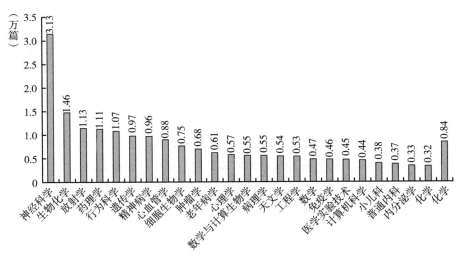

图5　2016~2022年我国脑科学和类脑研究主要研究领域论文发表数量情况

注：一篇论文可能涉及多个领域。

资料来源：Web of Science，https：//www.webofscience.com/wos/alldb/basic-search。

与论文发表情况类似，2016~2022 年，我国在脑科学和类脑研究领域的专利申请量也呈现稳步增长态势，由最初的 86 件上升至 221 件。然而，相比欧美发达国家，我国的专利申请量仍存在明显差距。以美国为例。美国 2016 年在脑科学和类脑研究领域的专利申请量为 3688 件，约是我国申请量的 43 倍。尽管美国 2022 年的专利申请量有所下降，仅 2455 件，但仍约是同期我国专利申请量的 11 倍（见图 6）。

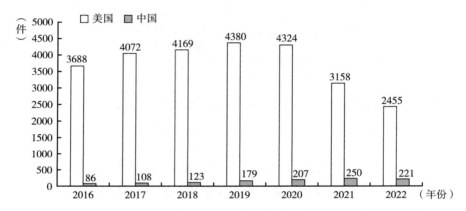

图 6　2016~2022 年各年中美两国脑科学和类脑研究领域的专利申请量对比

资料来源：佰腾网，https://www.baiten.cn/。

分地区来看（见图 7），2016~2022 年，东部沿海省（市）在专利申请方面占据核心位置。其中，北京以 181 件专利申请数量居首位，上海次之（163件），广东（149 件）、江苏（135 件）和浙江（97 件）分别居第三到第五名。而在中西部地区，四川省的专利申请量相对领先。

从专利申请机构来看（见图 8），2016~2022 年，在脑科学和类脑研究领域从事专利研发的机构主要是科研院所和高校。其中，科研院所以中国医学科学院药物研究所为代表；高校以复旦大学、四川大学这类综合性高校为主。

从专利所涉及的领域来看（见图 9），医学、有机化学、生物化学和测量仪器是我国主要的专利领域，专利申请量分别为 439 件、278 件、240 件和 122件。其中，医学和生物化学专利主要针对诸如阿兹海默症、抑郁症等神经性疾病的治疗；有机化学专利主要聚焦疫苗、抗体和基因编码技术的研发；而测量仪器专利主要聚焦神经检测仪器的研发。

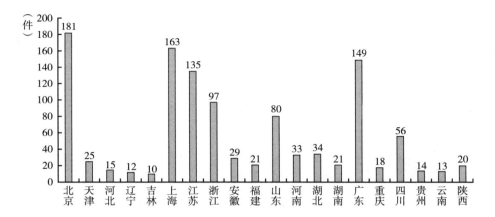

图7 2016～2022年我国部分省（区、市）脑科学和类脑研究领域的专利申请数量

资料来源：佰腾网，https：//www.baiten.cn/。

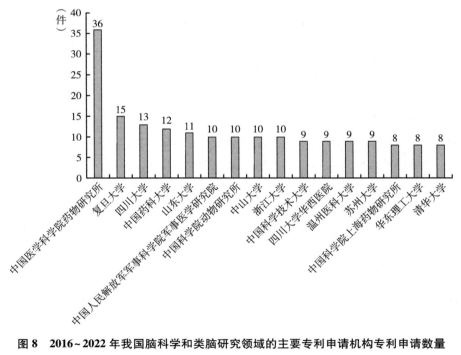

图8 2016～2022年我国脑科学和类脑研究领域的主要专利申请机构专利申请数量

资料来源：佰腾网，https：//www.baiten.cn/。

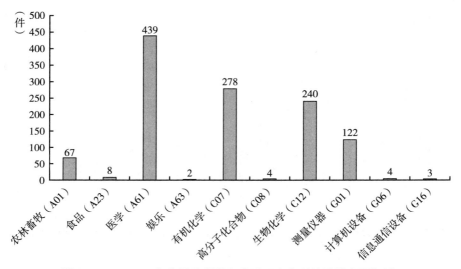

图9　2016~2022年我国脑科学和类脑研究专利涉及的主要领域

资料来源：佰腾网，https：//www. baiten. cn/。

（三）脑科学与类脑研究成果的产业转化与发展

科学研究的发展依赖于其创新成果的产业转化。在过往的几年间，脑科学和类脑研究的蓬勃发展推动了其相关产业的快速孵化。如图10所示，2019~2022年，我国的商业投资数量和金额都整体呈现大幅增长态势，反映了市场对于该领域具有较强的信心。具体而言，2019年，我国与脑科学和类脑研究相关的商业投资数量为37件，金额为29.83亿元，而到了2021年，我国与脑科学和类脑研究相关的商业投资数量增加至86件，金额则大幅增长至169.61亿元。受疫情影响，我国2022年与脑科学和类脑研究相关的商业投资数量和金额有所下降，分别为74件和89.80亿元。

资金的大量涌入推动了领域内企业的孵化与发展。如图11所示，2016~2022年，我国脑科学和类脑研究领域新创企业共计184家。加之2016年前已存在的企业，我国截至2022年脑科学和类脑研究领域共有企业248家。

尽管产业孵化略有成效，但产业远未到成熟阶段。如图12所示，现有企业中目前仍处于初创期的企业（获得A轮及以前投资的企业）占比为69.84%；处于成长期的企业（IPO之前的企业）占比为26.99%；而处于成熟

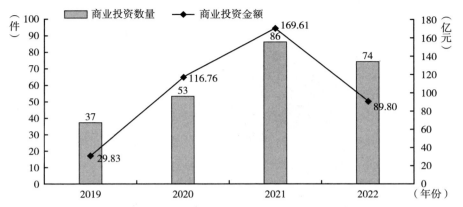

图 10 2019~2022 年与脑科学和类脑研究相关的商业投资数量与金额

资料来源：企名片数据库，https：//pro. qimingpian. cn/。

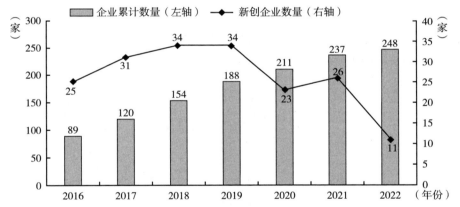

图 11 2016~2022 年脑科学与类脑研究领域企业累计数量和每年新创企业数量

资料来源：企名片数据库，https：//pro. qimingpian. cn/。

期的企业（IPO 企业）占比仅为 3. 17%。

从投资所涉及的行业门类来看（见图 13），医疗健康、神经监控设备和教育培训行业的企业占比最大，分别为 33. 98%、32. 04% 和 18. 45%。这三类行业由于依赖对人脑结构和功能的准确认识，在技术上与脑科学研究的联系更为紧密。这表明当前产业的发展主要围绕脑科学研究的成果展开。而相较上述三类行业，与类脑研究联系更为紧密的人工智能行业尽管也有一定的占比，但劣势仍比较明显。

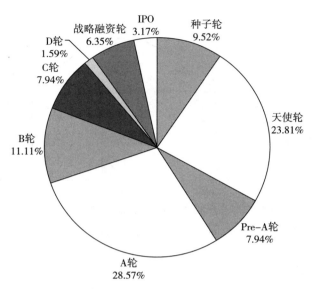

图 12　2016~2022 年脑科学和类脑研究领域获得不同阶段投资的企业占比

资料来源：企名片数据库，https：//pro. qimingpian. cn/。

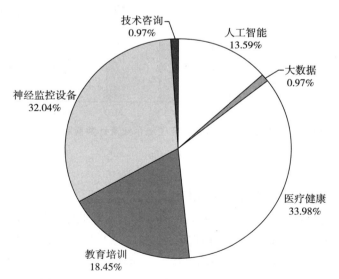

图 13　2016~2022 年脑科学和类脑研究领域投资所涉及的行业占比

资料来源：企名片数据库，https：//pro. qimingpian. cn/。

分地区来看，脑科学和类脑研究相关企业主要集中东部沿海省（市）。这主要是由于东部沿海省（市）投资机构众多，对周边地区产业孵化的促进作用明显。在所有省（区、市）中，北京以23.74%的企业数量占比居首位，浙江、广东、江苏、上海分别以23.23%、21.72%、21.72%和15.15%的企业数量占比居第二、三、四、五位。而在中西部地区，安徽、河南、四川和陕西四省也有少量企业分布。这些企业大多由本省份的高校毕业生所创，产品多来自高校内部的科技成果转化。

（四）脑科学与类脑研究子领域发展现状

在中国"脑计划"中，脑疾病诊治与类脑计算、脑机智能是脑科学与类脑研究的两大核心发展方向。然而，两者的发展现状并不相同。为此，有必要进一步对两大子领域的现状进行梳理。

1. 脑疾病诊治

脑疾病诊治是脑科学研究在医学健康领域的应用，其目的是解决抑郁症、阿兹海默症等脑相关疾病的威胁。为推动脑疾病诊治的发展，中国"脑计划"提出了以下目标：一是，通过建立中国人脑健康多维度大数据库，提升若干种重大脑疾病的早期诊断能力；二是，通过绘制重大脑疾病的特征图谱，研发疾病早诊、优治和复发预警系统；三是，借助分子生物学、生物信息学和影像学等学科的技术，在分析、环路、网络和疾病人群等多个层次全面解析脑疾病的发病机制。

对于上述目标，当前学界主要从神经类药物和外部干预技术两个方向着手开展研究。其中，神经类药物包括小分子和蛋白类药物、神经干细胞药物和基因药物；而外部干预技术包括神经介入手术和神经诊疗技术。在两个技术方向上，神经类药物的发展较快，2016~2022年共有约2.66万篇相关论文发表；外部干预技术的发展相对滞后，同期共有约0.13万篇相关论文发表。从参与机构来看，首都医科大学、中国科学院、上海交通大学、浙江大学和复旦大学的领先地位明显，其发文量分别在国内机构中稳居前五（见图14）。

在产业方面，上述两个方向均呈现出迅猛发展态势。其中，2019~2022年，神经类药物方向共获得投资46笔，共计金额187.68亿元人民币；外部干预技术同期获得投资58笔，但金额仅89.84亿元人民币，较神经类药物方向

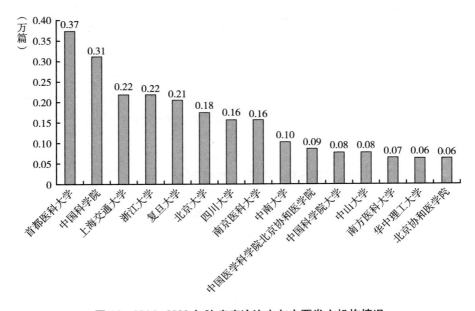

图14　2016～2022年脑疾病诊治方向主要发文机构情况

资料来源：Web of Science，https：//www.webofscience.com/wos/alldb/basic-search。

低，反映了市场对于前者有更强的信心。在产品类型上，神经类药物以小分子和蛋白类药物为主，神经干细胞药物和基因药物较少；在外部干预方向上，神经介入类产品占主导地位，而神经检测设备较少。在代表企业方面，神经类药物方向的上市企业包括恩华药业、先声药业等大型制药企业；外部干预技术方向的上市企业有微创医疗、微创脑科学两家神经介入类产品的生产商。

2. 类脑计算、脑机智能

类脑计算与脑机智能研究旨在通过模拟人类大脑的工作原理，推动人机互动效率和计算机智能水平的提升。为推动类脑计算与脑机智能的发展，中国"脑计划"提出两大目标：一是通过探索更多具有生物可行性的人工神经网络算法，在多个层面模拟大脑的机制和结构，开发出更具普遍性的人工智能以应对多任务、学习和自适应等大型挑战；二是开发集成脑相关计算模型和设备的机器人，通过其与人之间的交互式学习，达到能与人类高度互动并在不确定的环境中作出恰当反应的智能水平。

在技术研发领域，类脑计算包括神经网络算法、类脑系统架构和神经形态芯片三大技术方向；而脑机智能则包括脑机接口和智能机器人两大技术方向。类脑计算领域 2016～2022 年共有约 0.14 万篇论文发表；脑机智能领域同期共有约 0.15 万篇论文发表。从参与机构来看，中国科学院、清华大学、天津大学、中国科学院大学和浙江大学的领先地位较为突出，发文量位列前五。

在产业方面，当前只有脑机智能方向的脑机接口技术实现了产业转化。2019～2022 年，脑机接口技术共获得投资 47 笔，共计金额 43.55 亿元。在产品类型上，脑机接口以非侵入式脑机接口为主，主要应用于机械外骨骼控制、外部环境采集以及脑部状态检测等人机互动情景。在代表性企业方面，尽管目前脑机接口领域还没有上市企业，但也涌现出强脑科技、Brainco 和博睿康等独角兽/瞪羚企业。

二 脑科学与类脑研究创新发展所面临的问题与挑战

综上所述，随着中国"脑计划"的全面实施，我国的脑科学与类脑研究得到了迅速的发展。但是在不断前进的道路上，我国也面临着多重问题和挑战。

（一）基础设施建设相对薄弱

基础设施建设相对薄弱是制约我国脑科学和类脑研究创新发展的重要因素。首先，我国在研究设备上相对滞后。脑科学和类脑研究是技术密集的研究领域，从某种程度上说，研究设备的先进性决定了研究进展速度和突破程度。但是，由于国内不具备生产先进设备的技术实力，当前国内学者在诸如单细胞记录、神经成像和光遗传等新兴技术领域仍大量使用国外研发的设备。进口设备在价格和成本维护上远高于国产设备。长此以往，这将极大地影响脑科学和类脑研究的效率。其次，我国的研究基地建设也相对薄弱。脑科学和类脑研究需要有良好的研究基地来支撑，然而国内实验室设施和条件相对简陋。缺乏良好的研究基地使得研究者在进行脑科学和类脑研究时面临场地、资金、仪器等多方面的限制，进而影响实验的质量和可靠性，制约研究成果的深度和广度。最后，我国缺乏数据共享和整合平台。在脑科学和类脑研究中，数据采集和处理是一个重要的环节。通过建立数据共享和整合平台不仅能减少由数据重复采集处理所带来的资源浪费，更能够促进研究者之间的信息沟通和技术合作，提升创新效率。然而，相比西方发达国家，当前我国在动物资源库、遗传操作平台、细胞库、分子质粒库、载体工程中心和影像中心等数据平台的建设上仍存在明显不足。这将影响未来研究的进展和成果。

（二）人才建设不足

人才建设不足是我国脑科学和类脑研究所面临的另一问题。首先，我国缺乏在脑科学和类脑研究领域具有国际影响力的领军人才。由于国内脑科学和类脑研究的起步相对较晚，很多优秀的脑科学和类脑研究人才选择去国外深造或工作，国内高水平人才的流失问题比较突出。以脑科学的分支神经科学为例。谷歌的学者被引数据显示，在神经科学领域排名前50的学者中，仅有李飞飞教授和张锋教授两名华人学者。然而，这两名学者均在美国的研究机构任职，且均已加入美国国籍。其次，我国在青年人才的训练和培养上还存在不足。当前，我国脑科学和类脑研究领域的青年人才规模仍不及发达国家。例如，美国神经科学学会的年会每年都有3万多人参加，而中国神经科学学会年会的参会人数仅有3000多人。造成该问题的深层原因是，我国人才培养体系尚不完善，无法为青年研究人员提供保质保量的教育和实践机会。以美国为例，当前，美国拥有6000多个实验组，约是中国的10倍。依托数量庞大的实验组，美国可为青年科研人员提供充足的锻炼机会。当今科研的主力军是经过专业科研训练的博士后、助研和副研等青年科研人员。缺乏稳定的青年人才供给将会抑制中国脑科学和类脑研究的创新性和成果产出效率。

（三）部门间缺乏协同合作

除了上述两大问题，我国脑科学和类脑研究还存在部门间缺乏协同合作问题。首先，我国在学科交叉协同上仍存在不足。脑科学和类脑研究是一个涉及多个学科领域的交叉学科，相关研究人员需要了解神经科学、计算机科学、物理学、心理学等多个学科的知识和方法。然而，当前我国学科交叉合作机制还不够成熟。一方面，在顶层设计中，我国仍未形成强有力的领导组织体系和科学决策机制。尽管随着中国"脑计划"的全面开展，这一问题得到改善，但诸如"研究边界定在哪里""基础研究、应用研究、技术研发和转化应用之间如何平衡"等问题仍有待进一步解决。另一方面，很多脑科学和类脑研究项目仍然由单一学科的研究机构或学者主导，这使得虽然在一些研究机构和学校中，脑科学和类脑研究的交叉合作已经展开，但是合作还比较零散和不够紧密，难以形成真正的协同效应。其次，我国在产业合作上也存在问题。在脑科学和类脑研究领域，技术转化和商业化能力仍相对薄弱。这主要是因为产业界和学术界之间缺乏有效的沟通和合作机制。产业界往往需要解决实际问题和获得商业利益，而学术界则更注重基础研究和学术成果，二者在目标和需求上的差异，使得很多新的研究成果难以转化为商业产品，为社会贡献实际价值。

三 促进脑科学与类脑研究创新发展的政策建议

（一）完善资金投入机制

资金是推动基础设施建设的必要保障。完善科研资金的投入机制可缓解当前脑科学和类脑研究所面临的资金压力，从而改善基础设施建设相对薄弱的现状。具体而言，未来可从三个方面完善资金投入机制。首先，持续加大财政资金对基础研究的投入力度，建立长期的预算制度和稳定的投入机制。在投入方向上，聚焦脑科学和类脑研究的关键问题，加大对前沿和战略导向的基础研究以及市场导向的应用研究的投入力度。同时，增加对脑科学研究基地、国家重点实验室等国家战略科技力量的研究经费投入。其次，激活企业投入和参与研究的新动能。政府需探索现有企业投入研究的税前扣除、加计扣除、可返还的税收抵免、向后递延抵扣等相关税费支持政策，帮助企业增加研究投入。与此同时，中央政府还可以授权地方政府根据区域发展实际大胆探索激励企业投入研究的政策设计。另外，政府还可以探索制定联合资助措施，激励相关企业增加研究投入，帮助具备条件的领军企业设立研究基金、联合基金和相关奖项，支持相关企业与高校、科研院所等共建研发机构和联合实验室，构建产学研深度融合的技术研发体系。最后，积极拓宽社会渠道增加基础研究投入。政府应积极推动形成社会资本关注支持原始创新、基础研究的良好氛围，进一步明确基础研究在捐赠接收领域的重要地位。政府还应完善社会捐赠支持基础研究的顶层设计与配套措施，打通捐赠渠道、完善法律法规和政策机制，规范接受捐

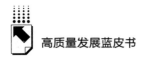

赠的流程和监管机制。比如，政府可通过建立个人捐赠基础研究的免税制度或脑科学研究的公益捐赠体系，提升个人捐赠基础研究的意愿以及营利性组织捐赠对基础研究投入的贡献度。

（二）完善人才培养机制

针对当前脑科学和类脑研究所面临的人才短缺问题，可通过完善人才培养机制来加以解决。首先，围绕学科领域布局和高水平团队建设，加强原始创新人才和青年人才培养，聚焦"从0到1"重大原创，前瞻部署、稳定支持和重点培育交叉前沿方向。在实施过程中，需采取一系列措施建立适宜非共识项目研究的评价、激励机制，包括鼓励和支持原始创新，加大对青年科研人员的资助力度，健全与青年人才岗位、能力、贡献相适应的激励机制，构建完备的人才梯次结构。同时，还需要深化科教融合协同育人，大力培育高素质创新创业人才，坚持科研与育人并举，创新科教融合、产学研结合的人才培养模式，培养充满创新精神、科学素养高、科研兴趣浓厚、创新活力充沛的科技创新生力军。此外，还需要突出事业需求，凝聚"高精尖缺"人才，加强人才引进规划和系统布局。在实施过程中，应该面向全球引进各类人才资源，特别是顶尖和高层次人才。同时，应该重视对优秀青年人才、关键技术人才和实用型人才的引进，吸引外国人才和创新团队，强优势补短板，优化引才结构，强化高水平创新团队建设，让各方面优秀人才集聚到科技强国建设中。其次，构建有利于人才成长发展的良好制度环境，加强公平普惠环境和基础制度建设，为国内外各类人才提供公平的发展机会。建立健全人才评价、选拔、激励机制，重视人才梯队建设，完善人才培养、流动、使用、保障和退出机制，推动各类创新主体的人才培养和流动，让人才实现自我价值，为国家和社会作出更大的贡献。

（三）完善跨部门协作机制

针对当前脑科学和类脑研究在跨部门协作中的困难，从资源分配、平台建设等方面完善跨部门协作机制。首先，构建以重大项目为导向的资源分配体系，打破学科壁垒，鼓励不同专业领域的科研人员围绕重大项目展开跨学科合作。在合作过程中，针对不同研究类型和学科特点，建立更加灵活的多元评价机制，激发不同领域科研人员的参与热情。其次，构建跨学科合作平台，统筹规划科研方向与进度，鼓励研究机构在平台上进行知识共享、人员借调等交流活动。在平台建设过程中，成立专门的跨学科研究管理机构，明确管理分工，细化管理工作，完善跨学科研究平台的运行体系，充分发挥跨学科管理团队的作用，为跨学科政策的制定和实施提供便利，推动跨学科研究长足发展。再次，建立产研合作平台。建立产研合作平台，是实现产研合作的有效途径。可以通过行业协会、技术转移中心、科研机构等平台，搭建产研合作的桥梁。平台可以提供技术咨询、技术转移、技术合作等服务，帮助企业和科研机构进行合作。最后，加强产业政策支持。政府可以通过财政补贴、税收优惠等方式，支持企业和科研机构开展产研合作项目。同时，建立科技成果转化基金、技术创新基金等，为产研合作提供资金保障。

参考文献

［1］韩雪、阮梅花、王慧媛等：《神经科学和类脑人工智能发展：机遇与挑战》，《生命科学》2016年第11期。

［2］李萍萍、马涛、张鑫等：《各国脑计划实施特点对我国脑科学创新的启示》，《同济大学学报》（医学版）2019年第4期。

［3］陆林、刘晓星、袁凯：《中国脑科学计划进展》，《北京大学学报》（医学版）2022年第5期。

［4］蒲慕明：《脑科学的未来》，《心理学通讯》2019年第2期。

［5］蒲慕明：《如何吸引人才：夯实科研基础，优化制度设计》，《张江科技评论》2022年第1期。

［6］蒲慕明、徐波、谭铁牛：《脑科学与类脑研究概述》，《中国科学院院刊》2016年第7期。

［7］王东辉、吴菲菲、王圣明等：《人类脑科学研究计划的进展》，《中国医学创新》2019年第7期。

［8］王力为、许丽、徐萍等：《面向未来的中国科学院脑科学与类脑智能研究——强化基础研究，推进深度融合》，《中国科学院院刊》2016年第7期。

［9］吴慧、仇晓春：《中国"脑计划"预计2017年年底出台》，《上海交通大学学报》（医学版）2017年第10期。

［10］徐丽娇：《完善创新环境，构建人工智能发展新形态——访上海脑科学与类脑研究中心研究员周熠》，《科技导报》2021年第4期。

B.6
2022年基因与生物技术创新发展报告

朱向东　朱晟君*

摘　要： 基因与生物技术作为现代产业体系的关键组成部分，在推动科技进步和经济发展方面具有突出地位。本文从技术创新和应用场景两个维度梳理2022年基因与生物技术创新发展情况。在技术创新领域，基因编辑技术不断迭代更新，基因测序技术成本持续下降，合成生物学高速发展。在应用场景方面，基因治疗逐步产业化，农业领域基因与生物技术应用前景广阔，能源领域基因与生物技术日益受到关注。然而基因与生物技术的发展仍然面临底层技术有待提升以及伦理与法律、风险和安全等方面的问题。展望未来，我国需要继续加大科研投入力度，强化伦理与法律框架，加强风险评估与监管，促进基因与生物技术、经济社会的协调发展。

关键词： 基因技术　生物技术　创新发展

基因与生物技术是一门综合性科学，涵盖了对生物体基因和生物分子的研究，以及将相关知识应用于医疗、农业、能源、环境等领域的技术手段。当前，基因与生物技术越来越受到世界各国的广泛关注。中国在基因与生物技术领域正处于快速发展阶段，2021年3月，习近平总书记在《求是》杂志发表文章《努力成为世界主要科学中心和创新高地》，指出要"以合成生物

---

* 朱向东，博士，中共广东省委党校（广东行政学院）校聘副教授，主要研究方向为经济地理；朱晟君，北京大学城市与环境学院研究员，博士生导师，北京大学博雅青年学者，主要研究方向为城市经济和产业发展等。

学、基因编辑、脑科学、再生医学等为代表的生命科学领域孕育新的变革"。2023 年 5 月 12 日，习近平总书记在河北考察时指出："要坚持人民至上、生命至上，研发生产更多适合中国人生命基因传承和身体素质特点的'中国药'。"① 基因与生物技术正在深刻地改变着我们的生活方式和社会结构，同时也引起了伦理、法律和社会等方面的各种讨论。本文选取基因与生物技术领域的前沿进展，从技术创新和应用场景两个方面梳理国内外基因与生物技术创新的最新进展，指出当前存在的问题与挑战，并尝试提出政策措施。

一 基因与生物技术发展概况

2022 年初 *Nature* 杂志刊发了 2022 年有望取得突破的七项技术，包括完整版基因组、蛋白质结构解析、量子模拟、精准基因组编辑、靶向基因疗法、空间多组学、基于 CRISPR 的诊断②。其中除了量子模拟，其他均与基因与生物技术密切相关。基因与生物技术主要包括基因编辑、合成生物学、基因测序、蛋白质工程、代谢工程等，其中基因编辑、基因测序、合成生物学被认为是最为关键的三类技术。

（一）基因编辑技术不断迭代更新

基因编辑技术是现代生物学领域的一项重要技术，它能够修改生物体的 DNA 序列，对基因功能进行研究、治疗遗传疾病以及创造具有特定性状的生物体。1996 年，传统基因编辑工具的先驱者——锌指核酸酶（ZFNs）问世。然而，锌指核酸酶存在着非特异性脱靶切割的问题，导致编辑效率低、应用受限。2009 年，转录激活因子样效应物核酸酶（TALENs）的问世使得基因编辑的时间成本更低，操作也更为简便。TALENs 可以识别更多的靶位点，且具有更高的剪切效率。真正引起基因编辑革命的是 2012 年 CRISPR/Cas9 技术的诞生，发明该技术的学者获得了 2020 年诺贝尔化学奖。这项技术通过设计一段简单的引导 RNA，使 Cas9 蛋白精准地剪切目标 DNA，从而实现基因组编辑。

---

① 《加快推进中医药现代化》，《人民日报》2023 年 6 月 2 日第 5 版。
② Michael Eisenstein, "Seven Technologies to Watch in 2022", *Nature*, 2022, 601.

CRISPR-Cas9 技术操作简单、高效，但早期应用中也出现了一些问题，比如可能导致意外的脱靶效应和细胞中 p53 基因的激活，进而可能引发细胞恶性转化[①]。

随着科学的不断进步，新一代基因编辑工具逐渐崭露头角。2016 年，单碱基编辑（BE）技术的出现引起了人们的广泛关注。该技术利用融合蛋白将一种特定碱基转变为另一种碱基，从而实现精准的单碱基突变，然而其编辑类型相对有限。同年，结构酶 FEN1 引导的基因编辑工具也呈现出一定的潜力，因为它不受 PAM 序列限制，同时体积较小，容易被递送到细胞内。2019 年，先导编辑（PE）技术成为新一代基因编辑工具的代表。这项技术通过结合 Cas9 蛋白和反转录酶来实现多种编辑类型，如点突变、插入和删除（见表 1）。PE 技术的出现为精准的基因编辑带来了更大的可能性，同时也促进了基因编辑技术在医学和生物学领域的广泛应用。

表 1　基于不同原理的基因编辑工具比较

分类	年份	原理	特点
传统基因编辑工具	1996	锌指核酸酶(ZFNs)	非特异性脱靶切割,编辑效率低
	2009	转录激活因子样效应物核酸酶(TALENs)	时间成本更低,操作简便,识别靶位点多,剪切效率高
	2012	CRISPR-Cas9 技术	设计简单,高效,但会导致 p53 基因激活进而引发细胞恶性转化
新一代基因编辑工具	2016	单碱基编辑(BE)	精准的单碱基突变,编辑类型少
	2016	结构酶 FEN1 引导的基因编辑工具	无 PAM 序列限制,体积小易于递送
	2019	先导编辑(PE)	实现多种编辑类型,如点突变、插入和删除

资料来源：王瑞、周欣洁、杜熙钦等：《新一代基因编辑工具研究进展》，《中国药科大学学报》2022 年第 6 期。

从全球来看，美国在基因编辑技术方面的研究非常活跃。许多重要的科研机构、大学和公司在该领域正在进行创新研究。2022 年 8 月，加州大学旧金

---

① 王皓毅、李劲松、李伟：《基于 CRISPR-Cas9 新型基因编辑技术研究》，《生命科学》2016 年第 8 期。

山分校的研究者开发了一种新型基因编辑技术，这项技术采用单链 DNA 作为同源指向修复模板，与采用双链 DNA 的 Cas9 目标序列相比，使用这种方法平均敲入效率和产量都提升了 2~3 倍①。美国康奈尔大学的科研人员介绍了一种名为 Craspase（CRISPR 偶联的蛋白酶新系统）的新型蛋白酶。这种蛋白酶由 gRNA 引导定向，通过靶向 RNA 激活，能够切割天然的蛋白底物并诱导细胞死亡。在精准医疗的时代背景下，这个工具有望开启全新的精准医疗思路②。欧盟也积极开展基因编辑技术的研究，并产生了一定的影响力。如 2022 年 4 月荷兰瓦赫宁根大学的研究人员在细菌中发现新型免疫防御机制，其有望成为新的基因编辑和核酸检测工具③。

中国学者在基因编辑技术领域正在发挥越来越重要的作用。2021 年 10 月，北京大学药学院研究团队在 *Molecular Cell* 发文指出 CRISPR-Cas12a 系统，相较于 CRISPR-Cas9 系统，具有更低的脱靶率和不同的识别序列，是一种更为精确的基因编辑系统④。2022 年 8 月，浙江大学药学院平渊课题组构建了双重肝脏特异性 Cas 介导的 DNA/RNA 编辑系统，为炎症性肝疾病的精准治疗提供新策略。通过肝脏靶向递送和特异性编辑，精准调控炎症相关信号通路，实现有效防治⑤。2022 年 9 月，上海科技大学团队开发出高效微型 CRISPR-SpaCas12f1 基因编辑系统，这个系统能够在细菌中实现多种编辑目的，扩展了微型 CRISPR 核心酶工具库，为基因治疗提供了新的思路⑥。中国学者在基因编辑技术领域不断崭露头角，通过创新性研究，持续优化基因编辑方法，为全球基因技术发展贡献中国力量。

---

① Shy B. R., Vykunta V. S., Ha A., et al., "High-yield Genome Engineering in Primary Cells Using a Hybrid ssDNA Repair Template and Small-molecule Cocktails", *Nature Biotechnology*, 2023, 41.

② Hu C. Y., "Craspase is a CRISPR RNA-guided, RNA-activated Protease", *Science*, 2022, 377 (6612).

③ Koopal B., Potocnik A., Mutte S. K., et al., "Short Prokaryotic Argonaute Systems Trigger Cell Death upon Detection of Invading DNA", *Cell*, 2022, 185 (9).

④ Ling X., Chang L., Chen H., et al., "Improving the Efficiency of CRISPR-Cas12a-based Genome Editing with Site-specific Covalent Cas12a-crRNA Conjugates", *Molecular Cell*, 2021, 81 (22).

⑤ Xu X., Tang H., Guo J., et al., "A Dual-specific CRISPR-Cas Nanosystem for Precision Therapeutic Editing of Liver Disorders", *Signal Transduction and Targeted Therapy*, 2022, 7.

⑥ Gao K., Zhang X., Zhang Z., et al., "Transcription-coupled Donor DNA Expression Increases Homologous Recombination for Efficient Genome Editing", *Nucleic Acids Research*, 2022, 50.

（二）基因测序技术成本持续下降

基因测序是指对生物体中的基因组（DNA 序列）进行逐一的碱基分析，以确定 DNA 中包含的遗传信息。通过基因测序可以得到我们遗传信息中的碱基序列，从而理解和研究生物体的遗传特征、功能和变异。基因测序技术的发展经历了多个阶段（见表 2）。

表 2   基因测序方法演进

时间	测序方法名称	特征
1970 年代	Sanger 测序	依赖于特殊的二脱氧核苷酸，能够在 DNA 链生长过程中终止碱基的添加，从而得到 DNA 序列的信息
1980 年代	自动 DNA 测序	利用荧光标记的二脱氧核苷酸，结合自动电泳仪器，使测序过程更快、更准确
2000 年代	下一代测序（NGS）	采用并行测序的方式，能够同时测序大量的 DNA 片段，大幅提高了测序速度和效率，降低了成本
2010 年代	第三代测序	实现单分子测序，消除了对 PCR 扩增等步骤的需求，提高了测序的准确性和速度
2020 年代	高精度测序和单细胞测序	专注于提高测序的准确性、解决基因组中的结构变异和重复序列问题，以及实现单细胞水平的基因组学研究

高精度测序和单细胞测序是基因测序技术的创新发展方向。高精度测序旨在提高测序的准确性和可靠性，特别是在检测低频突变、结构变异和复杂基因组区域方面。传统的测序技术可能会在重复序列区域或者突变频率低的区域出现错误，这可能导致错误的突变鉴定和基因组分析结果。高精度测序技术努力克服这些问题，以便更好地进行低频突变和变异检测、复杂区域分析、结构变异鉴定等。单细胞测序技术允许对单个细胞的基因表达进行测定，是基因组学领域的一项重要创新。传统的基因表达分析方法是在大量细胞的混合中进行的，这掩盖了细胞之间的异质性。单细胞测序技术能够揭示细胞异质性，研究细胞发育轨迹，识别罕见细胞类型，进而研究疾病机制。高精度测序和单细胞测序技术都在推动着基因组学和生物医学研究的发展。它们为我们提供了更准确、更全面的基因组信息，有助于揭示生命的复杂性和疾病的本质。

近些年，发达国家在基因测序领域有许多前沿进展。2020 年，Oxford Nanopore Technologies 推出新一代的纳米孔测序仪 GridION X5，可以实现更高的测序速度和准确性。这种基于纳米孔的测序技术能够直接读取 DNA/RNA 分子，不需要扩增，具有较高的灵敏性和速度。同年，Illumina 推出的高通量全基因组测序平台 NovaSeq 6000 v1.5 具有更高的准确性和可靠性，能够更精确地检测基因组变异情况，为疾病研究和临床诊断提供更多信息。2021 年，多家企业推出新一代单细胞测序技术，实现了在单个细胞水平上进行高通量的基因表达分析，揭示细胞间的差异和多样性。

中国的生物技术公司在基因测序领域也取得了显著的进展。2019 年华大基因推出了 DNBSEQ E、DNBelab D、DNBelab C 系列产品，DNBSEQ E 是华大基因的第一款便携式测序仪，DNBelab D 则是与 DNBSEQ E 配合使用的数字生物实验室；DNBelab C 则是"可装入口袋"的单细胞实验室[1]。2023 年 2 月华大智造发布超高通量测序仪 DNBSEQ-T20×2，刷新通量和单例成本纪录，单人基因组测序成本降低至 100 美元。随着成本的迅速降低，基因测序在个性化医疗、生殖健康、疾病筛查、伴随诊断等领域得到广泛应用。

（三）底层技术成熟促进合成生物学高速发展

合成生物学是一门融合生命科学、信息技术和工程技术而产生的全新学科，旨在创造一种以脱氧核糖核酸（DNA）编写的语言，通过工程手段来设计和构建基因组。为了实现这一目标，研究人员需要设计 DNA 片段并进行标准化处理，使它们能够与其他片段连接在一起。每个 DNA 片段都代表着特定的指令，将这些指令组合在一起就构成了一个程序，能够指导细胞执行一系列的任务。这个过程类似于编写计算机程序或制造机器人，与之不同的是，合成生物学的产物是具有生命和繁殖能力的活细胞[2]。合成生物学被认为掀起了第三次生物技术革命，在生物医药、化学品合成、生物能源以及未来食品等多个领域都有应用。合成生物学的迅速发展势头必然会深刻地影响工业生物技术，为解决人类健康、全球粮食供应、可再生能源以及工业化学品和酶生产等方面的问题提供新的技术和方法[3]。

---

[1] 谭国超：《基因测序仪国产之光，具备全球竞争力》，华安证券研究报告，2022。

[2] Tadashi Nakano, *Molecular Communication*, Cambridge University Press, 2013.

[3] 王浩绮、高豪、信丰学：《"十四五"背景下合成生物学产业发展趋势分析》，《生物学杂志》2023 年第 3 期。

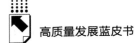
在合成生物学的产业链中，上游部分由专注于提供基因测序、基因编辑、DNA 合成等底层技术的公司组成。这些公司在技术方面起到了基础性的作用，是产业链创新的基石。中游则以菌株改造和自动化平台为核心，这类平台型公司在产业链中扮演着枢纽的角色。它们通过整合多种相关技术，构建出高效且可复用的技术平台，为下游的产品型公司提供了丰富的工具和资源。下游是那些专注于应用合成生物学技术来生产各个领域所需产品的产品型公司。它们通过利用上游和中游公司提供的技术和平台，将科学创新转化为实际的产品。这些公司涉及医药、能源、农业等多个领域，推动着合成生物学技术的商业化应用。

合成生物学作为一门新兴领域，其重点创新方向包括开发更精准和高效的基因编辑工具、改进生物合成技术、优化细胞工厂和生物系统设计等。在基因编辑领域，先导编辑（PE）技术开创了更精细的基因改造方式。在生物合成领域，借助合成生物学原理，设计合成酶和途径，并将其用于药物、化学品和生物燃料的生产。在细胞工厂方面，人工合成微生物体系的构建实现了高效的生产。合成生物学领域不断推动基因编辑、生物合成、细胞工厂和生物系统设计等方面的进步。底层技术的成熟为合成生物学的快速发展提供了有力支持。近 20 年内，DNA 合成单个碱基的成本实现大幅下降。上游企业通过设计和发展高通量平台，实现了 DNA 合成等关键技术的自动化，而基因测序和合成技术领域的规模效应，则为合成生物学技术公司的产品开发提供了稳定基础。与此同时，基因合成技术的进步使得合成基因的长度和稳定性都得到显著提升，为合成生物学的发展提供了更大的可能性[1]。

中国的合成生物学研究近年来迅速迈入高速发展的阶段。根据数据统计，2012 年，我国仅有 1 件合成生物学相关发明专利，而到了 2021 年，这一数字已飙升至 108 件[2]。中国的科学家在合成生物学领域的研究取得了重要突破。2021 年，马延带领团队在 *Science* 上发表了关于人工合成淀粉的研究成果[3]，

① Hanczyc M. M.，"Engineering Life：A Review of Synthetic Biology"，*Artificial Life*，2020，2（26）.
② 刘宇腾：《合成生物学：底层技术成熟促进行业高速发展》，东北证券股份有限公司研究报告，2022。
③ Cai，Tao，et al.，"Cell-free Chemoenzymatic Starch Synthesis from Carbon Dioxide"，*Science*，2021，373（6562）.

将二氧化碳合成淀粉的概念带入了公众视野，引发了社会各界的广泛关注和讨论。在2022年中国十大科技进展新闻中，我国科学家发现玉米基因 KRN2 和水稻基因 OsKRN2 受到趋同选择，并通过相似的途径调控玉米和水稻的产量。这一成果不仅揭示了基于玉米与水稻的同源基因趋同进化增加玉米与水稻产量的机制，而且也为育种提供了宝贵的遗传资源①。此外，赵国屏教授承担的"新功能人造生物器件的构建与集成"项目，张学礼教授承担的"人参酵母"细胞工厂项目，都取得了显著的成就。这些项目相继取得了重要突破，推动了合成生物学的发展。

二 应用领域持续拓宽深化

（一）医疗领域：基因治疗逐步产业化，中国企业表现亮眼

基因与生物技术主要的应用领域之一就是医疗领域。基因治疗主要分为两种方式，即体外基因治疗和体内基因治疗。前者是将细胞从患者体内取出，通过培养和体外转导使其与治疗基因结合后重新导入患者体内，常见的靶细胞包括骨髓中的干细胞、T淋巴细胞等。后者是使用载体将遗传物质递送到患者体内的靶细胞或组织。常见的体内基因治疗靶细胞包括干细胞、视网膜感受器等。目前基因治疗在癌症、艾滋病、遗传性疾病等疾病治疗领域得到了广泛的应用。随着基因技术的发展，基因治疗产品也不断出现，表3列出了截止到2023年3月已上市的部分基因治疗产品。

表3 已上市的基因治疗产品

产品名称	载体	获批年份	研发公司	企业所属国家	适应证
Glybera	AVV	2012	uniQure	荷兰	家族性脂蛋白脂酶缺乏症
Luxturna	AVV	2017	Spark Therapeutics	美国	遗传性视网膜疾病
Zolgensma	AVV	2017	Novartis Gene Therapies	美国	脊髓性肌萎缩

---

① Wenkang Chen et al. , "Convergent Selection of a WD40 Protein That Enhances Grain Yield in Maize and Rice", *Science*, 2022, 375 (7985).

续表

产品名称	载体	获批年份	研发公司	企业所属国家	适应证
Upstaza	AAV	2022	PTC Therapeutics	美国	芳香族 L-氨基酸脱羧酶缺乏症
Roctavian	AAV	2022	BioMarin	美国	血友病 A
Hemgenix	AAV	2022	uniQure	荷兰	血友病 B
Rexin-G	γ-RV	2007	Epeius	以色列	胰脏癌
Strimvelis	γ-RV	2016	GSK	英国	腺苷脱氨酶重症联合免疫缺陷
Zalmoxis	γ-RV	2016	MolMed	意大利	血液系统恶性肿瘤
Yescarta	γ-RV	2017	Kite Pharma	美国	复发性或难治性大 B 细胞淋巴瘤
Tecartus	γ-RV	2020	Kite Pharma	美国	复发性或难治性套细胞淋巴瘤
奕凯达	γ-RV	2021	复星凯特	中国	复发性或难治性大 B 细胞淋巴瘤
Kymriah	LV	2017	Novartis Gene Therapies	美国	复发性B细胞急性淋巴细胞白血病
Zynteglo	LV	2019	Bluebird	美国	β-地中海贫血
Breyanzi	LV	2021	BMS	美国	复发性或难治性弥漫性大 3 细胞淋巴瘤
Abecma	LV	2021	BMS、Celgene Corporation	美国	多发性骨髓瘤
倍诺达	LV	2021	药明巨诺	中国	复发性或难治性 B 细胞淋巴瘤
Carvykti	LV	2022	传奇生物	中国	复发性或难治性多发性骨髓瘤

资料来源：王丹阳、徐婷婷、陈建军等：《基因治疗产品及其载体的研究进展和挑战》，《中国医药工业杂志》2023 年第 4 期。

表 3 显示基因治疗领域在全球范围内取得了显著的突破，涌现出一系列革命性的产品，中国在其中也有着引人瞩目的成就。2021 年，中国的复星凯特公司推出了名为"奕凯达"的基因治疗药物，用于治疗复发性或难治性大 B 细胞淋巴瘤。此外，药明巨诺公司推出了名为"倍诺达"的基因治疗药物，用于治疗复发性或难治性 B 细胞淋巴瘤。"倍诺达"是中国首个获批为 1 类生

物制品的 CAR-T 产品，也是全球第六款获批的 CAR-T 产品。2022 年，纽福斯生物 NR082 获得 FDA 授予的 IND 许可，将在美国开展临床试验，成为首个在美获批的临床国内眼科 AAV 体内治疗药物，也是首个同时获得中美 IND 许可的中国国产体内眼科基因治疗产品。这些中国基因治疗产品的问世，不仅展示了中国医药企业在基因治疗领域的技术实力和创新能力，也为中国的生物医药产业赢得了国际声誉。

（二）农业领域：基因与生物技术监管逐步完善，应用前景广阔

20 世纪之前人类通过选择育种优化农产品质量；1920 年代以后杂交（突变）育种技术逐渐成为育种的主流方式；1980 年代以后，转基因技术成为关键技术；2000 年以后基因编辑技术进入人类农作物育种的工具箱，特别是随着 CRISPR 技术的发展，基因编辑育种得以高速发展。

表 4 人类农业育种方式演进

方式	选择育种	突变育种	转基因育种	基因编辑育种
原理	最早开始采用的育种方法。农民通过选择具有所需特征的植株或动物进行繁殖，逐渐积累具备有利特征的基因	始于 1920 年代，基于诱变剂引发的随机基因突变。具有所需性状的突变体被筛选出来，并用于繁殖	始于 20 世纪 80 年代，通过将外源基因导入目标生物体，实现所需特征的引入	一种相对较新的育种方法，能够允许精确地修改目标基因组中的特定序列，实现特征的改变
特点	随机、缓慢，只能在物种内部进行杂交	随机、不可预测，但相对快速	随机、引入外源基因	精确、快速，不留痕迹

资料来源：Nicholas Karavolias，CRISPR in Agriculture：2022 in Review，Innovative Genomics Institute，2022。

放眼全球，美国在农业基因改良领域取得了许多重要的进展。在转基因作物方面，美国是转基因作物的发源地之一，美国广泛应用了转基因技术来改良作物。例如，转基因玉米、大豆和棉花等作物已经在美国种植多年，这些作物具有抗虫、耐草药等特性，有助于减少农药的使用，提高产量。在抗病性和逆境耐受性方面，美国的农业基因改良研究专注于提高农

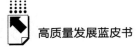

作物的抗病性和逆境耐受性。通过引入或调节特定基因，使作物更具抵抗性，以应对病虫害和不良环境条件。在遗传多样性保护方面，基于基因保护区和种质库，美国致力于保存农作物的遗传资源，以确保未来农业的可持续性。基因与生物技术在农业领域正日益成为促进农业可持续发展和食品安全的重要工具，为培育适应不断变化的气候和生态环境的农作物和家畜提供了新的机遇。

中国是农业大国，前沿的基因与生物技术在农业领域的利用前景广阔。2022 年 1 月，农业农村部发布了《农业用基因编辑植物安全评价指南（试行）》，其中规定未引入外源基因的基因编辑植物将依据该指南进行安全评价，而不再适用之前的《转基因植物安全评价指南》。经中间试验证明目标性状不会增加环境和食品安全风险的基因编辑植物，可直接申请获得生产应用安全证书。2023 年 4 月，农业农村部科教司发布了 2023 年农业转基因生物安全证书批准清单，山东舜丰生物科技有限公司的"突变 gmfad2－1a 和 gmfad2－1b 基因品质性状改良大豆 AE15－18－1 生产应用的安全证书"项目成功获批，成为中国首个获得批准的基因编辑农作物项目。随着监管体系的完善，我国有望出现更多基于基因与生物技术的新型农业产品和服务。

（三）能源领域：基因与生物技术日益受到关注

在可再生能源领域，国际能源署和国际粮农组织的综合研究表明，生物液体燃料在一定程度上可以减少温室气体排放。本文以生物燃料乙醇为例进行分析。随着合成生物学技术的进步，越来越多的乙醇生产方法逐渐涌现。合成生物学不仅能提升生物燃料乙醇发酵方法的效率，还能发现新的反应途径，更有效地利用碳源，创造高附加值产物。生物燃料乙醇的制造工艺近年来出现了较大改变（见表 5）。

表 5　生物燃料乙醇制造工艺发展历程

代次	产品	原料	核心技术	优点	缺点
G1	粮食乙醇	玉米、小麦等	水解、发酵	工艺简单成熟	与人畜争粮、资源有限

代次	产品	原料	核心技术	优点	缺点
G1.5	非粮乙醇	木薯、甘蔗、甜高粱等	水解、发酵	工艺相对成熟	与粮林争地、资源有限
G2	纤维素乙醇	农产品废弃物、临产废弃物	预处理、水解、糖化	不与人畜争地、不与粮林争地、资源丰富	技术尚未成熟、成本高、流程复杂
G3	微藻乙醇	微藻	提取、热加工、烃加工	原料易得、价格低廉	存在技术瓶颈

资料来源：刘万鹏：《合成生物学双周报：新一代生物乙醇助力"碳中和"》，华安证券研究报告，2021。

如表 5 所示，第一代生物燃料乙醇制造工艺主要使用粮食作物如小麦和玉米等作为生产原料。虽然其生产工艺已经成熟并商业化，但存在粮食价格上涨和可能的资源竞争问题。第 1.5 代生物燃料乙醇制造工艺则以木薯、甘蔗和甜高粱等作物作为生产原料。然而，类似于粮食资源，这些作物也面临着资源有限问题，而且木薯 90% 依赖进口，不符合国家安全发展的方针。第二代生物燃料乙醇制造工艺以农产品废弃物、临产废弃物等木质纤维素类生物质为原料，如甘蔗渣、稻壳、秸秆等。这些原料通过预处理、水解、糖化等工艺制成纤维素乙醇，可充分利用生物质资源的潜力。虽然该方法原料来源广泛，不会产生资源竞争，但目前仍存在成本高、流程复杂、技术尚未成熟等问题。第三代生物燃料乙醇制造工艺主要将微藻中丰富的淀粉、纤维素、半纤维素等碳水化合物作为原料。微藻具有超越陆地植物的光合效率，生长周期短，其在资源生产方面具有巨大潜力。

当前生物燃料乙醇的生产主要集中在粮食成本较低的美国和巴西。截至 2020 年，全球范围内有 66 个国家和地区广泛推广使用乙醇汽油，年度消耗量达约 6 亿吨，占据了全球汽油消费总量的 60% 左右。美国纤维素乙醇生产成本约为 1.4 美元/升，高于其粮食乙醇生产成本。而我国采用纤维素（如秸秆）生产乙醇的成本约为 0.65 美元/升，略低于国内粮食乙醇生产成本。因此，我国有动力推动第二代和第三代生物燃料乙醇制造工艺的应用。我国生物燃料乙醇产业多年来坚持遵循"核准生产、定向流通、封闭运行、有序发展"的原则，已经构建起稳定的产业基础。截至 2021 年底，我国的生物燃料乙醇投产能力达到 529.5 万吨/年，年产量为 290 万吨。乙醇汽油混合燃料已在全国 12 个省（区）投入使用，这使得生物燃料乙醇产业成为我国新兴的绿色生物产业，并使我国成为全球生物燃料乙醇生产的重要国家之一[1]。

能源多元化是确保能源安全的有效策略之一，而生物燃料乙醇作为一项"替代能源"的战略选择，其重要性已经凸显出来。在国际粮食危机以及全球粮食价格急剧上涨的背景下，第一代生物燃料乙醇的发展面临巨大挑战。推广和应用以木质纤维素生物质为原料生产的第二代生物燃料乙醇，持续研发以微藻为原料的第三代生物燃料乙醇具有重要意义。合成生物学为这些生产方法提供了理论和实验基础，使得研究人员可以设计和优化微生物、藻类等的代谢途径，以提高生物燃料乙醇产量和生产效率。国家能源局已经明确提出加快推进纤维素等非粮生物燃料乙醇产业示范，这将成为生物液体燃料发展的重要方向。预计 2030 年后，生物液体燃料的总使用量将达到 7000 万吨，为交通领域减排二氧化碳约 4 亿吨[2]。

三 面临的问题与挑战

（一）底层技术有待提升

如何保障基因编辑技术的精确性和效率是当前基因与生物技术领域所面临的关键问题。对于精确性而言，在编辑过程中，确保对目标基因的准确修改，同时避免对周围基因的无意修改，对于保障技术的可靠性和可应用性至关重要。然而，由于基因组的复杂性和多样性，确保编辑的精确性是一个极具挑战的任务。尤其是在大规模基因组中进行编辑时，往往难以避免对其他非目标基因的干扰。对于编辑效率而言，高效率的编辑能够在相对短的时间内实现对目标基因的修改，然而，目前许多编辑技术的效率仍然不够高，需要多次尝试才

---

[1] 马爱平：《生物液体燃料：变废物为绿能，让环境和经济双赢》，《科技日报》2022 年 9 月 8 日第 6 版。

[2] 马爱平：《生物液体燃料：变废物为绿能，让环境和经济双赢》，《科技日报》2022 年 9 月 8 日第 6 版。

能获得所需的编辑结果。低效率可能导致实验周期延长，增加研究成本，并限制技术在临床治疗等领域的应用。

（二）伦理与法律挑战

在基因与生物技术领域，伦理与法律挑战是与技术创新关联紧密的重要议题。伦理挑战的核心在于如何平衡科技发展与人类价值观念、道德观念之间的关系。在基因编辑领域，伦理问题主要集中在对人类基因组的修改上。例如，对人类胚胎基因编辑进行道德审议，是否能够在早期胚胎阶段就进行基因修饰以防止遗传疾病的发生。由此引发了人类生命尊严、自然选择合理性以及可能导致的社会影响等相关伦理问题。同样，克隆技术也引发了人们对于复制人类生命是否道德的讨论。不同文化和宗教背景的人针对这类问题可能会有不同的看法，因此在伦理方面针对基因和生物技术达成全球共识十分困难。

法律挑战主要是如何运用法律应对基因和生物技术的合法性和安全性问题。美国、欧洲和中国的法律态度和规定存在显著差异。美国通常倾向于较为宽松的法律环境，注重科技创新和企业自主决策权。欧洲国家则更加强调伦理审议和公众参与，对人类基因编辑等领域制定了严格的限制和监管措施。中国生物技术领域在过去几十年中取得了巨大突破，但法律法规仍然滞后，可能导致在技术应用过程中出现一些伦理和法律问题。以基因编辑为例，在一定条件下进行人类胚胎基因编辑的研究在美国是被允许的，但这一研究在医疗用途方面会受到限制。欧洲许多国家禁止人类胚胎基因编辑研究，法律对此领域有严格的监管。中国则在一定程度上允许开展基因编辑研究，同时在法律和伦理层面加强了监管，以避免潜在的风险。

（三）风险与安全问题

基因和生物技术的迅猛发展为人类带来了便利，同时也引发了一系列的风险和安全问题。这些问题涵盖了从基因编辑到生物安全的广泛范畴，需要全球各国共同关注和应对。在基因技术领域，风险主要体现在基因编辑和转基因技术的应用中。基因编辑技术虽然有助于治疗遗传性疾病，但也可能引发不可预见的基因突变，导致新的健康问题。例如，CRISPR-Cas9等技术在编辑目标基因时，可能会对其他非目标基因产生意外影响，导致未知的副作用。转基因作物则可能引发对非目标生物的生态影响，例如杀虫转基因作物对非害虫生物产生的影响。生物安全问题是基因和生物技术领域中至关重要的议题，基因编辑和合成生物学的发展使得合成致病微生物等生物武器成为可能，直接危害人类和生态系统。

四　促进基因与生物技术创新发展的政策建议

（一）加大科研投入力度，鼓励基础和前沿研究

我国在基因与生物技术领域取得了显著的成绩，进一步加大科研投入力度并鼓励基础和前沿研究已成为下一步的工作重点。第一，加大科研经费投入力度。应当加强资金支持，健全科研经费的分配机制，增加对基础和前沿研究项目的经费投入。通过设立专项基金、奖励机制以及加强多方合作，提升科研人员的研究热情，推动创新的发展。第二，建立完善的研究机构和平台。应鼓励大学、科研院所等机构合作设立综合性研究中心，提供先进的设备和实验平台，促进科研资源的集成和共享。第三，培养优秀人才。应加强对人才的培养和吸引，通过设立奖学金、科研津贴等激励措施，鼓励青年科研人员投身基础和前沿研究。加强与高校的合作，推动生物技术相关专业的课程更新和教学体系优化，培养更多具有创新精神和实践能力的人才。第四，加强知识产权保护。应建立健全的知识产权保护机制，为科研成果提供有效保障。鼓励科研成果的产业化应用，加速技术的转移和推广，实现科研成果的经济价值。

（二）强化伦理与法律框架

强化伦理与法律框架是基因与生物技术得以安全合理利用的重要保障。第一，加强伦理准则的制定和推广。要设立专门机构，机构人员由专家学者和相关行业代表组成，制定完善的针对基因与生物技术领域的伦理指南。确保人类基因编辑、生殖健康等研究在伦理界限内进行。第二，完善法律法规。应审视现行法律体系，对基因与生物技术领域的相关法律进行修订。特别是针对敏感领域，如基因编辑、克隆技术等，要明确合法性、界定责任和违法行为的法律

后果。第三，完善监管机制和审批程序。建立健全基因与生物技术研究和应用的监管和审批机制，确保研究和应用活动符合伦理和法律要求，防止不当行为的发生。第四，加强公众参与和科普宣传。借助媒体、互联网等渠道，向公众普及基因与生物技术的相关知识，促进公众对伦理问题的理解和关注。开展公众听证会、广泛征求意见等，让公众参与决策过程。

（三）加强风险评估与监管

加强风险评估和监管是保证基因与生物技术安全与可持续发展的关键。第一，建立全面的风险评估体系。风险评估体系应包括风险识别、风险评估、风险管理和风险沟通等环节，确保能够全面客观地评估技术应用可能带来的潜在风险。第二，建立透明的监管机制。应制定明确的监管标准和程序，对基因与生物技术的研究和应用进行严格监管。监管机构应公开发布监管政策，接受社会监督，并定期公布监管结果。第三，加强技术追踪和监测。建立完善技术追踪系统，及时掌握基因与生物技术的最新进展，以便及时评估其潜在风险。第四，建立风险预警机制，对可能的风险情况进行预测和预警，及早采取措施避免风险的发生。第五，加强国际合作和信息共享。积极参与国际合作，共同制定风险评估标准和监管原则，与其他国家分享经验、交流信息，共同应对基因和生物技术可能带来的风险挑战。

参考文献

［1］ Gao K. , Zhang X. , Zhang Z. , et al. , "Transcription – coupled Donor DNA Expression Increases Homologous Recombination for Efficient Genome Editing", *Nucleic Acids Research*, 2022, 50.

［2］ Hu C. Y. , "Craspase is a CRISPR RNA – guided, RNA – activated Protease", *Science*, 2022, 377 (6612) .

［3］ Koopal B. , Potocnik A. , Mutte S. K. , et al. , "Short Prokaryotic Argonaute Systems Trigger Cell Death upon Detection of Invading DNA", *Cell*, 2022, 185 (9) .

［4］ Ling X. , Chang L. , Chen H. , et al. , "Improving the Efficiency of CRISPR – Cas12a – based Genome Editing with Site – specific Covalent Cas12a – crRNA

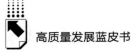
Conjugates", *Molecular Cell*, 2021, 81 (22).

[5] Michael Eisenstein, "Seven Technologies to Watch in 2022", *Nature*, 2022. 601.

[6] Shy B. R., Vykunta V. S., Ha A., et al., "High-yield Genome Engineering in Primary Cells Using a Hybrid ssDNA Repair Template and Small-molecule Cocktails", *Nature Biotechnology*, 2023, 41.

[7] Xu X., Tang H., Guo J., et al., "A Dual-specific CRISPR-Cas nanosystem for Precision Therapeutic Editing of Liver Disorders", *Signal Transduction and Targeted Therapy*, 2022, 7.

[8] 马爱平:《生物液体燃料:变废物为绿能,让环境和经济双赢》,《科技日报》2022年9月8日第6版。

[9] 王浩绮、高豪、信丰学:《"十四五"背景下合成生物学产业发展趋势分析》,《生物学杂志》2023年第3期。

[10] 王皓毅、李劲松、李伟:《基于CRISPR-Cas9新型基因编辑技术研究》,《生命科学》2016年第8期。

[11] 王瑞、周欣洁、杜熙钦等:《新一代基因编辑工具研究进展》,《中国药科大学学报》2022年第6期。

B.7
2022年临床医学与健康技术创新发展报告

孙生阳　冯天宜*

摘　要： 临床医学与健康技术创新是加强原创性引领性科技攻关的重点任务。党的十八大以来，党中央和国务院围绕临床医学与健康技术创新发展出台了一系列政策举措，临床医学与健康技术创新发展的相关政策体系与制度框架已经基本形成。在相关政策的支持下，我国规模以上医药制造业工业企业研究与试验发展能力得到显著提升，规模以上医药制造业工业企业新产品开发项目不断增加，SCI医学科技论文数量大幅增长，人工智能技术在临床医学与健康技术创新中得到普遍应用。但与此同时，医学科技创新仍存在"卡脖子"问题、医药科学的研究机构和人员有待增加、企业创新动力不足、医学科技评价体系有待完善、医学教育水平有待提高等问题也开始显现。为了进一步加快临床医学与健康技术创新发展，应进一步增加医学领域的基础研究投入、强化企业在临床医学与健康技术创新中的主体地位、推动"新医科"建设着力培养医学人才、加快数字技术与医学创新的融合发展。

关键词： 临床医学　健康技术　人工智能

临床医学与健康技术创新是加强原创性引领性科技攻关的重点任务。从国家的急迫需要来看，临床医学与健康技术创新是解决医疗领域不平衡不充分发

---

* 孙生阳，中共中央党校（国家行政学院）经济学教研部讲师，主要研究方向为农业经济学；冯天宜，中国信息通信研究院云计算与大数据研究所健康部副主任，中级工程师，主要研究方向为卫生经济学。

展问题的关键所在；从国家的长远需求来看，临床医学与健康技术创新也是建设健康中国、增进人民健康福祉的题中应有之义。党的十八大以来，习近平总书记高度重视临床医学与健康技术创新，把为人民群众提供更加优质高效的健康服务摆在了治国理政的重要位置。2020年，习近平总书记指出："纵观人类发展史，人类同疾病较量最有力的武器就是科学技术，人类战胜大灾大疫离不开科学发展和技术创新。"① 特别是近年来，在抗击严重急性呼吸综合征、中东呼吸综合征、甲型H1N1流感、埃博拉病毒等多次重大传染病的过程中，科学技术都发挥了重要作用。2021年发布的《中华人民共和国国民经济和社会发展第十四个五年规划和2035年远景目标纲要》（以下简称《纲要》）明确指出，要瞄准生命健康等前沿领域，实施一批具有前瞻性、战略性的国家重大科技项目，其中就包括临床医学与健康领域的前沿攻关，主要包括癌症和心脑血管、呼吸、代谢性疾病等发病机制基础研究，主动健康干预技术研发，再生医学、微生物组、新型治理等前沿技术研发，重大传染病、重大慢性非传染性疾病防治关键技术研究。深入分析我国在临床医学与健康技术创新方面的发展现状及问题，对于进一步提高医疗卫生服务水平、改善人民健康具有重要的现实意义和政策价值。

一　2022年临床医学与健康技术创新发展现状

（一）临床医学与健康技术创新发展的政策制度安排

面对疫情提出的新挑战、实施健康中国战略的新任务、世界医学发展的新要求，2020年后，党中央和国务院相继出台了加快医学教育创新发展、"十四五"国民健康规划等相关政策文件，为支持临床医学与健康技术创新发展营造了更加有力的政策与制度环境。2020年9月，国务院办公厅发布的《关于加快医学教育创新发展的指导意见》分别从全面优化医学人才培养结构、全力提升院校医学人才培养质量、深化住院医师培训和继续开展医学教育改革等

---

① 中共中央党史和文献研究院：《习近平关于统筹疫情防控和经济社会发展重要论述选编》，中央文献出版社，2020。

方面出发，提出了一系列解决我国医学教育领域存在的人才培养、培养质量、医药创新能力相关问题的具体方案，试图以高质量的医学教育创新发展支持临床医学与健康技术创新发展。2022 年 4 月，国务院办公厅又发布了《"十四五"国民健康规划》，明确提出要做优做强健康产业，并对推动医药工业创新发展和促进高端医疗装备和健康用品制造生产作出了具体的任务部署。在一系列政策与制度的支持下，我国的临床医学与健康技术创新取得了显著成效。根据中国医学科学院发布的《中国 2022 年度重要医学进展》，我国在临床医学、口腔医学、基础医学与生物学、药学、卫生健康与环境、生物医学工程与信息等领域均取得了突破。

表1　支持临床医学与健康技术创新发展的部分政策措施

成文/发布日期	发文机关	政策名称
2013 年 1 月 6 日	国务院	《关于印发生物产业发展规划的通知》
2016 年 10 月 25 日	中共中央、国务院	《"健康中国 2030"规划纲要》
2019 年 6 月 24 日	国务院	《关于实施健康中国行动的意见》
2020 年 9 月 17 日	国务院办公厅	《关于加快医学教育创新发展的指导意见》
2021 年 5 月 14 日	国务院办公厅	《关于推动公立医院高质量发展的意见》
2021 年 9 月 23 日	国务院办公厅	《"十四五"全民医疗保障规划》
2022 年 3 月 3 日	国务院办公厅	《"十四五"中医药发展规划》
2022 年 4 月 27 日	国务院办公厅	《"十四五"国民健康规划》
2023 年 2 月 10 日	国务院办公厅	《中医药振兴发展重大工程实施方案》
2023 年 3 月 23 日	中共中央办公厅、国务院办公厅	《关于进一步完善医疗卫生服务体系的意见》

资料来源：中国政府网，http：//www.gov.cn。

（二）规模以上医药制造业工业企业研究与试验发展情况

临床医学与健康技术创新发展离不开研究与试验发展的支持。习近平总书记指出："持续加大重大疫病防治经费投入，加快补齐我国在生命科学、生物技术、医药卫生、医疗设备等领域的短板。"[1] 党的十八大以来，我国规模以

---

[1] 人工智能医疗器械创新合作平台智能化医疗器械产业发展研究工作组、中国信通院：《人工智能医疗器械产业发展白皮书（2023 年）》，2023。

上医药制造业工业企业研究与试验发展情况取得新成就，研究与试验人员全时当量、经费、项目数显著提高。2013 年，我国规模以上医药制造业工业企业研究与试验发展人员全时当量为 123200 人年，尽管后续有小幅的波动，但总体呈现增加的趋势，2014 年，规模以上医药制造业工业企业研究与试验发展人员全时当量突破 130000 人年，并在 2021 年突破了 150000 人年，2013~2021 年，我国规模以上医药制造业工业企业研究与试验发展人员全时当量的年均增长率达到了 2.9%。与此同时，我国规模以上医药制造业工业企业研究与试验发展经费呈现逐年上涨的趋势。2013 年，规模以上医药制造业工业企业研究与试验发展经费为 3476552.7 万元，到 2021 年，已经增长到 9424368.4 万元，2013~2021 年，我国规模以上医药制造业工业企业研究与试验发展经费的年均增长率达到了 13.3%，比人员全时当量的年均增长率高出 10.4 个百分点。随着人员全时当量和经费投入的增加，我国规模以上医药制造业工业企业研究与试验发展项目数也迅速增长。2013 年，规模以上医药制造业工业企业研究与试验发展项目数为 25419 项，到 2021 年已经增长到 43644 项，年均增长率达到了 7.0%。

表 2　规模以上医药制造业工业企业研究与试验发展情况

年份	人员全时当量(人年)	经费(万元)	项目数(项)
2013	123200	3476552.7	25419
2014	133902	3903161.1	23791
2015	128589	4414576.1	21761
2016	130570	4884712.2	24434
2017	121517	5341769.3	27784
2018	125919	5808856.7	28167
2019	122720	6095604.9	32296
2020	134291	7845971.0	38295
2021	154596	9424368.4	43644

资料来源：国家统计局。

（三）规模以上医药制造业工业企业新产品开发情况

随着规模以上医药制造业工业企业研究与试验发展人员全时当量、经费、项目数不断增加，我国临床医学与健康技术创新发展也不断取得突破，具体表现为在规模以上医药制造业工业企业新产品项目数以及经营效益总体呈现增长的同时，新产品出口销售收入也呈现增长的态势。2013年，规模以上医药制造业工业企业的新产品项目数、开发经费、销售收入、出口销售收入分别为26523项、3645005.6万元、36061674万元、3168255万元，到2021年，分别增长到了49652项、11286100万元、110451212万元、20550162万元，年均增长率分别达到了8.2%、15.2%、15.0%、26.3%。值得注意的是，自2020年开始，我国规模以上医药制造业工业企业的新产品项目数、开发经费、销售收入、出口销售收入增长速度明显提高，造成这一现象的主要原因，可能与新冠肺炎疫情有关。

表3　规模以上医药制造业工业企业新产品情况

单位：项，万元

年份	项目数	开发经费	销售收入	出口销售收入
2013	26523	3645005.6	36061674	3168255
2014	24414	4079308.4	43018345	3194422
2015	22106	4279485.1	47362675	3725503
2016	25320	4978805.7	54227527	4896556
2017	28584	5886028.0	57132498	4996442
2018	31679	6520596.1	63670361	4872274
2019	36098	7325193.0	66734599	5537530
2020	42145	8831875.6	76981144	8891752
2021	49652	11286100.0	110451212	20550162

资料来源：国家统计局。

（四）SCI医学科技论文发表情况

在医学领域国际期刊发表的论文数量是判断临床医学与健康技术创新发展水平的重要指标之一。特别是对医学基础研究来说，高水平的国际期刊论文能在一定程度上反映该领域的研究进展。从与临床医学和健康技术相关的SCI医学科技论文发表情况可以看出，近年来我国的医学科技发展迅速。从表4可以看出，我国预防医学与卫生学、基础医学、药学、临床医学、中医学、军事医学与特种医学 SCI 科技论文发表数量分别从 2013 年的 1444、9411、4149、18632、1014、173 篇增加到了 2020 年的 8430、28185、19969、57754、1635、926 篇，年均增长率分别为 28.7%、17.0%、25.2%、17.5%、7.1%、27.1%。值得注意的是，在上述相关学科中，中医学 SCI 科技论文发表数量的年均增长率较低。这一结果也表明，与西医相比，近年来中医学的创新发展较慢，因此未来持续提升我国中医药的传承与创新能力，加快布局一批中医药科技创新重点项目和关键技术装备项目，发挥中医学在临床医学与健康技术创新发展中的重要作用，具有十分重要的意义。

表4　2013~2020 年我国不同学科 SCI 科技论文发表数量

单位：篇

年份	预防医学与卫生学	基础医学	药学	临床医学	中医学	军事医学与特种医学
2013	1444	9411	4149	18632	1014	173
2014	2441	11589	5949	31014	930	119
2015	2608	18283	7509	30696	1108	245
2016	3236	19260	8839	32109	1040	277
2017	3188	21297	9782	34226	1031	466
2018	4095	20689	13080	41975	1036	636
2019	5894	25740	16727	47683	1168	793
2020	8430	28185	19969	57754	1635	926

资料来源：国家统计局。

（五）人工智能技术赋能临床医学与健康技术创新

数字经济时代，互联网特别是人工智能技术的快速发展，为临床医学与健康技术创新提供了新的机遇。人工智能技术在病情监测分析、病毒溯源、防控救治方面发挥了重要作用。人工智能医疗器械典型应用产品，主要涵盖了"智能辅助诊断产品""智能辅助治疗产品""智能监护与生命支持产品""智能康复理疗产品""智能中医诊疗产品""医疗人工智能数据库""人工智能医疗器械临床试验平台""人工智能医疗器械真实世界数据应用平台"；人工智能医疗器械关键技术，主要涵盖了基于医疗器械采集客观数据的感知技术、基于可穿戴设备的数据采集技术、对人体运动姿态进行感知的运动捕捉技术、融合 AR/VR 的脑机接口技术进一步提升感知能力的感知技术；以及分析模式从机械替代向思考决策转变、多模态融合交互进一步提升分析能力的分析技术。相关研究也指出，近年来我国人工智能医疗技术发展较快，2011~2022 年在全球医学人工智能论文发表数量方面，中国位居第二，占全球医学人工智能论文发表总数的 20.07%，比位居第三的印度高出了 11.45 个百分点。

二 临床医学与健康技术创新存在的问题

（一）医学科技创新存在"卡脖子"问题

尽管我国在临床医学与健康技术创新方面取得了一系列成就，但在关键核心技术领域，仍然存在"卡脖子"问题。2022 年 8 月，中国工程院院士、北京大学第三医院院长乔杰在"2022 医药创新和科技前沿论坛"上指出，"在诊断治疗方面，90% 的临床诊疗指南来自国外，90% 的高端医疗设备来自国外。在创新药物方面，90% 的原创药物来自国外，90% 的药物标准来自国外"。这表明，尽管目前我国临床医学与健康技术迎来了一个好的创新发展机遇，但与此同时，也面临巨大的挑战。以中美生物医药创新为例，在基础研究方面，2000~2016 年，中国国家自然科学基金在化学、生命科学和医学领域累计投入约 66 亿美元，而同期美国国立卫生研究院（NIH）投入超过 4000 亿美元，其中与新药研发直接相关的投入资金更是在 1000 亿美元以上。此外，尽管每年我国在生命科学领域的 SCI 论文发表数量不断增加，但被引频次前 1% 和前 0.1% 的高影响论文累计数量仍然与美国存在较大差距；在研发人员方面，尽管中国的医药产业研发人员总数高于美国，但美国研发人员的占比却比中国高出了 15.2 个百分点，而且美国在从事 AI 新药研发的领军人才方面，比中国多出了 66 人；在优先事项方面，美国十分重视数据库平台建设，美国部署的超大规模数据中心的数量远高于中国，而且在 20 世纪 80 年代就成立了以收集、存储生物医学文献资料以及相关数据为目标的国家生物技术信息中心和蛋白质信息资源库，但我国临床医学与健康技术行业的数据化、信息化工作刚刚起

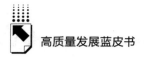

步，缺乏高质量的数据已经成为影响我国临床医学与健康技术创新发展的主要因素之一。

（二）医药科学的研究机构和人员有待增加

从研究与开发机构 R&D 人员的分布情况来看，不同学科之间存在较大差别，其中与农业科学、工程与技术科学相比，医药科学研究与开发机构 R&D 人员明显偏少。2021 年，全国共有研究与开发机构 2962 个，其中自然科学、农业科学、医药科学、工程与技术科学、人文与社会科学的机构数分别为 258、993、223、962、526 个；R&D 人员分别为 105811、67881、33679、303306、18441 人。其中，自然科学、农业科学、工程与技术科学、人文与社会科学的机构数分别比医药科学高出了 35、770、739、303 个；自然科学、农业科学、工程与技术科学的 R&D 人员分别比医药科学高出了 72132、34202、269627 人。如果从平均每个机构的 R&D 人员来看，医药科学平均每个机构有 R&D 人员 151.0 人，比农业科学和人文与社会科学分别高出了 82.6 人和 115.9 人，但与自然科学和工程与技术科学相比，却分别少了 259.1 人和 164.3 人。

表 5　2021 年按学科分研究与开发机构及其 R&D 人员数量情况

单位：个，人

学科分组	机构数	R&D 人员	平均每个机构的 R&D 人员
自然科学	258	105811	410.1
农业科学	993	67881	68.4
医药科学	223	33679	151.0
工程与技术科学	962	303306	315.3
人文与社会科学	526	18441	35.1

资料来源：《中国科技统计年鉴 2022》。

（三）不健全的配套政策体系造成企业创新动力不足

企业在临床医学与健康技术创新中具有重要地位，企业参与临床医学与健康技术创新的积极性直接关系到临床医学与健康技术创新发展的成果与效能。但是，一些不健全的政策体系制约了企业的创新积极性。在这里需要强调的是，创新并非只是技术上的突破与进步，只有把技术实现了产业化，构建起完整的产业链条，才能算是真正意义上的创新。相关研究发现，由于存在"重研究，轻转化"的问题，医学转化存在政策衔接不畅和政策落地难的现象，特别是医学科技成果转化发展面临阻滞，进一步造成了企业参与创新的动力不足。相关研究发现，目前我国的医药企业以中小企业为主，在类型上多数属于小规模仿制型，而且一些企业的研发投入占比不到1%，而从国外一些大型医药企业来看，其每年用于新药研发的投入比例都在10%以上，而且一些企业的研发投入占比达到了15%~20%[①]。与此同时，由于一些临床医学与健康技术创新需要大量资金、长周期的投入，在投资风险较高和市场需求与技术研发能力不匹配的情况下，一些企业也缺乏明显的创新动力。以医药及医疗器械领域的专利申请量为例，院校/研究所是专利申请的主体，进入医药及医疗器械领域专利申请量前20的仅有3家企业，而且仅有1家企业进入前10，其中2家企业还处于排行榜末端位置，同样的现象也出现在了化学药、生物药领域的专利申请上。

（四）医学科技评价体系有待完善

科技评价体系不仅关乎科技创新能力的提高，而且在营造良好创新环境方面也发挥着重要作用。长期以来，以SCI论文数量为主要代表的量化科技评价体系，不仅存在片面、过度、扭曲使用的现象，而且也并不能很好地适应当前临床医学与健康技术创新发展的需要，可能会限制我国的医学创新。尽管2021年国务院办公厅发布了《关于完善科技成果评价机制的指导意见》，明确指出要坚决破解科技成果评价中的"唯论文、唯职称、唯学历、唯奖项"问题，但从多数医疗机构的职务晋升、职称评定、年终考核的主要评价体系来看，仍然存在以SCI论文发表数量作为主要参考指标的现象。除过度重视SCI论文发表数量评价指标单一化问题以外，目前分类评价的实施机制仍然有待完善。需要说明的是，医学科技创新涉及基础研究、临床研究、药物研发与技术创新、管理科学、公共卫生等多个领域，如果仅以一套评价指标体系来对不同

---

① 赵凯利：《开放创新范式下医疗机构科技创新和成果转化体系构建》，《中国医院》2023年第2期。

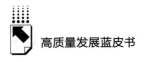

领域的科技创新进行评估，将会严重影响临床医学与健康技术创新的可持续发展。

（五）以"新医科"为代表的医学教育水平有待提高

医学教育是临床医学与健康技术创新发展的基础，特别是自"健康中国"战略、创新型国家发展战略以及教育强国战略提出以来，医学教育改革的紧迫性不断提高，"新医科"建设的重要性日益提升。但在"新医科"建设过程中，仍然面临着一系列的困境与难题。一是学科交叉融合不足。"新医科"建设需要推动具有独立学科性的临床医学、口腔医学、病理学等与其他学科交叉融合发展，打破不同学科之间的壁垒，但目前我国的医学学科设置仍然以独立学科为主，医学不仅在自身学科体系内交叉融合不足，而且在与理科、文科、工科交叉方面同样存在交叉融合不足的问题。二是与新兴科技的融合不足。近年来，以人工智能、大数据为代表的新一轮科技革命和产业变革方兴未艾，但在"新医科"建设过程中，一些传统医学学科受各方面因素条件制约，并未能充分利用移动通信技术和大数据，特别是数据资源、计算能力、算法模型等并未在药物挖掘、健康管理、病理学等领域发挥作用。三是医学人才培养整体性和系统性不足。目前，我国的医学教育培养模式主要包括五年制的院校教育，毕业后教育和终身医学教育，但是这些教学方式仍然以授课式为主，教学内容以板块式为主，人才培养的整体性和系统性水平有待提高。

三　政策建议

（一）增加医学领域的基础研究投入

临床医学与健康技术创新发展，需要基础研究的引领和支撑。临床医学与健康技术创新大国靠的都是持续稳定且占比较高的基础研究投入。第一，发挥新型举国体制的制度优势，政府部门要在顶层设计上更加关注临床医学与健康技术的创新发展，不断提高用于临床医学与健康技术基础研究的资金与人员投入，同时要在打造有利于医学基础研究的公共平台方面有所作为，最大限度地减少私人企业从事医学基础研究的风险。第二，要畅通从基础研究到科技成果转化的通道，不能让基础研究的成果回报仅仅停留在论文层面，要通过打造创新链产业链，让基础研究与科研产出之间形成良性循环，形成从科学到技术到产业的转化，提高基础研究的收益。第三，临床医学与健康技术创新要坚持长期主义，抵挡短期利益的诱惑，控制快速出成绩的欲望。临床医学与健康技术创新涉及不同学科的交融，具有一定的规律性，因此在基础研究方面需要长期持续的投入和时间上的积淀。面对当前世界医学技术的快速发展，我们既要提前布局，也要久久为功。

（二）强化企业在临床医学与健康技术创新中的主体地位

近年来，在国家政策的激励下，越来越多的企业在临床医学与健康技术创新发展中发挥重要作用，成为研发投入、创新决策、项目实施、科技成果转化的主体，但仍然存在改善空间。第一，要通过完善体制机制，使企业的创新主体地位与其获得的资金政策支持相匹配。政府部门要在支持高校和研发机构从事临床医学与健康技术创新的同时，加大对企业从事创新的支持力度。第二，提高企业支配创新资源的能力。鼓励企业组建高层次创新平台，并支持组建创新联合体，开展资源共享、风险共担的研发合作。并且可以通过"揭榜挂帅""赛马"等项目组织方式，吸引更多企业参与临床医学与健康技术创新发展研究。三是发挥国企引领作用。发挥国有医药企业在整合集聚创新资源、提供技术迭代与应用环境等方面的优势，引导国有医药企业和公立医院深耕临床医学与健康技术创新研究，促进基础研究、应用研究成果加速向创新产品转化。

（三）推动"新医科"建设着力培养医学人才

"新医科"建设是新时代医学教育的重大变革，其不仅要围绕"健康中国"战略，深化医教协同，而且也要在医学专业的设置上体现中国特色，为培养世界一流的医学人才贡献力量。在推动"新医科"建设方面，第一，要进一步推动学科交叉融合发展，创新医学学科的组织方式。一方面，要打破不同医学学科之间的壁垒与边界，防止知识发展与专业创新之间出现分化，提高学科的整体性和系统性；另一方面，要打造以联合攻关专项技术创新为目标的学科平台，以"四个面向"为指引，组建跨学科的研究团队，针对医学前沿问题和研究热点进行集体攻关。第二，要推动医学与人文科学的融合，创新医学教育的教学理念。敬仰生命和人文精神是中华传统文明的重要体现，要在提高医学技术创新能力的同时，推进以有温度、有灵魂为宗旨的医学人文教育，培养临床医学与健康技术领域的"大先生"。第三，要完善医学科技评价体系，打造医教协同、科教协同的教育体系。"新医科"建设的核心是要培养高质量的医学人才，为实现原始创新和解决"卡脖子"问题提供人才支撑。因此，要积极变革当前医学学科的教育理念和培养方式，建立较为宽容的科研评价体系，构建中长期效果评价机制，避免因科技评价体系不健全造成临床医学与健康技术创新发展长期目标的短期化问题。

（四）加快数字技术与医学创新的融合发展

随着计算机、可穿戴设备、物联网、无线通信和云计算等数字技术的快速发展，数字技术与医学创新也进入快速融合发展的时期。因此，要高度重视数字技术在医学创新中的作用，优化资源配置，推出更多基于数字技术的医疗新技术、新应用、新服务。第一，要加快发展无线医疗，基于无线医联网实现医疗信息化，解决医疗资源配置不平衡不充分的问题。特别是对于医疗资源相对缺乏的地区来说，可以重点发展无线监护、患者定位管理、移动查房、机器人查房、远程实时会诊、无线手术示教等，提高高质量医疗服务的可及性。第二，要推动医疗人工智能技术的应用创新，通过大数据来辅助医疗诊断。人工智能技术特别是大数据的应用，为医疗数据采集、分析预测、诊断方案的制定与干预提供了支撑，特别是在新药物研发中，传统手段的药物研发不仅需要大量的模拟测试，而且耗费的资金和时间成本较高。人工智能技术的应用，实现了通过机器学习的方式来深入理解和分析医学数据与前沿问题，显著提升制药效率，降低新药物研发的资金和时间成本。第三，要加快人工智能医疗器械产业的发展，从而实现智能辅助诊断、智能辅助治疗、智能监护与生命支持等。一方面，要打破目前存在的技术瓶颈，突破人工智能医疗器械在关键零部件、元器件方面的技术瓶颈，补齐产业短板；另一方面，要完善相关产业发展的政策支撑环境，建立价值共享、安全规范的数据流通共享机制，为人工智能医疗器械产业的发展提供基础支撑。

参考文献

［1］人工智能医疗器械创新合作平台智能化医疗器械产业发展研究工作组、中国信通院：《人工智能医疗器械产业发展白皮书（2023 年）》，2023。

［2］申喜凤、李美婷、南嘉乐等：《医学人工智能发展态势分析及问题浅析》，《科技管理研究》2023 年第 7 期。

［3］王楠、王国强：《新竞争格局下中美生物医药创新对比研究》，《中国软科学》2023 年第 1 期。

［4］王宇、张建、陈家应等：《医学科技成果转化的动力与阻力——基于文献计量法与实践的分析》，《中国高校科技》2020 年第 12 期。

［5］杨山石、金春林、黄玉捷等：《国内外医药及医疗器械领域专利申请人比较》，《中国卫生资源》2020 年第 3 期。

［6］赵凯利：《开放创新范式下医疗机构科技创新和成果转化体系构建》，《中国医院》2023 年第 2 期。

［7］《中华人民共和国国民经济和社会发展第十四个五年规划和 2035 年远景目标纲要》，人民出版社，2021。

［8］中共中央党史和文献研究院：《习近平关于统筹疫情防控和经济社会发展重要论述选编》，中央文献出版社，2020。

B.8
2022年深空深地深海和极地探测
技术创新发展报告

王声啸*

摘　要： 2022年，我国深空深地深海和极地探测不断加强原创性、引领性技术攻关，取得了一系列实质性成就。深空探测以月球和地外行星为主，不断探索开发地外资源，但面临行星际轨道飞行、远距离通信、太空碎片等方面的问题和挑战。深地探测在地震勘探技术、地质钻探、地质灾害预警与防治技术等方面取得了显著进展，但面临高投入、技术壁垒、数据共享、环境保护等方面的问题和挑战。深海探测在运载器技术、传感技术、取样技术等方面取得重要突破，但面临数据处理、海洋法律与国际竞争等方面的问题和挑战。极地探测在无人潜水器技术、遥感技术、冰上探测技术等方面取得实质性进展，但面临数据获取、综合应用、人才储备等方面的问题和挑战。为加快深空深地深海和极地探测技术创新发展，本文提出如下政策建议：制定长期规划与加强政策支持、加大资金投入与支持力度、建立多学科研发团队、推动技术创新与突破、加强国际交流与合作、建立技术预研与风险评估机制、加强人才培养与团队建设、优化项目管理与评估机制、强化知识产权保护、推动标准化与规范化、加强实验室与现场的结合等。

关键词： 深空探测　深地探测　深海探测　极地探测　技术创新

---

* 王声啸，经济学博士，中共中央党校（国家行政学院）经济学教研部教师，主要研究方向为政治经济学、发展经济学。

当前，全球处于新一轮科技革命和产业革命的历史交会点，科学技术创新不断突破时空的界限，特别是在人类未知领域，深空深地深海和极地是创新度、活跃度最高的领域。能否率先突破深空深地深海和极地探测技术，更好地开发利用国土资源，事关我国能源安全、土地利用、环境保护、经济发展等重大问题。习近平总书记强调，我国科技实力正在从量的积累迈向质的飞跃、从点的突破迈向系统能力提升，在深海、深空、深地、深蓝等领域积极抢占科技制高点。① 当前，我国正在这些领域加强原创性、引领性科技攻关，强化自主装备制造研发，而且取得一系列新突破。因此，加快深空深地深海和极地探测技术攻关，对于保障能源安全、优化资源配置、推动现代化产业体系建设，对于贯彻新发展理念、构建新发展格局、推动高质量发展，对于全面建成社会主义现代化强国、实现第二个百年奋斗目标，具有重要的现实意义。

一　深空深地深海和极地探测技术创新发展的基本情况

（一）深空探测技术发展的基本情况

深空探测是人类探索宇宙奥秘、拓展生存空间、追求永续发展的重要途径和关键领域，能够有效带动新材料、新元件、深空通信、智能控制等高新技术发展，对于人类文明持久发展具有重要意义。在深空探测任务上，为了探索重大前沿的科学研究和开发利用地外资源，我国深空探测任务以月球等为重点，取得了重要的实质性成就。

第一，月球探测取得丰硕成果。2021 年底，中国探月工程四期任务获得国家批复，将在未来 10 年之内陆续实施嫦娥六号、嫦娥七号和嫦娥八号任务。其中，嫦娥六号将前往月球背面执行采样返回任务；嫦娥七号将对月球南极资源和环境进行详查，开展着陆、巡视和飞越探测；嫦娥八号将开展月球资源开发利用和技术试验验证，建设月球科研站基本型。在月球样品方面，截至 2022 年 12 月，我国完成了 5 批 198 份共计 65104.1mg 的月球科研样品发放工

① 习近平：《加快建设科技强国实现高水平科技自立自强》，《求是》2022 年第 9 期。

作，33 家单位的 98 个科研团队获得了月球科研样品，研究方向集中在地球化学、地质学、月壤物性、太空风化、磁场、生物等领域，取得了丰硕成果。①

我国科学家利用嫦娥五号携带的"月球矿物光谱分析仪"所探测的数据，首次获得了月表原位条件下的水含量。数据分析结果为月球水的存在提供了新证据：嫦娥五号采样区的水含量在 120ppm 以下，而岩石中的水含量约为 180ppm，并且以"结合水"或羟基的形式存在。除此之外，2022 年 9 月，一种新的磷酸盐矿物——"嫦娥石"被我国科学家在嫦娥五号月球样本的玄武岩碎屑中发现。国际矿物学会新矿物分类及命名委员会经投票确认其为一种全新的矿物。该矿物是人类在月球上发现的第六种新矿物，我国成为世界上继美国、苏联后第三个在月球发现新矿物的国家。

地外天体资源开发与利用备受关注。现在，中国探月工程四期和行星探测工程全面开展，嫦娥七号将探寻月球水冰的存在和来源，嫦娥八号将首次开展月壤中稀有气体提取、氧资源制备、月面 3D 打印等工作，并在月球科研站阶段开展月球资源原位利用工作。天问二号将执行近地小行星伴飞和取样返回、主带彗星伴飞等任务，拓展对小行星的认知。天问三号火星采样返回任务也进入关键技术攻关阶段，其将进一步增强人们对火星的认识，为未来太空资源开发利用奠定基础。

月球通导遥系统成碾月空间发展热点。我国正在推动建立"鹊桥"通导遥综合星座系统，开展深空互联网建设，论证实施"鹊桥"工程，计划于 2030 年前后基本建成地月空间通信能力，为探月工程四期、月球科研站等提供通信、导航与遥感等服务，并形成为全球月球探测任务提供服务的地月空间基础设施，打造地月空间鹊桥通信导航遥感星座，推动地月经济圈的构建。

第二，行星探测迈出探索性步伐。行星探测是人类拓展宇宙认知边界、探寻地外生命信息的重要技术途径，已成为世界深空探测活动发展的重要方向。探测火星、木星等天体可为人类研究太阳系起源和演化、探寻地外生命信息提供技术手段和科学依据，小行星因其本身的科学价值、资源利用价值，近年来也已引起世界各国的广泛关注。我国的天问一号已于 2022 年 6 月实现全部既定科学探测任务目标，进入拓展任务阶段。截至 2022 年 12 月，"祝融"火星

---

① 葛平、张天馨、康晓晰等：《2022 年深空探测进展与展望》，《中国航天》2023 年第 2 期。

车累计巡视探测 1921m，天问一号轨道器和火星车累计获取原始科学数据约 1600GB。科学研究团队利用我国获取的一手科学探测数据，形成了一批原创性成果，发现了晚西方纪（距今 30 亿年）以来着陆区发生风沙活动、水活动的新证据，在《自然》《中国科学》等国内外重要期刊发表论文 50 余篇。我国首次火星探测天问一号任务团队获得 2022 年国防科技进步特等奖、国际宇航联合会 2022 年度"世界航天奖"，国际天文联合会将天问一号着陆区的 22 个火星地理实体以我国的历史文化名镇命名。2022 年，我国天问二号小行星探测任务已进入初样阶段，预计在 2025 年发射，并对近地小行星 2016HO3 开展伴飞探测及取样返回。

我国科学家根据"祝融"火星车在 4 个月内采集的低频雷达数据，获得了火星北方低地最大撞击盆地——乌托邦平原南部长约 1171m 剖面的高精度火星表面以下（小于 80m）的结构分层图像并发现显著的分层结构。数据表明该区域浅表 80m 之上未发现液态水存在的证据，但不排除存在盐冰的可能性。[①] 本发现为深入认识火星地质演化和环境、气候变迁提供了重要观测基础。而在地质年代较年轻的"祝融"着陆区，我国科学家根据火星车获得的数据发现了水活动的迹象，表明该区域可能含有大量以含水矿物形式存在的可利用水。在该区域发现的岩化板状硬壳层中富含含水硫酸盐等矿物，板状硬壳层可能是由地下水涌溢或毛细作用蒸发结晶出的盐类矿物胶结了火星土壤后经岩化作用形成的。这一发现表明，亚马逊纪时期的火星水圈可能比以往认为的更加活跃，同时也为未来利用火星北部平原的含水矿物提供了理论基础。

近地小行星防御更加受到关注。近地小天体撞击地球威胁是全人类面临的一项重大威胁，开展行星防御活动可以体现大国担当，提升国家影响力，是推动国家政治和外交的战略高点。我国将着手构建近地小行星防御系统，研制并发射小行星观测器和撞击器，并计划在 2025 年前后实施近地小行星防御演示验证任务，为构建人类命运共同体、保卫地球生命安全贡献中国智慧、中国方案和中国力量。

科学前沿探索向木星以远的空间拓展。各国在重点开展月球及火星探测的同时，还在推进木星系及以远空间的探测，以持续拓展人类的探索疆域。我国

---

① 葛平、张天馨、康晓晰等：《2022 年深空探测进展与展望》，《中国航天》2023 年第 2 期。

正在推进天问四号木星系及行星际穿越计划，未来还将实施海王星探测任务，探测海王星与海卫一的深层结构，探寻生命存在的证据。我国前往深空的能力也在不断增强，重型运载火箭总体方案已明确，性能达到国际先进水平，有望进一步拓展我国深空探测的舞台。

第三，我国更加积极有力地推动国际合作。我国正积极推动与俄罗斯、欧洲、海湾国家等的广泛国际合作，中俄两国签署合作建设国际月球科研站谅解备忘录，并倡议更多国家积极参与各阶段任务；在阿根廷建设深空探测站，优化我国深空测控网布局。未来我国将围绕月球科研站、月球通导遥系统、近地小行星防御、火星采样返回等任务，开展多边、双边合作，推动系统级、分系统级国际合作。同时，我国在先进技术、科学研究方面也将与其他国家深入协作，发布"深空探测重要科学问题全球征集"活动，旨在达成深空探测科学问题国际共识，解决人类共同面对的问题，战胜风险挑战。

（二）深地探测技术发展的基本情况

我国深地探测在地震勘探技术、地球物理勘探技术、地质钻探技术、地下资源勘探技术、地下水勘探技术、地下环境监测技术、地质灾害预警与防治技术等多个领域取得了显著进展，为地质研究、资源勘探、环境保护和灾害预防等提供了重要的技术支撑。我国在深地探测技术创新领域的持续努力，将为国家科技创新和经济社会发展作出新的更大贡献。

第一，地震勘探技术创新。地震勘探是深地探测的重要手段之一，通过地震波在地下的传播和反射，获取地下岩层的信息。我国在地震勘探技术方面取得了显著进展，不断引入地震仪器和数据采集系统，提高了勘探的分辨率和覆盖范围。多波地震勘探技术、广角反射地震勘探技术以及地震反演成像技术等的应用，使得地下结构解释更为准确，为地质研究和资源勘探提供了重要依据。2022年，我国成功实施了一系列地震勘探项目，其中包括大规模三维地震勘探，使用了高分辨率地震仪器。这些新技术和仪器使得地震勘探图像更加清晰，为地质研究提供了更丰富的信息。

第二，地球物理勘探技术创新。地球物理勘探涵盖了电法、磁法、重力法等多种手段，用于探测地下的电阻率、磁性和密度等物理特性。我国在地球物理勘探技术方面也取得了重要进展，推动了勘探设备的数字化和自动化。新一代的地球物理仪器和高精度数据采集系统的引入，使得勘探数据的质量得到了显著提升。2022年，我国在地球物理勘探技术方面取得了新的进展，尤其是在重磁电勘探领域，高精度地球物理仪器的研发和应用，提高了地下结构探测的准确性和效率。同时，地球物理勘探技术设计与地震勘探等其他技术的融合应用，为地下结构解释提供了更全面的信息。

第三，地质钻探技术创新。地质钻探是深地探测的主要手段之一，通过在地下进行钻探，可获取地下岩石或油气的样本和数据。我国在地质钻探技术方面进行了大量研究和应用，不断提高钻探设备的性能和钻探效率。2022年，我国继续推进超深钻探项目，钻探深度创下新的纪录。超深钻探项目成果是我国深地探测技术创新发展取得的重要成果之一，通过在陆地和海洋进行超深钻探，达到几千米乃至数万米的深度，取得重要的地质样本和数据，为地球内部结构和地质演化研究提供了珍贵资料。例如，2022年9月10日，在塔里木盆地，中国石油首口设计超9100米的超深井，设计井深9186米的满深10井，已顺利钻进至8333米。此外，新的岩心钻探设备也被应用于海底矿产资源勘探，取得了重要样本和数据。这些进展进一步拓展了地质钻探的深度和应用领域。

第四，地下水勘探技术创新。地下水资源勘探也是深地探测技术应用的重要领域。我国在地下水勘探技术方面进行了大量创新，特别是高寒地区和干旱地区的地下水勘探技术方面。地下水位监测技术和地下水资源评估模型的引入，提高了人们对地下水资源的调查和管理能力，为水资源的合理开发和保护提供了科学依据。2022年，我国启动了江源综合科学考察，冰储量和湿地碳储量观测是此次考察的重点。考察队通过探地雷达等技术检测冰川厚度，匡算冰储量，为预测未来河流径流量变化提供基础研究资料。考察队通过打桩取样等方式，对湿地水域、植被和土壤碳储量进行本底调查，为湿地碳汇研究奠定了基础。

第五，地质灾害预警与防治技术创新。我国自然灾害多发，地质灾害对人民生活和经济发展带来严重威胁。我国在地质灾害预警与防治技术方面进行了大量研究和应用，包括滑坡预警、地面沉降监测和地下水位调控等技术。2022年，地质灾害监测预警系统的建立，实现了对地质灾害的及时监测和预警，为灾害防治提供了重要支持。

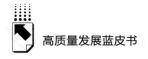
（三）深海探测技术发展的基本情况

深海作为地球最后的未知边界，其复杂多变的环境和资源潜力吸引着全球科学家的目光。经过多年的努力，基于深海探测技术的创新发展，我国已经成为国际深海科学研究领域的重要参与者和贡献者。

第一，深海运载器技术是中国深海探测的重要支撑。我国自主研发了多种深海运载器，包括载人潜水器（HOV）和无人潜水器（UUV）。其中，载人潜水器"蛟龙"号是中国深海探测的代表性装备之一。经过多次升级和改进，蛟龙号最大工作设计深度已达 7000 米，最大下潜深度 7062 米，工作范围可覆盖全球 99.8% 的海洋区域，成功实现了多次深海考察和科学研究任务。此外，无人潜水器也得到了长足的发展，无缆自治潜水器（AUV）和缆控潜水器（ROV）的应用使得我国能够实现更广泛、更复杂的深海探测任务。

2022 年，我国"深海勇士"号和"奋斗者"号载人潜水器共完成 175 个潜次，成功开展水下联合作业，初步形成两台载人潜水器联合作业规程，包括布防回收流程、水下通信口令及作业注意事项等，开拓了我国两台载人潜水器联合作业之路。除了载人潜水器，我国还制造出了全部知识产权自主可控的全海深无人自主潜航器，其连续下潜 6 个小时后，来到 10218 米的深海，完成预定工作任务，不仅获取了完整的温盐深剖面数据，还拍下了高清视频，展现出卓越的导航能力和采样能力。

第二，深海取样也是我国深海探测的重要组成部分。通过原位地质力学测量、热液保真取样、温度测量、微生物取样、多参数化学传感器和小型钻机等技术手段，我国深海探测器能够实现对深海底质、热液喷口、海底生物等的采样和研究。这些取样技术有助于为深海科学研究提供重要的实验样本和数据。2022 年，我国研制了新型的深海原位地质力学测量设备，"美吉号"攻克万米海深，在国际上率先实现了万米深海沉积物力学性质原位精准测试，高分通过了国家重点研发计划项目专家组的评价。此外，我国的深海沉积物原位保真取样技术也取得新突破。深海沉积物（天然气水合物）保温保压取样器搭载于我国 4500 米级载人潜水器"深海勇士"号，在南海 1370 米水深区域完成既定作业任务，获得保持原位压力 13.8MPa、温度 6.51℃ 的深海沉积物（天然气水合物）样品，突破了深海沉积物（天然气水合物）保压取样技术难题，填补了深海沉积物（天然气水合物）保温取样技术世界空白，实现了全球保温保压沉积物（天然气水合物）样品获取零的突破。

第三，综合应用是我国深海探测技术创新的另一重要方面。通过将多种技术手段有机结合，我国已成功实施多次综合应用考察，全面监测和研究深海环境和生态系统。这种综合应用的模式提高了深海科考的效率和数据质量，使我国在深海科学研究领域具备更加全面的能力。2022年，我国深海探测器继续开展多次综合应用考察，实现了多技术手段的有机结合。通过无人潜水器、遥感卫星和海洋科考船的联合作业，我国深海探测团队在南海等海域完成了一系列科学考察，展现出更高效的综合应用能力。

第四，国际合作是我国深海探测技术创新发展的重要支撑。我国与多个国家和国际组织开展联合考察和数据共享，积极参与国际深海科学研究合作项目。2022年，我国与多个国家和国际组织合作，共同执行深海探测任务和实现数据共享。中国在南极地区与多国科学家共同开展深海科学考察，为南极地区的深海环境和生态研究作出了重要贡献。

（四）极地探测技术发展的基本情况

近年来，我国在极地探测技术创新上取得了显著成绩，通过持续的科技研发和广泛的现场实践，不断提高探测器装备的性能和适应能力，为极地科学研究提供了强有力的支持。

第一，无人潜水器技术。我国在极地无人潜水器技术方面取得了显著进展。由中国科学院沈阳自动化研究所主持研制的"海斗一号"全海深自主遥控潜水器，在马里亚纳海沟成功完成多次连续、稳定、可靠的万米下潜，并实现科考应用。"海斗一号"以其独特的"三合一"多模式操控和作业模式，同时具备多种类型潜水器的功能，既能大范围自主巡航探测，又能实现实时定点精细观测，还可以通过机械手采集样品。"海斗一号"在国际上首次实现了对"挑战者深渊"西部凹陷区的大范围全覆盖声学巡航探测，获取了珍贵的深渊海底地形地貌图像，并以遥控模式，刷新了我国潜水器在万米海底的连续工作时间纪录（超10小时），以自主模式，创造了最长万米海底连续巡航时间（超8小时）、最远万米航行距离（超14公里）和最大下潜深度

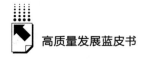

（10908 米）等多项新的世界纪录。由中科院沈阳自动化研究所主持研制的"探索 4500"自主水下机器人（AUV）成功完成北极科考应用，成功获取了近底高分辨多波束、水文及磁力数据，为超慢速扩张的加克洋中脊地形地貌、岩浆与热液活动等北极深海前沿科学研究提供了一种先进的探测技术手段。这是我国首次利用自主水下机器人在北极高纬度地区开展近海底科考，其成功下潜为我国不断深化对北极洋中脊多圈层物质能量交换及地质过程的探索和认知提供了重要数据资料，也将为我国深度参与北极环境保护提供重要科学支撑。

第二，遥感技术。遥感技术在极地探测中发挥着重要作用。我国发射的一系列遥感卫星，如"天绘"、"高景"和"天舟"等，都为极地地区的高精度遥感监测提供了宝贵数据。这些卫星不仅能够获取极地地区的海洋、冰雪、气候等信息，还为生态环境监测和资源开发提供了重要依据。通过遥感技术，我国能够更好地了解极地地区的动态变化，为科学研究和资源利用提供科学依据。2022 年，我国升级了北极、南极地区的遥感卫星系统，提高了遥感图像的分辨率和覆盖范围。新一代的遥感卫星能够实现更高精度的气候和冰雪监测。遥感数据在 2022 年南极冰盖监测中发挥了关键作用，帮助科学家们对南极冰盖的动态变化和海平面上升情况进行了准确预测。我国遥感卫星"高景一号"已实现了对北极、南极气候和冰川的高分辨率监测，分辨率达到 1 米级别。高分辨率遥感图像为南极冰盖和北极冰层研究提供了详细的图像数据，实现了对极地气候变化的实时监测。

第三，冰上探测技术。在极地地区，冰雪覆盖广泛，冰层厚度和结构对科学考察和资源勘探具有重要影响。为了有效开展冰上探测，我国开展了冰上车辆的研发与实践。这些冰上车辆配备高精度的导航和测量系统，能够在复杂的冰雪环境中准确行驶，并携带各种探测设备进行科学考察。通过冰上探测技术，我国能够深入了解极地地区的冰雪动态，为资源勘探和环境监测提供重要支持。2018 年，我国第一艘自主建造的极地科学考察破冰船"雪龙 2"号下水，"雪龙 2"号已经实现对南极内陆的冰层厚度和结构的精确测量，为南极冰雪研究提供了重要数据。2019 年，我国成功开发了一种新型的南极冰上车辆"南极 2"号，该车辆有前后双车体，为适应南极冰雪覆盖路面，前后两车均装配了像坦克一样的履带。针对南极特殊的气候和地理环境，研究人员还对该车辆进行了极地低温启动、电气元件耐低温、车体保温等多项技术改造。"南极2"号在南极考察中实现了对南极冰盖表面的多点采样，为冰雪物理和生态研究提供了丰富的数据。

第四，数据传输和处理。极地探测产生大量的数据，其中包含了丰富的科学信息。为了高效处理这些数据，我国积极推进数据传输和处理技术的创新。建设高速、稳定的数据传输网络，开发高效的数据处理算法，提高数据处理能力和效率，从而更好地挖掘和利用数据中蕴含的科学价值。极地探测中的数据传输已实现高速化和自动化。数据传输网络带宽大幅提升，有效解决了数据传输瓶颈问题。我国在数据处理算法研究方面取得了一系列创新成果，提高了数据处理效率和准确性。例如，通过机器学习和深度学习技术，实现对极地遥感数据的智能识别和分析。2022年，我国加快推进南极中山站的数据传输网络升级，实现了更高速、更稳定的数据传输能力。同时，中国继续推进数据处理算法的研究，引入人工智能技术，提高了数据处理的智能化水平。

第五，综合应用。随着极地探测技术的不断发展，我国已经能够实现多种技术的综合应用。例如，无人潜水器、遥感卫星和冰上车辆等多种探测手段的联合使用，可以实现对极地地区的多维度、多层次的全面探测。这种综合应用不仅提高了科学考察的效率和准确性，还为极地科学研究提供了更多的数据支撑。2020年，我国第37次南极科学考察队开展了南大洋生态系统和海洋环境综合调查，成功回收西风带环境监测浮标，取得多项科研成果。本次考察是"雪龙2"号极地科学考察船首次单船执行环南极考察任务。"雪龙2"号是我国自主建造、拥有自主知识产权的第一艘极地科学考察破冰船，满足无限航区要求、具备全球航行能力，能够在极区大洋安全航行。"雪龙2"号配备了一系列国际先进的科学考察调查装备和科学考察支撑保障系统，如月池系统、全方位声呐系统、物探设备和机器人等。这次综合应用考察不仅提高了科学考察的效率，还实现了数据的多源融合，为极地环境变化研究提供了全面而系统的数据支持。2021～2023年，第38、39、40次南极考察均将多种技术手段有机结合，深入研究了南极冰盖的动态变化和生态系统的多样性。综合应用考察数据的分析结果为南极环境变化和气候变化的科学研究提供了新的视角和认识。

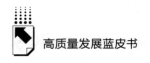

二 深空深地深海和极地探测技术创新发展存在的问题与面临的挑战

经过多年发展，我国深空深地深海和极地探测技术的创新发展取得了历史性成就，同时也面临诸多挑战和困难，既存在技术层面的挑战，也存在技术环境层面的困难。

（一）深空探测技术创新发展存在的问题与面临的挑战

一是行星际轨道飞行方面，针对不同的探测目的地，为了做到燃料最省，需要对行星际飞行轨道进行优化设计，也因此需要利用两个特殊的引力效应，即各天体之间的引力平衡点和天体引力来加速。深空探测器在太阳系中的飞行轨道，受到行星位置及其引力场的影响，因此必须提前优化设计发射窗口和轨道。

二是远距离通信方面，探测器飞离地球，进入太阳系深空，需要传输大量数据和图像，如何保障远距离通信成为最主要的技术问题之一。无线电波传输的能量会与通信距离的平方成反比，远距离传输，使得能量无法得到保证。而且，远距离传输信息会带来时间延迟，对于探测器的自主运行能力有较高的要求。加强深空通信技术的研发和应用，提高数据传输效率和可靠性，对于成功执行深空探测任务至关重要。

三是地外天体着陆和飞行方面，由于地外天体各不相同，大气环境差异较大，地球着陆和飞行的经验无法应用于地外天体，因此地外天体着陆和飞行非常困难。例如，在无大气的天体上着陆，无法使用降落伞减速，必须使用反推火箭，但这将增加燃料和重量。在地外天体上着陆，探测器需要精准的轨道设计和自动控制能力，而且需要控制好着陆时的碰撞情况。

四是生命保障技术方面，深空探测任务通常要求宇航员或探测器在极端环境下生存和工作。因此，需要开发先进的生命保障技术，包括航天器的可持续供能、食品与水资源的保障、环境控制与废物处理等，以确保行宇航员的安全和任务的顺利执行。

五是太空碎片与环境保护方面，随着深空探测任务的增加，太空碎片和太空环境保护问题日益凸显。太空碎片对深空探测器的安全构成威胁，需要加强监测和防护。同时，探测任务本身也要注意对太空环境的保护，防止对太空环境造成污染和破坏。

六是高成本与技术复杂性。深空探测任务需要运用先进的航天技术和设备，其中涉及火箭运载、航天器设计与制造等。这些技术具有较高的研发和制造成本，尤其是复杂的深空探测任务，成本更高。同时，深空探测任务的复杂性也给技术研发和应用带来挑战，需要解决多学科的技术问题。

七是技术创新风险。深空探测是一项高风险的任务，特别是对远距离和未知领域的探测。技术创新和尝试会面临不确定性，可能出现任务失败或技术失效的情况。这就要求在技术创新的过程中，进行充分的技术验证和风险评估，以降低风险并确保任务的成功。

八是国际竞争与合作。深空探测领域是全球范围的竞争激烈的领域，许多国家都在积极开展深空探测项目。中国需要保持国际竞争力，并加强国际合作与交流，与其他国家共同推进深空探测技术的创新和发展。

九是长周期与不确定性。深空探测任务通常具有长周期特征，从规划到执行往往需要数年甚至更长时间。这导致了技术和任务的执行过程中面临一定的不确定性，可能受到政策调整、预算变化、技术延误等因素的影响，需要灵活应对。

（二）深地探测技术创新发展存在的问题与面临的挑战

一是高投入高风险。深地探测技术需要大量的资金和资源投入，而深地探测项目本身往往存在高风险。尤其是超深钻探等复杂项目，不仅技术难度较大，而且往往需要面对复杂的地质条件和极端环境，使得项目的开展存在较大的不确定性。

二是技术壁垒与人才短缺。深地探测技术涉及多个学科的交叉，需要掌握多种前沿技术。目前，一些关键技术仍受制于西方发达国家，存在技术壁垒。同时，深地探测领域需要拥有一支高素质的科研人才队伍，尤其需要跨学科的具备综合能力的人才。但由于深地探测技术的复杂性和专业性，招揽和培养深地探测人才面临巨大挑战。

三是资源浪费与效率问题。由于高成本和高风险，深地探测项目可能会出现资源浪费和效率不高问题。如果在项目实施过程中没有得到预期的研究成果，可能导致投入产出比不高。

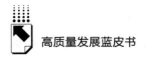

四是数据共享与合作难题。深地探测项目获取的数据通常庞大而复杂，如何进行有效管理和共享成为一个待解决的问题。此外，深地探测往往涉及多个单位和学科的合作，但由于竞争与保密等因素影响，合作难题也较为常见。

五是环境保护与社会影响。深地探测技术的实施可能会对周围环境造成一定影响，尤其是对地下水资源可能会带来一定影响，也可能会引发地质灾害等。必须重视深地探测项目环境影响评估，并采取相应的保护措施，确保项目的可持续发展和将项目对社会的影响降至最小。

（三）深海探测技术创新发展存在的问题与面临的挑战

一是高成本与复杂性。深海探测技术的研发、制造和运营成本较高，主要原因在于深海环境具有极端复杂性。深海探测器需要具备极高的抗压和耐腐蚀能力，材料和技术的选择对成本带来挑战。此外，深海探测器的运输、部署和维护也需要大量的人力和物力投入，增加了深海探测技术创新的经济负担。

二是技术瓶颈。深海探测技术的研发需要跨越多个学科，包括机械工程、电子技术、材料科学、海洋学等。在深海高压、低温和高盐度等极端条件下，技术瓶颈等较为突出且难以破解，需要花大气力开展攻关。例如，深海传感技术、深海无线通信技术、高精度深海定位技术等仍需加强研究和创新。

三是海洋环境保护的需要。深海探测活动可能会对海洋生态环境造成干扰，例如探测器运行时可能影响海底生态系统，取样作业可能对生物群落造成损害。深海资源开发也可能引发环境污染等问题。

四是数据处理与管理难度大。深海探测技术会产生大量复杂多样的数据，需要进行高效的处理和管理。深海环境的数据收集和传输也具有一定难度，如何确保数据的准确性、完整性和安全性是一个待解决的问题。

五是海洋法律与国际竞争问题。深海探测技术涉及海洋法律和国际竞争问题。深海资源的开发涉及海洋边界划定、领海主权等法律问题，需要符合国际法和国际规范。同时，全球各国对深海科学研究和深海资源开发也存在竞争，我国需要在国际舞台上加强合作，确保自身在深海科技领域的地位和影响力。

六是人才培养与团队建设的需要。深海探测技术的创新需要跨学科的研究和协作。如何培养掌握多领域知识的专业人才，加强团队建设，形成集多学科优势于一体的研究力量，是一个关键问题。

（四）极地探测技术创新发展存在的问题与面临的挑战

一是极端环境下的技术难题。极地地区的低温环境极具挑战性。南极冬季气温常常低于零下 50 摄氏度，北极冬季气温可低于零下 30 摄氏度。这种极端低温条件对探测器和仪器的性能和可靠性提出了高要求。例如，在低温下，电子元件易受损、电池容量下降，机械装置的润滑和运动受到限制，对导航和通信系统的稳定性提出了更高的要求。

二是数据获取与传输困难。由于南北极地区的地理位置偏远，通信网络覆盖不完善，数据获取和传输面临挑战。北极地区的海冰季节性很强，海冰覆盖时期会对卫星信号传输产生干扰。南极地区的大规模冰盖和冰山也可能阻碍数据的传输。这使得数据实时获取和传输变得更加复杂，可能会导致数据的滞后和不完整。

三是技术综合应用难度大。极地探测需要多学科、多领域的技术手段的综合应用，涉及遥感、地球物理探测、海洋科学、环境科学等。不同技术的协同应用面临着数据融合、处理、传感器互联等方面的挑战。例如，将遥感卫星、无人潜水器和冰上车辆的数据有机结合，需要建立统一的数据标准和处理平台，以保证数据的一致性和可靠性。

四是国际竞争压力加剧。随着全球对极地资源的重视程度不断提高，极地探测技术领域的国际竞争加剧。北极地区尤其受到关注，多个国家已经或正在加大在北极的科学考察和资源勘探投入力度。这使得我国在极地技术创新和科学研究上面临着更大的国际竞争压力，需要更加积极地参与国际合作，与其他国家一起推动极地科学研究进步。

五是环境保护和可持续发展的要求。极地地区的生态环境极为脆弱，对探测活动的环境影响要予以高度关注。在极地探测和资源开发过程中，需要制定科学合理的环境保护措施，避免对极地生态系统造成破坏和污染。例如，南极地区的冰层和冰雪是全球气候变化的重要指示器，对冰层和冰雪的保护尤为重要。

六是科研人才储备不足。极地探测技术对科研人才的要求较高，需要相关人员具备广泛的科学知识和技术技能。然而，目前我国从事极地科学研究和探测技术的人才相对有限。

七是预算投入和资金支持不足。极地探测技术的研发和应用需要大量的资

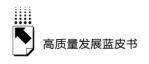

金投入和支持。而且，极地探测任务的复杂性和长期性，也对预算投入和资金管理提出了更高要求。

三　推动深空深地深海和极地探测技术
创新发展的政策建议

2035 年，中国将进入世界创新型国家前列。深空深地深海和极地探测技术水平是衡量大国科技创新能力的重要指标。深空深地深海和极地探测技术对于人类探索未知空间、利用新的资源具有探索性意义，对于实现中华民族伟大复兴也有重要的支撑作用。深空深地深海和极地探测技术具有高投入、重研发、国际化等特征，为加快探测技术的创新发展，主要政策建议如下。

一是加大资金投入与支持力度。政府应当加大对深空深地深海和极地探测技术创新的资金投入力度，特别是加大对复杂深空探测任务和前沿技术的研发投入力度。建议设立专项科技计划和资金支持机制，提供税收优惠和贷款支持，吸引更多企业和科研机构参与深空探测技术研发，形成政府、产业界和学术界共同推动深地探测技术创新发展的合力。建立科技创新基金，吸引社会资本参与，推动各项探测项目的实施。

二是建立多学科研发团队。鼓励跨学科、跨领域的合作，深空深地深海和极地探测技术的复杂性要求形成跨学科的研发团队。政府和高校可以鼓励不同学科的专家和科研人员共同合作，形成协同创新的合作模式，提高多技术手段的协同应用水平。

三是推动技术创新与突破。鼓励科研机构和企业大胆尝试技术创新，特别是在核心技术和瓶颈问题上寻求突破。政府可以设立科技创新奖励机制，对于在深空深地深海和极地探测技术方面取得重要突破的个人和团队予以奖励和激励，加强创新性研究，突破核心技术，提高深地探测技术的自主创新能力。

四是加强国际交流与合作。深空深地深海和极地探测技术在全球范围内都存在共性问题，加强国际合作对于推动技术创新至关重要。我国应积极参与国际深空深地深海和极地探测项目和组织，加强与其他国家的交流与合作。通过国际合作，吸取外国先进技术和经验，共同攻克难题，共享数据和资源，提升我国深空深地深海和极地探测技术的水平。

五是建立技术预研与风险评估机制。深空深地深海和极地探测项目的风险较大，建议在正式开展项目前进行技术预研和风险评估。在研发过程中，逐步验证技术的可行性，确保技术的安全和稳定性。

六是制定长期规划与加强政策支持。深空深地深海和极地探测是一项长期的战略任务，需要制定长期规划和加强政策支持。政府可以发布深空深地深海和极地探测技术创新发展中长期规划，明确技术发展方向和目标，为技术创新提供长期稳定的政策支持。

七是加强人才培养与团队建设。深空深地深海和极地探测技术创新需要跨学科、综合性的高素质人才队伍。加强人才培养，设立不同的探测技术研究与应用学科，培养专项探测领域的博士和硕士研究生。同时，鼓励科研院所、高校和企业建立跨学科的研究团队，加强合作与交流，形成优势互补，提高整体研究水平。

八是优化项目管理与评估机制。加强对深空深地深海和极地探测项目的规划、管理和评估，确保项目的科学性和可行性。建立项目经验共享机制，总结成功经验和失败教训，提高项目的效率和成果转化率。评估结果可作为决策依据，指导资源配置和技术创新方向。

九是强化知识产权保护。对于深空深地深海和极地探测，提前谋划，加强技术创新的专利申请和知识产权保护，鼓励科研机构和企业保护自主知识产权。建立知识产权的分享和交流机制，促进技术资源的合理利用。

十是推动标准化与规范化。建立深空深地深海和极地探测技术的标准和认证体系，确保技术的稳定性和安全性。加强技术成果的评估与认证，保障技术的可靠性和持续发展。

十一是加强实验室与现场的结合。加强实验室与实地探测的有机结合，开展真实深空深地深海和极地环境下的试验与验证。建立深空深地深海和极地的实验室，提供真实环境条件，加速技术研发与应用。

参考文献

［1］操秀英：《我国首座深水科考专用码头启用增强深海探测基地保障能力》，《科技日报》2022年12月26日第6版。

［2］程晓、范双双、郑雷等：《极地环境探测关键技术》，《中国科学院院刊》2022年第7期。

［3］崔祥斌、郝彤、粮时楠等：《极地雷达冰川学：前沿技术与方法》，《极地研究》2022年第3期。

［4］底青云、朱日祥、薛国强等：《我国深地资源电磁探测新技术研究进展》，《地球物理学报》2019年第6期。

［5］丁忠军、任玉刚、张奕等：《深海探测技术研发和展望》，《海洋开发与管理》2019年第4期。

［6］丁忠军、张奕、史先鹏等：《深海矿产资源载人深潜抵近探测新技术》，《中国有色金属学报》2021年第10期。

［7］葛平、张天馨、康晓晰等：《2022年深空探测进展与展望》，《中国航天》2023年第2期。

［8］葛平、张天馨、康焱等：《2021年深空探测进展与展望》，《中国航天》2022年第2期。

［9］何继善、李帝铨：《深地探测尖兵——广域电磁法》，《国土资源科普与文化》2019年第3期。

［10］季青、庞小平、许苏清等：《极地海冰厚度探测方法及其应用研究综述》，《极地研究》2016年第4期。

［11］林仁红、丁洁、林志伟等：《2022年全球深空探测领域发展综述》，《国际太空》2023年第3期。

［12］刘继忠、胡朝斌、庞涪川等：《深空探测发展战略研究》，《中国科学：技术科学》2020年第9期。

［13］罗光富、李丙瑞、高源等：《我国极地科学考察标准化建设现状与展望》，《极地研究》2023年第2期。

［14］《深海科研设备首次海试成功为深海探测打造新格局》，《环境技术》2021年第2期。

［15］《深海钻探和采矿装备研制取得重大突破》，《新湘评论》2023年第1期。

［16］孙青、朱晓宇：《深空探测国际合作发展动向观察》，《国际太空》2022年第3期。

［17］万卫星、魏勇、郭正堂等：《从深空探测大国迈向行星科学强国》，《科学中国人》2020年第18期。

［18］吴季：《深空探测的现状、展望与建议》，《科技导报》2021年第3期。

［19］吴伟仁、王赤、刘洋等：《深空探测之前沿科学问题探析》，《科学通报》2023年第6期。

［20］杨寒：《我国首口万米科探井鸣笛开钻标志着我国深地探测系列技术跨入世界前列》，《天然气与石油》2023年第3期。

［21］杨锐、马英杰、程世婧：《海洋观测探测平台关键材料发展与展望》，《中国科学院院刊》2022年第7期。

［22］杨旋：《逐梦深地自立自强》，《中国自然资源报》2023年5月18日第7版。

［23］叶培建、孟林智、马继楠等：《深空探测人工智能技术应用及发展建议》，《深空探测学报》2019年第4期。

［24］于登云、马继楠：《中国深空探测进展与展望》，《前瞻科技》2022年第1期。

［25］于登云、张哲、泮斌峰等：《深空探测人工智能技术研究与展望》，《深空探测学报》2020年第1期。

［26］张鑫、李超伦、李连福：《深海极端环境原位探测技术研究现状与对策》，《中国科学院院刊》2022年第7期。

体制机制篇

Institutional Mechanism

B.9
2022年科技管理体制改革进展分析

周密　王雷*

摘　要： 深化科技管理体制改革是全面实施创新驱动发展战略、加快国家创新体系建设、提升国家自主创新能力的重要任务。本文通过对我国科技管理体制改革进展进行梳理，总结了我国科技管理体制改革的主要特征，同时提出我国现行科技管理体制面临科研投入机制不完善、科研项目管理不到位、以企业为主导的产学研融合不深入以及科技评价制度不适应科技发展要求等一系列问题。本文认为，应当从加大科技投入力度、加强项目管理、推进协同创新、促进成果转化、建立多元评价机制等方面进一步深化科技管理体制改革，为全面创新提供坚实的制度支撑。

关键词： 科技管理体制　科技创新　体制改革

---

* 周密，南开大学中国城市与区域经济研究中心主任，教授，博士生导师，主要研究方向为创新理论与政策；王雷，南开大学经济学院在读博士研究生，主要研究方向为区域创新。

　　科技管理体制改革是完善国家科技创新治理体系的关键任务，在推动我国构建中国特色国家创新体系、建设世界科技强国、实现科技自立自强等方面发挥着重要作用。《全球创新指数2022》数据显示，2022年在全球创新指数排名方面我国已上升至第11位，但是"制度"这一细分指标的排名仅为第42位，说明随着"创新"发展理念的深入践行和创新驱动发展战略全面实施，现行科技管理体制还存在不能完全适应经济社会发展需求的问题，我国在创新驱动发展方面仍面临一定的体制机制障碍，因此，本文在系统梳理我国科技管理体制改革的基本情况的基础上，总结提炼了现有科技管理体制存在的主要问题，并在加大科技投入力度、加强项目管理等五个方面提出了下一步深化科技管理体制改革的相关政策建议。

一　2022年科技管理体制改革的基本情况

　　科技管理体制是与科技活动相关的管理制度的总称，决定了整体科技系统的组织形式和运作方式。在科技体制改革初期，相关政策并未明确提出科技管理体制的有关概念，学术界通常将科技管理体制等同于科技体制进行研究。随着科技体制改革实践的深入开展，科技管理体制逐渐成为科技体制改革的一个施政方向。从政策内容来看，科技管理体制改革主要包括政府管理职能转变、科研机构改革、科技项目管理、科技经费管理、科技人才管理以及科技评价机制完善等。在不同的改革阶段，科技管理体制的改革重点会因经济发展目标的调整和发展环境的变化而存在差异。

（一）科技管理体制的改革历程

1. 改革开放前的集中计划型科技管理体制（1949~1977年）

　　1978年以前，我国实行集中计划型科技管理体制，突出特点是以计划推动科技项目开展，带动科学技术转移。国务院先后成立国家科学技术委员会和国防科学技术委员会，各地方政府逐步设立类似的科技管理机构，我国建立起以中央和地方各级科委为主管部门的科技管理体制，在这种相对封闭的垂直结构体系下国家主导科技活动，负责制定科学技术发展规划并定向配置科研资源，国家科研机构严格按照科技计划进行相关科研活动。虽然国家过度的直接管理造成了科研机构积极性与主动性不高等问题，但在物质资源相对匮乏的年代，该体制保证了我国能够将有限科研资源投入重要科技领域，集中解决一批制约我国经济发展和国防建设的科技难题，为我国科技的发展进步提供了重要的制度支撑。

2. 以科研院所改革为主的市场化科技管理体制改革阶段（1978~2000年）

在改革开放的大背景下，本阶段科技管理体制改革主要围绕科研院所展开，强调科技与经济发展的结合，探索市场机制的引入。科技管理体制改革主要以两个中央文件为引领：一个是1985年中共中央发布的《关于科学技术体制改革的决定》。该决定提出"经济建设必须依靠科学技术、科学技术工作必须面向经济建设"的战略方针，并在改革拨款制度，实施经费分类管理；调整组织结构，鼓励科研机构与企业单位联合；改善政府科技管理职能，扩大研究机构自主权；改革科学技术人员管理制度等方面提出系列改革举措。可以看出，这一时期的改革主要是针对科研机构内部管理制度的改革，科学基金制、技术合同制、科研责任制等管理制度开始试行推广。

另一个是1995年在我国提出要建立社会主义市场经济体制的基础上，中共中央和国务院发布的《关于加速科学技术进步的决定》。该决定提出要建立适应社会主义市场经济体制和科技自身发展规律的新型科技体制，以"稳住一头，放开一片"的方针，优化科技系统结构。体制改革以引导技术开发和技术服务机构的"转企改制"为主，鼓励科研机构以兼并、联营等多种方式转型为企业，并强调支持企业成为技术开发的主体。在科技拨款机制、科研院所管理制度等方面该决定也提出了进一步改革的要求，例如在科技管理部门职能转变上，强调间接管理和协调、服务职能的发挥。之后国务院又出台了《关于"九五"期间深化科学技术体制改革的决定》等系列相关政策推动科研院所企业化转制，支持科技型企业发展。通过"转企改制"，我国科研体系实现了重大调整，企业在科技创新中的地位大幅提高，长期存在的科技与市场脱节问题得到明显改善。

3. 以建设国家创新体系、增强自主创新能力为目标的科技管理体制改革阶段（2001~2012年）

经过前期科技管理体制改革，我国科技实力有了明显提升，但仍存在科技产出能力不足，自主创新能力较弱的问题。2006 年，国务院发布《国家中长期科学和技术发展规划纲要（2006-2020 年）》，将全面推进中国特色国家创新体系建设，提高国家自主创新能力作为深化科技体制改革的主要目标，并从支持鼓励企业成为技术创新主体、建立现代科研院所制度、推进科技管理体制改革、全面推进中国特色国家创新体系建设四个方面部署了科技体制改革的重点任务。2012 年，中共中央、国务院发布的《关于深化科技体制改革加快国家创新体系建设的意见》进一步从强化企业技术创新主体地位、加强统筹部署和协同创新、改革科技管理体制、完善人才发展机制和营造良好环境五个方面提出了深化科技体制改革、加快国家创新体系建设的实施意见。

可以看出，该阶段科技管理体制改革内容更加系统全面，强调继续深化对企业、科研院所以及各种管理制度的改革，国家创新体系建设目标的引入使得政府开始重视技术、知识、国防科技等创新体系的建设，通过鼓励各创新主体探索不同形式的协同创新模式、强化科技资源开放共享等举措调节各创新主体的协同创新关系，提高创新体系整体效能。

表1　2001~2012 年两个主要政策文件的具体政策内容

政策名称	主要方面	政策内容
《国家中长期科学和技术发展规划纲要（2006-2020 年)》	支持鼓励企业成为技术创新主体	经济和科技政策引导企业成为研究开发投入的主体；改革科技计划支持方式；完善技术转移机制；加快现代企业制度建设；营造良好创新环境
	深化科研机构改革，建立现代科研院所制度	加强科研机构建设；建立稳定支持科研机构创新活动的科技投入机制；建立有利于科研机构原始创新的运行机制；建立科研机构整体创新能力评价制度；建立科研机构开放合作的有效机制
	推进科技管理体制改革	建立健全国家科技决策机制；建立健全国家科技宏观协调机制；改革科技评审与评估制度；改革科技成果评价和奖励制度
	全面推进中国特色国家创新体系建设	建设以企业为主体、产学研结合的技术创新体系；建设科学研究与高等教育有机结合的知识创新体系；建设军民结合、寓军于民的国防科技创新体系；建设各具特色和优势的区域创新体系；建设社会化、网络化的科技中介服务体系

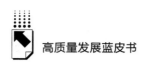
政策名称	主要方面	政策内容
《关于深化科技体制改革加快国家创新体系建设的意见》	强化企业技术创新主体地位	建立企业主导产业技术研发创新的体制机制;提高科研院所和高等学校服务经济社会发展的能力;完善科技支撑战略性新兴产业发展和传统产业升级的机制等
	加强统筹部署和协同创新	推动创新体系协调发展;完善区域创新发展机制;强化科技资源开放共享
	改革科技管理体制	加强科技宏观统筹;推进科技项目管理改革;完善科技经费管理制度;深化科技评价和奖励制度改革
	完善人才发展机制	统筹各类创新人才发展和完善人才激励制度;加强科学道德和创新文化建设
	营造良好环境	完善相关法律法规和政策措施;加强科技开放合作

4. 实施创新驱动发展战略,全面深化科技管理体制改革阶段(2013年至今)

党的十八大以来,我国经济发展形势和发展环境发生深刻变化,面对新一轮科技革命加速演进和全球科技创新格局重塑,以习近平同志为核心的党中央更加重视科技管理体制改革。围绕创新驱动发展战略的实施,党和国家陆续出台一系列政策文件深入推动科技管理体制改革。

2015年3月,中共中央、国务院发布了《关于深化体制机制改革加快实施创新驱动发展战略的若干意见》,从转变政府科技管理职能、建立国家科技管理平台、明晰央地科技管理事权等方面提出改革科技管理体制的实施意见。2015年9月,中共中央办公厅和国务院办公厅发布《深化科技体制改革实施方案》,文件明确指出深化科技管理改革是提升科技资源配置使用效率的根本途径,并从完善政府统筹协调和决策咨询机制、推进中央财政科技计划管理改革、加强科研项目和资金管理、推进科技管理基础制度建设和建立创新驱动导向的政绩考核机制等方面提出更加详细的制度安排。2016年发布的《国家创新驱动发展战略纲要》围绕创新治理体系建设对科技管理体制提出了多方面的改革要求。这一阶段,针对科技管理体制改革的某些细分领域,政府部门也出台了相应的配套政策(见表2)。

表2　深化科技管理体制改革的相关配套政策

发布日期	政策名称	主要内容
2014年3月	《关于改进加强中央财政科研项目和资金管理的若干意见》	加强科研项目和资金配置的统筹协调;实行科研项目分类管理;改进科研项目管理流程;改进科研项目资金管理;加强科研项目和资金监管等
2016年6月	《关于进一步完善中央财政科研项目资金管理等政策的若干意见》	改进中央财政科研项目资金管理;完善中央高校、科研院所差旅会议管理;完善中央高校、科研院所基本建设项目管理等
2018年7月	《关于深化项目评审、人才评价、机构评估改革的意见》	优化科研项目评审管理;改进科技人才评价方式;完善科研机构评估制度;加强监督评估和科研诚信体系建设等
2018年7月	《关于优化科研管理提升科研绩效若干措施的通知》	优化科研项目和经费管理;完善有利于创新的评价激励制度;强化科研项目绩效评价;完善分级责任担当机制等
2019年5月	《科技领域中央与地方财政事权和支出责任划分改革方案》	在科技研发、科技创新基地建设发展、科技人才队伍建设、科技成果转移转化等方面明晰政府与市场支持科技创新的功能定位,合理划分中央与地方权责
2021年7月	《关于完善科技成果评价机制的指导意见》	健全完善科技成果分类评价体系;推进国家科技项目成果评价改革;大力发展科技成果市场化评价;改革完善科技成果奖励体系等
2021年8月	《关于改革完善中央财政科研经费管理的若干意见》	扩大科研经费管理自主权;加大科研人员激励力度;减轻科研人员事务性负担;改进科研绩效管理和监督检查等

近几年,深化科技管理体制改革依然是我国推动实施创新驱动发展战略的重点任务。2020年,中共中央、国务院发布的《关于新时代加快完善社会主义市场经济体制的意见》将全面完善科技创新制度和组织体系作为创新政府管理和服务方式的主要任务之一,提出完善中央财政科技计划形成机制和组织实施机制,完善科技人才发现、培养、激励机制,健全符合科研规律的科技管理体制和政策体系,改进科技评价体系等实施意见。《中华人民共和国国民经济和社会发展第十四个五年规划和2035年远景目标纲要》明确提出要深化科技管理体制改革,并从加快科技管理职能转变、改革重大科技项目立项和组织管理方式、健全科技评价机制等方面作出具体规划安排。2022年,党的二十

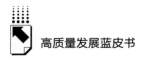
大报告同样强调要"深化科技体制改革，深化科技评价改革，加大多元化科技投入力度，加强知识产权法治保障，形成支持全面创新的基础制度"。

（二）科技管理体制改革的主要特征

1. 转变科技管理的思路，注重政府职能和市场机制的有机结合

我国科技管理体制改革强调有效市场和有为政府的结合，主要体现在政府对自身管理职能的主动转变上。从科技管理体制的改革历程可以看出，自改革开放以来，政府逐渐转变了科技管理的思路，其所实施的一系列改革举措多数涉及政府有关职能的调整，有效规范政府和市场在科技管理事务上的边界。科技管理体制逐渐实现了由政府直接管理的计划型管理体制向政府与市场协同发力管理体制的转变。

针对科技项目、科技经费、科技成果评价等方面的制度改革强调加强科技管理部门的宏观管理，发挥间接管理和服务职能，尽量减少对科研活动的微观直接干预；科研机构的"转企改制"避免了对非核心科研机构的直接管理，通过将这些科研院所推向市场，促进提高其科研自主性和市场竞争力；支持企业成为技术创新主体的改革政策使得企业在科技创新中的地位大幅提高，科技研发与市场需求的结合更加紧密。通过改革原来主要靠行政手段管理科技活动的局面逐渐转变，政府在科技管理事务中的引导、支持和服务作用更加突出，科技管理体制变得更加灵活，也更加适应市场需求。

2. 满足经济发展需求，动态调整管理体制改革重心

科技管理体制改革的最终目的是促进社会经济发展。在不同的发展阶段，制约我国经济发展的科技管理体制问题有所不同，体制改革的重心也有所差异。

改革开放初期，我国科技管理体制改革的重点是调整集中计划体制，通过科研机构改制以及科研项目、经费等管理制度的改革解决管理体系不科学、管理制度不规范、科研机构运作效率不高的问题，以期提高科技研发的效率和质量。21世纪初，随着国家创新体系理念的提出，科技管理体制改革的重点逐渐从局部制度改革转向整个国家创新体系的建设。国家在继续深化对企业、科研机构和项目管理等方面制度改革的基础上，更加强调高校、科研机构和企业间协同创新功能的提升，提出建设以企业为主体、产学研结合的技术创新体系，围绕企业技术创新需求，整合产学研各方力量，提升科技资源配置效率。

党的十八大以来，科技管理体制的改革内容更加系统深入，《深化科技体制改革实施方案》在建立技术创新市场导向机制、构建更加高效的科研体系、改革人才机制、健全促进科技成果转化机制、构建统筹协调创新治理机制等方面共计提出了143项重大改革任务，我国科技管理体制改革全面发力、持续向纵深推进。

值得注意的是，随着科技进步和国际环境的变化，基础研究以及关键核心技术研发的重要性愈发凸显，而单纯依赖市场机制不能将创新资源有效配置到关键领域研究之中。因此，国家提出构建新型举国体制，其目的就是利用好政府在科技管理方面的组织作用，集中创新力量和创新资源推进重大战略需求的基础研究和关键核心技术攻关。

3. 体制改革红利不断释放，我国创新水平大幅提升

通过科技管理体制改革，我国科技创新发展中的制度堵点得到有效破除，不符合科技创新规律要求的科技项目、经费管理和科技评价等问题得到一定程度的解决，科技进步对经济发展的贡献水平不断提升，创新成为驱动我国发展的新动力。2023年政府工作报告指出，2022年，我国科技进步贡献率已经从2012年的52.2%提高至60%以上。从国家统计局测算的创新指数来看，2021年我国创新指数为264.6（以2005年为基期），比上年增长8.0%，较2012年增长了78.5%。反映创新对经济社会发展影响水平的创新成效指数从2012年的132.4提高至2021年的189.5（见图1）。

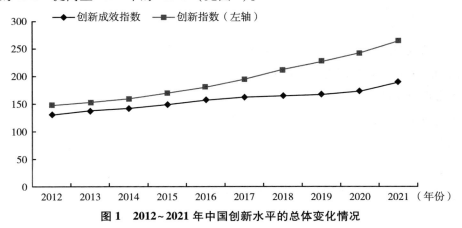

图1 2012~2021年中国创新水平的总体变化情况

资料来源：国家统计局。

从创新投入的角度看，科技管理体制改革提高了我国科技资源的管理水平，激发了科研人才从事研究活动的积极性，我国创新投入水平明显提升。2012~2021年，我国的创新投入指数由152.2增至219。R&D经费投入和科研人才规模均保持稳定增长，2021年，R&D经费投入达2.8万亿元，同比增长14.6%；研发投入强度从2012年的1.91%上升至2021年的2.43%；R&D人员全时当量从2012年的324.7万人升至571.6万人（见图2）。国家统计局最新数据表明，2022年，我国R&D经费投入增至3.08万亿元，比上年增长10%，研发投入强度达到2.5%。

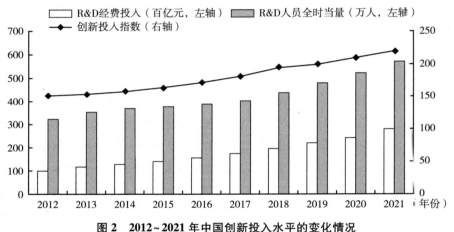

图2　2012~2021年中国创新投入水平的变化情况

资料来源：国家统计局。

从创新产出的角度看，反映创新直接产出成果的创新产出指数从2012年的164.2上升至2021年的353.6，年均增长率8.9%。科技论文发表数量和技术市场成交额保持稳定增长，年均增长率分别为3.29%和21.55%。发明专利申请数量虽然在个别年份有所波动，但总体呈增长趋势（见图3），2022年发明专利申请数量为161.9万件，为历史最高水平。

二　科技管理体制改革面临的主要问题

党的二十大报告提出2035年我国要实现高水平科技自立自强，进入创新

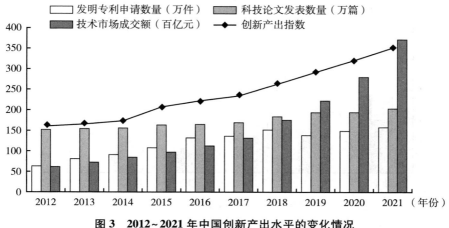

图3　2012~2021年中国创新产出水平的变化情况

资料来源：国家统计局。

型国家前列，这对科技管理体制提出了更高的改革要求。当前，我国科技管理体制改革仍面临一些亟待解决的难点和问题，具体表现在以下几方面。

（一）科研投入机制不完善

在经费的投入方面，尽管我国 R&D 经费投入的绝对水平增长迅速，现已稳居世界第二，但研发投入强度还不够高，与部分高水平创新国家相比仍有很大的增长空间。从图4可以看出，2020年我国研发投入强度为 2.41%，约为韩国研发投入强度（4.81%）的一半，与美国、日本等国家也有一定差距。

在科研经费应用方面，我国研发经费的投入结构也不够合理，有待进一步优化。从研究类型来看，多数国家将试验发展作为经费投入的主要领域，但高水平创新国家同时强调基础研究的重要性，基础研究经费占比稳定在10%以上，2019年，瑞士用于基础研究的经费高达42%。相比之下，我国试验发展经费占比过高，基础研究和应用研究经费占比偏低。2020年，我国基础研究经费占比仅为6%，试验发展经费占比高达82.7%（见图4）。虽然试验发展投入多，但应用效率不高，存在科研立项高度重复，大量资金支持同类型研究等问题。

在经费的来源上，政府资金和企业资金是 R&D 经费的主要来源，2016~2019年，政企资金占比长期维持在96%以上，平均而言企业资金是政府资金

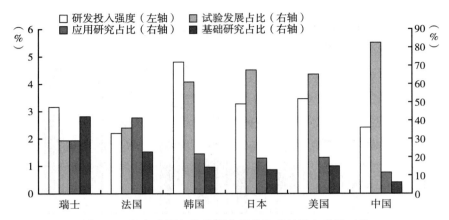

图 4　2020 年中国与部分国家研发经费的投入结构对比

注：由于法国和瑞士两国 2020 年数据缺失，图中以 2019 年数据代替。
资料来源：《中国科技统计年鉴 2021》。

的 3.86 倍，说明企业资金在我国科研投入方面起主要作用（见图 5）。但我国在企业资金投入上也面临一定的问题。一是我国企业方面的科技活动主要集中在规模以上工业企业中，中小型企业的科技投入偏低，规模以上工业企业 R&D 经费内部支出占比虽呈下降趋势，但是仍在 80% 以上（见图 6）。二是规模以上工业企业 R&D 经费内部支出绝对量增加，但仍相对不足，2021 年，规模以上工业企业 R&D 经费内部支出与营业收入之比仅为 1.33%。

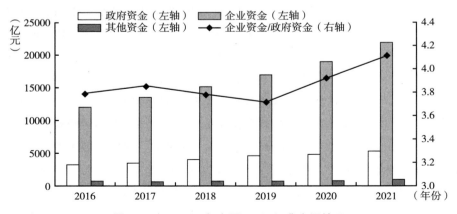

图 5　2016~2021 年中国 R&D 经费来源情况

资料来源：历年《中国科技统计年鉴》。

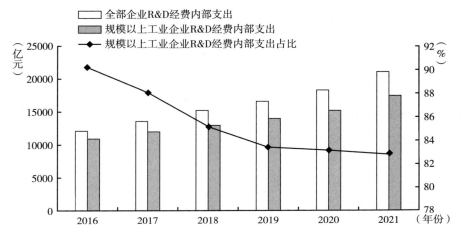

图6 2016~2021年中国规模以上工业企业R&D经费支出情况

资料来源：历年《中国科技统计年鉴》。

（二）科研项目管理不到位

科研项目管理是对项目申报、评审、立项、实施、结项等全流程的管理。当前我国科研项目管理存在"重立项，轻管理"的问题。

从科研项目管理的具体流程来看，一方面，项目立项前的管理机制还不完善，虽然我国已经基本形成了项目分类管理的制度框架，但在前期制订项目计划的过程中，针对不同类别的项目未能建立起由科研单位、企业、学会等多方参与的论证机制，使得项目指南的定向引领能力不突出。在立项过程，由于申报和评审环节是项目管理部门关注的重点，加之科研单位普遍将项目申报数量作为衡量科研人员绩效的指标，科研项目申报质量难以得到保障。

另一方面，项目立项后相关部门的管理职责不到位。考虑到项目的具体实施主要由项目负责人负责，部分项目主管部门做起甩手掌柜，未能履行好项目的监督和服务职能，对于项目实施中出现的问题不能给予及时有效的解决，从而影响了项目实施的进度和最终成果的质量水平。在项目验收上，项目最终的结项审查也存在验收审批流程长，验收手续烦琐、评审指标体系不完善等问题。

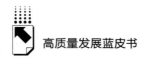

（三）以企业为主导的产学研融合不深入

一方面，企业的创新主体地位不突出。多数企业创新投入的重点仍然是应用技术研究和产品开发，对于关键核心技术和基础研究等仍采取规避态度，重应用技术研究、轻基础研究的问题依然存在，使得企业的原始创新能力和关键技术的攻关水平不高。同时，相较于科研机构和高校，企业对国家科研计划和重大项目的参与度较低，引导企业积极参与关键技术攻关项目的体制机制尚不健全。

另一方面，产学研合作不够紧密，科技转化效率不高。高校、科研院所与企业之间的相对脱节使得科研成果与技术创新两个环节之间缺乏有效衔接，多数科研成果由于难以满足企业技术的开发需求，只能停留在研发阶段。即使部分科研成果具备转化潜力，受限于科技成果转化机制不健全，高校和科研机构也会存在"不敢转、不愿转、不会转"等问题，导致科研成果无法转化为实际生产力。根据《战略性新兴产业科技成果转化前景分析报告》统计，中国前沿科技成果只有10%～30%被应用于实际生产中，能够真正形成产业的科技成果仅为其中的20%。

（四）科技评价制度不适应科技发展要求

一是同行评议面临评审效率低和评估主观化等问题。一方面，随着我国科研规模的不断扩大，待评审科研项目和待发表论文数量大幅增加，但是高水平评审专家数量没有相应增长，有限的评审专家难以应对过量的评审内容，造成评审效率低。另一方面，同行评议本质上是一项高度依赖评审专家专业性的定性评价制度，评价结果会受到评审专家的主观意识和专业学识的影响，评价结果带有一定的主观性，这造成评审活动中的"人情评价"问题屡见不鲜，评审通过不再以项目研究价值和论文质量水平为标准，使得科研经费流向一些研究价值不高的项目，从而产生低质量研究成果。

二是人才评价和激励制度不完善，科技评价导向不够合理。当前对科研人员的评价仍以项目申请、科研论文发表数量为主要导向，偏重数量轻视质量，偏重论文轻视应用，"以数量论英雄"的扭曲激励问题突出。科研人员在追求职称晋升和经费支持的过程中，往往会将精力投入"短平快"的科研项目，规避那些研究周期长、不确定性高但具有创新性的高质量科研项目。一些真正从事长周期、高创新活动的科研人员会由于缺乏成果数量，无法获得正确的评价和应有的激励，这会对科研人员的积极性和创造力产生负面影响，也会阻碍我国科技创新的发展进步。

三 深化科技管理体制改革的政策建议

以问题为导向，解决好我国现行科技管理体制存在的主要问题，对于科技管理体制完善和国家创新水平提升具有重要意义，基于此，本文提出以下政策建议。

（一）加大科技投入力度，发挥引导作用

政府要加大科技投入力度，创新支持方式，健全科技创新投资和财务支持制度。第一，设立专项研发基金，引导资金投入特定领域或关键技术的研发，推动相关产业的发展。第二，实施税收减免、贷款优惠、奖励补助等科技创新激励措施，通过减少企业税收负担，降低企业的创新成本，鼓励更多企业参与到研发活动中，提高企业对研发的投入水平。第三，与银行等金融机构合作，推进开展科技和金融结合的试点项目。通过建立科技创新投资基金、科技担保机制等，为企业提供更多的融资渠道和金融支持。在最大限度地发挥政府资金在企业研发投入中的导向作用的同时，引导更多的社会资金投入科技创新，发挥好政府资金的杠杆作用。第四，提供一定资金用于实验设备、场地、通信等基础设施的建设，为科研活动提供完善的基础设施支撑。

（二）加强项目管理，提升监管水平

政府应建立公开申请、科学评议、公众监督的项目管理机制，加强对科技创新的监管和评估，确保科技项目立项透明合规。第一，改革科技项目立项和组织管理方式，通过建立公开的科技创新项目申请系统，使所有符合条件的机构和个人都能够公平地申请到项目支持。第二，成立由专业人士组成的科学评议委员会，对科技创新项目的科学性、技术可行性和经

济效益进行评估，保证项目的可研究性和可实施性，评估过程应该严谨、公正，基于科学的原则和标准，评估结果应该及时向申请者公布，并提供详细的评估意见。第三，政府应鼓励公众参与科技创新项目的监督评价。通过开放项目进展报告、组织公众听证会等方式，让公众了解项目的进展情况并提供意见和建议。充分借助互联网平台等新技术手段，建立公众监督科技创新项目的线上渠道。第四，加强对企业、高校等科研机构立项项目的后期管理，建立健全科研项目的档案管理制度，定期跟进项目的进展情况，对于实施进度不达标、中期研究质量不高的项目要积极督促整改，防止科技资源浪费和滥用。

（三）推进协同创新，深化产学研结合

在推动产学研深度融合的过程中，政府要界定好自身与企业、高校等科研机构的职责关系，通过构建层次分明、结构合理、分工合作、权责清晰的协同创新体系推进产学研深度融合，提高科技资源利用效率。第一，政府在科研活动中应扮演组织者和服务者的角色，提供科技活动支持和引导，解决好科技活动中存在的科研经费使用不当，科技项目与市场需求脱节等问题。要善做"减法"，注重简政放权，不应过多介入科研活动的具体决策和管理，要给予科研单位更多自主权，赋予科学家更大技术路线决定权和经费使用权等，充分发挥市场对科技资源的配置作用，更好而不是更多地发挥政府作用。第二，加快建设高效协同创新体系，明确企业、高校和科研院所在产学研合作链条中的需求，打通科技成果转化堵点。通过产学研的紧密结合，释放资本、人才、技术和信息等创新要素的活力，加速科技成果的转化和产业化，尽快将科技成果转化为产业优势，最终实现经济效益。第三，建立产学研深度融合的利益分配机制和风险控制机制。利益分配机制应尊重企业、高校和科研院所的利益和需求，充分考虑创新的贡献率问题；风险控制机制应有效应对成果转化风险和创新失败风险，尽可能降低风险发生的概率，减少创新主体的损失。第四，在一些关键核心技术领域，政府应积极组织共性技术研发和基础研究工作，通过设立重大科技项目和支持产学研联盟推动不同创新主体协同攻关，解决创新力量分散和资源"碎片化"问题，实现关键核心技术的集中突破。

（四）搭建公共平台，促进成果转化

完善科技成果产业化平台，重点解决技术与市场脱节问题。第一，鼓励企业与高等院校和科研院所共建科技成果转化平台，通过需求对接、优势互补和利益共享，实现科技成果从实验室走向市场。同时，还应鼓励高等院校和科研机构面向企业开放实验室及大型科研仪器设备，支持建立产业科技资源共享联盟，鼓励依托联盟搭建科技资源共享平台，推动科技资源在联盟内部共建共享。第二，以国家级高新技术开发区、国家火炬产业基地、大学科技园等科技成果产业化平台为基础，建立科技成果孵化转化基地，提供创业服务平台，推动创新链与产业链的对接。第三，建立技术交易平台。组织建立信息渠道畅通、服务功能齐全、交易活动有序的技术交易平台，规范技术交易市场，为科技成果产业化提供良好的生态环境。同时支持各类科技中介服务机构发展，为成果转移转化提供更加专业的中介服务。

（五）建立多元评价机制，激发创新活力

加快建立以创新价值、能力、贡献为导向的科技人才评价体系。第一，针对不同研究内容的科技人才应实现分类评价。例如，基础理论研究人才评价要以理论贡献、学术贡献为主，多采用同行评价方式，加强国际评价；工程技术研发人才评价要以技术成果为主，多采用业内评价、第三方评价方式；应用创新人才评价要突出效益指标，主要采用市场和用户评价方式。第二，构建和完善多维评价体系，综合考虑团队协作、个人贡献、成果价值、发展潜力等多方面因素，避免将论文、专利、项目、经费数量等与科技人才评价直接挂钩，实行差别化评价，采用代表性成果评价，突出评价科技研究成果质量和原创价值。第三，构建更加灵活多样的激励机制，针对不同职业生涯阶段的相关人员采取差异化激励方式。例如，对于青年科技人员，可采取扩大自然科学基金项目资助规模、提供更多学术交流和培训机会、设立青年基金和青年岗位津贴等方式满足其物质需求，解决他们在生活方面的后顾之忧，鼓励他们更加专注于科研工作；对于高层次人才，除了提高物质待遇，还可以运用荣誉性和表彰性的激励方式，提高他们的社会知名度和声望，从而产生显著的社会示范效应，激励他们追求更高的目标并作出更大的贡献。

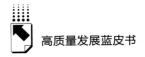

参考文献

［1］陈宝明：《我国科技体制改革的历程与展望》，《科技中国》2022 年第 12 期。

［2］方新、柳卸林：《我国科技体制改革的回顾及展望》，《求是》2004 年第 5 期。

［3］华锦阳、汤丹：《科技投入体制的国际比较及对我国科技政策的建议》，《科技进步与对策》2010 年第 5 期。

［4］黄文琦、张红辉：《宁波市科技管理体制改革现状、问题及对策研究》，《科技管理研究》2013 年第 6 期。

［5］李平、王宏伟、张静：《改革开放 40 年中国科技体制改革和全要素生产率》，《中国经济学人》2018 年第 1 期。

［6］习近平：《加快建设科技强国实现高水平科技自立自强》，《求是》2022 年第 9 期。

［7］薛薇、魏世杰：《新时代我国引导社会资金投入科学研究的支持政策研究》，《中国软科学》2021 年第 5 期。

［8］赵军、胡玉昆：《关于我国科技评价制度改革的几点思考》，《科研管理》2020 年第 10 期。

B.10
2022年知识产权法治保障体系
建设进展分析

李 蕾 王艺琳*

摘 要： 知识产权制度是推动社会经济持续发展、激发全社会创新活力的重要制度安排。党中央、国务院始终高度重视知识产权保护，党的十八大以来，知识产权强国战略深入实施，知识产权法治保障体系日趋完善。2022年，知识产权法治保障体系建设在健全法律法规、完善管理体制、强化知识产权全链条保护等方面有了新的进展。同时，在知识产权强国建设的过程中还存在产权主体意识淡薄、法规条文不够完善、知识产权保护地区发展不平衡等诸多问题。未来，要以问题为导向出台知识产权保护细则、强化对知识产权工作的考核、促进知识产权的市场化应用等，以更高水平的制度安排加快推进知识产权法治保障体系建设。

关键词： 知识产权 法治保障 体系建设

　　知识产权是激发全社会创新活力、推动科技创新发展的最重要的制度安排之一。党的十八大以来，我国知识产权事业迅速发展，取得了历史性进展，知识产权大国的地位已经确立。与此同时，新一轮科技创新和产业变革正在深入发展，对知识产权保护与应用提出了更高要求。另外，全球知识产权治理体系正在发生深刻变化，发达国家和发展中国家在知识产权保护和技术扩散外溢方面的利益诉求分歧

---

* 李蕾，中共中央党校（国家行政学院）经济学教研部教授，博士生导师，主要研究方向为科技创新、企业管理等；王艺琳，中共中央党校（国家行政学院）经济学教研部在读博士研究生，主要研究方向为科技创新。

加大，数字经济飞速发展带来的新技术新模式新业态也对传统知识产权保护规则提出新的挑战。党的二十大报告指出："深化科技体制改革，加强知识产权法治保障，形成支持全面创新的基础制度"，知识产权法治保障体系建设进入快车道。

一 推进知识产权法治保障体系建设的重要意义

习近平总书记在写给中国与世界知识产权组织合作五十周年纪念暨宣传周主场活动的贺信中指出：中国始终高度重视知识产权保护，深入实施知识产权强国建设，加强知识产权法治保障，完善知识产权管理体制，不断强化知识产权全链条保护，持续优化创新环境和营商环境。① 这一重要指示深刻揭示了知识产权法治保障与推进高质量发展、建设现代化经济体系以及实现高水平科技自立自强之间的内在联系与实践逻辑。建设知识产权强国、不断完善和细化知识产权制度，是我国经济社会实现高质量发展的必然要求。

（一）有利于完善现代产权制度、优化营商环境

产权制度是社会主义市场经济的基石，保护产权是完善社会主义市场经济体制的内在要求。保护产权不仅要求保护物权、债权等有形的财产权，也必须保护无形的财产权。在新一轮的科技革命和产业变革中，技术、管理、知识、数据等无形的生产要素成为社会生产活动中最为活跃的因素，以技术、商标、设计为核心的知识产权成为重要的产权内容，在市场价值创造和市场竞争中具有举足轻重的作用。知识产权制度通过明确知识的产权归属、实施知识的产权保护，让从事研发活动的企业或者个人能够获得充分的回报，激发创新活动的积极性，构建起支持和鼓励创新的公平公正的营商环境。同时，通过知识产权应用，建立起开放有序的知识使用和扩散的市场机制，有利于技术扩散，促进全社会技术水平提升。

（二）有利于建立现代化产业体系，实现转型升级

我国拥有全世界最为齐全的产业门类，制造业在全球产业链分工中具备

---

① 《习近平向中国与世界知识产权组织合作五十周年纪念暨宣传周主场活动致贺信》，https：//baijiahao.baidu.com/s? id=1764207772890495435&wfr=spider&for=pc。

成本优势和规模优势，这是我国经济高质量发展的坚实基础和底气韧劲所在。但是，我国产业体系全而不强、大而不优的问题长期存在，表现为关键核心技术缺失，基础研究不足，引领性原创性创新匮乏。以美国为代表的发达国家正在重新反思制造业空心化的问题，意图通过其掌握的先进技术和关键知识产权遏制我国的产业技术升级。知识产权已经成为全球产业链、价值链竞争的热点领域。二流企业做产品、一流企业做品牌、超一流企业做标准，建设知识产权强国将推动更多企业重视研发，努力创新，聚焦高价值的关键知识成果产出，推动我国企业从低附加值的产业链中低端迈向高附加值的产业链高端。

（三）有利于构建新发展格局，拓展国际发展空间

伴随新一轮科技革命和产业变革深入发展，不断有新非物质客体被纳入知识产权保护范围，各类技术创新、科技成果需要与时俱进的全链条规范与约束规则。新发展格局是以国内大循环为主，国际国内两个循环相互促进的发展格局，要求我们以更高标准的制度安排更高质量地融入全球经济一体化。知识产权制度是国际公平贸易的基础性制度之一，也是我国积极倡导的全球多边治理体系的重要支柱，还是我国企业"走出去"广泛参与国际竞争的重要保障。我国依法严格保护知识产权的坚定立场受到国际社会的广泛认可和赞誉，我国已成为全球知识产权保护的重要力量。

二 知识产权法治保障体系建设现状

党的十八大以来，我国知识产权法治建设取得一系列标志性成果，知识产权强国建设稳步推进。2022年，知识产权法治保障体系建设在国家层面、地方层面均有新突破，知识产权保护和应用在实践中不断完善。

（一）国家层面的进展

1. 全社会创新成果数量与质量显著提升，社会满意度进一步提高

2022年全年我国共授权发明专利79.8万件，每万人口高价值发明专利拥

有量达 9.4 件，较 2020 年每万人口高价值发明专利拥有量 6.3 件增长明显。截至 2022 年底，中国发明专利有效量达 421.2 万件，同比增长 17.1%；实用新型专利有效量达 1083.5 万件，同比增长 17.2%；外观设计专利有效量达 283.2 万件，同比增长 9.7%；中国有效注册商标量 4267.2 万件，同比增长 14.6%；中国著作权年登记总量 635.2 万件，其中作品、计算机软件著作权登记量分别达 451.7 万件、183.5 万件，总量同比增长 1.4%；授予植物新品种权 4026 件，其中全年受理农业植物新品种权申请 1.1 万件，同比增长 15.2%。中国申请人通过《专利合作条约》（PCT）途径提交国际专利申请 7.0 万件，连续 4 年居全球首位，通过《工业品外观设计国际注册海牙协定》（简称《海牙协定》）提交外观设计申请 2558 项；核准注册商标 617.7 万件，国内申请人提交马德里商标国际注册申请 5827 件，集成电路布图设计发证 9106 件。根据《全球创新指数 2022》，中国创新指数排名居 36 个中高收入经济体之首，升至全球第 11 位，比上年上升一位且多年保持稳定增长。遴选首批国家知识产权保护示范区，签订知识产权类技术合同 24.1 万项，成交额 1.8 万亿元；新增开放 11 种知识产权数据，基本实现"应开放尽开放"。2022 年试点开展全国知识产权保护水平评估，全国知识产权保护水平指数达 81.68，知识产权保护社会满意度得分达 81.25（百分制，不含港澳台），可见加强知识产权法治保障体系建设带来了创新成果数量质量的提升，保护效果显著。

2. 结合新领域新业态发展现状与维护国家安全的需求，不断完善新时代知识产权保护制度，增强知识产权司法保护、行政保护、协同保护、源头保护

2022 年全国法院新收一审、二审、申请再审等各类知识产权案件 526165 件，审结 543379 件，有效提升了知识产权审判质效和司法公信力。结合新领域新业态和维护国家安全的需求，研究制定事关国家安全的核心技术知识产权保护规则，严格产权转让等相关规定。新修改的《反垄断法》《科学技术进步法》《种子法》正式实施，数据知识产权保护规则研究和地方试点有序推进。压减发明专利审查周期至 16.5 个月，缩短商标注册平均审查周期，新建数个国家级知识产权保护中心和快速维权中心。专利侵权纠纷行政裁决案件处理量达 5.8 万件，维权援助申请办理量达 7.1 万件，受理纠纷调解共 8.8 万件。

3. 完善知识产权转移转化机制，推动专利密集型产业建设和产品流通，知识产权转移转化效率得到有效提升

我国知识产权转移转化效果显著，专利密集型产业增加值增长迅速。2021年，版权产业增加值达到 8.48 万亿元，占 GDP 比重达 7.41%，同比增长 12.9%；2022 年专利商标质押融资总额同比增长 57.1%，达 4868.8 亿元；著作权质押担保金额达 54.5 亿元，同比增长 25.9%；知识产权使用费进出口总额达 3872.5 亿元，同比增长 2.4%，其中出口额同比增长 17%。签订涉及知识产权的技术合同 24.1 万项，成交额 1.8 万亿元。发行知识产权资产证券化产品 33 只，发行规模 62 亿元。发挥各地区优势，深化知识产权强省强市建设，因地制宜，通过加强局省共建、部署知识产权支撑性项目等方式，找准各省市定位，推进重点地区知识产权建设发力。例如，支持上海建设高水平改革开放知识产权强省、支持浙江建设数字化改革引领知识产权强省等，锚定各地区优势、挖掘内在潜能，促进区域知识产权协调发展，实现区域经济高质量发展，完善知识产权全链条成果转化体系。

4. 推动知识产权国际合作、加强知识产权国际保护，服务开放型经济

正式加入《海牙协定》，促进了我国深度参与全球知识产权治理体系、积极参与全球创新保护，为各创新群体提供良好的发展环境，也有利于国内工业品设计能力的提升和创意保护；《马拉喀什条约》在我国生效，为阅读障碍者带来评阅作品的便利，有助于此群体更好地接受教育，同时也有利于国内外优秀阅读作品的双向传播，极大地丰富了国内阅读障碍者的精神文化生活；《中欧地理标志保护与合作协定》的签署，是中欧深化地理类知识产权合作的标志性成果，协定正式生效后的一年中，中欧双方互认互保 244 个地理标志产品，完成第二批 350 个产品的清单公示。

5. 优化公共服务体系，围绕便民利民推进知识产权公共服务体系改革，持续推进知识产权人才队伍建设，提升全民法治意识和法治素养

在公共服务供给方面，加强多样化、服务化、高效率的公共服务供给，完善数据资源的标准化、合理化、有效化服务体系。在全国范围内推进智能化建设工程，依照国家知识产权大数据中心和公共服务平台建设标准，围绕"互联网+"政务服务标准在全国范围内推行专利、商标的智慧审查管理，细化办事流程，推动"一网通办"和"一站式"服务。完善数字化智能化服务网络，

扩展服务网点，建立政府主导、多方参与的知识产权公共服务体系。依照国家帮扶中小企业的政策，为中小企业尤其是初创企业提供维权便利，健全中小企业知识产权公共服务机制。明确知识产权公共服务事项，划定事项范围，推行合理的服务标准。推动数字技术和数据资源整合提升知识产权公共服务效率。完善公共服务考评机制，例如建立规范的知识产权公共服务社会满意度评价标准，实施知识产权公共服务社会满意度调查。完善知识产权数据资源整理和市场化信息加工机制。严格数据交易市场管理，推动相关数据信息开放共享，协调数据开放与数据隐私保护，最大限度地发挥公共服务体系建设对知识产权信息成果转化的推动作用。2022 年有效落实国务院营商环境创新试点 15 项知识产权改革任务，专利、商标电子申请率均超 99%，证书实现电子化。

2022 年国家层面知识产权相关政策发布情况如表 1 所示。

表 1　2022 年国家层面知识产权相关政策发布情况

发布时间	政策名称	政策目的	发布机构
1 月 24 日	《国家知识产权局关于持续严格规范专利申请行为的通知》	通过持续健全完善信息沟通机制、加强专利申请行为精准管理、健全主动核查和举报机制、加强分级分类治理、加强重点违规行为治理的方式，强化部门协同治理，强化对专利申请领域信用监管和代理机构的行为监管，达到保护创新专利、规范申请秩序的目的，助推我国向高质量创造大国转变	国家知识产权局
1 月 28 日	《关于保护种业知识产权打击假冒伪劣套牌侵权营造种业振兴良好环境的指导意见》	该意见为建立种业知识产权保护制度体系夯实了基础，为侵害种业知识产权的行为提供了更严格的审查标准，严厉打击种业知识产权侵权行为，旨在营造适宜的种业发展环境	农业农村部 最高人民法院 最高人民检察院 工业和信息化部 公安部 国家市场监管总局 国家知识产权局
2 月 16 日	《国家知识产权局办公室关于印发〈知识产权维权援助工作指引〉的通知》	印发《知识产权维权援助工作指引》，进一步加强对知识产权维权援助工作的统筹协调和业务指导，完善知识产权维权援助工作程序和服务标准，提高各地方知识产权局、知识产权服务中心及有关中心的知识产权维权援助业务能力和业务水平	国家知识产权局办公室

续表

发布时间	政策名称	政策目的	发布机构
4月21日	《最高人民法院关于第一审知识产权民事、行政案件管辖的若干规定》	该规定进一步完善了知识产权案件管辖制度，合理定位不同级法院审判职能，对发明专利、实用新型专利、植物新品种、集成电路布图设计、技术秘密、外观设计、驰名商标认定等不同类型案件进行管辖法院划分	最高人民法院
4月25日	《最高人民检察院国家知识产权局关于强化知识产权协同保护的意见》	该意见优化协作配合机制，加大协同保护力度。要求建立常态化联络机制、健全信息共享机制，加强业务支撑、加大办案协作力度、加强人才交流培训，深化不同部门之间的研究合作。在国际范围内，加强宣传配合和国际合作，建立完备的奖惩机制	最高人民检察院国家知识产权局
4月27日	《最高人民法院关于涉及发明专利等知识产权合同纠纷案件上诉管辖问题的通知》	优化管辖案件范围，明确将技术类知识产权合同纠纷上诉案件作为普通知识产权案件确定管辖权	最高人民法院
7月29日	《国家发展改革委等部门关于新时代推进品牌建设的指导意见》	该意见旨在通过多部门协同联合推动品牌建设，使中国品牌成为推动高质量发展和创造高品质生活的有力支撑。该意见指出，应夯实品牌建设基础，通过加强品牌保护、强化质量基础设施、加强人才队伍建设等方式，完善跨部门、跨区域知识产权执法协作机制	国家发展改革委工业和信息化部农业农村部商务部国务院国资委国家市场监管总局国家知识产权局
12月5日	《国家知识产权局国家医疗保障局关于加强医药集中采购领域知识产权保护的意见》	落实国务院关于进一步完善医药产品集中采购领域的知识产权保护机制，构建协调统一的信息共享机制，从源头防范侵权行为发生的要求，鼓励医药领域创新发展，优化营商环境，结合知识产权系统和医疗保障系统在知识产权保护和医药集中采购工作中的合作基础，加强医药集中采购领域的知识产权保护	国家知识产权局国家医疗保障局

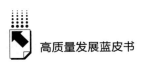

发布时间	政策名称	政策目的	发布机构
12 月 19 日	《中共中央国务院关于构建数据基础制度更好发挥数据要素作用的意见》	对数据产权问题提出"三权分置"的数据产权制度框架。创造性地提出资源持有权、加工使用权和产品经营权"三权分置"的中国特色数据产权制度框架,并强调研究数据产权登记新方式	中共中央国务院

(二)地方层面的进展

在国家政策和相关文件精神指导下,地方层面相关政策亦纷纷发力,各省市知识产权法治保障体系建设取得良好进展。

2022 年北京市知识产权综合实力依旧全国领先,在知识产权创造运用、行政执法、司法保护、新媒体宣传教学方面成效显著。北京市提高政治站位,强化知识产权工作统筹协调,市委、市政府出台《北京市知识产权强国示范城市建设纲要(2021–2035 年)》;颁布《北京市知识产权保护条例》;印发《北京市知识产权信息公共服务网点建设管理办法》《北京市知识产权公共服务机构管理办法》;贯彻落实国家知识产权局与司法部《关于加强知识产权纠纷调解工作的意见》以及北京市人大常委会《北京市知识产权保护条例》,市知识产权局、市版权局、市文化市场综合执法总队、市司法局、市市场监督管理局、北京海关等多部门共同印发《北京市关于加强知识产权纠纷多元调解工作的实施意见》,充分发挥调解在知识产权全链条保护中的重要作用,细化知识产权纠纷多元化解机制;印发《2022 年北京市区域知识产权工作方案》,激发大众创新创造活力,推动实现国际科技创新中心和全国文化中心建设。发布《北京市知识产权局公共服务事项清单(第一版)》,确定 38 个服务事项,积极推进 61 项服务措施。完善"1+17+N"多层级知识产权公共服务体系,体系建设成效显著,入选"2022 年科技体制改革案例"。加强部门协同,打造知识产权多元保护格局。持续探索数据权益保护规则,完善知识产权保护协作机制。建立版权保护行政司法协同治理工作机制,全国首创的市级软件正版化检查服务系统正式上线。聚焦重大活动开展知识产权保护，建立冬奥会和冬残奥会市级横向协作、市区纵向联动工作机制。开展侵犯奥林匹克标志专有权执法专项行动和"冰锋·2022平安冬奥"专项行动。北京冬奥会、冬残奥会知识产权保护工作受到公安部、国家知识产权局、国家市场监管总局的通报表扬。开展知识产权多元保护。市知识产权局高质量推进专利侵权纠纷行政裁决试点工作，开展打击商标恶意注册专项行动。2022年北京市知识产权法治保障建设成效卓越。截至2022年12月，每万人发明专利拥有量达到218.3件，稳居全国第一。全市有效发明专利量47.8万件，商标有效注册量总计290.8万件。知识产权行政执法方面，全市市场监管系统共办结知识产权类案件858件。市知识产权局办理专利侵权纠纷行政裁决案件49件。市农业农村局针对种子和植物新品种权检查生产经营主体2618个次，查处农作物种子违法案件75件。市公安局破获知识产权类案件598起，刑事拘留357人。北京海关共查获涉嫌侵权商品3299批次63.4万余件。知识产权司法保护方面，全市三级法院共受理各类知识产权案件72778件，审结各类知识产权案件74506件。市检察机关共受理审结审查逮捕侵犯知识产权案件171件354人，依法批准逮捕69件115人。新媒体建设知识产权法治保障方面，在《人民日报》发表署名文章《讲好中国知识产权故事》。

上海市贯彻落实《知识产权强国建设纲要（2021−2035年）》《"十四五"国家知识产权保护和运用规划》《上海市知识产权强市建设纲要（2021−2035年）》《上海市知识产权保护和运用"十四五"规划》，深入推进建设知识产权强市。市知识产权局印发《上海市知识产权保护示范区建设方案》，推动地理标志专用标志使用的改革试点与核查工作。市知识产权局会同市司法局出台《上海市关于加强知识产权纠纷调解工作的实施意见》，会同市贸促会出台《关于加强海外知识产权纠纷应对机制建设的实施意见》。上海市知识产权法院创新"法官+执行人员+技术专家"诉讼保全机制，深化繁简分流改革，探索先行判决制度，加大惩罚性赔偿力度，让权利救济更加充分和及时，更好破解权利人维权中遇到的举证困难、周期冗长、赔偿欠缺、成本较高等难题。在案件调解方面，上海市全年全市知识产权纠纷人民调解组织共受理纠纷9106件。世界知识产权组织仲裁与调解上海中心累计受理涉外知识产权争议案件66件，结案50件，调解成功18件。2022年上海专利授权量17.83万件，其

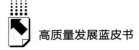

中发明专利授权量3.68万件，同比增长11.98%；PCT国际专利申请量为5591件，同比增长15.76%。截至2022年底，上海有效发明专利拥有量20.20万件，同比增长17.43%；每万人口高价值发明专利拥有量达到40.9件，较上年度增长显著。商标申请量40.31万件，其中新增商标注册量35.07万件，有效商标注册量达242.75万件，同比增长14.66%。作品版权登记数突破38万件，同比增长10%，共拥有地理标志商标18件，地理标志产品8个。获得农业植物新品种授权31项，林业植物新品种授权9项。上海在世界知识产权组织发布的《全球创新指数2022》"最佳科技集群"中的排名由2021年的第8位上升至2022年的第6位（与苏州合并为一个科技集群）。2022年全市法院共受理各类知识产权案件42150件，审结42763件，一审服判息诉率96.3%。全市检察机关共受理审查逮捕侵犯知识产权案件174件331人，批准逮捕案件104件178人；审查起诉案件616件1382人，提起公诉案件504件994人。市高级法院印发《关于加强新时代审判工作为知识产权强市建设提供有力司法服务和保障的意见》。市检察机关深化知识产权综合履职，推行"一案三查"工作机制，开展依法惩治知识产权恶意诉讼专项监督。全市各级知识产权行政执法部门查处商标违法案件1050件，结案980件，罚没款1147万元。市知识产权局立案专利侵权纠纷案件2040件，结案2050件。全市公安机关侦破相关领域刑事案件900起，抓获嫌疑人2500余人，案值35亿元。

河北省法院充分利用知识产权审判职能，有效保护创新成果。加强商业标志保护，加大侵权赔偿力度，加大对知识产权领域侵权行为的打击力度，最大限度地保障权利人的合法权益，营造适宜创新的法治环境，进一步提高案件质效。2022年，河北省法院共新收各类知识产权一审案件12662件，审结14267件，涉商标权、著作权案件占比较大，两类案件占比约78%。聘请兼职技术调查官，制定《技术调查官调派办法》；积极探索优化司法保护与行政执法对接机制，省市场监管局与省法院联合签署《知识产权纠纷行政调解协议司法确认工作合作备忘录》等，有效提升了知识产权司法保护与行政执法的衔接协调机制效率，为政府部门与群众提供双边便捷高效的公共服务。深化区域合作，推动建立京津冀知识产权司法协作机制，京津冀三地高院签署《加强知识产权司法保护协作框架协议》，多部门共同全面优化区域创新环境；廊坊中院组织辖区四县法院与北京大兴法院签署《环北京新机场基层司法合作备忘录》，实现案件审理四统一；印发《侵犯商业秘密民事纠纷案件诉讼指引》等文件，优化高标准服务保障自贸试验区发展，着力打造知识产权保护新高地。

安徽省积极推进创新型知识产权强省建设。安徽省大力提高知识产权创造质量、运用效率、保护标准、管理能力和服务水平，激活知识产权增长新优势，构建知识产权安全新高地，打造公共服务赋能新平台，不断提升知识产权法治保障体系对安徽经济社会可持续发展与健康发展的推动保障作用。2022年安徽省知识产权发展与保护状况白皮书显示，2022年安徽省知识产权创新成果量质齐升。截至2022年底，全省共拥有有效发明专利144704件，同比增长18.9%，连续十年稳步增长；每万人口发明专利拥有量23.7件，同比增长19.1%。全省高价值发明专利拥有量突破4万件，每万人口高价值发明专利拥有量6.58件，同比增长33.2%，全省有效注册商标量118.9万件。省委宣传部（省版权局）着力打造精品版权，2022年全年著作权登记总量26.5万件，同比增长50.88%。安徽省地理标志产品总数达到85件，7个农产品获国家农产品地理标志登记保护，9个林产品获国家林产品地理标志登记保护。在第二十三届中国专利奖评选中，安徽省共计27项专利获奖，再创历史新高。在知识产权司法保护与行政保护方面，2022年建成知识产权纠纷人民调解组织127个、知识产权维权援助组织179个，设立知识产权保护工作站24家、知识产权保护重点关注市场52家；全省法院共受理知识产权民事一、二审案件1.22万件，审结1.21万件；受理知识产权刑事一、二审案件205件，审结174件。全省检察机关持续加大知识产权司法保护力度，共受理侵犯知识产权犯罪案件528件。

（三）最高人民法院知识产权法庭典型案例

最高人民法院知识产权法庭从其2022年审结的3468件技术类知识产权和垄断案件中精选20件作为典型案例予以发布。根据案件性质，这些典型案例可分为专利民事案件、专利行政案件、植物新品种案件、技术秘密案件、垄断案件五类。通过加大保护力度、探索维权新路径的方式，秉持平等保护原则，严格规范各类垄断行为，以创新的方式保护创新，营造市场友好、法治规范、国际接轨的一流营商环境，更好激发全社会创新活力。

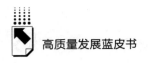

1. 加大保护力度，充分保护创新

本次发布的典型案例所体现出的共性之一是侵权人的赔偿责任和赔偿力度显著加大。在"蜜胺"发明专利及技术秘密侵权两案中，判共同侵权人赔付总额达 2.18 亿元；在"结固式锚栓"实用新型专利侵权案中，全额支持专利权利人赔偿主张，体现出小专利也能高判赔、小创新也要全力保的特点。在"彩甜糯 6 号"杂交玉米亲本等数起植物新品种侵权案中，根据农业相关知识给出了有充分依据的解释，为各类创新行为提供全链条保护，准确识别创新，精准保护创新。

2. 严厉打击垄断，维护市场公平竞争秩序

明确体育赛事商业权利独家授权中的反垄断司法审查标准，保护公平积极的市场竞争，保护企业合法经营；在"通用汽车"一案中，根据实际情况减轻一审原告举证负担；在"茂名混凝土企业"一案中，明确反垄断行政处罚计罚基数计算期间认定标准，促进反垄断执法司法标准统一，提升反垄断执法司法合力。

3. 国内外一视同仁，积极引导沟通

认定国有上市企业侵害中外合资企业和高新技术民营企业知识产权并高额判赔一案、依法审理涉苹果和高通两大知名跨国科技公司一案，均体现了一视同仁原则。在中国首例药品专利链接诉讼案中，针对新制度运行实践中的新问题作出符合立法目的的法律适用指引；在"动态密码 USB 线材"实用新型专利侵权案中，积极引导双方当事人针对确权程序结果的不确定性自愿作出未来利益补偿承诺，妥善平衡当事人实体利益，体现出最高人民法院积极引导、推动双方沟通和解的办案态度。

三　知识产权法治保障体系建设中的问题与障碍

近年来，我国建立并完善知识产权协同保护机制，知识产权保护法治化水平不断提高，有效遏制了侵权易发和多发现象，但仍存在不足。

（一）产权主体意识淡薄

社会主体缺乏知识产权保护意识，严重影响科研人员的创新积极性，不利于营造敢于创新的社会氛围。企业、科研院所等对于保护创新产品的意识不强，一方面内部缺乏相关部门和人员进行专利保护和管理，另一方面大多数人知识产权保护意识淡薄、漠不关心，出现犯法不知法的情况。伴随通信媒介的迅猛发展，"无知"造成的侵权行为屡屡发生。应注重信息社会对社会各主体知识产权保护带来的复杂影响，要善于利用信息传播媒介宣传相关知识、法律法规，并根据社会发展，及时优化解决知识产权归属问题，营造人人具备知识产权保护意识的良好社会氛围。

（二）法规条文不够完善

《商标法》《专利法》《集成电路布图设计法规》等部分法律法规的实施细则方面仍有待进一步修订，知识产权基础性法律研究仍有待深化。以《商标法》为例，首先，恶意注册现象屡见不鲜，2019 年《商标法》第四条提及了"不以使用目的恶意注册"，但没有规定"恶意注册"行为和如何标定"恶意注册"对象；其次，对于频频出现的抢注人反复注册或拖延时间的情况应当予以遏制，包括但不限于修缮相关诉讼流程等方式。应加强和完善对于所谓"僵尸商标"的定期审查和清算撤销工作，注重打击恶意注册和抢占注册行为、保护在先权利人利益、扩大商标注册要素范围、推动商标注册和使用，优化审查效率、修订冗杂申请程序。此外，2022 年已出现了索赔维权产生费用并成功的例子，应制定衡量赔偿维权产生的合理开支费用的标准，减免维权成本，更好保护权利人的创新意愿。

（三）知识产权保护地区发展不平衡

各地区知识产权保护成效和相关机制等存在较大差距。从 2022 年各省份出台的知识产权保护白皮书可见，各省份在知识产权保护进程和相关成果转化方面存在绝对量和相对量的差距。以专利发明量为例，截至 2022 年 12 月，北京市每万人发明专利拥有量达到 218.3 件，是排名第二的上海市的 5 倍多。固然，不同地区受发展目标等多重因素影响，在创新创造等方面存在差距是正常现象，但这并不意味着不需要培养欠发达地区人民群众保护知识产权的意识，不意味着部分地区政府可以在知识产权保护方面缺位。应注重加强各地区合作尤其是较发达地区对相对落后地区的点对点帮扶，推动地区间交流学习、提升学习效率，改善知识产权保护区域发展不平衡的问题。现如今部分经济落后省份和知识产权保护力度较弱省份依旧存在专利权转让登记制度不够完善、知识产权战略推进工程不够深入、知识产权保护工作检查考核缺乏严格的督察计划和行政裁决规范、预审业务的规范管理不够等问题。知识产权保护并不只是对创新成果的尊重，因为知识产权已逐渐成为地区发展的创新源泉、经济源泉。在创新不足、经济较为落后、知识产权保护工作仍有巨大提升空间的地区，更应发挥政府职能，通过宣传知识产权概念与含义、营造保护维护知识产权所有人利益的氛围，通过贯彻中央精神、学习北京等地制定符合省情市情的知识产权保护条例，通过修订相关制度提供更加便捷的知识产权维权途径，通过严格监督审查、执法司法打击侵权行为，营造人人受保护、人人敢创新的社会氛围，为科技创新、经济发展、产业转型等提供坚实保障。

（四）知识产权转化政策体系建设和人才培养仍需发力

部分地区存在无法独立办理专利侵权案件的情况，需要更高层级部门的执法人员提供指导与帮扶；知识产权信息化、智能化基础设施建设不全面，知识产权服务专业化水平有待提高。例如知识产权转化政策体系不够完善，既缺乏保护创新成果知识产权的意识，也缺乏有效途径防止研究成果被侵权或盗用；多地技术转移体系不够高效、公开，应进一步建设和完善国家层面的知识产权数据资源库和政府主导的公共服务中心，推动更多省市自主实现网络办公与线下服务相结合的服务模式，鼓励通过多方合作的方式推进知识产权公共服务标准化建设。在人才培养方面，对知识产权专业化人才和交叉性知识型人才的培养力度仍需加大。

（五）参与全球治理和对外合作的能力有待提升

当前，我国面临知识产权保护缺口加大等诸多问题，包括缺乏国际化人才、缺乏新兴技术保护政策等。国际化人才培养力度仍需加大，地方涉外知识产权工作的统筹力度不够，对于研究机构等单位参与知识产权国际交流学习行为的支持力度不大，应对涉外知识产权纠纷的风险防控体系和指导中心布局仍需完善。相关对接规则仍未出台，应加快建设形成更具国际说服力的中国知识产权规则。

四　加快推进知识产权法治保障体系建设的政策建议

"十四五"规划提出，到 2025 年，知识产权强国建设阶段性目标任务如期完成，知识产权领域治理能力和治理水平显著提高，知识产权事业实现高质量发展，有效支撑创新驱动发展和高标准市场体系建设，有力促进经济社会高质量发展。为实现这一目标，加快推进知识产权法治保障体系建设，本文提出如下政策建议。

（一）抓紧出台知识产权保护细则

加快推动完成《专利法实施细则》修改，推进新一轮《商标法》《集体商标、证明商标注册和管理办法》修订，加快推动地理标志专门立法，做好地理标志专门立法工作，持续开展知识产权基础性法律研究，完善《集成电路布图设计保护条例》，注重数字经济、平台经济、人工智能、基因科技等新兴领域知识产权规则研究。

（二）强化对知识产权保护工作的检查考核

将知识产权保护工作检查考核继续纳入中央督查检查考核计划，推进行政裁决规范化建设，优化重大专利侵权纠纷行政裁决工作流程，推进专利侵权纠纷行政裁决类案件示范工作。进一步规范专利商标相关执法业务，完善侵权判断标准，健全行政保护专业技术支撑体系。加强知识产权纠纷快速处理机制建设，继续发布推广一批知识产权纠纷多元调解优秀经验做法和典型案例。继续推进落实知识产权信用管理规定，做好对失信主体的认定及惩戒工作。加快地理标志统一认定制度建设，推动地理标志保护工作。

（三）促进知识产权的市场化应用

完善知识产权归属制度，提高知识产权流转效率，实现知识产权企业价值，打造专利密集型产业，提升其占 GDP 比重，推动产业转型升级、推动新兴产业创新发展。做好专利密集型产业的统计与发布工作、奖励工作、备案工作、审查工作。

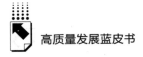

（四）加强知识产权专业化人才队伍建设

营造积极开放的法治人才发展环境，促进教、学、研、产循环，做好知识产权知识型人才和复合型人才的培养培训工作，大力支持并出台具体的知识产权国际化人才培养计划。建立更加合理、更利于人才流动的知识产权人才培养机制，并细化考核机制，做到人才高质量高效率产出与流动，根据考核结果建立奖励导向的激励政策，激发相关领域人才的自主创新能力。支持相关科研单位和院校设立知识产权一级学科与专业学位，打造复合型与实践导向的人才培养基地。建立一支管理部门直接参与筛查管辖的公职律师队伍，开发并在相关公开课平台上线精品课程、打造特色教学。注重媒体对于新闻解读、知识传播的推动作用，打造特色栏目，做到对相关政策与新闻的及时精准解读。借助全球、全国知识产权日举办大型宣传活动、打造系列栏目，切实做到知识产权法治保障知识深入人心。加强海外知识产权保护宣传，对外讲好中国知识产权故事。定期表彰相关领域先进集体和先进个人。推动跨省市跨部门的知识产权行政管理人员轮训，在实践中检验真知，有效提升相关人员的专业化水平。注重与国际知识产权保护领域接轨的相关人才的培养。建设知识产权保护高端智库，支持专家学者进一步开展调查研究、强化其政策咨询和决策支撑能力。建立相关领域干部人才队伍的定期审查机制、专利审查员的资格审查标准。做好全局建设中的信息化网络化安全保障。建立相关数据库并加强其保障工作。做好干部队伍建设的统筹谋划、选拔任用和职级晋升工作，大力培养选拔优秀年轻干部，优化领导班子和干部队伍结构。加强挂职和实践锻炼干部选派工作的计划性、精准性，注重在基层一线和科技攻关最前沿培养干部。论证建立专利商标审查官制度方案。做好省市内外专利相关干部队伍的统筹管理工作。

（五）加强宣传教育，增强人民群众的知识产权法治意识

强调教育理念与自主实践对提升公民责任感的作用，培养公民对知识产权的尊重与保护意识，做到知法不犯法，塑造全社会尊重法律、公平竞争的知识产权文化理念，弘扬诚实守信理念。营造鼓励创新、良性竞争的文化氛围，培养全民文化自觉和文化自信意识。注重青少年知识产权法治保护思想培养，推

动知识产权教育进校园，增强青少年知识产权法治意识，团结带领广大青年干部勇当先锋、奋发有为。

（六）积极参与知识产权国际规则制定

更好对接高标准国际经贸规则，助力高水平对外开放。加强国际学术交流。加强和完善跨国知识产权纠纷应对指导工作，以维护国家安全为目的严格知识产权类对外转让与审查。

参考文献

[1] 邓恒、姚芳遥：《知识产权执法为全面创新保驾护航》，《中国社会科学报》2023年6月21日。

[2] 黎长志主编《中国知识产权法律制度》，中国民主法制出版社，2020。

[3] 唐刚：《习近平法治思想中的知识产权保护理论及实现》，《大连海事大学学报》（社会科学版）2022年第3期。

B.11
2022年国际科技交流合作机制建设进展分析

丁明磊　付应铎　周　密*

摘　要： 面对当前不断变化的世界局势，科技实力成为各国核心竞争力的主要来源，而国际范围内的科技交流与合作成为各国科技发展进步的重要途径。通过梳理总结近年来我国国际科技交流合作取得的卓越成果，发现我国国际科技交流合作的法律依据更加完备、合作持续深化、交流渠道不断拓展、时代使命充分体现。与此同时，我国在国际科技交流与合作上也面临着国际形势复杂多变、高素质人才引进效果不佳、高校合作机制不完善、国际科技影响力有限、合作创新存在风险等一系列问题。本文认为，国际科技交流与合作应从优化顶层设计、完善科技合作机制、增强人才吸引力、发挥高校优势、重视风险防控等方面入手，进一步推动我国国际科技交流合作持续健康发展。

关键词： 国际交流　科技合作　知识产权保护

党的二十大报告提出："扩大国际科技交流合作，加强国际化科研环境建设，形成具有全球竞争力的开放创新生态。"当今世界百年未有之大变局加速演进，新冠肺炎疫情和乌克兰危机的影响深刻广泛，逆全球化、单边主义、保护主义等思潮暗流涌动，全球产业链、价值链和供应链面临重塑。与此同时，

---

* 丁明磊，经济学博士，中国科学技术发展战略研究院研究员，主要研究方向为国家科技创新战略；付应铎，南开大学经济学院在读硕士研究生；周密，经济学博士，南开大学中国城市与区域经济研究中心主任，教授，博士生导师，主要研究方向为创新理论与政策。

科技正在不断迭代升级，科技创新的广度、深度、精度前所未有，推动国际科技交流合作有利于增强国家科技实力，提升核心竞争力；有利于把握时代脉搏，应对全球挑战。当前，推动我国国际科技交流合作并融入全球创新网络的机遇与挑战并存，本文梳理了我国国际科技交流合作的现状以及推进国际科技交流合作中存在的问题与挑战，提出了助推我国国际科技交流合作持续深化，提升我国科技国际影响力的政策建议。

一 2022年国际科技交流合作发展现状

（一）法律依据更加完备，推进决心日渐凸显

2021年12月24日，第十三届全国人大常委会第三十二次会议完成了对《科技进步法》的修订，修订后的《科技进步法》于2022年1月1日正式施行。2021年版《科技进步法》的颁布为我国参与和建立国际科学技术组织、创新合作平台提供了法律上的支撑，充分展现了我国力争全面参与全球科技治理体系、打造开放创新生态的改革步伐。此外，与2007年版《科技进步法》相比，2021年版《科技进步法》对于国际科技交流合作的重视程度显著提高，将"国际科学技术合作"作为第八章单独成章，从政府间与政府主导的科技交流与合作、民间国际科技创新合作、国际大科学计划的设立、科学技术计划项目对外开放机制、境外科技人才引进五个方面对相关条文进一步加以补充、修正（见表1）。

表1 2007年版和2021年版《科技进步法》比较

方面	2007年版《科技进步法》	2021年版《科技进步法》
政府间与政府主导的科技交流与合作	中华人民共和国政府发展同外国政府、国际组织之间的科学技术合作与交流，鼓励科学技术研究开发机构、高等学校、科学技术人员、科学技术社会团体和企业事业单位、社会组织依法开展国际科学技术合作与交流	新增：促进国际科学技术资源开放流动，形成高水平的科技开放合作格局，推动世界科学技术进步
民间国际科技创新合作	国外的组织可以在中国境内依法独立设立科学技术研究开发机构，科学技术研究开发机构可以依法在国外设立分支机构	新增：促进建设以企事业单位为主体的民间国际科技创新合作平台、发起国际科学技术组织

续表

方面	2007 年版《科技进步法》	2021 年版《科技进步法》
国际大科学计划的设立	—	新增:国家支持科学技术研究开发机构、高等学校、企业和科学技术人员积极参与和发起组织实施国际大科学计划和大科学工程
科学技术计划项目对外开放机制	国家鼓励利用财政性资金设立的科学技术基金项目或者科学技术计划项目所形成的知识产权首先在境内使用。前款规定的知识产权向境外的组织或者个人转让或者许可境外的组织或者个人独占实施的,应当经项目管理机构批准	新增:鼓励在华外资企业与外籍人员承担和参与国家科学技术计划项目并完善相关机制
境外科技人才引进	国家鼓励在国外工作的科学技术人员回国从事科学技术研究开发工作。利用财政性资金设立的科学技术研究开发机构、高等学校聘用在国外工作的杰出科学技术人员回国从事科学技术研究开发工作的,应当为其工作和生活提供方便。外国的杰出科学技术人员到中国从事科学技术研究开发工作的,按照国家有关规定,可以依法优先获得在华永久居留权	一是新增:国家将大力完善相关社会服务和保障措施,吸引外籍科学技术人员到中国从事科学技术研究开发工作。二是将外籍杰出科学技术人员可以优先获得在华永久居留权修订为可以优先获得在华永久居留权或者取得中国国籍

资料来源:冯晶晶:《"国际科学技术合作"独立成章:五大重点与三大趋势》,《华东科技》2022 年第 5 期。

(二)合作持续深化,参与贡献逐渐提高

2018~2021 年我国重点国际合作研究项目的首要合作国是美国,合作 164 个项目(见图 1),组织间合作研究项目的合作国主要是德国和以色列,分别合作 149 个和 148 个项目(见图 2),可见我国同世界其他科技强国建立了较好的合作关系。2020 年 9 月,中国国际科技交流中心与中关村管委会共同发起成立了国际技术交易联盟,促进跨国技术交易、交流合作和技术成果等的产业化。2021 年,中国的 PCT 专利申请数已连续三年位居全球第一,在全球各大国家(地区)经过实质审查获得授权的有 4.6 万件,较上年同期增加14.1%。2013~2022 年,我国国际科技合作论文数量从 6.1 万篇增长到 15.6

万篇，占全球国际合作论文的比例从14.1%提升到23.4%，反映出我国推动国际科技交流合作取得积极成效。此外，我国持续深度参与了大量国际大科学工程，积极主动承担了平方公里阵列射电望远镜（SKA）、国际热核聚变实验堆（ITER）、国际大洋发现计划（IODP）等项目。

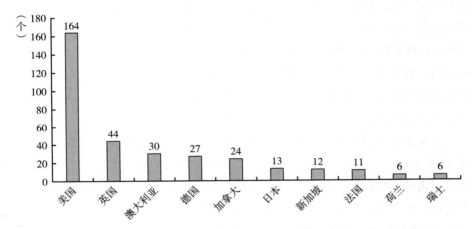

图1 2018～2021年我国重点国际合作研究项目位居前十的合作国

资料来源：孙姝娜、李文聪、赵闯等：《系统深化科学基金国际合作积极融入全球科技创新网络》，《中国科学基金》2022年第5期。

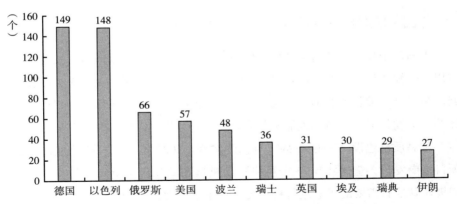

图2 2018～2021年组织间合作研究项目位居前10的国家

资料来源：孙姝娜、李文聪、赵闯等：《系统深化科学基金国际合作积极融入全球科技创新网络》，《中国科学基金》2022年第5期。

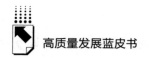

（三）交流渠道不断拓展，活动推进丰富多彩

我国民间科技交流合作渠道不断拓展，交流机制日益完善。2020 年，中国科协组织举办了包括中美、中俄、中日、中韩、中瑞、中德、中新在内的双边高层科学家会议，会议内容涵盖了技术交易推广、联合抗击疫情、数字经济发展等热点话题。据《中国科协 2021 年度事业发展统计公报》，各级科协和两级学会加入国际民间科技组织 903 个；在国际民间科技组织中任职专家 2446 人，其中担任主席、副主席、执委或相当职务的高级别任职专家 1265 人，其他一般级别任职专家 1182 人；参加国际科学计划 131 项；参加境外科技活动 1.4 万人次，参加港澳台地区科技活动 0.4 万人次；接待境外专家学者 0.8 万人次。

我国举办多项重要国际科技交流合作活动，为深入合作创造机会。2021 年 11 月 7 日，以"开放、信任、合作"为主题的第三届世界科技与发展论坛在北京闭幕，与会嘉宾表示，中国在推动全球科技共同体互信合作上作出了重要贡献。2022 年 7 月 29 日，全球未来科技创新合作大会在北京举行，共计 300 余名中外代表通过线上线下相结合的方式参会，热议深化全球科技开放合作。2022"开放合作·共享未来"中关村论坛于 11 月 25 至 30 日在北京举办，吸引全球 70 余个国家和地区的嘉宾和企业参加论坛各板块活动，聚焦国际化、专业化、品牌化，全面推动国际科技交流合作再上新台阶。

（四）应对全球共同挑战，时代使命充分体现

中国乐于与世界各国共享科技创新发展成果，积极主动地将科技研发成果应用于气候变化、能源、环境保护、农业发展、生命健康等关乎人类福祉的领域。2020 年，我国自然科学基金委聚焦联合国可持续发展目标（SDGs），设计并牵头发起了"可持续发展国际合作科学计划"，助推"构建人类命运共同体"和高质量建设"一带一路"目标的实现。2022 年 4 月，该计划首轮合作项目指南发布，全球共有 15 个科研资助机构和国际科学组织参与其中。我国积极对其他有需要的国家进行科技支援与帮助，发挥科技的力量。在接收到委内瑞拉灾害监测请求后，中国迅速响应，紧急调用多颗卫星进行过境成像仿真，参与、帮助当地抗洪救灾；由宁夏大学科研团队自主研发的智能风光互补节水灌溉技术为卡塔尔世界杯的绿茵场解决了草坪灌溉难题；一家中国企业参

与打造的自动化仓储系统则打破了泰国曼谷郊区物流仓库的拣货速度赶不上订单增长速度的困境，为当地数字经济的发展奠定了基础。此外，目前已有17个国家23个实体的9个项目成为中国空间站科学实验首批入选项目。联合国外层空间事务办公室（UNOOSA）主任西莫内塔·迪皮波评价说，我国的开放空间站是联合国"全球共享太空"倡议的重要组成部分，是一个"伟大范例"。

二 国际科技交流合作面临的问题和挑战

深入分析当前我国国际科技交流合作面临的问题和挑战，对于下阶段进一步推动我国国际科技交流合作具有重要意义。

（一）国际形势复杂多变，科技发展压力激增

首先，新冠肺炎疫情的肆虐对科研人员的跨国交流产生负面影响。疫情初期，许多国家暂停、暂缓或减少了签证处理工作，国际人才往来和交流合作被迫中断。同时，部分全球性的科技交流会议被迫取消，需要开展实地调研的国际科技合作项目不断延期，由于部分科研活动难以在线下开展，国际科技交流合作的创新知识网络被切断，我国2020年后的国际科技合作项目数量和参与人次呈现断崖式下降（见表2和表3），高水平的科技交流活动遇到严重阻碍。

表 2　1995~2021年我国国际科技合作项目数量

单位：个

年份	1995	2005	2010	2015	2016	2017	2018	2019	2020	2021
考察访问	6133	6218	8316	11136	11986	11258	19763	15396	1342	1532
国际会议	5170	6565	17549	34794	35061	32535	57747	42950	4963	6724
合作研究	3052	2341	5575	12123	13679	14922	20507	16977	2239	1938
培训	2687	1593	2635	2954	2929	2851	6537	7833	1018	1962
展览会	496	577	487	472	558	387	1128	906	36	46
其他	1307	1838	6010	10624	11098	11371	17094	8300	2252	1259
合计	18845	19132	40572	72103	75311	73324	122776	92362	11850	13461

资料来源：历年《中国科技统计年鉴》。

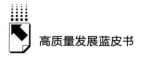

表3　1995~2021年我国国际科技合作项目参与人次

单位：人次

年份	1995	2005	2010	2015	2016	2017	2018	2019	2020	2021
考察访问	21578	23335	24891	21590	23090	22629	41523	39367	3234	3308
国际会议	10937	10476	36047	56407	56513	56611	94929	76373	13609	20601
合作研究	6873	4884	10617	20117	24376	24620	35049	27601	3723	4570
培训	12127	7520	10151	6273	6121	6191	16237	20579	2811	6898
展览会	3729	3086	3080	5633	3143	3321	30433	26383	180	464
其他	3639	5046	19186	25530	23728	24091	32248	19264	6043	3444
合计	58883	54347	103972	135550	136971	137463	250419	209567	29600	39285

资料来源：历年《中国科技统计年鉴》。

其次，面对世界百年未有之大变局加速演进态势，当前比以往任何时候都更加需要科技创新的有力支撑。各国均将科技创新视为影响和决定未来竞争格局的关键变量，纷纷展开部署，我国科研进步的压力较大。

最后，我国科技外交面临严峻形势。一方面，西方发达国家正有意识地打压我国战略性新兴产业，试图遏制我国的发展进程；另一方面，西方发达国家仍对我国存在强烈的科技合作意愿，但在实际的合作中却人为地设置门槛，为双边或者多边的科技合作增加困难。

（二）高素质人才比例低，引才引智效果不佳

首先，我国高层次科技研发人员比重相较于创新强国差距明显，高素质人才储备不足。根据世界银行2022年6月的数据，我国每百万人仅有1585名R&D研发人员，在有统计数据的国家和地区中排第51位，不及第一名韩国的1/5（见图3）。博士研究生教育是培养高素质人才的主要途径，我国每百万人口中拥有博士学位的人数为44人，远低于英国的375人和德国的336人。此外，我国青少年的科学教育存在短板。据国际学生评估项目（PISA）统计，我国学生科学成绩名列前茅，但对科学领域的职业期望却低于经合组织国家平均水平。我国拔尖人才早期培养尚未与国际接轨，具体实践缺乏系统科学的理论模型和方法论指导。①

① 阎琨、吴菡：《拔尖人才培养的国际趋势及其对我国的启示》，《教育研究》2020年第6期。

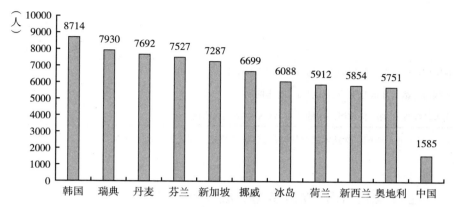

图3　我国每百万人 R&D 研发人员数量与全球排名前十的国家的比较

资料来源：秦琳、姜晓燕、张永军：《国际比较视野下我国参与全球战略科技人才竞争的形势、问题与对策》，《国家教育行政学院学报》2022年第8期。

其次，我国对国际科技人才的吸引力亟待提升。2021年全球人才竞争力指数（GTCI）显示，我国"吸引人才"和"保留人才"两项指标分别排在全球第78位和第70位，远弱于其他指标表现；我国北京、上海等核心科技创新城市的外籍科技人才占比同样远低于世界其他知名大都市；我国科学基金对外籍人才的资助缺少对科研人员基本生活的支持，较为严格的移民和居留政策也在一定程度上阻碍了外国学者来华工作。

此外，我国当前针对已引进的高素质人才的相关配套制度落后，人才评价和激励机制不完善，不能较好地完成对人才的后续跟踪、培养和挖掘。2021年，中国科学技术发展战略研究院的"科技工作者思想状况调查"结果显示，受访的科技工作者普遍认为我国国内学术期刊的国际影响力仍然较小、对外籍人才的吸引力不强、我国科学家在国际科技组织中的影响力仍有较大提升空间（见表4）。

表4　我国科技工作者对国际科技合作相关问题的评价

单位：%

相关问题	2015 年	2021 年
我国科技领域整体对外开放程度：认为"不够"的比例	44.2	23.6
我国国家科技计划项目对外开放程度：认为"不够"的比例	43.9	21.2

相关问题	2015 年	2021 年
我国国内学术期刊的国际影响力:认为"小"的比例	86.9	73.8
我国对外籍人才的吸引力:认为"小"的比例	70.0	45.6
我国科学家在国际科技组织中的影响力:认为"小"的比例	75.8	41.4

资料来源:中国科学技术发展战略研究院,"科技工作者思想状况调查"。

(三)高校合作机制不完善,成果转化有困难

首先,我国高校国际科技交流合作统筹规划不足,协调机制不健全,部门之间缺乏协作联动,削弱了高校深入开展国际科技交流合作的能力。高校普遍存在多部门交叉管理、职责划分不清的问题。由于部门之间缺乏协作联动,有效推动高校国际科技交流合作的力量分散。

其次,我国高校在职教师参与国际科技交流合作的激励和考核机制不完善,监测评估系统不健全,制约了我国高校国际科技交流合作的开展。目前许多高校尚未将国际科技交流合作纳入教师职称评定、绩效管理等关键考核指标体系,也缺乏相应的激励政策。

再次,我国存在高校间国际科技交流合作水平差距较大的问题。地方高校资源有限,资金来源渠道单一,而部属高校学科优势明显,国际科技交流合作的开展已形成良性循环,增加了地方高校开展国际科技交流合作的难度与压力,致使国内高校在国际科技交流合作上出现断层。

最后,部分高校存在为合作而合作的现象,国际科技合作层次水平不高,导致成果转化存在较大困难,表现为国际科技交流合作目标不高、合作形式初级、成果产出不够等问题。

(四)国际科技影响力有限,学术质量待提升

根据国际协会联盟(UIA)出版的《国际组织年鉴》统计数据,总部位于美国、法国、英国的国际组织分别为 8731 个、3627 个、3447 个,我国仅有 148 个,占比 0.35%。总部在美国、英国、法国、比利时、德国的国际科技组

织数量约占总量的50%，我国仅有68个，占比0.53%（见表5），说明西方国家在国际科技组织中处于垄断地位，我国国际科技影响力受限。

表5　国际科技组织总部分布情况

单位：个，%

国家	美国	英国	法国	比利时	德国	日本	俄罗斯	印度	中国
数量	1918	1318	1053	1010	790	230	70	139	68
占比	14.98	10.29	8.22	7.89	6.17	1.8	0.55	1.09	0.53

资料来源：陈巍、王永进：《我国科技国际影响力的现状、提升困境及纾困策略》，《东岳论丛》2022年第5期。

《中国学术期刊国际引证报告》数据显示，2022年入选"中国最具国际影响力学术期刊"的中文科技期刊为17种，入选"中国国际影响力优秀学术期刊"的中文科技期刊为84种，分别占比9.71%和48.00%，是近十年中的最低值（见表6）。这意味着，我国科技期刊的国际影响力明显下滑，科技期刊的发展未能跟上我国期刊增强国际影响力的步伐。

表6　2012~2022年中文科技期刊入选《中国学术期刊国际引证报告》情况

单位：种，%

年份	入选"中国最具国际影响力学术期刊"的中文科技期刊数量	占"中国最具国际影响力学术期刊"总数的比例	入选"中国国际影响力优秀学术期刊"的中文科技期刊数量	占"中国国际影响力优秀学术期刊"总数的比例
2012	1000	56.82	145	82.39
2013	88	50.29	142	81.14
2014	80	45.71	139	79.43
2015	70	40.00	131	74.86
2016	56	32.00	128	73.14
2017	53	30.29	125	71.43
2018	38	21.71	120	68.57
2019	38	21.71	108	61.71
2020	32	18.29	101	57.71
2021	24	13.71	92	52.57
2022	17	9.71	84	48.00

资料来源：张韵：《中文科技期刊国际影响力分析与建议》，《传播与版权》2023年第12期。

2019~2021 年，入选《WJCI 报告》Q1 区的中文科技期刊占全部入选中文科技期刊的比例均不足 10%；入选 Q2 区的中文科技期刊占全部入选中文科技期刊的比例在 20% 左右。尽管中文科技期刊入选《WJCI 报告》的数量基本稳定，但超过 70% 的入选中文科技期刊位列各学科的 Q3、Q4 区，学术质量亟待提升。

表 7　2019~2021 年中文科技期刊入选《WJCI 报告》情况

单位：%

年份	总收录期刊数	中文科技期刊数	中文科技期刊占总收录期刊的比例	入选 Q1 区的中文科技期刊数	入选 Q1 区的中文科技期刊占全部入选中文科技期刊的比例	入选 Q2 区的中文科技期刊数	入选 Q2 区的中文科技期刊占全部入选中文科技期刊的比例	入选 Q1、Q2 区的中文科技期刊占全部入选中文科技期刊的比例
2019	14287	1164	8.15	86	7.39	232	19.93	27.32
2020	14665	1259	8.59	115	9.13	256	20.33	29.46
2021	15022	1262	8.40	102	8.08	250	19.81	27.88

资料来源：张韵：《中文科技期刊国际影响力分析与建议》，《传播与版权》2023 年第 12 期。

（五）合作创新存在风险，知识产权保护力度不够

在国际科技交流合作过程中，我国对科技合作的风险重视不够。科研人员缺乏对外国文化、法律法规的了解，容易在交流合作过程中走弯路，影响合作进程和合作深度。签订合同是国际技术交往活动中必不可缺的环节，其影响因素复杂且隐含着法律风险。个别国家以中国研究人员违反其技术机密或不及时公开个人资助信息等理由实施抓捕，其终极目标是以刑事手段拘留我国科研人员，从而遏制我国关键核心科技的发展。

我国海外知识产权保护力度不够，配套资源较为匮乏。国家知识产权局发布的《2021 年全国知识产权服务业统计调查报告》显示，截至 2020 年底，我国约有 73000 家知识产权服务机构，其中约有 10000 家律师事务所提供知识产权相关法律服务。然而，上述知识产权服务机构中仅有 11.6% 的机构的主要服务对象包括海外用户，可见我国海外知识产权保护配套资源较为匮乏。

三 进一步推动国际科技深入交流合作的政策建议

（一）坚持党的领导，优化顶层设计

在新的历史条件下，要把在中国共产党的领导下开展国际科学研究交流的优秀经验，转变为推动我国科学研究和技术合作交流迈向新阶段的重要力量。当前，为了在战略性科学研究和国际科技交流合作上有所突破，必须实行新型举国体制，加强中央的统筹领导，增强各部门之间的协作，充分调动政府和市场、资本和研发投入等各方面的积极性，确保机制建设的有序、高效。

要认真研读领会习近平总书记对开展国际科学研究作出的重要指示，不断提升我国开展国际科学研究的水平和层次。要紧紧把握科技全球化的新潮流，深刻研判并冷静面对错综复杂的国际环境给国际科技交流合作提出的挑战。要用法治思维和方法解决和纾解国际科技交流合作过程中所面临的难题和风险，充分调动全社会开放、创新、合作的活力。

优化科技外交，建立多层次、全方位的科学技术交流策略体系。对政府间科技合作联委会、创新对话、科技伙伴关系等机制进行总结和改进，将重点放在主要创新大国和重要小国身上，并与我国的实际需要相联系，从而进行精准地、科学地合作，开拓出多样化的合作渠道。

（二）深化科技合作，完善有关机制

积极推动中国科研工作者和社团组织参与重大的国际科研项目，提升中国在世界范围内的科技管理水平。继续推进政府、民间等多个层面的国际科学技术交流与合作，不断丰富新型大国关系中的科学技术内涵，深入挖掘与重要创新强国的合作潜能，与周边国家构建互惠合作的创新联盟，开创区域科学和技术合作的新局面。要进一步扩大同发展中国家和新兴市场国家的科学和技术合作，加速"一带一路"建设步伐，在世界各国的对外开放和合作中发挥带头作用。

以科技创新基地、科技基础设施等为基础，搭建国际创新资源的开放和合作平台。以"一带一路"建设为契机，以国际科研机构为桥梁，构建联通中外的科研合作网，促进各领域的科研合作，畅通科研团体联络联系渠道，实现科研人员之间更好地交流。充分运用数字技术，探讨构建线上线下紧密相连的科技协作方式，并将其纳入全球化创新网络。发挥学术交流与访问等活动在国际科学研究交流中的功能，建立健全"走出去"与"引进来"的人才交流机制。

（三）增强人才吸引力，发挥引智作用

按照国家发展战略，进一步优化人才引进工作布局。以我国具体国情和独特优势为基础，建立起有为政府和有效市场的合作关系，对体制机制进行改革与完善，提高对国外人才的吸引力。健全相关配套政策，营造一个良好的国内引才用才的软环境。推进重大科学研究基础设施和联合实验室的建设，构建高水平的科研协作平台。探索培养、互访和借调等多种方式，以公开和协作的方式，推动国际人才交流。

以人才为中心，制定灵活的引进方法和操作办法。突破地域、民族、户籍、身份、档案和人事关系等因素的制约，开展灵活多样的交往与协作，进一步优化外国专家的出入境审核程序，制定弹性出境审批制度，提高办事效率。在此基础上，进一步加强对中国人力资源开发的信息化建设，建立国内外籍专家信息数据库，完善外籍专家引智配套服务，为我国人力资源开发提供有力支持。此外，积极发掘遴选具有丰富海外学术经历、较广国际合作网络、较强国际合作能力的科技人才，支持他们更好地开展国际科技合作。

（四）发挥高校优势，健全管理制度

将高校本身的优势学科充分利用起来，与世界范围内的创新国家共同承担科技项目，共建联合实验室、研究中心等，从而达到优势互补、深化合作、协同攻关的目的。使国际性科研项目的发展方向和步伐与我国的重要战略要求相统一，鼓励大学引进国内缺乏的国际前沿的基础研究。对大学购置的大型仪器装备进行科学评价，并提供相应的附加资金，努力创建一系列的科学文化和技术交流的品牌工程。在学术评估中，应注重对本地学术刊物的关注，提高学术刊物的品质，创建高水平的英文刊物，并促进国内学术刊物与国外学术刊物的沟通和借鉴。

完善管理体系，构建起一套行之有效的奖励和评价体系。高校应针对与国际科技合作相关的科研经费、科研项目、知识产权保护、科技保密、出国交流手续等方面的问题制定明确的管理制度，完善问题处理流程，让国际科技合作工作得到完善的体制保证。此外，在科研人员的职称评定、研究生入学等方面，引入与科研相关的评价指标，以达到激励和制约的效果。

（五）重视风险防控，保护知识产权

强化合规意识和风险防范意识，使我国在国际科学与技术方面的合作更加规范。要正确把握"合作"和"安全"两个方面的关系，强化主体责任，把牢风险关口，守住合作底线。对各种类型的国际合作进行深入的调查和研究，对其进行研判和分析并进行相应的防范和应对。

对研究人员进行法律风险防范的业务培训，让研究人员在进行国际科技交流前，能够对域外国家的法律状况有一个大致的认识，在进行国际科技交流时，能够特别关注一些可能存在的法律风险。事先告诉研究人员如何预防法律风险，提升研究人员的法律素质。

在多边合作框架下，对知识产权保护相关国际规则以及与国际贸易、投资相关的知识产权规则进行修改和完善。从双边与区域性多边条约的角度积极推动自由贸易协定谈判，加强信息平台建设和信息交换合作，以公共资源为依托，为企业提供知识产权信息服务，在企业海外知识产权布局、事先防范、维权等方面发挥平台合作优势。

参考文献

［1］陈巍、王永进：《我国科技国际影响力的现状、提升困境及纾困策略》，《东岳论丛》2022 年第 5 期。

［2］冯晶晶：《"国际科学技术合作"独立成章：五大重点与三大趋势》，《华东科技》2022 年第 5 期。

［3］秦琳、姜晓燕、张永军：《国际比较视野下我国参与全球战略科技人才竞争的形势、问题与对策》，《国家教育行政学院学报》2022 年第 8 期。

［4］孙姝娜、李文聪、赵闯等：《系统深化科学基金国际合作积极融入全球科技创

新网络》，《中国科学基金》2022 年第 5 期。

［5］阎琨、吴菡：《拔尖人才培养的国际趋势及其对我国的启示》，《教育研究》
2020 年第 6 期。

［6］张韵：《中文科技期刊国际影响力分析与建议》，《传播与版权》2023 年第
12 期。

［7］《中华人民共和国科学技术进步法》，《司法业务文选》2008 年第 2 期。

B.12
2022年科技成果转化和产业化进展情况分析

彭晓静　安岩[*]

摘　要： 推进科技成果转化和产业化是促进科技成果向现实生产力转化、实施科教兴国战略、全面建设社会主义现代化强国的必然要求。本文通过分析我国科技成果转化和产业化的现状，发现科技成果转化和产业化取得了一些成绩，但科技成果转化率和产业化率不高的问题依然存在，不同类型企业间的融通创新不够，推动产学研深度融合还有堵点，推动科技成果转化和产业化的专业化服务平台急需加强，支撑科技成果转化和产业化的要素不够完善。最后，本文从建立完善产学研深度融合和大中小微企业融通创新的机制、增强科技成果转化和产业化服务平台和载体的功能、完善政策有力保障科技成果转化和产业化等方面提出政策建议。

关键词： 科技成果转化　产业化　技术创新

推进科技成果转化和产业化对于提高国家创新能力、促进社会经济发展、提高技术创新效率、建设现代产业体系具有重要意义。近几年，我国坚持问题导向和目标导向，一直把科技成果转化和产业化放在重要位置，政策制度不断完善，科技成果转化率不高的问题有所改善，科研和经济"两张皮"的现象得以缓解。但与全面建设社会主义现代化国家的需要相比，与实现科技自立自强的要

---

* 彭晓静，中共河北省委党校（河北行政学院）经济学教研部主任、副教授，主要研究方向为科技创新；安岩，中共河北省委党校（河北行政学院）经济学教研部副教授，主要研究方向为产业经济学。

求相比，我国还需加大力气推进科技成果转化和产业化。因此，本文立足现状，剖析问题，从推动产学研深度融合、做强载体、完善政策措施等方面提出政策建议。

一 2022年科技成果转化和产业化现状

（一）科技成果转化和产业化的顶层设计不断加强

随着我国创新驱动发展战略的实施，我国科技成果转化和产业化的政策制度不断完善。2022年以来，国家和地方出台了很多关于科技成果转化和产业化的政策和措施，涵盖体制机制改革、科技评价体系改革、支撑服务体系、企业技术创新、知识产权保护等方面。

通过要素市场改革完善科技成果转化和产业化相关制度。例如，2022年1月，《要素市场化配置综合改革试点总体方案》从健全职务科技成果产权制度、完善科技创新资源配置方式、推进技术和资本要素融合发展三个方面对科技成果转化和产业化作出了政策部署。同年1月，《"十四五"市场监管现代化规划》提出"健全科技成果转化为技术标准的机制，推进科技成果标准化服务平台的建设"。9月，《"十四五"技术要素市场专项规划》从健全科技成果产权制度、强化高质量科技成果供给、建设高标准技术交易市场、提升技术要素市场专业化服务效能、促进技术要素与其他要素融合、加速技术要素跨境流动六个方面部署了"十四五"时期技术要素市场发展的重点任务，这些任务的实施将为推进科技成果转化和产业化提供政策保障。

通过完善产学研协作创新的政策推动科技成果转化和产业化。例如，2022年8月，《企业技术创新能力提升行动方案（2022-2023年）》提出"支持企业与高校、科研院所共建一批新型研发机构。开展促进科技成果转化专项行动，推动各类科技成果转化项目库向企业开放，加快各级科技计划等成果在企业转化和产业化。支持将高校、科研院所职务科技成果通过许可等方式授权企业使用"。同时，为进一步发挥科技人才在科技成果转化和产业化中的作用，不断完善科技人才评价制度。2022年9月，《关于开展科技人才评价改革试点的工作方案》在"应用研究和技术开发类人才评价"中提出"以技术突破和产业贡献为导向，重点评价技术标准、技术解决方案、高质量专利、成果转化产业化、产学研深度融合成效等代表性成果，建立体现产学研和团队合作、技术创新与集成能力、成果的市场价值和应用实效、对经济社会发展贡献的评价指标""探索设立科技成果转化岗，重点评价科技成果转化成效，建立高水平、专业化的成果转化人才队伍"。

除国家层面推动科技成果转化和产业化的政策以外，各地也不断完善科技成果转化和产业化的政策措施。例如，北京市印发了《关于落实完善科技成果评价机制的实施意见》、天津市印发了《关于完善科技成果评价机制的实施意见》、山西省印发了《山西省提升科技成果转移转化服务行动方案》等。

（二）研发投入和科技产出不断增长为科技成果转化和产业化提供基础保证

研发经费和人员投入是科技成果转化和产业化的前提保证。我国近几年研发经费投入始终保持较高增速，已连续 6 年保持两位数的增长，2022 年研发经费投入强度为 2.55%，研究与试验人员全时当量 604.10 万人年，比 2021 年增加 32.47 万人年。研发经费支出 3.09 万亿元，比 2021 年增加 0.29 万亿元，涨幅达 10%。与此同时，企业对科技创新的重视程度越来越高，企业的研发经费投入比重保持上升态势，规模以上工业企业的研发经费投入比重每年也是处于增长的状态。从研发活动参与度来看，2021 年规模以上工业企业有研发活动企业的数量占比为 38.3%，比 2020 年提升 1.6 个百分点。如果按此速度增长，2022 年这一比例可能达到 40%。这些都为提高科技成果转化和产业化水平提供了坚实的基础保证。

科技成果转化和产业化需要大量的科技产出，专利申请授权数是衡量科技产出的重要指标。国家统计局数据显示，2022 年，我国发明专利授权数 79.8 万件，比 2021 年（69.6 万件）增加了 10.2 万件。国内专利授权数为 432.3 万件，其中企业拥有 324.42 万件，占比高达 75.05%，企业发明专利占比为 63.9%，企业实用新型专利占比为 84.5%，均远远高于其他主体，这标志着我国企业的科技产出能力在不断增强，同时也在科技创新领域源源不断地释放活力。另外，一些高技术产业科技产出表现也十分亮眼，截至 2022 年底，信息技术管理、计算机技术等数字技术领域有效发明专利分别同比增长 59.6% 和 28.8%。

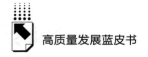

（三）科技成果转化和产业化效果不断提升

科技成果转化率和产业化率是反映科技成果转化和产业化水平的重要指标。由于科技成果转化率尚未形成科学统一的计算方法，本文仅以发明专利产业化率为例分析科技成果转化和产业化的效果。

发明专利产业化整体态势良好。根据《2022 年中国专利调查报告》，2018～2022 年，我国发明专利产业化率整体处于上升态势，2022 年发明专利产业化率为 36.7%，比 2021 年（35.4%）提高 1.3 个百分点，比 2018 年（32.3%）提高 4.4 个百分点（见图 1）。由此可以看出，我国专利转移转化的活跃度不断增加，从专利转移转化（PTI）指数上同样可以看出这一点。根据《2022 年中国专利调查报告》数据，2022 年我国 PTI 指数为 52.7，高于 50 的荣枯线，比 2021 年提高 0.5，处于合理上升区间。同时发明专利产业化收益有所提升，2022 年我国企业发明专利产业化平均收益为 799.2 万元/件，较上年（777.0 万元/件）增加 2.9%。

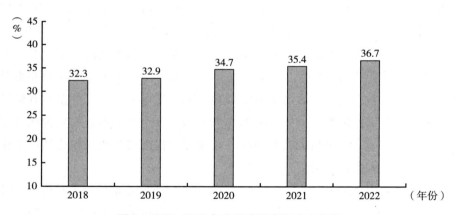

图 1　2018～2022 年全国发明专利产业化率

资料来源：《2022 年中国专利调查报告》，https：//www.cnipa.gov.cn/module/download/downfile.jsp？classid＝0&showname＝2022 年中国专利调查报告.pdf&filename＝5485425747ed467397ebabdbc317293a.pdf。

大中型企业和高新技术企业发明专利产业化率表现突出。整体上看，企业发明专利产业化率处于较高水平，2022 年为 48.1%，比 2021 年提高 1.3 个百分点，高于全国专利产业化率平均水平。具体来看，从 2019 年至 2022 年，国内大、中型企业发明专利产业化率整体呈现上升态势，其中，大型企业发明专利产业化率从 2019 年的 45.8% 提高到 2022 年的 50.9%，4 年提高了 5.1 个百分点，比 2021 年提高了 3.8 个百分点。中型企业发明专利产业化率从 2019 年的 47.2% 提高到 2022 年的 55.4%，4 年提高了 8.2 个百分点，比 2021 年提高了 0.8 个百分点。可以看出，中型企业在专利产业化方面的效果是最好的（见图 2）。同时，国家高新技术企业发明专利产业化率从 2021 年的 53.4% 上升为 2022 年的 56.2%，增长了 2.8 个百分点。非国家高新技术企业发明专利产业化率从 2021 年的 35.4% 下降到 2022 年的 31.3%，不仅低于国家高新技术企业，还出现了下降的态势。由此说明，国内大中型企业和高新技术企业发明专利转移转化具有一定优势，转移转化能力较强。

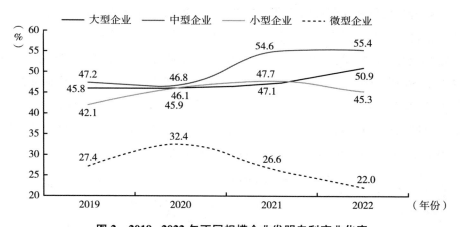

图 2　2019~2022 年不同规模企业发明专利产业化率

资料来源：《2022 年中国专利调查报告》，https：//www. cnipa. gov. cn/module/download/downfile. jsp? classid = 0&showname = 2022 年中国专利调查报告 . pdf&filename = 5485425747 ed467397ebabdbc317293a. pdf。

高校专利转移转化水平有所提高。2022 年，高校发明专利产业化率为 3.9%，比 2021 年提高了 0.9 个百分点。其中，重点高校发明专利产业化率 4.4%，普通本科发明专利产业化率 3.0%，专科高职发明专利产业化率 0.9%，这说明，与普通本科和专科高职相比，重点高校发明专利转移转化能力较强。高校发明专利许可率为 7.9%，其中，普通许可是高校发明专利许可的主要方式，比重达64.3%，这说明，转移转化机构建设等措施有效提升了高校发明专利转移转化水平。

产学研融合有助于发明专利产业化。从收益上看，通过产学研合作产出的企业发明专利产业化平均收益达到1038.5万元/件，超过整体平均收益29.9%。同样，产学研协同创新会提高高校发明专利产业化水平。《2022年中国专利调查报告》通过对高校拥有的产学研发明专利进行测算，发现近两年高校作为第一专利权人的产学研发明专利产业化率为17.8%，远高于高校发明专利产业化率平均水平；产业化平均收益为528.7万元/件，比高校发明专利产业化收益平均水平（420.5万元/件）高25.7%。

（四）技术交易市场发育不断成熟

随着科技创新在现代化建设全局中的核心地位日益突出，要素市场化改革不断推进，技术要素市场呈现良好发展态势。从技术合同交易情况看，全国技术市场成交合同数量由2018年的41.20万个增加到2022年的77.25万个，5年增加36.05万个。全国技术市场成交金额由2018年1.77万亿元增加到2022年的4.78万亿元，5年增加3.01万亿元。尤其是2022年，与2021年相比，成交合同数量增长率为15.21%，成交金额增长率为28.15%，充分体现了进入"十四五"时期后，全国技术交易市场活力不断增强（见图3）。

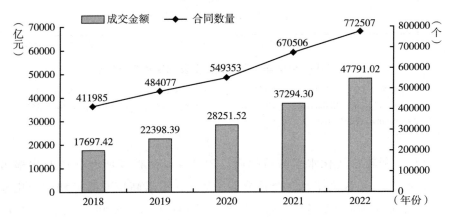

图3　2018~2022年全国技术市场合同成交金额与成交合同数量

资料来源：《中国科技统计年鉴2022》，科技部火炬中心（2022）。

从全国技术合同流向看，输出技术合同成交额居前七位的省（市）依次为北京、广东、上海、山东、陕西、湖北、江苏；吸纳技术合同成交额居前七位的省（市）依次为广东、江苏、北京、山东、浙江、安徽、湖北。经济较发达地区的科技成果应用与流动相对来说数量更多、金额更大，相对活力也更强，整体更具备科技成果转化和产业化优势。

（五）科技成果转化和产业化的载体不断增多

随着我国技术要素市场管理体系不断完善，国家技术转移区域中心、国家科技成果转移转化示范区、国家技术转移机构、国际技术转移中心、国家技术转移人才培养基地等在促进科技成果转化和产业化过程中发挥了重要作用。尤其是科技创业孵化载体迅速发展，根据《中国创业孵化发展报告2022》，截至2021年底，以科技企业孵化器、众创空间为代表的全国各类创业孵化载体达15253家。其中，科技企业孵化器6227家，众创空间9026家。科技企业孵化器内在孵企业24.4万家，累计毕业企业21.6万家，众创空间服务初创企业和团队45.4万个。2022年度新备案的国家级科技企业孵化器共有194家，比2021年（149家）增加45家。同时，一批科技成果产业化基地、中试基地、概念服务验证中心等蓬勃发展，助力科技成果转化和产业化。例如，北京提出三级概念验证体系；杭州提出打造全球成果概念验证之都，举全市之力推广概念验证中心，并在2022年为15家概念验证中心授牌。

（六）适应科技成果转化和产业化的多元化投融资体系快速发展

从实践来看，近几年为解决科技成果转化和产业化初期的资金难题，国家和地方政府不断扩大科技成果转化引导基金规模。截至2022年底，国家转化引导基金共批复设立36支子基金，总规模达624.30亿元。子基金累计投资了359.55亿元，带动社会同步投资1097.04亿元，投资616家企业，转化科技成果974项。各地也纷纷设立科技成果转化引导基金，2022年各地新设立或启动科技成果转化引导基金10余支，总规模近千亿元。例如，安徽省2022年财政累计安排8亿元，支持设立省科技成果转化引导基金，支持设立13支子基金，投资项目87个，投入14.9亿元，用于培育半导体、量子计算、新材料等领域的高新科技企业。

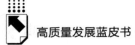

同时，为加快发现和精准支持一批研发能力强、成长潜力大、掌握关键核心技术的中小企业，科技部火炬中心不断扩大企业创新积分制试点，试点高新区已由 2020 年的 13 家增加到 2022 年的 123 家，基本实现了全国范围的推广。在科技部火炬中心的协调下，银行不断加强与试点高新区的对接合作，开发"积分贷"等专项金融产品，2022 年近 20 家合作银行为积分企业提供贷款授信 1178.6 亿元。此外，知识产权质押融资增长较快，2022 年专利商标质押融资金额首次突破 4000 亿元，连续三年保持 40%以上的增速。

二 科技成果转化和产业化面临的问题

（一）科技成果转化率和产业化率还有提升空间

虽然我国专利申请授权数量和有效发明专利数量不断增加，但科技成果转化率和产业化率不高的问题依然存在。目前，我国科技成果转化率仅为 30%左右，低于发达国家 60%~70%的水平。而有报告提出，中国前沿科技成果只有 10%~30%被应用于实际生产中，能够真正形成产业的科技成果仅为其中的 20%。① 同时，科技成果产业化率也有提升空间，《2022 年中国专利调查报告》数据显示，2022 年我国发明专利产业化率上升至 36.7%，是 5 年来的最高水平，但与世界其他科技发达国家 50%以上的发明专利产业化率相比仍有差距。

（二）不同类型企业间的融通创新不够

一方面，大中小微企业融通创新之势还未形成。2022 年大型企业和中型企业的发明专利产业化率分别为 50.9%和 55.4%，并且呈现上升趋势。而小型、微型企业的发明专利产业化率 2022 年相比 2021 年均有所下降，尤其是微型企业的发明专利产业化率从 2019 年的 27.4%下降到 2022 年的 22%，比最高的中型企业（55.4%）低 33.4 个百分点。另一方面，高新技术企业与非高新

---

① 《科创两个"一公里"难题 杭州高校如何破》，https://www.hangzhou.gov.cn/art/2023/10/13/art_812266_59088218.html。

技术企业协同不足。高新技术企业在发明专利产业化中的优势不断扩大，2022年发明专利产业化率达到56.2%，但非高新技术企业的产业化率却在下降，2022年仅为31.3%，比高新技术企业低24.9个百分点。由此看出，大中型企业、高新技术企业凭借自身的资金、技术、人才等优势，科技成果产业化发展态势较好，而小微企业、非高新技术企业科技成果转化仍需加强。

不同产业发明专利产业化率也有差距。我国通用设备制造业、金属制品业和专用设备制造业发明专利产业化率相对较高，分别为53.5%、53.3%和51.4%，软件和信息技术服务业、土木工程建筑业和专业技术服务业专利产业化率相对较低，分别为32.6%、35.3%和38.3%。

（三）推动产学研深度融合还有堵点

根据前文的分析，与企业发明专利产业化率相比，科研机构和高校发明专利产业化率还有较大提升空间，企业、高校、科研机构协同创新不够，产学研深度融合还有诸多难题亟待破解。根据《2022年中国专利调查报告》，2022年科研机构和高校发明专利产业化率分别为13.3%和3.9%，分别低于企业发明专利产业化率（48.1%）34.8个百分点、44.2个百分点。造成这种现象的原因是，一是部分科研机构和高校仍缺乏专门的科技成果转化和产业化服务机构，目前有一半左右的高校设立专门的发明专利转移转化机构，还有近一半的高校没有设立。二是高校与企业开展合作创新的方式需要优化。高校与企业开展合作创新的方式主要是高校为企业提供技术咨询或技术服务，而以创新联合体等方式开展长期合作和以技术作价入股方式与企业开展深度合作的较少，这些都导致很多科技成果"藏在深闺人未识"。

（四）推动科技成果转化和产业化的专业化服务平台急需加强

科技成果转化需要专业化第三方服务平台，让平台在沟通、联络、设计、撮合等方面发挥作用，帮助项目完成转化，起到连接市场、政府、资本的作用。但目前我国促进科技成果转化和产业化的专业服务平台发育不够成熟。首先，缺乏科学系统的科技成果中介服务，无法对科技成果进行专业、规范、权威的评价。其次，缺乏成熟的科技成果转化平台，以项目为载体的合作多，以技术为导向的持续性合作较少。企业与高校、科研院所的合作更多是政府牵线或者企业主动寻找的合作，没有协同能力较强的服务平台能够在三者之间进行有效的信息沟通与筛选，更高效地促成合作。最后，功能不完善，有的科技成果转化服务平台仅仅有信息发布功能，专业化的评估、中介服务、专业技术转让信息、金融孵化服务等提供不足，平台功能较弱。

（五）支撑科技成果转化和产业化的要素不够完善

科技金融服务体系还需完善。科技成果转化是一项高技术、高风险、高投入、长周期的活动，需要大量资本和专业化人才支撑。但我国科技金融服务体系不够成熟，从而会出现以下几个问题：一是科技创新金融供给不足，无法发挥金融支持的最大效用。可能对项目而言，前期投入很重要但却因投资谨慎资金不足，后期项目明朗化资金又扎堆，既实现不了资金的充分利用，又发挥不出金融的关键支持力，金融在科技成果转化和产业化过程中无法真正发力。二是缺乏持续性的金融助力，对于科技成果来说，从初始的投入到后期的转化和产业化，是一个需要持续助力的过程，如果做不好全周期性的规划，前景良好的科技成果也可能会中途搁浅，无法转化。三是科技创新金融产品较单一，无法满足大中小微等不同规模或不同类型企业的科技创新需求，未来应该针对不同类型企业的特点，开发出更有针对性的金融产品。

专业化人才缺乏。科技成果转化和产业化是个复杂的系统工程，需要专业化人才。根据《2022年中国专利调查报告》，48.7%的企业专利权人反映"缺少高端专业人才"，这一比例在中型企业是54.1%、在小型企业是52.4%，缺少高端专业人才是制约企业发明专利产业化的最主要原因。

三　推进科技成果转化和产业化的政策建议

结合我国科技成果转化和产业化的成绩和问题，本文认为科技成果转化和产业化还是需要在"融、强、准、实"四字上下功夫，其中，"融"即产学研深度融合、大中小微企业融通创新；"强"即专业化服务平台、科技成果产业化基地、概念验证中心、中试基地等要强；"准"即科技成果转化和产业化政策要精准；"实"即加快推进各种支持政策尽快落地实施。

（一）完善产学研深度融合和大中小微企业融通创新的机制

全面掌握影响产学研深度融合的体制机制障碍，了解企业、高校、科研院所的需求，充分分析科研成果与市场需求对接不畅的原因。推动企业、高校、科研院所加快建立专门的科研成果转化和产业化服务机构。加快形成以企业为主导的产学研深度融合的创新格局，明确企业出题人、主答题人和阅卷人的角色，提升科技成果转化和产业化效率。

完善产学研深度融合的激励机制。建立以创新贡献率为评价标准的利益分配机制，最大限度地满足各方利益诉求。科学合理划分各方的责、权、利，探索通过成果权益分享等方式合理分配创新成果。政府设立成果转化支持或奖励基金，对积极接收成果转化的企业予以税收或政策上的倾斜，营造"科技强企"的氛围。高校或研究院所制定科技成果转化奖励政策和股权分配机制，鼓励科技人员积极主动开展成果转化活动。

推动大中小微企业形成协同、高效、融合、顺畅的创新生态。不同规模的企业在科技创新活动中应扮演不同角色，科技型骨干企业要积极发挥引领支撑作用，主动承担国家重大科技任务和关键核心技术攻关。大企业积极开放供应链，发挥牵引作用，借助中小微企业的创新灵活性，形成"以大带小、以小托大"的生态模式。支持民营企业牵头承担工业软件、云计算、人工智能、工业互联网、基因和细胞医疗、新型储能等领域的攻关任务。支持企业牵头或参与创新载体建设。加快打造一批大中小企业融通创新的典型模式并及时推广。

（二）增强科技成果转化和产业化服务平台和载体的功能

在新一轮科技革命和产业变革深入发展的背景下，新产业、新业态层出不穷，对科技成果转化和产业化的服务平台和载体提出了更高的要求，需要不断加强其功能。

优化科技成果转化服务平台功能。整合现有的科技成果转化服务平台，改变"小而散"的局面，提升平台资源的集中度、辐射面和吸引力。加强不同区域、不同行业服务平台的链接，增强开放性。比如，科技成果转化服务平台可以与创新创业平台链接，做到资源、信息共享。建立信息及时反馈机制，使科技成果转化和产业化的信息通过平台及时反馈给科研主体。

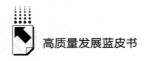

统筹布局科技成果产业化基地。科技成果产业化基地的布局应坚持"一盘棋"的思维，围绕新一代信息技术、生物技术、新能源等战略性新兴产业领域和类脑智能、量子信息、基因技术等前沿科技和产业变革领域优先布局，依托国家高新区、国家大学科技园等创新资源集中丰富地区就近布局，鼓励京津冀、长三角、粤港澳大湾区等城市群跨区域布局，形成"研发共同投入，产业化共同受益"的局面。

鼓励地方围绕高精尖产业建设第三方概念验证平台。加强中试基地管理和考核，使中试基地真正在科技成果转化和产业化中发挥作用。

（三）完善政策有力保障科技成果转化和产业化

科技成果转化和产业化是社会多种力量共同作用的结果。在社会主义市场经济条件下，虽然要发挥企业的主体作用，但政府仍需在政策支持、法律保障等方面发挥作用。

加强科技成果转化和产业化立法，完善配套法律法规，为科技成果转化提供法治环境。督促地方适应科技成果转化和产业化新形势的需要，对已有的条例进行修订。因为有些地方的科技成果转化条例制定时间较早，已经与科技创新的新形势新要求不相适应。

鼓励地方政府探索推动科技成果转化和产业化的新模式，国家层面及时总结地方经验，形成可复制可推广的典型案例供其他地区进行学习借鉴。虽然各地科技创新的基础条件千差万别，但推动科技成果转化和产业化的思路可以相互借鉴。比如，安徽省组建国内一流科创社区"中安创谷"，以市场化的运作模式搭建企业与政府之间的联系桥梁，聚焦创新成果转化应用，推动科技、产业、金融良性循环，形成系统完备、科学规范、运行有效的创新制度体系。2022年，为加快科技成果转化，合肥组建科技成果转化专班。

优化金融生态环境。为使金融资源精准匹配重点科技创新领域，打通政银企信息壁垒，要加快推进科技型企业信息库建设，向金融机构提供产业政策、企业项目等相关信息。完善知识产权质押融资方式，扩大知识产权质押登记线上办理试点范围，指导银行不断增强专利价值评估能力，拓宽知识产权处置变现渠道。发挥多层次资本市场作用，支持科创板、北交所优化科技型企业评价体系，增强资本市场"硬科技"底色。

参考文献

［1］《2022 年中国专利调查报告》，https：//www.cnipa.gov.cn/module/download/downfile.jsp？classid＝0&showname＝2022 年中国专利调查报告.pdf&filename＝5485425747ed 467397ebabdbc317293a.pdf，2022 年 12 月。

［2］黄玮杰：《数字经济中资本的特性及其效应——基于〈资本论〉研究的视角》，《求索》2023 年第 1 期。

［3］李晓红：《强化科技企业创新主体地位》，《人民日报》2022 年 12 月 26 日。

［4］刘瑞明、金田林、葛晶、刘辰星：《唤醒"沉睡"的科技成果：中国科技转化的困境与出路》，《西北大学学报》（哲学社会科学版）2021 年第 4 期。

［5］马梅若：《构建"股贷债保"联动体系厚植科创企业创新发展土壤》，《金融时报》2023 年 7 月 28 日。

［6］莫唯、陈华昭：《欧洲典型技术转移机构运行模式及启示》，《科技创新发展战略研究》2023 年第 2 期。

［7］张雪春、苏乃芳：《科技成果转化的三元素：人才激励、资金支持和中介机构》，《金融市场研究》2023 年第 4 期。

［8］中国科技评估与成果管理研究会、科技部科技评估中心、中国科学技术信息研究院：《中国科技成果转化年度报告 2022（高等院校与科研院所篇）》，科学技术文献出版社，2023。

调查研究篇
Investigation Research

B.13
2022年国家科研机构科技
创新发展调查报告

—以中国安全生产科学研究院为例

陈小雨*

摘　要： 中国安全生产科学研究院在创新发展方面积极参与科技创新战略研究工作，稳步推进国家级科技项目创新，大力推动科技创新平台建设，实施多种举措做好人才工作，完善科技创新机制，充分调动科研人员积极性、创造性，鼓励科技创新和成果转化，并以期刊、网站、培训或图书编写等形式强化应急科普宣传工作。经过不断加大创新力度，研究院科技成果水平进一步提升，人才队伍建设不断加强，科研实验条件进一步夯实，信息化建设取得重大突破，科研组织方式与管理机制进一步优化，支撑服务作用进一步增强。取得CO主动同步处置技术及装备、尾矿库灾害预警预报和应急保障技术平台、动力送风式呼吸追随型防尘口罩、密

* 陈小雨，理学博士，中国矿业大学安全工程学院副教授，中国矿业大学职业健康研究院职业危害检测与评价研究中心主任，主要研究方向为化学理论与实践、安全生产与管理。

集固定抛光打磨场所高效节能集尘与多支路通风系统风量智能控制技术装备、大型尾矿库三维沉积模型试验系统等重要科研成果。

关键词： 国家科研机构　科技创新　安全生产

一　我国安全生产科技的总体情况

近年来，国际社会十分重视生产安全事故对经济社会可持续发展的严重影响，主要发达国家高度重视并不断加强安全生产科技创新能力建设。物联网、云计算等高新技术在安全产品、装备中广泛应用，已形成一条集研发、生产、销售于一体的完整产业链，安全产业市场规模持续壮大，整体呈现专业化、规模化、市场化、标准化、集成化的发展趋势。

科学技术是第一生产力，创新是引领发展的第一动力。放眼全球，新一轮科技革命和产业变革方兴未艾，以大数据、互联网、物联网、人工智能等为代表的新一代信息技术不断突破，已经并将更加深刻地影响安全生产事业发展。要实现安全生产形势的根本好转，破解安全生产系统性风险防控难题，必须发挥科技创新在安全发展战略实施中的驱动引领作用，实现工业化和信息化的深度融合。

"十三五"期间，我国安全生产科技创新工作围绕安全生产保障的重大科技需求，以高危场所无人化、实时监测、超前预防、安全避险为目标，开展煤矿、金属与非金属矿山、危险化学品及化工园区、冶金工贸及其他领域重特大事故防控的科技攻关与应用示范，大力提升生产安全事故预测、预警、防治与应急救援等各个环节的科技水平，使一批关键技术成果达到国际先进水平，为提升我国安全生产保障能力提供了强大的科技支撑。

5 年中，经过各地区、各部门研究院所、高等院校、大型企业的共同努力，安全生产领域重大基础理论研究有了新突破，重大关键技术研究有了新进展，安全技术支撑平台有了新增长，安全生产科技队伍技术水平有了新提高。依托 28 个国家重点研发计划项目，取得了 340 余项先进技术成果，研发了具备自主知识产权的装备 250 余台（套），各行业领域的重点研发项目先后在国家危险化学品应急救援基地、中石油燃料油湛江仓储公司、中国石化武汉石化和石家庄炼化公司、阳煤集团、神东集团、西藏华泰龙矿业公司、梅钢和鞍钢等企事业单位，建立了上百个应用示范工程，培养了大批本科以上安全技术与工程专业人才。截至 2020 年底，我国生产安全各类事故起数和死亡人数同比分别下降 15.5% 和 8.3%，为新中国成立以来历史最低，事故总量同比持续"双下降"，重特大事故得到有效遏制，大部分行业领域安全状况好转，生产形势持续稳定向好。

二 中国安全生产科学研究院简介

中国安全生产科学研究院是应急管理部直属的综合性和社会公益性科研事业单位。其前身是成立于 1980 年隶属于国家劳动总局的劳动保护科学研究所，随着历次机构改革，先后隶属于劳动部、国家经贸委、国家安全生产监督管理局、国家安全生产监督管理总局、应急管理部。2004 年 9 月由中编办批准正式更名为中国安全生产科学研究院（下文简称"中国安科院"）。中国安科院以实施科技兴安战略，推动安全生产科技进步和科技创新为宗旨；以开展安全领域基础性、综合性、前瞻性科学研究和解决重大事故预防、监控、预警和应急救援等重大技术关键问题为主要方向；为政府安全生产监管工作提供全面支撑，为企业安全生产、职业健康、应急管理和重点工程项目安全提供技术服务，开展安全科学技术学术交流，培养安全生产领域优秀人才。

按照党中央、国务院关于安全生产工作的一系列重要部署和应急管理部党组的要求，中国安科院在"十三五"期间围绕"勇担应急创新重任，引领安全科技发展，做守夜人技术支撑"的目标，紧密结合我国安全生产突出问题和国外安全生产发展趋势，开展了矿山、危险化学品、工贸、城市安全等行业领域基础性、综合性、前瞻性科学研究，同时紧跟国家科技创新法规政策，及时制修订中国安科院科技创新制度，陆续出台了科研管理、人事管理、资产和财务管理等方面的补充性规定，营造了良好的创新生态，激发了科研人员的创新活力。

三　创新方面的具体举措及措施

（一）积极参与科技创新战略研究工作

中国安科院深度参与国家及应急管理部相关规划编制。承担并完成了《“十四五”公共安全与防灾减灾科技创新专项规划》编制工作；参与并完成了公共安全领域“十四五”科技规划（安全生产部分）、“重大自然灾害防控与公共安全”专项实施方案、《“重大自然灾害防控与公共安全”重点专项2022年项目申报指南》等编制工作。

（二）稳步推进国家级科技项目创新

中国安科院积极申报“十四五”国家重点研发计划“重大自然灾害防控与公共安全”重点专项和国家自然科学基金项目。2022年，中国安科院牵头承担“十四五”国家重点研发计划项目“救援现场次生灾害监测预警关键装备”“非煤矿山重大安全风险智能预警技术及示范”“化工园区重大风险智能感知与预警技术及示范”3项，各项目按任务书要求有序开展，项目整体进度良好；获批国家自然科学基金项目4项，并已全面启动研究工作。目前正在积极开展2023年度项目的申报工作。

高质量完成了应急管理部、国家发改委、工信部和北京市等地方的科技项目结题验收工作。承担的“劳动密集型工业企业职业病危害防护技术与装备研发”等2个国家重点研发计划项目通过验收并获优秀成绩。

（三）大力推动科技创新平台建设

中国安科院积极推进科技创新平台建设。国家安全工程技术实验与研发基地项目工程建设已基本完工，目前正在进行系统联调联试、试运行及验收准备工作，预计2023年底项目投入运行。牵头申报国家矿山安全技术创新中心，筹备工作领导小组和工作专班，联合共建单位建立常态化沟通工作机制，梳理重大需求，完善建设方案，现已通过科技部组织的专家论证；开展国家生产安全事故技术分析与物证鉴定中心的论证与创建，提交了相关研究报告；推进危

险化学品安全研究中心的筹备，深入研究建设方案。

中国安科院重点实验室建设有序推进。获批"重大危险源与化工园区系统安全"等5个应急管理部重点实验室；获批"粉尘危害工程防护"国家卫健委重点实验室；"地铁火灾与客流疏运安全"北京市重点实验室按计划完成运维与资质维护。建设并运营好国家安全工程技术实验与研发基地、危险化学品事故调查技术支撑分基地，维护并管理好非煤矿山安全科研实验基地，积极争取国家应急演练与实训基地立项建设。创新并发展好重大危险源与化工园区系统安全、地铁火灾与客流疏运安全等省部级重点实验室，依托国家安全工程技术实验与研发基地，争取在工矿方向获批国家安全技术创新中心或国家重点实验室，申请2~3个矿山安全、工贸安全、人员防护等方向的省部级重点实验室。办好报纸杂志，发挥科技引导、科普宣传的作用。

（四）多举措做好人才工作

中国安科院基于现有科技和管理人才队伍建设机制，创新人才培养模式，做好人才的分类管理。优化人才结构，形成合理的人才年龄结构和人才梯队格局。加强安全应急工作的科技型、科技管理型、软科学研究型和指挥调度型等人才培养和引进，重点加强安全生产风险防控基础理论与技术研发高端人才培养。重视核心人才队伍建设，探索"岗位聘用+项目（课题）聘用"的用人机制，培养团队带头人，强化带头人的探索与创新能力、管理和协调能力。系统提升优秀青年人才理想信念和党性修养，有计划性地安排优秀青年人才参加干部教育培训。制定发布培养选拔优秀年轻干部相关办法，建立中国安科院优秀年轻干部人才库和年轻后备干部人才库，由"选"干部向发现、培养、提拔、管理多方面统筹推进，建立环环相扣的全链条机制。

一是规范岗位聘用评审工作，加大对科研一线人才的倾斜支持力度。二是加强人才引进工作。2022年公开招聘事业编制人员19人（博士11人、硕士8人），数量、质量获新突破，完成人社部高层次人才引进计划。三是开展柔性引才工作。制修订接受访问学者管理办法、博士后管理办法，接受访问学者来院开展专题科研，招收博士后；依托国家安全科学与工程研究院，与高校联合培养人才，目前在院联合培养硕士研究生35人、博士研究生19人；建立高层次人才引进奖励机制，有效解决了短期高层次技术人才需求问题。四是加强人才培养。建立了院人才数据库，开展人才推荐工作，研究院相关人员分别获评北京市有突出贡献人才、入选中国科协青年人才托举工程项目等。

（五）完善科技创新机制

为全面贯彻落实《关于扩大高校和科研院所科研相关自主权的若干意见》（国科发政〔2019〕260号）的要求，充分调动科研人员积极性、创造性，中国安科院按照明确责任、规范流程、讲求绩效、综合激励的原则，对科技成果转化机制、科研项目管理和经费管理等方面进行了创新与改革，多次制修订《中国安全生产科学研究院国家科技计划项目（课题）管理办法》《中国安全生产科学研究院科技项目管理办法》《中国安全生产科学研究院科技创新工作奖励办法》等，推动形成科学严谨、有效管用的制度体系，激发中国安科院科技创新活力。

贯彻国家"放管服"要求，积极探索去行政化、去编制化改革，破除制约科技创新的各类"繁文缛节"，扩大科研人员自主权，为各类人才成长营造良好的体制机制环境。完善"能进能出、能上能下、引入竞争、公开公正"的聘用关系，实行"按需设岗、竞争上岗、按岗聘用"，打破职务和岗位的"终身制"，建立以知识价值为导向的薪酬绩效制度。主动适应国家科技体制改革和科技创新"揭榜挂帅"等机制，改革研究院内部项目、人事、财务、资产等管理制度，充分利用OA系统改善优化管理流程，建立满足科技创新要求、简洁高效的"一网统管"型科技管理体系。

（六）强化应急科普宣传与应急支撑能力

中国安科院依托"十四五"首批全国科普教育基地，以期刊、网站、培训或图书编写等形式开展安全生产科普宣传，编写开发科普图书、海报及挂图等科普产品，《全民应急科普丛书》入选2022年全国优秀科普作品。2023年5月，中国安科院举办了一场"安全科技之旅"应急科普特色活动，通过视频展示、图文展示、设备展示、现场演示和互动体验等方式向公众展示近年来我国安全生产、应急救援等领域的科技创新实践和科学普及成果，被CCTV等媒体报道，反响强烈。

应急管理技术支撑能力增强，引领安全应急理论政策的前瞻性研究，建立

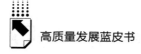

安全应急领域高端智库。做好全国安全生产标准化技术委员会及非煤矿山、工贸分标准化委员会秘书处工作，推进安全生产标准国际化，加强安全生产标准制修订项目全生命周期管理，不断完善以强制性标准为主体的安全生产标准体系。完善注册安全工程师的注册管理工作，建立国际互认的注册安全工程师管理体系。

（七）进一步加强科技成果转化应用

中国安科院按照《中华人民共和国促进科技成果转化法》的规定，参照高等院校、科研院所相关管理制度和好的做法，研究制定了《中国安全生产科学研究院科技成果转化管理办法》。在做好技术服务合同签订工作的过程中，同步推进成果转化合同的登记工作，提升成果转化效率。力求以国家矿山安全技术创新中心创建为契机，加强与国家能源、中煤能源、中海油、中石油等大型央企及应用型企业的合作，加大成果转化力度。

加强安全风险感知、监测预警、应急处置与救援、事故调查分析、审核认证与安全生产标准化、特种劳动防护用品安全标志、安全应急教育培训等方面技术成果的转化应用，为地方政府和企业提供全方位事故预防技术支持，防范化解重大安全风险，推动安全生产形势持续稳定好转。探索符合中国安科院实际的技术产品研发与转化机制，提高成果转化力度和收益奖励，调动科研人员从事科技成果转化的积极性和主动性。

四　创新方面的主要进展

科技成果水平进一步提高。获得省部级科学技术奖 50 余项，专利 168 项，软件著作权 132 项，发表学术论文近 500 篇，出版学术著作、教材约 30 部，制修订国家和行业标准 55 项，远超绩效目标。"十三五"期间，中国安科院承担了国家重点研发计划项目 6 项、23 个课题，国家自然科学基金资助项目 7 项，首次承担中国工程院项目 2 项，承担应急管理部项目 247 项，为建院以来承担项目数量及经费最多的时期。

人才队伍建设不断加强。中国安科院坚持内部培养和人才引进相结合的原则，注重依托国家科技项目培养创新型、应用型科技人才，实施更加开放的人才引进政策，人才队伍规模不断壮大，高层次人才在质量与数量上取得重大突破。"十三五"末期，职工中拥有研究生学历的占比近55%，拥有高级职称的占比36%。6人获得国务院政府特殊津贴，1人获得中国青年科技奖，1人获评全国先进工作者，1人获评全国优秀科技工作者，1人获评北京市优秀青年人才，3人获评北京市安全生产领域青年学科带头人。

科研实验条件进一步夯实。中国安科院始终将科研实验基础建设作为一项重点工作，获得国家科研仪器设备资金投入近3亿元。目前已经建成8个省部级重点实验室，其中，5个应急管理部重点实验室和2个北京市重点实验室、1个国家卫健委重点试验室；非煤矿山安全科研实验基地建成并投入使用，国家安全工程技术实验与研发基地建设项目基本完成项目建设，危险化学品事故调查技术支撑分基地初步设计获得批复，即将开工建设。

信息化建设取得重大突破。安全生产风险监测预警中心挂牌成立，已建成危险化学品、矿山、尾矿库、边坡雷达等监测预警平台；国家安全生产监管监察大数据平台，已汇聚1亿余家生产经营单位基本信息；国家油气管道地理信息系统完成升级改造。正在建设"工业互联网+煤矿生产"与"工业互联网+烟花爆竹安全风险预警"等平台。

科研组织方式与管理机制进一步优化。为提高科技创新组织实施的有效性，制定了《中国安全生产科学研究院国家科技计划课题研究人员绩效支出支配管理办法》，赋予了科研人员自主权，调动了科研人员创新的积极性；同时创新了科研管理机制，制定了《中国安全生产科学研究院国家科技计划项目（课题）管理办法》，每年度结合各部门实际情况，根据科研项目（课题）执行情况检查标准对国家重点研发计划、国家自然科学基金项目等进行考核，同时每半年对科研项目研发及资金使用进行风险研判，提出控制风险的措施。

支撑服务作用进一步增强。中国安科院坚守安全生产基本盘，围绕矿山、危险化学品、工贸等行业领域开展理论政策、关键技术研究，为应急管理部、国家发改委等部委，江苏等省市以及企业提供有力的理论支撑和技术保障。承担了《安全生产法》《危险化学品安全法》等10部法律法规规章制度修订，负责了"十四五"国家安全生产规划等4部国家级规划编制；参加了江苏响水"3·21"特别重大爆炸事故等20余次事故调查与应急救援技术分析；为新中国成立70周年大阅兵和庆祝活动、冬奥会筹备、国务院江苏安全生产专

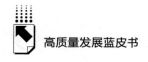
项整治督导、南北极科考、雄安新区建设等重大活动提供了安全技术支撑；社会技术支撑服务项目立项 1000 余项，先后获得省部级领导批示的研究报告 150 余部，收到部委、省市政府或部门的感谢信（表扬信）近 30 封，展现了中国安科院的实力、能力和担当。

五　典型案例

（一）CO 主动同步处置技术及装备

1. 主要功能及性能参数

将纳米催化材料应用于应急救援技术，提出了火灾爆炸 CO 主动同步处置方法，通过释放消除粉剂形成"超细尘云"，捕捉灾变环境中的 CO 并将其迅速转化为无害化产物，从而大幅度减少受限空间 CO 浓度，帮助涉险人员在黄金逃生时间内顺利脱险。

对于火灾 CO 产物消除，自主研发了气载式消除剂释放装备，可将 CO 消除粉剂喷洒在灾害环境中，亦可与灭火剂复配使用，实现灭火与 CO 消除同步处置，相应的装置可设计为联动触发式和手动便携式。对于爆炸 CO 消除，设计加工了消除剂粉棚和隔爆消烟装置，利用爆炸冲击波快速释放消除粉剂，形成消除隔离带。

2. 成果创新性

通过气载装置或爆炸冲击波释放消除剂粉体形成大面积消烟粉雾，基于纳米表面吸附和催化氧化原理，将 CO 分子吸附在消除剂表面并瞬态转化为 CO_2，实现受限空间火灾爆炸 CO 产物的主动同步处置。本成果突破了受限空间火灾爆炸 CO 产物有效处置的技术瓶颈，对应急救援领域具有颠覆性意义。

3. 应用场景及应用单位

该技术可应用于煤矿井下、隧道、防空洞、城市地铁、商场高楼、船舱机舱等人员密集受限空间，有助于短时间内将灾害空间内的 CO 浓度降低至安全区间，对于火灾爆炸事故的应急救援具有十分重要的科学价值和实际意义。

在国家矿山应急救援开滦队的全尺寸巷道中，使用手动便携式气载消除装置，进行了火灾 CO 产物消除试验，可瞬间将独头巷道内 CO 浓度从 1700ppm

降至 345ppm；利用爆炸管道装置开展爆炸 CO 产物消除试验，100g/m³ 的消除剂可瞬间将 CO 浓度从 2178ppm 降至 649ppm。

4. 成果转化及推广

该技术可对煤矿炮掘 CO 产物超限难题进行高效治理，在安徽青东煤矿、临涣煤矿，内蒙古棋盘井煤矿，贵州毕节高山煤矿等煤矿得到推广使用。以高山煤矿为例，其采用全断面一次性爆破工艺，巷道断面面积达 17.8m²，每次使用炸药量为 60kg，爆破后回风流中 CO 浓度最高值为 524ppm，平均值为 265.34ppm。应用高效消除技术后，爆破后回风流中 CO 浓度降至 53ppm，CO 消除率可达 80%。

研发的尾气净化装备已在陕西凉水井煤矿、柠条塔煤矿，山东东滩煤矿等投入使用，对各型防爆柴油车及单轨吊进行改造，大幅减少尾气中的 CO、NOx 及碳烟颗粒物，提升井下空气治理水平。例如在凉水井煤矿对 WC20R 型防爆柴油无轨胶轮车实施尾气净化技术，改造后在恶劣的极限工况下，2000ppm 以上超限现象未出现，500ppm 以上超限次数由改造前的 29 次降至 5 次，超限下降率为 82.8%；平稳运行及副斜井大爬坡等工况下 CO 消除率均在 68% 以上，超限次数显著降低。

（二）尾矿库灾害预警预报和应急保障技术平台

1. 功能及性能参数

尾矿库灾害预警预报和应急保障技术平台是以智能检测成套装备、仿真分析系统、三维动态信息数据库、宏观预警模型为基础，通过三维 GIS 系统及建模，建设成为全国尾矿库宏观风险预警中心，为各级政府提供区域性尾矿库风险评估和灾害预警决策支持，为增高扩容及高坝尾矿库企业提供重大隐患无损探测技术支撑，有效提高我国高风险尾矿库灾害防控能力。

2. 成果先进性

基于 B/S 的应用程序，支持不同级别政府部门的分级浏览、企业管理应用；结合气象信息，可实现未来七天可能的重大风险预警；卫星遥感结合无人机三维巡检，可有效监测尾矿库关键指标动态变化；系统可实现风险诊断、数值仿真、风险预测预警、应急模拟演练、应急决策分析、电子地图识别等功能。

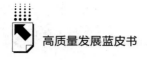

（三）动力送风式呼吸追随型防尘口罩

1. 主要功能及性能参数

本口罩可满足工业企业劳动者、民警和保安等室外执勤人员、民众的防尘、防疫、防$PM_{2.5}$和花粉等的防护需求，辅助哮喘病患者等呼吸困难人员呼吸。口罩呼吸追随响应时间小于1s，充满电后持续时间可达903min（15h），防尘口罩过滤元件过滤效率>99.9%。

2. 成果创新性

一是研发了呼吸追随型控制电路，可根据佩戴者的呼吸频次，实现动力送风与吸气的同步，解决了人员佩戴口罩后吸气困难、口罩内哈气严重的技术难题，使佩戴者呼吸更顺畅，有效提升了口罩的佩戴舒适性。在确保口罩轻小便携的同时，大幅提升了电池续航时间。二是该口罩填补了我国该类具有自主产权产品的空白，且具有明显价格优势。当前，仅我国和日本具有该款具有自主知识产权的呼吸追随型防尘口罩，3M、霍尼韦尔等公司尚无同类产品，日本该款口罩价格是中国的5~6倍。该口罩核心竞争优势在于实现了动力送风与吸气的同步，较日本同类产品价格低。三是首次建立了该类产品的技术规范，研究形成的"呼吸追随型动力送风过滤式呼吸器技术规范"，即将以团体标准形式颁布实施。

3. 应用场景及应用单位

本口罩典型应用场景为：抛光、打磨、焊接、隧道施工、非涉爆采矿作业、水泥生产、建筑施工、粉剂物料搬运等工业企业劳动者防尘与防疫，以及民警和保安等室外执勤人员、民众室外运动和通勤途中防$PM_{2.5}$、花粉等颗粒物和细菌等。

该装置获得了中车长春轨道客车股份有限公司、湖州安达汽摩配有限公司、浙江万丰摩轮有限公司、浙江万丰奥威汽轮股份有限公司、中车戚墅堰机车有限公司、东方电气集团东方电机有限公司6家企业254人次的实际佩戴主观评价，其中95.7%的佩戴人员评价该口罩呼吸追随响应时间小于1s，6家企业应用示范证明也均认定该口罩呼吸追随响应时间小于1s。

4. 中国成果转化及推广

已在中车长春轨道客车股份有限公司、浙江万丰奥威汽轮股份有限公司等

6家企业推广应用了254套动力送风式呼吸追随型防尘口罩，验证了动力送风式呼吸追随型防尘口罩的可行性、适用性和科学性，实现了动力送风式与吸气的同步，在确保高过滤效率的基础上，有效降低了吸气阻力，提升了舒适性。研究成果具有显著的创新性，达到了国内领先水平，具有较好的推广应用前景。

（四）密集固定抛光打磨场所高效节能集尘与多支路通风系统风量智能控制技术装备

1. 主要功能及性能参数

打磨场所高效节能集尘装备与多支路通风系统风量智能控制技术装备，可实现自动控制功能。该装备多支路通风系统打磨工作台风速偏差小于0.06m/s，风量自动调节偏差小于4%，粉尘浓度从14mg/m³降至0.2mg/m³，粉尘捕集效率大于98.18%。

小件打磨工作台长1.2m、宽1.2m，工作台面高0.8m，每个工作台上设挡板，挡板下方设照明用灯，左右两侧设活动挡板，可开启和关闭，工作面为下排风工作台。大件打磨工作台长3.6m、宽2.4m、高0.8m，由三个长1.2m的工作台拼接而成，两侧为工件支架，中间工作台设排风，排风风口两侧设置。

2. 成果创新性

一是提出了气动手持打磨工具气流"Y"形运动特性和粉尘浓度分布，建立单尘源打磨粉尘随时间变化规律与粉尘浓度空间分布规律，确定了多尘源耦合粉尘的扩散系数和耦合系数，建立密集抛光打磨车间多尘源耦合粉尘扩散规律，发现多尘源耦合作用下粉尘浓度分布呈"双峰"形。

二是提出了打磨工作台最佳配风比与内外组合式整流结构，实现了打磨工作台的高效集尘；研发了系统风量实时调节而支路风量保持不变的风量控制技术，实现了打磨场所通风系统的高效集尘与多支路通风系统风量的智能调控，在有效提升粉尘捕集效率的同时实现了节能的目的。

3. 应用场景

劳动密集型固定抛光打磨作业场所。

4. 应用单位或应用人员情况

该装置在中车长春轨道客车股份有限公司冲压车间建立了示范工程，第三

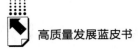

方（吉林省安全生产检测检验股份有限公司）对示范工程装置性能进行了检测，示范单位并出具了用户应用报告。该示范工程在中车长春轨道客车股份有限公司实际验证了该装置的可行性、适用性和科学性，实现了打磨场所通风系统的高效集尘与多支路通风系统风量的智能调控，有效提升了打磨除尘系统的除尘效率，降低了通风系统的能耗，兼顾了设备的防爆性能。

5. 成果转化及宣传推广情况

课题成果"密集固定抛光打磨场所高效节能集尘与多支路通风系统风量智能控制技术装备"已于中车长春轨道客车股份有限公司成功开展应用示范，在场内开展宣传推广应用。研究成果具有显著的创新性，达到了国内领先水平，具有较好的推广应用前景。

（五）大型尾矿库三维沉积模型试验系统

1. 主要功能及性能参数

模拟实际尾矿库各种放矿工况以及排水条件，并且设计了配套的高精度多场监测系统，能够实现对尾矿浆体流动、沉积、固结的全时域监测。沉积模型装置包括搅拌系统、泵送排放系统、沉积模型槽以及尾流回流系统。该试验系统可以模拟现场尾矿排放的各种工况。沉积系统和监测系统的主要性能参数为：深度 ≥ 3m，面积 ≥ 40m^2，堆填速率 0 ~ 1m/d，沉积过程可视化，成像速率 ≥ 30 帧/秒，位移量误差 ≤ 0.5mm，孔隙水压力量测误差 ≤ 0.1kPa。

2. 成果创新性

一是设计了配套的高精度多场监测系统，能够实现对尾矿浆体流动、沉积、固结的全时域监测。二是系统经改造还能够实现对尾矿库溃坝过程进行模拟，对于尾矿库研究具有重要价值。三是模型系统是当前国内外规模最大、模拟能力最强以及测量精度最高的尾矿沉积模型试验系统之一。

3. 应用场景及应用单位

该成果适用于模拟现场尾矿排放的各种工况。拟在首云和尚峪尾矿库开展示范应用。

参考文献

［1］包冬冬：《安全新动能要靠教育　科技与人才——访中国安全生产科学研究院党委副书记、院长周福宝》，《劳动保护》2022 年第 12 期。

［2］《国务院关于印发"十四五"国家应急体系规划的通知》（国发〔2021〕36 号），《中华人民共和国国务院公报》2022 年第 6 期。

［3］徐思萌：《统筹发展和安全　加强国际交流合作》，《中国应急管理报》2022 年 10 月 26 日第 7 版。

［4］《中国安全生产科学研究院"十三五"系列科研成果　尾矿库安全生产风险监测预警平台》，《中国安全生产科学技术》2020 年第 6 期。

B.14
2022年高水平研究型大学
科技创新发展调查报告

——以北京大学为例

李志斌[*]

摘　要： 高水平研究型大学是我国应对全球人才竞争、推进创新驱动发展、建设创新型国家的重要支撑。推进高水平研究型大学科技创新发展不仅是我国实现高水平科技自立自强的必然选择，而且也是充分发挥高校职能的必然要求。党的十八大以来，在以习近平同志为核心的党中央坚强领导下，北京大学始终坚持服务国家发展战略，依托学科交叉融合和基础研究的优势，持续强化有组织科研，加快推进高质量内涵式发展，锚定强化国家战略科技力量目标不懈奋斗，不断谱写建设中国特色世界一流大学的崭新篇章，形成了"以基础研究为本、大力推进学科交叉、持续加强有组织科研"的科技创新体系。未来建议北京大学进一步加强党对学校的全面领导，坚持办学正确政治方向；优化育人体系，培养堪当民族复兴大任的时代新人；完善创新体系，全范围服务创新驱动发展战略；强化人才体系，建设世界一流师资队伍；健全治理体系，充分释放办学活力；创新开放体系，统筹利用国内国际优质资源。

关键词： 高水平研究型大学　高水平科技自立自强　北京大学

---

* 李志斌，经济学博士，中共中央党校（国家行政学院）经济学教研部讲师，主要研究方向为现代化产业体系和区域经济发展。

科技立则民族立，科技强则国家强。当前，新一轮科技革命和产业变革突飞猛进，世界各国围绕科技制高点展开的竞争空前激烈，科技创新已然成为国际战略博弈的主战场。只有充分依靠科技创新，我们才能在激烈的国际竞争中开辟发展新领域新赛道、塑造发展新动能新优势。作为基础研究的主力军、重大科技突破的生力军以及国家战略科技力量的重要组成部分，高水平研究型大学是我国应对全球人才竞争、推进创新驱动发展、建设创新型国家的重要支撑。2021 年 5 月 28 日，习近平总书记在中国科学院第二十次院士大会、中国工程院第十五次院士大会、中国科协第十次全国代表大会上指出："高水平研究型大学要把发展科技第一生产力、培养人才第一资源、增强创新第一动力更好结合起来，发挥基础研究深厚、学科交叉融合的优势，成为基础研究的主力军和重大科技突破的生力军。"[①] 为更好履行服务高水平科技自立自强的使命担当，加快推进高水平研究型大学的科技创新发展具有战略性意义。

党的十八大以来，北京大学深入学习贯彻习近平总书记关于科技创新和教育的重要论述，自觉承担引领高水平研究型大学建设和强化国家战略科技力量的历史使命，始终坚持"四个面向"，不断优化资源配置，在突破关键核心技术、增强原始创新能力、深化体制机制改革、服务国家重大战略等方面持续发力，形成了"以基础研究为本、大力推进学科交叉、持续加强有组织科研"的科技创新体系。积极推进高水平研究型大学建设，有助于实现高水平科技自立自强。

一 推进高水平研究型大学科技创新发展的内涵与意义

纵观世界各科技强国的崛起历史，高水平研究型大学均在其中以战略科技力量的角色作出了举足轻重的贡献。代表了英国战略科技力量的剑桥大学、牛津大学以及代表了美国战略科技力量的哈佛大学、麻省理工学院、斯坦福大学等高水平大学分别在第一次、第二次工业革命以及两次世界大战中都发挥了不

---

① 《（受权发布）习近平：在中国科学院第二十次院士大会、中国工程院第十五次院士大会、中国科协第十次全国代表大会上的讲话》，新华网，https：//baijiahao.baidu.com/s？id=1701008440025258607&wfr=spider&for=pc。

可或缺的支撑作用。习近平总书记在两院院士大会和科协十大的讲话中正式指出高水平研究型大学是国家战略科技力量的重要组成部分，这一具有划时代意义的提法充分彰显了在通往高水平自立自强科技强国道路上高水平研究型大学的突出历史地位。从科研规模、平台能力、组织架构和科技人才等要素来看，我国高水平研究型大学已满足国家战略科技力量的关键要素门槛条件。

推进高水平研究型大学科技创新发展是实现高水平科技自立自强的必然选择。加快实现高水平科技自立自强，不仅是推动高质量发展的必由之路，更是国家强盛之基、安全之要，是中国式现代化建设的关键。一方面，实现高水平科技自立自强要发挥好科技创新的关键和中坚作用。高水平研究型大学是国家战略科技力量的重要组成部分，推进高水平研究型大学科技创新发展是我国落实完善科技创新体系、开展有组织科研的主要着力点。新时代十年，我国高校，特别是高水平研究型大学，充分发挥自身职能作用，为教育强国、科技强国以及创新型国家建设作出了不可替代的贡献。这样的成绩，也为新时代新征程推动高水平研究型大学科技创新发展，使高水平研究型大学更好地服务国家现代化建设提供了坚实基础和信心保障。另一方面，实现高水平科技自立自强的迫切要求是加强基础研究。实践证明，高水平研究型大学是国家基础研究的主力军和重大科技突破的策源地。重大的原始创新成果往往产生于学科交叉领域，得益于科研工作、人才培育、社会服务、文化传承以及国际合作职能的发挥，相较其他创新主体，高水平研究型大学在加强基础研究方面具有明显优势和突出表现。同时，实现高水平科技自立自强归根结底要靠高水平创新人才。加快建设国家战略人才力量，培养造就更多战略科学家、一流科技领军人才和创新团队、青年科技人才、卓越工程师，是国家所急、时代所需，也正是高校所长。高水平研究型大学是国家战略科技人才重要的"蓄水池"。教育部统计数据显示，进入新时代以来，全国超40%的两院院士、近70%的国家杰出青年科学基金获得者集聚在高校，高校牵头建设了60%以上的学科类国家重点实验室，源源不断为国家战略人才建设提供支撑。

推进高水平研究型大学科技创新发展也是充分发挥大学职能的必然要求。办什么样的大学，怎样办好大学，事关一个国家的国运民魂文脉。习近平总书记2022年4月25日在考察中国人民大学时指出："建设中国特色、世界一流大学不能跟在别人后面依样画葫芦，简单以国外大学作为标准和模式，而是要扎根中国大地，走出一条建设中国特色、世界一流大学的新路。"① 近代以来，中国的大学起源于中华民族危难之际，塑造了我国大学的特殊基因，大学不能只以知识生产和学术发展为目标，大学还要担负起促进民族复兴和实现国家强盛的使命。因此，服务国家需求推进科技创新发展是高水平研究型大学的使命担当。高水平研究型大学不仅要进一步完成好立德树人这一根本任务，担负起培养高水平创新人才的重大使命，更要加强有组织科研，以高水平科技创新为中国式现代化作出新贡献。同时，服务国家需求推进科技创新发展也能为高水平研究型大学的自身发展提供源头活水。2018 年 5 月 2 日，习近平总书记在北京大学师生座谈会上强调"世界一流大学都是在服务自己国家发展中成长起来的"②。以对接国家战略目标和战略任务为目标强化自身建设，是我国高水平研究型大学高质量发展的关键，高水平研究型大学既可以以此强化需求导向和问题导向，切实做到提出真问题、研究真问题、解决真问题，又可以锚定强化国家战略科技力量的目标，深化高校科技体制机制改革，着力破解评价激励机制不完善等问题，最大限度地释放人才活力、提升创新效能、激发创新潜力。

二 2022年北京大学推进科技创新发展的主要做法与成果

北京大学创建于 1898 年，作为"五四"运动的策源地、新文化运动的中心地，北京大学在我国现代化建设的进程中一直扮演着先锋的角色。③ 党的十八大以来，在以习近平同志为核心的党中央坚强领导下，北京大学始终坚持服务国家发展战略，依托学科交叉融合和基础研究的优势，持续强化有组织科研，加快推进高质量内涵式发展，锚定强化国家战略科技力量的目标不懈奋斗，不断谱写建设中国特色世界一流大学的崭新篇章。

---

① 中共中国人民大学委员会：《坚定不移走好建设中国特色、世界一流大学新路》，求是网，https：//baijiahao. baidu. com/s？id＝17344081464708169068wfr＝spider&for＝pc。

② 《习近平在北京大学师生座谈会上的讲话》，http：//politics. people. com. cn/n1/2018/0503/c1024-29961468. html。

③ 《北京大学简介》，https：//www. pku. edu. cn/about. html。

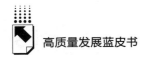

（一）强化精准服务，源头创新供给能力得到有效提升

2022 年，北京大学充分发挥本校基础研究深厚、学科交叉融合程度高的优势基础，加快开展原创性、引领性科技攻关。一是扎实做好人才队伍服务工作。为进一步发挥好基础研究主力军和重大科技突破生力军的重要作用，北京大学提供全流程全链条人才成长精准服务，助力校内广大青年科研工作者以承接国家重大人才项目为契机，实现快速进步成长，打造并形成战略科学家和科研领军人才成长梯队。其中，2022 年度国家自然科学基金集中接收申请项目评审结果显示，北京大学获批项目数量创历史新高，达 723 项（具体项目获批情况如表 1 所示）。其中，多个类别项目数量取得历史性突破，国家杰出青年科学基金项目获批量位居全国第一，青年科学基金项目首次突破 300 项，创北京大学近 5 年新高。除此之外，2022 年北京大学还有 4 项基础科学中心项目进入现场考察阶段。二是持续推动自由探索与有组织科研相结合。北京大学在充分鼓励自由探索向更高水平、更高层次发展的基础上，面向国家重大急需，开展问题导向、应用牵引的重大基础研究，围绕突破"卡脖子"领域基础理论和技术原理等开展科研攻关。三是不断加大对重大科研交叉领域的支持力度。充分依托北京大学高水平综合性大学的优势，持续推动工程、人文社科、自然、医学等学科深度交叉融合，大力支持"临床医学+X""数智化+X""碳中和+X"等领域学科交叉跨界融合发展。2022 年 3 月，北京大学召开"北京大学医学国际顶尖学科（方向）发展研讨会"，设立"医学-工学""医学-生物学""医学-信息化""医学-化学"等跨学科交叉融合专项，并以此推动北京大学医学部与理学部、信息与工程科学部以及跨学科类三大学部多家单位融合发展；2022 年是北京大学"数字与人文"年，北京大学依托近年来自身在以"数智化+"推进交叉学科建设等领域积累的宝贵经验，正式开启以"科技为人文赋能，人文为科技赋值"为宗旨的科研变革。在这样多领域、多学科交叉融合发展的模式探索和推进中，北京大学不断激发科研新范式，为实现更多"从 0 到 1"的源头创新筑牢基础和提供保障。近年来，北京大学在石墨烯材料批量制备技术与装备研发、化学小分子诱导人成体细胞转变为多潜能干细胞、环状新冠 RNA 疫苗、新冠特效药物等领域都取得了突破性的研究成果。

表1 2022年度北京大学国家自然科学基金获批项目情况

单位：项

获批项目类型	获批数量
面上项目	337
青年科学基金项目	305
国家杰出青年科学基金项目	29
优秀青年科学基金项目	11
创新研究群体项目	2
重点项目	36
国际（地区）合作研究与交流项目	1
外国学者研究基金项目	2
总计	723

资料来源：北京大学网站。

（二）锚定急难愁盼，服务国家重大战略需求取得新突破

北京大学自觉承担强化国家战略科技力量的历史使命，想国家之所想、急国家之所急、应国家之所需，集中全校优势力量开展有组织科研攻关，心怀"国之大者"，在大量关键领域贡献了北大力量。一是在重点科研领域进行战略布局。2022年，为贯彻落实"十四五"国家科技创新规划、《国家中长期科学和技术发展规划（2021-2035年）》，北京大学紧紧围绕"量子通信与量子计算机""新一代人工智能""脑科学与类脑研究"等重大科技领域，主动作为，积极对接相关科技领军企业、有关部门和地方政府，创新探索新型合作研发组织模式，在充分总结"卡脖子"关键技术和国家重大战略需求背后科学问题的基础上，推进重大科研任务的全链条设计，从基础研究、关键技术、装备研制、成果转化到产业化各个环节着手开展联合攻关。在这样的机制背景下，北京大学多个团队积极响应国家需求，在光电器件装置、半导体、材料制备、生物育种、数字经济、高端医疗装备等各大关键领域开展研究，并取得一系列创新成果。在2022年举办的北京冬奥会和冬残奥会上，由北京大学工学院张信荣教授牵头研发的"大型二氧化碳制冷及其跨临界全热回收关键技术与应用"以及由北京大学博雅特聘教授陈宝权牵头研发的"冬奥冰雪项目交

互式多维度观赛体验技术与系统"等多项自主创新科研成果大放异彩，向全球展现了中国的科技实力和创新水平。二是大力推进重大项目资源配置优化。北京大学通过不断强化正向激励引导、推动跨学科科研人员集智组团、推进协同攻关平台建设等方式，进一步支持校内科研团队承接并高质量攻关国家重大科研项目，鼓励校内科研人员积极作为奔赴国家急难愁盼科研"前线"。其中，北京大学还专门针对国家自然科学基金委基础科学中心和大仪器项目、"揭榜挂帅"类项目、重点研发计划重点专项等制定了重大科研项目资源条件支持保障工作方案以及协同联动工作机制等，从而为国家重大战略提供强大、持续、稳定的支撑和保障。

（三）落实统筹优化，科技创新基地建设形成新格局

2022 年，北京大学继续加大科技创新基地的建设力度，并将其作为打造国家战略科技力量以及持续完善科技创新体系的重要抓手。一是统筹北京大学创新基地总体布局和建设运行。北京大学分别制定《关于加强北京大学理工科重点科研创新基地建设的若干措施》《北京大学重点科技创新基地实体化建设实施方案》等具体政策举措，并成立"北京大学科技创新基地管理委员会"，以要素资源强挂钩的方式着力推动科技创新基地的高质量可持续发展。二是积极推动科技创新基地优化重组。北京大学着力打造"北大科研高峰工程"，以国家创新体系改革要求，推动国家重点实验室强化前瞻部署，围绕数理、化学、环境、生物、医药、信息等重点专业领域和研究方向开展科研基地的重组工作，充分彰显北大的使命感和担当精神。三是积极参与国家实验室体系建设。为进一步推动创新链产业链深度融合以及促进相关领域"卡脖子"关键核心技术的科研攻关，北京大学充分加强软件工程、视频与视觉技术、口腔生物材料和数字诊疗装备等工程研究中心建设，并推动这三个工程研究中心获准进入新序列管理。

2022 年 2 月 19 日，经北京市教委批准，北京大学携手清华大学设立的集成电路高精尖创新中心正式在京成立揭牌。立足推动北京集成电路创新高地建设以及服务于北京国际科技创新中心建设，集成电路高精尖创新中心将充分凝聚北京大学和清华大学两大国内高水平研究型大学的精锐力量和科研资源，与北京市集成电路产业重点单位等展开深层次合作，以在集成电路领域培养一大

批产业领军科学家、实现先进工艺器件及特色工艺关键技术的攻关突破、取得一系列代表国家水平的标志性科研成果为目标，有效支撑北京市集成电路产业的可持续发展。

2022年11月3日，北京大学多模态跨尺度生物医学成像设施工程历经近3年的建设施工，在北京市怀柔区正式竣工揭幕。多模态跨尺度生物医学成像设施工程作为国家重大科技基础设施建设项目是北京大学历史上规模最大的单体建设项目，总投资金额超17亿元，新增建筑面积达7.2万平方米。该设施由包括多模态医学成像装置、多模态活体细胞成像装置、多模态高分辨分子成像装置、全尺度图像整合系统在内的四大核心装置以及模式动物等辅助平台和配套设施构成。多模态跨尺度生物医学成像设施工程的竣工，代表着高端生物医学影像仪器装备的"中国创造"的成功实现。通过对生命体结构与功能的跨尺度可视化描绘与精确测量，该设施能够实现全景式研究和解析生物医学重大科学问题，有望为重大疾病和复杂生命科学问题研究提供先进成像组学研究手段，从而推动生物医学研究的范式变革。

（四）做好提质增效，前沿重大科技成果突破取得新进展

依托学科门类齐全的特色和优势，北京大学不断释放基础研究深厚活力与学科交叉融合潜力，积极推动原始创新与产业转化相结合，面向国家重大战略需求和全球科技创新前沿，推出一系列重大原创成果。在近两次国家科学技术奖励评审中，梅宏院士牵头研发的"云-端融合系统的资源反射机制及高效互操作技术"与高文院士牵头的"超高清视频多态基元编解码关键技术"两项重大科研成果均获得国家技术发明一等奖。在国家"十三五"科技创新成就展中，北京大学共有涵盖高新技术、基础研究、社会发展、人民健康等方面的20余项成果入选。

党的十八大以来，北京大学从国家急迫需要和长远需求出发，勇挑重担，瞄准关键核心技术加快"卡脖子"技术攻关。北京大学科研工作在突出"国家使命"和"主动服务"的同时，更加重视科研成果"质量提升"这一更高要求。对2012~2021年度"中国高等学校十大科技进展"入选的100个项目进行分析发现（见表2），北京大学以13个入选项目数量领跑国内一众高水平研究型大学。十年来，北京大学自觉承担引领高水平研究型大学建设和强化国

家战略科技力量的历史使命，充分体现了在保持高水平自由探索的同时，注重支持面向国内重大需求的有组织科研，建设形成了"以基础研究为本、大力推进科学交叉、持续加强有组织科研"的科技创新体系。

表2　2012～2021年度"中国高等学校十大科技进展"各高水平研究型大学入选项目数量统计（TOP10）

单位：个

年度	2012	2013	2014	2015	2016	2017	2018	2019	2020	2021	总数
北京大学	1	2	2	2	2	2	1	1			13
哈尔滨工业大学	1	2	1	1	1	1			1	1	9
清华大学	1	1	1	1	3		1	1			9
浙江大学		1			2	1					5
中国科学技术大学				1				1	1	1	4
中山大学	1						1	2			4
东南大学							1		1	1	3
兰州大学	1			1				1			3
武汉大学	2								1		3
北京航空航天大学				1				1			2

资料来源：笔者整理。

在2022年度中国科学十大进展中，北京大学校友和团队参与了其中四项入选成果。一是由北京大学曹云龙、谢晓亮团队联合中国科学院生物物理研究所王祥喜团队完成的"揭示新冠病毒突变特征与免疫逃逸机制"成果；二是由中国科学院国家天文台李菂（北京大学技术物理系1990级本科校友）团队联合北京大学、之江实验室和中国科学院上海天文台团队完成的"FAST精细刻画活跃重复快速射电暴"成果；三是由中国科学院化学研究所白春礼（北京大学化学系1974级本科校友）团队与中国科学技术大学潘建伟、赵博团队合作完成的"实现超冷三原子分子的量子相干合成"成果；四是由上海交通大学贾金锋（北京大学物理系1983级本科校友）团队与麻省理工学院傅亮团队完成的"实验证实超导态'分段费米面'"成果。这些重大科技创新不仅充分体现了北京大学科研工作者勇立潮头、勇担重任的科研精神品质，更在一定程度上体现了北京大学在前沿重大科技成果突破领域取得的累累硕果。

（五）坚持开放共享，国际学术交流合作实现持续深化

一直以来，北京大学都在主动响应国家战略需求的同时，以全球视野谋划高水平研究型大学科技创新。北京大学通过共建国际科技合作平台、联合承担国际科技合作项目以及组织国际学术会议等方式，不断强化与全球顶尖科研机构以及外国高水平研究型大学的联系，并实质性推进在基础研究和前沿技术领域的务实合作。一是以学术交流提高科研国际影响力。近5年来，北京大学发起并举办了百余场高水平国际学术会议，在持续增进与国外相关科研机构交流联系的同时，不断向外界传递北京大学科研工作者的声音和观点，有效提升了北京大学科研工作的国际影响力和知名度。二是主动作为深化国际合作。北京大学积极响应"一带一路"倡议，在公共卫生领域积极推进与东盟的密切合作。2022年4月7日，中国-东盟公共卫生科技合作中心建设项目课题研讨会于线上成功举办，这代表着作为北京大学牵头建设以及作为发展中国家常规性科技援助项目在科技部立项的"中国-东盟公共卫生科技合作中心建设项目"正式拉开序幕，该项目在助力深化我国与东盟友好互利建设的同时，也有助于推动我国与东盟国家在传染病防控和突发公共卫生事件应对、疫苗和药物研发、疫情监测和人才培养等方面进行深度合作与交流。为了更好推动国内高校数学院系与俄罗斯乃至全世界顶尖数学机构的全方位合作交流，北京大学联合莫斯科国立大学成立中俄数学中心。中俄数学中心的成立不仅象征了中国、俄罗斯两国科研创新合作水平达到了新的高度，同时也预示着两国将在引领全球数学主流研究的发展、培养数学领域全球顶尖人才以及着力提高两国科技创新能力等方面取得更大成就。三年多来，中俄数学中心持续组织举办一系列论坛，先后邀请超过250名中俄优秀数学家作报告，并举办不少于150场学术交流活动，每次活动都会吸引大量科研工作者参与。

（六）推动放管结合，科研管理服务机制取得新成效

2022年，为进一步释放科技创新活力，北京大学坚持以体制机制创新为驱动，以"精细化"服务为导向，积极作为努力走好"放管服"最后一公里，为校内广大科研工作者潜心研究营造良好环境。一是不断优化科研经费使用制度。以进一步优化间接经费、结余经费使用机制和切实落实科研经费"包干

制"为主要目标，出台和修订一系列科研项目及资金管理规章制度，从而充分调动科研人员积极性、主动性、创造性。二是加强对科研事务的规范管理。围绕人遗资源、科技伦理、利益关联、科学数据等重要事项，加强规范管理，确保改革政策接得住、管得好，让科研人员充分享受改革红利。三是完善科研管理综合信息系统建设，进一步优化预算调整、合同签订等业务办理流程，提高校内事务办理信息化水平，让信息"多跑路"，让师生"少跑腿"。四是不断加强理工科科研财务助理培训。以打造一支懂政策、精实务、勤服务的校内学术辅助队伍为目标，高水平组织科研财务助理培训。2019年以来，北京大学已累计培训2000余人次，形成了一支能够为校内广大科研人员提供强有力支撑和服务的学术辅助队伍。五是加强学风道德和科学道德宣讲。大力弘扬科学家精神、倡导科研诚信、涵养优良学风、营造风清气正的科研环境，从而为实现高水平科技自立自强营造良好氛围。

三　北京大学推进科技创新发展的主要挑战与应对举措

随着世界百年未有之大变局加速演进以及我国发展面临的国内外环境不断发生变化，国内高等教育的办学模式将迎来深刻调整，这给北京大学适应时代变化、推进内涵式发展提出了新的要求并带来了新的挑战，具体体现在以下几方面：一是学校治理水平仍有待提高，办学特色不够突出。无论是从服务党和国家事业发展的需要角度看，还是从学校改革发展目标任务来看，北京大学的治理体系和治理能力现代化建设都有待进一步加强。二是新科技革命对办学模式提出了新要求。目前，科技与知识的创新更迭速度之快已超乎想象，与之相应的是问题更加复杂，社会分工更加细致，这对北京大学既保持发展定力又围绕重大科学问题和前沿交叉领域构筑发展合力、形成开放创新的良好格局带来全新挑战。三是现有资源与发展需求之间仍存在一定的矛盾。与位居世界前列的顶尖大学相比，北京大学在资源汲取能力、资源投入的规模和持续性等方面仍存在明显不足和差距。四是日益激烈的国际竞争形势带来新挑战。在当今单边主义与保护主义盛行、逆全球化思潮愈演愈烈的国际形势下，人才国际交流、国际科研合作以及人才安全保障受到剧烈冲击，这给北京大学参与获取世界优质高等教育资源带来新的挑战。在这样的背景下，建议北京大学采取以下举措积极应对挑战。

（一）加强党对学校的全面领导，坚持办学正确政治方向

一是健全党对学校全面领导的制度体系。坚持把学习贯彻习近平新时代中国特色社会主义思想作为重中之重，建立和落实不忘初心、牢记使命制度，完善党委领导下的校长负责制，健全党的工作体系。二是强化基层党组织政治功能。突出学校党委管党治党、办学治校主体责任，健全党的组织体系、制度体系和工作机制，强化院（系）党组织的政治功能，全面提高组织工作质量。三是牢牢掌握意识形态工作领导权。压紧压实意识形态工作责任制，加强国家安全教育，营造积极正面的宣传舆论氛围。四是建设忠诚干净有担当的高素质专业化干部队伍。完善干部选拔任用机制，严守选人用人规矩和程序，始终把政治标准放在第一位。五是推动全面从严治党纵深发展。落实全面从严治党主体责任，深化纪检监察体制改革，强化监督第一职责，依规依纪依法监督执纪问责，统筹推进巡察有形有效全覆盖，推进巡察工作规范化制度化。六是夯实师德师风建设长效机制。统筹推进师德师风建设的规范化、制度化，加强师德教育，坚持师德"一票否决"。七是强化统战和群团工作。巩固完善大统战工作格局，加强教代会工会建设，推进共青团工作改革创新。八是持续深入抓好安全稳定工作。严格落实"党政同责、一岗双责、齐抓共管"的安全稳定工作责任制，全面提升学校应急处突能力，增强国家安全和保密意识，加强保密工作。

（二）优化育人体系，培养堪当民族复兴大任的时代新人

一是健全思想政治工作体系，培养社会主义建设者和接班人。将理想信念教育、制度自信教育纳入人才培养全过程，深化思政课改革创新，深入推进"课程思政"建设，配齐建强思政课教师队伍，提高实践育人的广度与深度，在管理服务中深化思想政治教育，加强思政工作队伍建设。二是因材施教、分类培养，加快培养国家急需的高层次人才。坚持"以本为本"，推进"四个回归"，推动本科人才培养内涵式发展。深入学习贯彻习近平总书记关于研究生教育的重要指示精神，构建培养高层次领军人才的研究生培养体系。面向人民生命健康，推进新时代医学教育教学改革，培养党和人民信赖的好医生和医学科研工作者。

三是深化教育教学改革，持续打造高水平育人模式。加强课程体系建设，深化教学环节改革，构建科学合理的质量监控与评价体系，完善招生选拔录取机制。

（三）完善创新体系，全范围服务创新驱动发展战略

一是围绕国家重大需求，优化学科建设布局。全力支持新工科建设，巩固增强理科领先优势，健全中国特色哲学社会科学学科体系，大力推进"北大医学"建设，持续促进学科交叉融合。二是面向创新制高点，健全科研攻关机制。健全有组织的科研模式，积极参与国家重点研究计划，加强科研机构和重大科研平台建设，改进学术管理服务，加强学术期刊建设，加强科研工作规划和队伍建设，改善创新发展的"软环境"。三是主动对接国家战略，深度融入经济社会发展进程。主动承担国家重大项目，加强智库建设，实施服务"健康中国"战略，扎实做好服务乡村振兴和对口支援工作。四是坚持正确导向，优化学术评价体系。完善分类学术评价制度，坚定地把师德师风和教书育人成效作为学术评价的首要标准，改革学术评价方法，尊重学科发展规律和人才成长规律，科学合理设置评价考核周期。

（四）强化人才体系，建设世界一流师资队伍

一是持续优化人才结构和规模。坚持党管人才，创新人才工作体制机制，统筹抓好各类人才队伍建设工作。二是深化人才发展和评价体制机制改革。根据学科特点进一步完善分类评价体系，为教职工提供更加多元化的职业发展通道。三是持续加大对人才的资源投入力度。健全院系人力资源核算体系，强化院系人员经费预算约束。建立更具全球竞争力的、激励与约束相结合的薪资收入和福利体系，为优秀人才提供充足的资源支持和发展空间。四是围绕教学科研需求，大力提升人才服务水平。持续打造专业化、职业化的管理人员队伍和教学科研辅助支撑队伍。

（五）健全治理体系，充分释放办学活力

一是打造权责清晰、运行顺畅、充满活力的治理结构。进一步厘清理顺学校与院系的职责、权利与义务，健全学术治理体系，坚持依靠师生民三治校，深入推进依法治校，统筹推进各办学机构协同发展。二是建设以人为本、优质

暖心的管理服务体系。优化职能部门的职责体系、组织结构，提高网信建设和治理水平，提升文献保障和信息服务能力，加强实验室建设与管理，推进"品质校园"建设，充分发挥离退休人员在学校改革发展中的重要作用，积极做好校友工作，继续加强附中、附小和幼儿园的发展建设。三是建立健全高效有力的执行落实机制。加强督查落实制度建设，建立健全监督问责制度。

（六）创新开放体系，统筹利用国内国际优质资源

一是形成更加紧密的国内合作机制。深化校地合作，助力区域经济发展和创新体系建设，完善产学研深度融合机制，完善继续教育治理体系，不断提升继续教育办学质量和水平。二是推进国际化人才培养与交流。深入实施全球卓越人才培养计划，探索基于网络的国际教育合作新模式，探索合作办学新模式新机制。三是优化国际师资人才结构。优化人才引进机制，重点吸引"尖""潜"人才。四是建设国际协同创新体系。建设新型全球战略合作伙伴关系，深化科研国际合作，积极服务中国特色大国外交，完善国际交流工作机制。

参考文献

［1］《北京大学简介》，https：//www.pku.edu.cn/about.html。

［2］杨卫、常若菲：《将高水平研究型大学塑造为国家战略科技力量的方面军》，《科教发展研究》2021年第1期。

［3］张应强：《中国特色、世界一流大学的发展模式和时代使命》，《清华大学教育研究》2022年第4期。

［4］中华人民共和国教育部：《北京大学：北京大学打造国家战略科技力量助力高水平科技自立自强》，2022.http：//wap.moe.gov.cn/jyb_ xwfb/s6192/s133/s134/202209/ t20220901_ 657087.html。

B.15
2022年科技领军企业科技发展调查报告

—— 以中国电子信息产业集团有限公司为例

李　蕾*

摘　要： 数字经济时代，网信事业属于经济社会发展中的基础性、战略性和先导性领域。中国电子信息产业集团有限公司（以下简称"中国电子"）是以网络安全和信息化为主业的中央企业。近年来，该企业紧紧围绕国家战略，把握产业技术发展趋势，向着实现高水平科技自立自强不懈努力。中国电子始终坚持以成为国家网信事业核心战略科技力量为使命定位，通过"换道超车"和"联合创新"突破关键核心技术，以系统优化和生态开放强力推进新技术的产业化应用，同时坚持人力资源是第一资源，改革人才工作体制机制，利用"反向混改"成批量引进外部优秀人才。中国电子的成功实践是在改革创新中实现高水平科技自立自强的生动体现。

关键词： 科技领军企业　中国电子　科技创新

中国电子信息产业集团有限公司（以下简称"中国电子"）是以网络安全和信息化为主业的中央企业，是我国网信事业的"国家队"、数字中国建设的"主力军"。近年来，中国电子面向世界科技前沿，瞄准国家重大战略需求，将全方位、超常规创新摆在企业发展的突出位置，在计算体系、集成电路

---

* 李蕾，中共中央党校（国家行政学院）经济学教研部教授，博士生导师，主要研究方向为科技创新、企业管理等。

等领域突破了一批关键核心技术。通过夯实数字技术底座、推动行业应用、打造创新生态、重构计算体系，中国电子在工业互联网、人工智能等多个领域助力产业链供应链安全可控，成为国家网信事业中的一支重要战略科技力量。

网络信息技术是全球研发投入最集中、创新最活跃、应用最广泛、辐射带动作用最大的技术创新领域，是全球技术创新的竞争高地。人工智能、区块链、工业互联网、云计算等数字技术正在为人类社会带来生产方式质的飞跃和生产关系的深刻调整，数字经济在国民经济中的占比快速提高，网络信息技术成为经济社会发展的最主要的驱动力量。党的十八大以来，我国网信事业发展取得历史性成就，网络强国建设迈出新步伐。但是，我国网信产业起步较晚、技术积累不足、高端人才匮乏，"缺芯少魂"的问题长期存在，一些关键核心技术仍然"受制于人"，数字经济发展受到制约，网络安全挑战也不容忽视。作为技术追赶型国家，我国面临技术发展的"后发劣势"，如何摆脱技术依赖的发展陷阱，实现"后来居上"，是我国实现高水平科技自立自强必须解答的问题。中国电子经过多年的探索，在高端通用芯片、操作系统等领域的关键核心技术上取得突破，同时技术和产品市场化应用日益活跃，在实现高水平科技自立自强的探索道路上积累了有益的经验。

一　战略导向：打造国家网信事业核心战略科技力量

作为政治属性和经济属性的统一体，国有企业是贯彻党的决策部署的排头兵，是履行国家使命和体现国家意志的主力军，不仅要实现资本投资收益，更肩负着重大的政治责任和社会责任。因此，坚持党的领导、加强党的建设，是国有企业的"根"和"魂"，服务国家战略是国有企业天然的使命任务。

中国电子起源于1931年的中央红军通信材料厂，1989年由原电子工业部所属企业组建而成。经过30多年的发展，中国电子已经成长为具有全球影响力和竞争力的大型企业，连续12年进入世界500强，经营地域覆盖全球6大洲60多个国家。作为我国电子信息领域的领军企业，中国电子以网络安全和信息化为主业、全力打造自主安全计算体系能力。中国电子将企业发展的目标确立为以实际行动为党和国家事业发展作出卓越贡献，以服务国家战略为任务导向，围绕打造国家网信事业核心战略科技力量，统筹构建以重构计算产业体

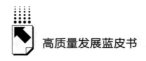

系为核心、以集成电路为基础、以网络安全为保障、以数据应用为目标、以高新电子为高地的重点业务布局，提出以自主可控的数字技术支撑国家治理体系和治理能力现代化，服务我国数字经济高质量发展，保障国家网络安全。

中国电子提高政治站位，主动履行国家使命，对接网信事业安全可控的战略要求，瞄准"关后门""堵漏洞""防断供"三大网络安全任务要求，聚焦网络安全底层技术，建立起我国自主的计算体系——"PKS"体系，其中"P"代表飞腾处理器（PHYTIUM）、"K"代表麒麟操作系统（KYLIN）、"S"代表保护网络安全的能力（SAFE）。聚焦CPU和操作系统领域关键技术，通过点的突破带动面的提升。在CPU领域坚持超前布局成功打造出飞腾系列CPU；在操作系统领域，组建麒麟软件公司，以安全可行的操作系统技术为核心，形成了以银河麒麟桌面操作系统、服务器操作系统、嵌入式操作系统、麒麟云、操作系统增值产品为代表的产品线，全面应用于党政、国防、金融、交通、能源、通信等重点行业。

计算产业是数字和智能时代的战略性基础产业，是我国构建现代产业体系、实现高质量发展的重要支撑。从服务数字经济高质量发展出发，中国电子提出重构计算产业体系。计算无处不在，数字经济中的重要生产要素——数据，必须通过计算才能成为有市场价值的知识、信息和技术。网信事业各种技术、各个赛道发展的最大公约数是计算产业和计算体系，为了抢占数字经济发展的战略高地，我国必须基于关键技术自主可控构建起中国特色的现代化的计算产业体系。中国电子充分发挥企业创新主体作用，依托市场主体的力量，整合产学研用政等多方力量，打破区域、行业、地域等藩篱，构建起新的计算产业体系。通过完善理论体系布局、技术体系布局、产业能力布局及人才队伍搭建，利用重大项目，在重构中国计算产业体系中形成核心竞争力和实现核心功能。

二　换道超车、联合创新掌握关键核心技术

当前，全球网络信息技术创新周期缩短，重量级的创新成果不断涌现，技术发展呈现出新的特点。一是创新生态开放性。计算技术和计算体系同传统产业深度融合，使得计算体系的边界逐步扩展，产业生态更趋开放，企业之间的

竞争更多地体现为不同技术创新生态的竞争。二是网络安全性成为热点。网络已经渗透到经济社会的各个层面，如何保证数据安全、网络安全成为网信事业的热点问题。安全体现在多个层面，既包括数据安全、网络安全，也包括供应链和产业链安全。三是计算体系的多极化。在百年未有之大变局下，围绕算力、算法和数据的大国科技博弈很可能会重构全球计算体系。传统的美国一极独大的体系格局将被打破，基于自主知识产权的中国式计算体系将会成为全球计算体系的重要组成部分。四是技术迭代的速度加快。数字经济的发展为网络信息技术创造了越来越多的应用场景，倒逼网信企业产出更快的算力、更好的算法。技术迭代的速度加快一方面让具有技术积累的先发企业有机会在现有成熟技术路线上享有先发优势，另一方面也让后发企业积极探索颠覆性技术，寻找不同的技术路线。网络信息技术发展的这些趋势导致单个企业很难凭借一己之力快速完成技术创新，必须通过新的组织方式，同产业内其他企业联合起来，以活跃的创新生态推动技术创新。

坚决打赢关键核心技术攻坚战，是推动经济高质量发展的根本要求，也是创新驱动发展的必由之路。世界一流企业的共同特征之一是创新能力领先，通过加大研发投入力度和加速研发流程，以更多的原始性创新和引领性创新为支撑开辟业务领域，形成竞争优势。新时代，中国企业面临的竞争环境发生了很大的变化，通过技术引进提升技术能力的成本更高、难度更大、不确定性更强，必须以更大的决心和勇气敢于面向技术前沿开展科技创新活动，立足技术自立，坚定不移地走自主研发、自主可控、自主创新的道路，围绕技术自立自强布局企业核心能力体系。

通过自主创新摆脱技术依赖，掌握关键核心技术是中国电子矢志不移的目标追求。中国电子认为，突破关键核心技术一方面需要坚定信心、明确战略、长期投入、坚持不懈，另一方面也需要制定有效的技术追赶战略，选择有潜力的技术追赶路线。从产业实践来看，关键核心技术往往具有投入大、周期长，风险高的特点，短期内研发成本很难通过产品利润得到补偿，市场先进入者具有很强的先发优势，后进入者在现有的技术路线上想要实现超越难度很高，成功的概率不大。后发国家有效的技术战略很可能是在跟踪科技前沿发展动态的基础上找到新的有潜力的技术路线，把握时机实现换道超车。用一个形象的比喻来讲就是，后发国家的技术追赶就像与技术先发国家比赛爬树，先发国家起步早，已经爬到一定的高度了，后发国家如果从同一棵树的下面往上爬，很容易被对手遏制打压，要想"后来居上"必须寻找另外一棵树，这样机会更大、成功率更高。以 CPU 业务领域为例，指令集是所有指令的集合，它规定了 CPU 可执行的所有操作，微架构是完成这些指令操作的电路设计。不同的指令集在硬件和软件之间不兼容，代表了不同的技术路线。国际领先企业英特尔公司和 AMD 公司的 CPU 产品都采用了 X86 指令集。中国电子持续跟踪 CPU 技术创新发展趋势，选择以 ARM 指令集为基础架构开发关键核心技术，实现了换道超车。诞生于 1985 年的 ARM 指令集架构在低功耗计算上有性能优势，同时拥有活跃的产业生态，是通用计算领域的后起之秀。中国电子购买了 ARMV8 指令集架构的永久使用权，其技术特点是能够覆盖高性能计算、服务器、桌面、移动、嵌入式、物联网等全部领域。基于 ARM 兼容路线的国产化解决方案，能够融合计算、通信、服务等信息处理的关键环节，打造云、管、端一体的计算平台，并融合飞腾自主定义的安全架构标准，打造系统级信息安全解决方案，使国产自主创新和安全定义与国际最新计算模式变革接轨，真正实现跨越式发展。

突破关键核心技术需要汇聚各方力量，不能关起门来搞创新。中国电子探索以"龙头企业组织+中小企业配套"的联合创新开展关键核心技术攻关。作为行业领军企业，中国电子主动承担起联合创新体系组织者的任务，发挥自身在产业、技术、产品、人才等方面的优势，当好原创性技术"策源地"和产业链"链长"。联合创新的组织方式包括实施重大科技攻关项目、组建技术创新联盟、打造技术创新生态等。联合创新是以突破关键核心技术为目标，汇聚政府、科研机构、高校、企业等多方力量，融合创新链、产业链、资金链和人才链，形成目标一致、功能互补、价值共享、良性互动的科技创新组织体系。

2021 年 5 月，国内首套自主可控重型燃气轮机控制系统（TCS）在华电浙江龙游电厂成功并网投运。重型燃气轮机被誉为装备制造业"皇冠上的明珠"，其研发制造水平体现了一个国家的工业水平，而 TCS 作为重型燃气轮机的核心控制系统，决定着重型燃气轮机的性能和安全。长期以来，TCS 的设计、组态、调试等相关核心功能一直由国外燃机原厂家提供，燃气发电领域"卡脖子"现象突出。中国电子与中国华电强强联合，发挥各自在操作系统开发和工程技术上的优势，通过对重型燃气机组的保护原理、控制策略、功能算法、控制系统软硬件设计以及涉网安全运行等方面进行深入研究，成功突破了E级重型燃气轮机本体控制原理研究与逻辑设计、燃烧压力脉动监测与燃烧调整、涉网精准控制、仿真建模等关键技术，成功研制出自主可控TCS。企业联合创新已成为国家创新体系的重要组成部分，发挥了创新资源的集聚和组织平台的作用。通过联合创新，企业在科技创新中的主体作用进一步凸显，各项创新要素得到进一步集聚并实现优化配置，核心关键技术突破能力显著提升。

三　系统优化、生态开放推进市场应用

网信产业属于充分竞争领域，科技创新成果必须通过市场检验，获得市场回报。企业作为科技创新的主体，其创新活动必须形成"技术突破－工程放大－产业化应用"的闭环体系。从我国技术追赶的实践看，单点的技术突破如果没有实现创新链和产业链的融合，新技术如果找不到市场化应用的场景，科技创新就会停留在技术成果层面无法实现真正的市场价值。从科技创新的内在规律看，从科学研究到技术发明再到技术创新，各个环节既相互联系又有所区别，共同构成科技创新的完整体系。科学研究通过对现象背后的原理进行探索，为技术创新提供思路和可能路径；技术发明是从应用需求出发，找到实现特定用途的技术、产品和整体解决方案；而技术创新是有用户的技术发明，关键是为技术发明找到市场。技术创新本质上是经济范畴，而非技术范畴。没有用户的技术发明最终会被市场淘汰。后发追赶型的技术创新最大的问题不是技术层面的突破，而是在行业领先企业已经占领主流市场，掌握技术话语权和技术标准，拥有规模效应带来的成本优势的市场环境中，如何打开市场，获取用户，不断扩大市场规模，为技术发明找到现实的用户。中国电子找到的路径是行业定制、系统优化、生态开放、体验优先。

我国拥有超大规模的国内市场，产业数字化和数字产业化的发展潜力巨大，国家网络安全的保障需求巨大，这是中国电子开展科技创新的最有力支撑。以CPU领域为例，中国电子下属的飞腾公司联合行业合作伙伴，面向各个行业打造上百种联合解决方案，并陆续推出《从端到云基于飞腾平台的全栈解决方案白皮书》、《嵌入式领域基于飞腾平台的全栈解决方案白皮书》、"金融行业白皮书"以及嵌入式、OEM和ODM产品手册等公开资料，将飞腾平台的产品和解决方案以货架式呈现给广大客户，为国产化选型提供更加高效的信息参考，解决信创领域应用"最后一公里"难题。在产业应用方面，飞腾 CPU 在政府信创市场占据超过 50% 的市场份额，处于绝对领先地位，并逐步发力金融、通信、能源、交通、医疗、教育等行业的信创市场应用，以高性能、高安全、生态良好的优秀算力，加速行业信息系统转型升级，助力国家推动"新基建"。

　　面对国外的先发优势，针对当前单项技术相对落后的状态，中国电子按照"市场牵引产业发展、生态促进技术进步"的基本逻辑，坚持"单品追赶、系统超越"的策略，以系统取胜，用系统思维分析用户需求、指导产业实践，用系统优化获得相对竞争优势，在系统迭代优化中促进技术发展。中国电子在信创工程建设和产业数字化实践中，优化"国产化+升级"的系统解决方案以及"央企主建，政府主用"的运营服务模式，采用云计算、大数据等先进技术对现有信息系统进行改造升级，强化系统运维与升级服务，在实现国产化的同时，保证信息系统的先进性和安全性。找准自主计算产业链创新发展的两大切入点，把资源和力量聚焦在系统优化和行业定制上，坚持"安全为先、单品超越、系统优化、体验更佳"竞争策略，加快"PKS"体系的迭代发展和应用创新，更好满足用户多元化、个性化需求。充分发挥自主计算产业链链长优势，广泛凝聚创新力量，吸引高校、科研院所、民营企业等优势创新主体，形成产学研用结合、产业链上下游衔接、大中小企业结合的创新机制。联合各领域头部企业，实现多种云产品与"PKS"体系的更好适配，将系统的安全性和处理能力提升数十倍，探索出我国网信产业创新发展之路。

　　构建开放生态是网信产业中龙头企业的战略重点。数字经济的本质是数字资源的开放共享，只有开放才能形成数据链接，只有数据链接才能形成数字价值，数字有了价值才能实现数字赋能。中国电子提出以开放的胸怀推动产业发展，通过加强与产业内外企业的"创新共享、开放合作"打造生机勃勃的创新生态，坚持将创新体系内各个主体"组织起来"，携手合作伙伴建成联合攻关基地、产品适配中心、共性技术协同创新体系以及技术创新公共服务平台。

　　"PKS"体系是中国电子着力打造的创新生态。"PKS"技术路线是选得对、走得通、潜力大的技术路线。中国电子实施"千千万万""PKS"生态建设行动，即投入千亿元资金发展"PKS"技术路线的先进芯片设计与制造；设立千亿元产业基金，拓展"PKS"产业链，筑牢产业链底座，延伸产业链范围，保障产业链安全；培育万名"PKS"生态系统的战略科技人才和产业人才，联合国内高校和科研院所通过产教融合、教科融合发现和培养骨干人才；支撑万亿级网信产业集群，以龙头企业组织、中小企业跟进、国有企业带头、民营企业升级的方式吸引更多的企业加入"PKS"创新生态圈，共建一个更开放、更包容、更有活力的安全先进绿色计算生态。

2023 年，中国电子与华为技术有限公司决定合并鲲鹏生态和 PKS 生态，共同打造同时支持鲲鹏和飞腾处理器的"鹏腾"生态，携手产业界伙伴共同发展，开创通用算力新格局。当前，基于鲲鹏处理器、飞腾处理器的服务器和 PC 机已被规模化地应用于政府、运营商、金融、电力等各大领域的核心业务场景，形成鲲鹏和"PKS"两大主流生态。面向未来，基于合并后的"鹏腾"生态，中国电子和华为将充分发挥各自优势，秉承"优势互补、协同合作、产业共建、繁荣生态"的原则，在产业标准、伙伴计划、技术协同、开源贡献、市场营销、人才培养等多方面展开深度合作。通过构建统一的"鹏腾"生态，简化生态伙伴的软硬件适配和认证，使能伙伴开发更多形态的产品，可覆盖云、数据中心、边缘、PC 终端等全场景，伙伴基于"鹏腾"生态的产品与解决方案也将更加丰富，有机会在更多的行业中应用落地，更好地赋能千行百业的数字化。

四　人才为本、反向混改汇集创新资源

人才是第一资源，国际科技创新实力的竞争归根结底是科技人才的竞争，科技自立自强需要一支规模宏大、结构合理、素质优良的人才队伍，领军人才和战略性人才队伍对企业科技创新发挥着决定性作用。

中国电子坚持加强党的领导，推动党建工作与科技创新人才工作的深度融合，把打造国家网信事业核心战略科技力量的使命感和责任感传导到每一个员工身上，充分发挥党员干部先锋模范作用，增强党支部战斗堡垒作用，以"党建+人才"为引领激发员工科技创新使命感。2020 年初，中国电子下属的麒麟软件公司在坚守疫情防控底线的前提下，为优质高效保障国家信创工程顺利实施，打响新一代麒麟操作系统研发工作"百日会战"。为确保

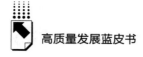

"百日会战"的全面胜利，麒麟软件公司党委组织成立银河麒麟桌面操作系统和服务器操作系统两支研发攻关党员突击队，攻克多项操作系统核心技术，其中成功研制的银河麒麟操作系统V10在我国自主网信产业创新史上具有里程碑意义。

中国电子注重人才引进和培养工作，创新人才工作方式"聚天下英才为我用之"。中国电子推出"未来科学家"计划和总部"直选生"项目在全球范围内招纳优秀人才。"未来科学家"计划聚焦计算体系、集成电路、网络安全、数据治理等领域的关键核心技术攻关，重点引进全日制博士毕业生中最具创新潜质的优秀青年科技人才及各类奇才、怪才，为其提供特殊培养计划、特殊成长通道、特殊薪酬激励、特殊配套保障，年薪最高可达200万元。集团总部"直选生"项目按照"一人一策"的原则，结合个人意愿将"直选生"安排到中国电子所属企业进行挂职培养。"直选生"与集团总部签署劳动合司，建立劳动关系，入职后的薪酬、社会保险、住房公积金以及其他相关福利待遇按集团总部相关规定执行。集团总部和所属企业分别指定导师对"直选生"进行为期两年的专项培养，目标是培养中高级科技专家或经营管理人才。培养期满，由集团总部组织考核，考核合格者可回到集团总部工作，也可根据本人意愿，留在所属企业继续发展。

中国电子坚持推进市场化改革，充分发挥市场在人力资源资源配置中的决定性作用，以市场化深化人才体制机制改革，创新引才、用才、育才、留才举措，加快建设网信事业重要人才中心和创新高地。中国电子下属的麒麟软件将改革重点聚焦于持续完善科技人才引进、培养、选拔、用好机制上，公司员工由整合之初的800余人发展到目前的3000余人，在北京、天津、上海、长沙、郑州建立五大研发中心，注重对硕士、博士等高学历人才的引进，将优秀人才、优质资源投入科技研发第一线，目前研发与技术人员在员工总数中的占比已经超过70%。麒麟软件全面推行经理层成员任期制和契约化管理，明确经理层责任，保护经理层权利，通过董事会对经理层进行严格考核，让工资与绩效相结合，以此实现对公司管理层人员的激励，实现经理层任期制和契约化管理覆盖率100%。麒麟软件在中国电子指导下，用足用活激励政策，通过工资总额单列政策加强对技术核心骨干的绩效考核激励。在加快建立中长期激励机制方面，麒麟软件向554名核心骨干员工提供股权激励，员工持股规模达到

15%，极大地激发了科技人员干事创业的积极性。

在当前国际形势下，半导体行业人才竞争日趋激烈。身为国内领先的自主核心芯片提供商，中国电子下属的飞腾公司为了给企业发展持续积累人才动能，不断优化薪酬体系和考核制度，聘请知名咨询机构对薪酬体系进行"问诊把脉"，建立健全具有市场竞争力的薪酬体系，并将职位体系划分为管理、技术、客户、专业和操作五大序列，不同职位序列对应不同岗位，实现职级"去行政化"。同时，根据岗位类别划分"管理-专业"两个晋升通道，为不同专长的员工提供明确上升空间，进一步激发员工特别是一线科研人员的积极性。在加强研发人才队伍建设上，飞腾公司以构建产学研用创新生态体系提升可持续创新能力。一方面，在研究院体制内，利用政策条件大范围引入研究型人才，与知名大学和机构开展密切合作，设立灵活的知识产权转化和共享机制。另一方面，成立飞腾人才发展部和高校合作部，推动校企合作和技术人才培养。飞腾人才发展部"聚焦飞腾员工培训和认证，对外服务飞腾关键客户，对内培育飞腾技术人才"，同时与工业和信息化部人才交流中心联合开展培训认证，面向政府部委机关、行业用户等企事业伙伴共育人才。坚持多措并举，为科研人员营造了良好的创新生态，也形成了一支创新能力强的科技人才队伍。

网信领域往往"高手在民间"，民营企业中汇聚了很多科技创新前沿的帅才、专才，甚至是奇才、怪才。中国电子认为，通过"反向混改"优秀民营科技企业，成体系引进专业化人才是打造战略性科技人才队伍的重要路径。近年来，中国电子通过战略投资网络安全龙头企业奇安信，并购软件服务知名企业文思海辉，共引进约4.5万名优秀网信人才，加快构筑网信领域人才高地和创新中心，为产业发展提供了有力的人才支撑。文思海辉是一家咨询与科技服务提供商，前身分别是创立于1995年的文思创新软件技术有限公司和创立于1996年的海辉软件（国际）集团公司，2012年合并成立"文思海辉技术有限公司"，此后一直致力于为全球客户提供世界领先的商业咨询服务、IT咨询服务、解决方案等。其旗下专注于为金融行业服务的文思海辉金信软件有限公司，连续三年位列中国银行业IT解决方案市场份额排行榜榜首。2020年，中国电子收购文思海辉，整建制地吸纳了其在金融领域、政府领域和数字城市领域的软件咨询人才。

五　案例启示

当前，中华民族伟大复兴进入关键期，百年未有之大变局加速演进，全球抢占科技制高点的竞争空前激烈。在全面建设社会主义现代化国家的新征程上，加快实现高水平科技自立自强是构建新发展格局，推进高质量发展的必由之路，也是国家发展的战略支撑。实现高水平科技自立自强包含两大重点任务：一是掌握关键核心技术，提高科技自立能力，确保重点领域产业链供应链安全；二是打通从实验室到市场的科技成果转化路径，实现后发国家技术赶超，从全球产业链劳动密集型的中低端向科技密集型的高端升级，实现科技自强。在"技术引进-技术自立-科技自立自强"的过程中，我国企业普遍面临着创新资源匮乏、技术积累不足、创新人才短缺、市场应用难度高等问题，科技创新的后发劣势明显。如何克服后发劣势，走出中国特色的后发技术追赶之路，中国电子的科技创新实践探索为我们提供了很多有益的启发。

（一）增强自信，坚持以自主创新夯实创新体系底座

科技强才能企业强、产业强、经济强、国家强。关键核心技术要不来、买不来、讨不来，它不仅是企业在价值链上的话语权的重要来源，也是企业核心竞争力的最重要的构成要素。中国电子作为我国网信事业的领军企业，面对强大的国际竞争对手，始终相信中国企业完全有能力掌握网信产业的关键核心技术，完全有能力实现从跟跑到并跑、领跑的技术赶超。中国电子以计算体系中的 CPU 和操作系统两个最关键难度最高的领域为自主创新的主攻阵地，长期投入，不计得失、坚持不懈，以持续不断地关键核心技术突破夯实国家网信事业创新体系的底座，体现了中央企业在服务国家战略中的使命担当。

中国电子把"换道超车"作为掌握关键核心技术的主要技术战略。关键核心技术的攻坚战不能只考虑技术突破，还必须从市场化应用的角度考虑技术应用和市场价值。因此，亦步亦趋地跟随追赶主流技术路线，往往会面临国外先进企业设置的专利使用、人才引进、标准认证等各种技术壁垒，成功概率较低。科技创新越是活跃的领域，其技术路线多元化的特征越是明显。中国电子

通过长期跟踪国际前沿技术进展，在 ARM 指令集架构方兴未艾之时抓住时机购买到永久使用权，并在 ARM 指令集基础上自主开发 CPU 和操作系统，在更高的起点上完成技术追赶，同时也加快了科技创新的节奏。

（二）联合创新，坚持以新型举国体制提高创新体系整体效能

毋庸讳言，我国的网信产业起步晚、积累少、技术相对落后。在力量薄弱的基础上要实现科技自立自强，中国电子的实践经验是必须把分散的创新力量组织起来，充分发挥社会主义集中力量办大事的制度优势。不同于计划经济时期的传统举国体制，新型举国体制有助于企业在开放和市场经济中举全国之力找到有效的组织方式，中国电子采用了联合创新的方式来组织全产业的创新资源。发挥新型举国体制作用，要完成的核心任务是突破关键核心技术，目标定位是使关键核心技术在市场中得到应用，在市场竞争中打造新动能新优势。

（三）四链融合，坚持以市场化体制机制改革推进科技自立自强

创新是发展的第一驱动力，科技创新和制度创新需要"双轮"驱动，制度创新是科技创新的"点火系"。中国电子在科技自立自强的探索实践中，走出了创新链、产业链、资金链和人才链深度融合，以市场化驱动科技创新，以体制机制改革释放创新活力的创新之路。其中，创新链是科技自立自强的基础。我们比过去任何时候都更加需要科技创新这一解决方案，只有掌握了关键核心技术，在科技创新最为活跃的领域不断形成原始性、引领性的创新成果，科技自立自强才有核心能力和技术话语权。产业链是科技自立自强的动力。技术发明只有经过工艺验证、试验放大和规模生产，才能成为有用户的技术创新。产业链越是发达完备，技术从实验室到市场的速度越快，成功率越高。中国电子通过产业布局，不断延伸产业链，开辟技术应用场景，实现科技成果的有效转化。人才链是科技自立自强的活力。科技竞争归根结底是人才的竞争，领军人才和战略科技人才是创新体系中最为宝贵的资源。中国电子通过全球揽才、专业育才、大胆用才、激励留才，不仅重视骨干人才和专业人才，而且注重以包容的创新文化吸引奇才和怪才，通过反向混改，成批量地大规模从民营企业中引进企业急需的专业人才。资金链是科技自立自强的支撑。网信产业是

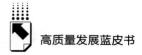

万亿级的基础性、战略性产业，资本密集的特点非常突出。中国电子充分利用资本市场，通过资本运作放大国有资本的功能，引导和撬动社会资源投入关键核心技术开发和创新生态打造。

参考文献

［1］芮晓武：《用党的创新理论引领我国网信事业发展》，《学习时报》2022年4月11日。

［2］《习近平：高举中国特色社会主义伟大旗帜 为全面建设社会主义现代化国家而团结奋斗——在中国共产党第二十次全国代表大会上的报告》，https：// baijiahao. baidu. com/s？id=1747666968337407608&wfr=spider&for=pc。

［3］徐隽：《深入贯彻党中央关于网络强国的重要思想 大力推动网信事业高质量发展》，《人民日报》2023年7月16日。

［4］曾毅：《电子新时代 强国新征程》，《高科技与产业化》2023年第4期。

［5］曾毅：《以新型举国体制打造网信事业核心战略力量》，《学习时报》2023年3月8日。

［6］张学文、陈劲：《科技自立自强的理论、战略与实践逻辑》，《科学学研究》2021年第5期。

B.16
2022年国家重点实验室科技创新发展调查报告
——以宁夏大学省部共建煤炭高效利用与绿色化工国家重点实验室为例

张国清 沈国琴 韩立雄 黄玉彩 魏华 韩惠芳*

摘 要： 国家重点实验室在国家科技创新体系中扮演着重要角色，是高水平研究、科技人才培养和学术交流的重要基地。宁夏大学省部共建煤炭高效利用与绿色化工国家重点实验室（以下简称"宁夏国重室"）作为国家重点实验室，在宁夏及全国煤炭高效利用和"双碳"目标实现方面发挥了重要作用。本文聚焦宁夏国重室发展历程、基本情况，系统总结了近年来宁夏国重室在人才队伍建设、高水平论文发表、关键技术创新、对外合作交流及研究生培养等方面取得的显著成就。与此同时，也发现宁夏国重室在高质量发展过程中面临一些困难，如科研经费不足、高层次人才匮乏、管理体制不完善、科技成果转化难等。针对这些问题，本文提出了争取资金支持，优化宁夏国重室总体布局；内培外引，组建合理的人才队伍；强化顶层设计，改革创新管理体制和运行机制；多途径多方式，提升科技成果转化率；抓住国家重点实验室重组机遇，着力解决"卡脖子"难

---

* 张国清，中共宁夏区委党校（宁夏行政学院）经济学教研部副教授，中共银川市委党校副校长（挂职），主要研究方向为区域经济；沈国琴，中共银川市委党校经济学教研部教授，主要研究方向为发展经济学；韩立雄，中共银川市委党校经济学教研部副教授，主要研究方向为微观经济学；黄玉彩，中共银川市委党校经济学教研部助教，主要研究方向为区域经济学；魏华，中共银川市委党校科研科二级主任科员；韩惠芳，中共灵武市委党校教师，主要研究方向为习近平新时代中国特色社会主义思想。

题五个方面的政策建议。

关键词： 国家重点实验室　基础研究　煤炭高效利用　绿色化工

　　国家重点实验室是国家科技创新体系的重要组成部分，是国家聚集和培养优秀科技人才、开展高水平学术交流的重要基地。党的二十大报告提出："健全新型举国体制，强化国家战略科技力量，优化配置创新资源，优化国家科研机构、高水平研究型大学、科技领军企业定位和布局，形成国家实验室体系。"国家重点实验室是国家实验室体系的重要组成部分，宁夏省部共建煤炭高效利用与绿色化工国家重点实验室（以下简称"宁夏国重室"），以国家战略需求为导向，积聚力量进行原创性引领性科技攻关，通过实施一系列战略性、全局性、前瞻性的国家重大科技项目，不断提高自主创新能力，为宁夏经济社会发展作出了巨大贡献。

一　宁夏国重室发展历程与基本情况

　　1984年国家开始实行国家重点实验室建设计划，迄今已有近四十年的时间。经过近四十年的建设和发展，国家重点实验室体系框架基本形成。宁夏国重室前身为1999年建立的宁夏大学能源化工重点实验室，2001年被批准为自治区重点实验室，2003年被科技部批准为"省部共建天然气转化国家重点实验室培育基地"，2017年被科技部批准为"省部共建煤炭高效利用与绿色化工国家重点实验室"。主管单位为宁夏回族自治区科学技术厅，依托单位为宁夏大学。宁夏国重室面向国家能源战略发展重大需求，立足宁夏，针对宁东-鄂尔多斯-榆林能源"金三角"区域煤化工产业和资源环境的可持续发展，开展低能耗先进煤气化反应工程及固废协同气化工艺、煤基化学品高值化及定向转化高效催化工艺、煤基废弃物规模化等方面的重大应用基础理论和共性关键技术研究，突破煤炭清洁利用、资源环境及相关材料等领域的科学理论与关键技术，为我国西部地区煤化工产业转型升级和发展循环经济提供科技与人才支撑。

二　宁夏国重室科技创新取得的成就

（一）人才规模不断扩大

2017～2022年宁夏国重室人才规模不断扩大，固定研究人员数量逐年增加，不同梯次人才全面发展，人才服务地方企业，推动区域经济高质量发展的作用充分显现。

一是固定研究人员数量逐年增加。宁夏国重室面向国家能源战略重大需求，坚持"人才强室"理念，大力引进、培养高层次人才和青年学术骨干。结合化学工程与技术国家一流学科建设，按照"学科带头人-团队-重大项目-标志性成果"建设思路，在国家、自治区以及宁夏大学相关引才、稳才、留才政策的支持下，宁夏国重室人才队伍和团队建设成效显著，固定研究数量人员逐年增加。

二是不同梯次人才广覆盖。近年来，实验室有5人被聘为教育部长江学者特聘教授、组建省部级科研团队7个。实验室现有9人入选国家级人才工程、26人入选自治区级各类人才工程。同时，实验室年轻后备力量也比较强大，宁夏科技创新领军人才、青年拔尖人才、青年托举人才等不同层次的青年骨干人才队伍持续发展壮大。

三是人才作用充分显现。随着人才队伍不断扩大，规模效应逐步显现。不同专业背景、学科背景的人才之间的交流合作不断增强，研究人员的学科视角越来越广。多学科的融合发展为解决复杂问题提供了更全面、综合性的处理方案，推动了科技创新的跨界发展。优秀人才为实验室带来了先进的研发技术和前沿的学术理念，提升了实验室的整体研究水平和学术影响力。人才作用的充分显现为"人才强室"理念的落地打下坚实基础。

（二）科研水平持续提高

2017～2022年宁夏国重室在基础理论研究和关键技术攻关方面取得了显著进展，也为煤化工产业发展和环保技术应用提供了重要支持。

一是基础研究不断深入，推动煤化工产业转型。宁夏国重室成立以来，面向国际学术前沿和宁东能源化工基地重大需求，展开了贯通式的基础理论研究，涵盖化工热力学、传递与反应等化工基础理论研究以及装置开发与工程应用研究。宁夏国重室在煤炭清洁转化与新能源耦合利用应用基础研究和共性关键技术攻关方面取得了重大进展。在高温煤气化、煤基高温化学品多联产、化学链燃烧/气化与二氧化碳耦合活化等方面取得重要进展，其中 5 项技术进入中试或工业示范阶段，多项成果实现转化。在煤炭清洁利用、环保技术、高端化学品等领域的科技成果为煤化工产业转型升级和资源循环利用提供了新的解决方案。这些成果不仅提升了我国在相关领域的国际竞争力，也提高了我国在国际科技交流中的话语权和地位。

二是科研项目逐年增加，产学研合作助力发展。2017～2022 年宁夏国重室获批国家自然科学基金重点项目、联合基金重点项目及国家重点研发计划课题等共 111 项，同时还获批 234 项省部级资助项目，其中包括 47 项重点重大项目，累计获批竞争性研究经费约 1.5 亿元。宁夏国重室还通过承担社会横向合作项目，使科研成果更好地与产业需求对接，加速了技术市场化和产业化进程，为企业创新发展提供了有力支撑，促进了相关产业的升级。承担项目的增加有力地支持了宁夏国重室科研活动的可持续发展，保证了科研人员有足够的资源开展创新性、前沿性研究工作。

三是高水平论文逐年增多，影响力显著提升。2017～2022 年宁夏国重室累计发表高水平论文 633 篇，多篇论文被刊登在国内外有影响力的专业期刊上，研究人员的科研水平、创新能力以及问题解决能力大幅提升。

四是专利数量逐年增长，科技创新能力不断提升。2017～2022 年宁夏国重室累计申请专利 123 项，累计获批授权发明专利 104 项。这些成果为宁夏国重室与企业、其他科研机构合作带来更多机会，进一步推动了实验室科技创新能力的增强。

（三）对外影响力持续提升

自 2017 年获批国家重点实验室至今，宁夏国重室遵循"开放、流动、联合、竞争"的运行机制，积极开展国内外学术交流，不断扩大国内外学术影响力。

一是广泛开展国内合作。在国内学术界，宁夏国重室先后开展实施开放课题 357 项，合作单位达 116 家，其中包括清华大学、华东理工大学、天津大学、山东大学、中国科学院山西煤化所等。这些合作为宁夏国重室拓展研究领域提供了有益资源，丰富了研究内容，同时也增加了科研成果的数量和质量，实现了合作共赢。

二是成为重要的学科创新基地。宁夏国重室获批"宁东煤炭高效利用与绿色化工学科创新引智基地"，成为重要的学科创新基地。作为宁夏首个国家级高等学校学科创新引智基地，宁夏国重室集聚中外多名专家学者组成科研团队，紧密围绕自治区经济社会重大发展现实，精准锚定宁东能源化工基地共性难题，以宁夏新型煤化工和新材料支柱产业的重大需求为导向，以"建设一流能源化工基地"为总体目标，统筹教育科技人才发展，努力建设成为支撑宁东能源化工基地高质量发展、具有新型煤化工特色的国际化科研平台。

三是积极加强国际合作，拓宽学术视野。在国际学术研究层面，实验室积极加强国际合作，先后与马来西亚彭亨大学和英国萨里大学等单位建立了合作研究和联合培养研究生、本科生机制。这些国际合作使学生增长了见识，拓展了研究思路，为实验室后续发展奠定了厚实的基础。

四是主办多次学术会议，提升影响力。宁夏国重室积极发声，多次举办学术会议，如 2023 年西部化工学科发展论坛暨省部共建国家重点实验室学术委员会扩大会议、第八届全国碳催化学术会议、中国化学会第五届"菁青论坛"等。这些会议不仅扩大了实验室的国内外学术影响力和知名度，也为宁夏国重室与全球科研机构进行交流合作提供了良好契机，推动了学术思想的碰撞和科研成果的传播与应用。

（四）研究生培养取得佳绩

宁夏国重室一直秉持科学发展与开拓创新教育理念，持续加大研究生培养投入力度，致力于不断推动我国煤炭高效利用与绿色化工领域的重大基础理论创新和共性关键技术创新，为我国煤化工产业转型升级和循环经济发展提供持续的科技与人才支撑。

一是研究生数量逐年上升。2017~2022 年宁夏国重室累计培养了 300 余位硕士和博士研究生，已成为国内煤化工领域具有一定影响力的人才基地，实验室在科研和人才培养方面取得丰硕成果。

二是注重培养学生创新能力，多项赛事取得佳绩。2022 年，在中国国际"互联网+"大学生创新创业大赛、第十七届"挑战杯"全国大学生课外学术科技作品竞赛、全国"互联网+化学反应工程"课模设计大赛等多个比赛中，宁夏国重室学子都有不俗表现。

三 宁夏国重室科技创新发展面临的困难

经过多年发展，宁夏国重室各方面已取得可喜成绩，但由于起步晚、历史短，宁夏国重室高质量发展仍面临较多困难，如科研经费投入不足、高层次人才匮乏、管理体制不完善、科技成果转化难、实验室升级难等。

（一）科研经费投入不足，空间狭小制约发展

科技投入强度是科研创新活动扎实推进的有力保障，与高校科技创新能力密切相关。宁夏国重室经费主要来源于宁夏财政拨款和依托单位配套拨款。2022 年宁夏国重室科研立项和到账经费虽然均实现了 3 亿元的历史性突破，但投入总量依然难以满足发展需求，一定程度上阻碍了科技创新高质量发展。

一是规模体量小制约科技创新发展。依据来源渠道不同，高校科研资金一般分为纵向、横向和自筹三种，相关部门对各类经费的使用和监管都有不同的规定。宁夏大学自身能够筹集和支配的资源不多、渠道有限，对实验室场地建设投入不足。目前宁夏国重室整体使用面积仅有 5400 平方米。由于实验场地狭小、空间拥挤，科研人员日常休息区域与实验设备及工作学习区域处于同一场地，实验区与生活区未分离，存在风险隐患。目前宁夏国重室只能进行小试，而中试是科技成果向生产力转化的必要环节，中试场地缺乏，不利于科技成果转化，也不利于承担国家重大科研任务。

二是硬件设施不能完全满足科研发展需求。工欲善其事，必先利其器。实验室硬件设施既是高校开展日常教学、人才培养活动的重要前提和基础，也是高校开展科研活动、服务社会的重要依托。2018~2020 年，政府相关部门每年给予配套专项资金 1000 万元用于宁夏国重室建设，实验室设备和环境有了极大改善。但自 2021 年开始，该专项资金被取消，由于经费不足，实验室硬件设施更新不及时，实验仪器配置同教学需求和科研需求缺乏有效衔接和协调，

不能满足办学规模、高质量发展等方面的需求。

三是科研人员经费投入保障机制不完善。科研人员经费投入保障机制是激发创新活力、推进科技创新成果转化的强大动力。目前宁夏国重室依然存在科研人员总体收入不高、不均衡和人才引进政策难以落实的问题。调研发现，宁夏国重室还一定程度上存在着科研人员绩效工资发放不及时的情况，且实验室科研人员总收入中财政保障部分的比例相对较低。根据实验室人才引进政策，青年研究骨干科研启动费为20万~30万元，依据业绩和能力在此基础上再给予20万~100万元的配套经费，但学校科研启动经费往往不能满足实际需求。

（二）高层次人才匮乏，科研能力有待提升

谁拥有了一流创新人才、拥有了一流科学家，谁就能在科技创新中占据优势。宁夏国重室获批成立后，在人才队伍建设水平和科研能力方面虽有很大提升，但依然面临较多问题。

一是科研人才队伍体量小，竞争力相对偏低。宁夏国重室作为宁夏高校唯一一家省部共建国家重点实验室在实现"双碳"目标和建设黄河流域生态保护与高质量发展先行区中承担着不可推卸的责任和使命。目前实验室组建的8支省部级科研团队，整体科研水平竞争力不强，基础理论研究和原始性科技创新能力不足。自1999年以来，仅2022年以第一署名单位在 Nature 子刊发表1篇研究论文，高水平论文不多。超过500万元的重大项目较少，缺少对接国家重大战略部署的项目，没有宁夏大学牵头的重点项目。近五年未获得国家级科技奖励，获得的13项省部级科技奖励中一等奖仅有1项，实验室高水平研究还未形成常态化，省部级团队理论研究水平和原始创新能力有待进一步提升，同时国家级科研团队建设仍未取得突破性进展，整体科研能力居全国第三梯队。

二是高层次人才匮乏，人才培育、引进难。高校是科研人才的聚集地，全国60%以上的高层次人才集中在高校。领军人才是整个人才队伍的核心，高层次人才是提高核心竞争力的主要力量。国内各大城市人才引进"大战"不断升级，高水平科研人员引进难度持续增加。宁夏仅有宁夏大学一所"双一流"大学和两个省部共建国家重点实验室，重大科研平台数量少，聚集人才和吸引人才的功能相对较弱，导致本地优秀人才外流，外地优秀人才引进难。

目前实验室共有固定研究人员 89 人，其中院士仅有 1 人，国家杰出青年科学基金获得者 2 人，教育部长江学者特聘教授 5 人，且院士聘用合约即将到期，宁夏国重室后续发展面临领军人才和高水平研究人才匮乏的困境。此外，由于科研经费投入总量不足、人才培养机制不完善等原因，青年高端人才培养困难重重。

（三）管理体制不完善，阻碍科技创新发展

高校实验室管理机制和人才评价机制是保障科研活动顺利推进和激发科研人员创新活力的前提和保障。宁夏国重室在管理机制、评价体系方面虽已取得较大进步，但短板依然明显。

一是管理体制不完善，规范化管理有待加强。宁夏国重室科研人员身份具有多重性，科研人员不能集中精力开展科研活动。宁夏国重室依托宁夏大学，科研人员必须承担相应的教学工作，完成学校规定的授课任务。同时科研人员也要承担很多行政事务和社会事务。宁夏大学未给实验室配备相关的行政服务人员，科研人员需要将大量的时间花费在立项、评估、总结、汇报、财务等行政事务上，还要参加各类行政会议、负责实验室内部管理等。这些非专业活动一定程度上分散了科研人员的精力，导致科研人员从事科学研究的时间难以保证。

二是人才评价机制有待进一步完善。宁夏国重室科研人员评价指标主要包括个人科研成果数量、论文引用频次、科研项目的数量和经费体量以及科研项目的获奖情况。这种以定量指标为主的评价机制虽然一定程度上激发了科研人员研发的积极性，但也产生一些弊端。"计件式"的科研绩效主义奖励政策，与创新的基本特点和规律不符。论文、科研项目数量与科研人员的考核、绩效工资、职称评级以及带研究生资格等直接挂钩，导致一些科研人员为了完成考核任务或者其他目标，违背科技创新的初衷，把发论文、获得项目立项作为研发的最终目的。此外，科研人员考核周期相对较短，为了应对频繁的考核，科研人员尤其是青年科研人员，不能根据自身实际需求制定长期发展规划，只能去做短期内出成果的科研项目。这种频繁、重数量轻质量的科技人才评价机制，在很大程度上限制了科研人员的创新能力提升和创新潜质挖掘。

（四）科技成果转化难，转化科技含量低

科技成果转化是科技创新活动全过程的"最后一公里"，成果转化是否成功很大程度上决定了科技创新活动的成败。高等院校、科研院所等科研单位是科技成果的供给主体。宁夏国重室在推动宁夏社会经济发展中承担着不可推卸的责任。近年来，宁夏国重室科技成果数量大幅增加，但成果转化率有待提升，科技含量有待提高。

一是科研成果转化率低，政产学研协同创新难。近五年，宁夏国重室授权发明专利104项，获省部级科技奖励13项，但仅有5项技术进入中试或工业示范阶段。调研发现，宁夏国重室多为企业提供咨询、评审等服务，实际核心技术应用较少。宁夏国重室不仅科技成果转化率低，转化技术含量也不高。一方面，由于科研机制不完善，宁夏国重室存在科研成果与实际需求不匹配、理论研究与实际应用分离的问题，即"科技经济两张皮"。另一方面，中试是科研成果转化量产的必要环节，宁夏国重室受场地和经费所限，无力承担中试所带来的高投入、高成本、长周期风险，最终导致大部分科研成果难以转化为经济效益。此外，由于政产学研主体价值取向存在偏差，以及政府科技创新政策与企业实际发展需求契合度低，政策精准性不够，合作科研项目难以落地实施。企业作为创新主体，大多满足于现状，创新意识薄弱，创新能力有限或无创新需求，在有盈利的前提下，为节约成本、规避风险，许多企业不愿采用新技术、新成果。

二是科研成果转化专业人才匮乏，产业链不完善。科研成果转化具有较强的专业性和复杂性，对人员有较高要求。科研成果转化人员既要掌握专业知识和高精尖技术，还要懂法律知识、及时掌握国际前沿技术信息。当前，专门从事科研成果转化的专业人才全国各地都十分缺乏。宁夏国重室同样缺乏科研成果转化专业人才，这就造成实验室科研成果转化率低，成果转化缺乏全局性和前瞻性。宁夏国重室同企业之间的合作多为科研人员个人主动联系企业，缺少科技成果转化的中间环节，即技术转化的第三方服务平台，例如高校技术转移机构、第三方中介服务平台、科技成果评价体系、投资机构等。

（五）面临全国重点实验室升级难题

2022年1月1日起施行的《中华人民共和国科学技术进步法》提出要建

立健全以国家实验室为引领、全国重点实验室为支撑的实验室体系，专注于解决"卡脖子"问题和前沿领域的技术研发。宁夏国重室，与升级为全国重点实验室相比还有一定差距。

一是政府相关部门对宁夏国重室重组的重视程度不够。根据全国重点实验室重组要求，高等院校不具有单独申报重组资格。实验室要实现重组，依托单位必须是具备一定规模的大中型企业，企业在行业内具有较高的知名度和影响力，能够为实验室提供充足的建设、运行和试验费用。宁夏满足这些要求的国有企业寥寥无几，与企业合作发展需要政府部门参与规划设计。目前看，政府相关部门对于此次实验室重组的重视程度不够，在资金获取、校企合作方面，给予的关注也不够。

二是整体水平与全国重点实验室的要求尚有差距。人才结构和科研能力是实验室升级的硬性指标，也是重组的关键所在。目前宁夏国重室人才队伍规模小，缺少学科带头人和高水平科研人员，整体科研水平以及硬件设施与升级标准相比有一定差距。此外，重组已临近尾声，全国重点实验室整体布局已基本确定，升级难度较大。

四 促进宁夏国重室室高质量发展的对策建议

面向世界科技前沿和国家重大需求，宁夏国重室加快发展必须深入贯彻习近平新时代中国特色社会主义思想，坚持创新、协调、绿色、开放、共享发展理念，加强顶层设计和系统布局，大幅提升原始创新能力、学术影响力，打造国家重点实验室"升级版"，为"双碳"目标的实现和建设黄河流域生态保护与高质量发展提供强大基础支撑，为引领经济社会发展提供条件保障。

（一）争取资金支持，优化宁夏国重室总体布局

省部共建国家重点实验室是地区及国家科技创新体系的重要组成部分，对提升地区及国家综合科技实力、促进学科发展等有着重要作用。宁夏国重室目前体量小、经费不足以及硬件设施、空间结构不能满足科研发展需要等问题仍旧存在，化解这些问题应重点做好以下几项工作。

一是确定合理的研究方向和发展目标。省部共建国家重点实验室"省部

共建、以省为主"的建设管理原则,决定了宁夏国重室建设的主要目标是在宁夏回族自治区科技厅的协助下,面向地方、以问题为导向、以需求为己任,瞄准产业难题和关键技术,开展高水平原创性学术研究和技术创新,支撑地方基础研究和应用研究,引领行业技术进步,形成实验室研究特色。因此,宁夏国重室要认真分析自身优势和不足,结合国家战略需求和学科发展趋势,在充分调研的基础上,与宁夏回族自治区科技厅及依托单位加强沟通协作,找准自身定位、目标及特色。然后,根据自身需求调整实验室的规模,改革实验室人事管理制度,吸纳多类型、多领域人员进入实验室,做到量与质的平衡,即实验室中科学家、工程师、技术人员与行政管理人员的平衡;主攻研究领域人才与其他领域人才的平衡;固定人员与兼职人员尤其是高层次兼职人才的平衡。

二是营造良好的科研环境,制定科学且有针对性的管理制度。宁夏国重室要按照省部共建国家重点实验室的管理规范、运行机制及相关要求,加强内部建设和外部合作,营造良好的科研环境,制定科学且有针对性的管理制度,提高创新能力,突出自身特色和亮点,加强与宁夏各地市经济社会发展的互动与联系,真正为国家科技创新和宁夏社会经济发展作出贡献。例如,加强与宁东能源化工基地的交流与合作,提高主动服务宁东企业的服务意识和服务质量,努力使实验室的研究成果能够体现较强的原创性和前瞻性,且具有较高的学术水平和影响力。

三是多元化增加研发经费投入。适当增加实验室财政拨款投入,采用项目制形式实施精准拨款,保障财政拨款的下拨速度。争取实验室依托单位、主管部门和地方政府加大对实验室建设发展的多元化投入力度,激励企业和社会力量加大基础研究投入力度。购买一定数量的先进大型仪器设备,完善科研装备水平,提高科研装备的更新速度,夯实实验室的硬件设施,以满足日常科研教学之所需。同时,争取更大的场地和投入,化解科研人员日常休息区域与实验设备及工作学习区域处于同一场地的现实困难,着力解决实验空间狭小,实验风险大的问题;增加科研启动资金,保障科学研究、人才招聘、队伍建设、设备购买等经费,推动日常工作开展。对经费使用效率进行评估或者采用第三方形式对经费使用情况进行管理和监督。

(二)内培外引,组建合理的人才队伍

省部共建国家重点实验室是凝聚人才和培养人才的重要基地。宁夏国重室

发展时间短，存在人才队伍规模小、学科学术领军人才匮乏、缺乏竞争力、高层次人才培育和引进困难等问题，对这些问题必须予以高度重视，尽快解决。

一是加大高层次人才引进力度。宁夏国重室应创建良好的科研环境，吸引优秀科学家和具有较强创新能力和学术领导力的高层次人才进入实验室工作，尤其是两院院士、国家优青、国家杰青、长江学者等具有较强国际国内影响力的学术带头人。这类人才的引进，不仅能直接将各类资源和技术引入实验室，提升实验室的科研实力，更能通过"蝴蝶效应"发挥带动作用，加快形成高端人才团队，为实验室的长期稳定发展打下良好的人才基础。

二是积极培养实验室青年人才。宁夏国重室应制定高端人才培养方案，把自己的青年人才尽快培育为优秀学术带头人和学术骨干，持续完善后备人才培养机制。目前，宁夏国重室的青年研究人员大多来自全国知名高校或科研院所，具有良好的学术背景和科研能力，但职业发展规划和学术前景不够明确和清晰。因此，实验室应发挥好年轻研究人员引路人的作用，积极推荐他们参加国内外访学留学，支持他们申请有助于提高科研水平的项目。实验室还应遵循人才成长规律，建立良好的用人机制和激励机制，充分调动科研人员的积极性和创造性。

三是常态化组建研究团队。鼓励青年人才"抱团取暖"，以研究方向和项目为基础，组成科研小团队，充分发挥年轻人思维活跃、执行能力强的优势，使他们在共同进行科学研究的过程中相互学习进步。研究团队的组建要兼顾年龄、学科、人才层次等多个方面，均衡合理的人员构成，不仅有利于团队的高质量发展，也有利于实验室人才队伍的均衡发展。

（三）强化顶层设计，改革创新管理体制和运行机制

省部共建国家重点实验室是国家战略科技力量的重要组成部分，其建设发展是强化国家战略科技力量的发力点和着力点。宁夏国重室建设发展应主动融入新一轮科技革命和产业变革，坚持把改革创新发展作为首要任务，把协调发展和绿色发展作为基本原则，把开放发展和共享发展作为必由之路，把提升自主创新能力作为建设发展的根本目的，坚持问题导向和需求导向，不断提升科学研究的广度和深度。

一是坚持改革引领，营造有利于科技创新的良好氛围。宁夏国重室的建设

发展要坚持以改革为引领，创新管理运行体制机制，进一步完善符合科研规律、有利于创新产出的科技管理体制和政策体系，形成敢于创新、便于创新、乐于创新的良好氛围。

二是创新机制运行，建立开放共享的管理制度。建议宁夏国重室在"联合、开放、流动、竞争"运行机制的基础上，建设人财物相对独立的管理运行机制，增强实验室的独立性和自主权。改革和完善评价机制，坚持分类评估，坚决破除"唯论文、唯职称、唯学历、唯奖项"，强化定性与定量相结合的分类评价机制。

三是完善科技人才发现、培养、激励机制和考核机制。省部共建国家重点实验要在面向科技前沿、抢占科技制高点、服务经济社会发展主战场、加强科技创新合作、解决国家重大战略需求等方面展现新作为，离不开人才的支撑、离不开高质量科研成果的支撑。宁夏国重室要统筹处理好激励创新与宽容失败、知识共享与产权保护的关系，建立科研人员"跳起来能够摘到桃子"的制度和运行机制，夯实基础研究能力，常态化开展高水平研究，提升团队科研能力，争取早日建成国家级科研团队。

（四）多途径多方式，提升科技成果转化率

宁夏国重室科研成果转化率较低，原因是多方面的，主要有政策性引导不足、校企合作较少、研究课题与市场需求不匹配、奖励机制不完善等，提升实验室科技成果转化率，需要从以下几方面入手。

一是加强科技成果转化管理。宁夏大学内部要加强科技成果转化管理，建立相关知识产权管理部门，研究掌握国家和地方科技成果转化相关政策，引导和协助解决实验室在成果转化过程中遇到的各种纠纷问题。加强政产学研合作，激活实验室发展的内生动力和技术创新活力，充分发挥宁夏国重室在促进地方经济社会发展和科技强国建设中的引领、支撑和保障作用。

二是完善科技成果评价制度。改变当前"重理论、轻应用""重纵向项目、轻横向项目""重研发、轻转化"的科技管理评价制度。坚持煤炭高效利用与绿色化工理论和实践相统一，适度提高实验室科技成果转化奖励额度，将科技成果转化率指标加入科研人员考核评价机制中，提高科研人员开展科技成果转化的积极性。

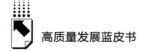

三是建立健全政府与实验室信息交流机制。建立政府、高校、企业、实验室信息交流平台，使企业及时了解实验室的科研成果，也使实验室掌握企业的市场需求，避免具有市场前景的科技成果停留在理论和实验阶段，成熟的技术无法快速抢占国内国际市场的现象。

四是加强科研成果与教学内容的转化。坚持最新科研成果进教材、进课堂。将宁东能源化工基地煤制油项目研究的最新成果和黄河流域生态保护与高质量发展先行区建设中用能权、碳排放权改革的最新研究成果及时引入课堂教学，以用能权、碳排放权改革为突破口提升实验室研究质量，建立"煤炭-油气-水资源利用"的教学、科研、生产基地，供学生社会实践使用。

（五）抓住国家重点实验室体系重组机遇，着力解决"卡脖子"难题

重组国家重点实验室体系是新时代党中央、国务院作出的重大决策部署。国家对国家重点实验室赋予了新使命，提出了新要求，进一步明确了国家重点实验室发展的主攻方向和着力点。宁夏国重室应抓住国家重点实验室体系重组机遇，大幅提升实验室原始创新能力和影响力，形成对关键核心技术的整体支撑能力，着力为相关领域解决"卡脖子"难题作出贡献。

一是积极参与全球科技治理体系建设。抓住全球创新资源加速流动的机遇，主动发起、牵头组织和积极参与大科学计划和大科学工程，努力成为重大科技议题和重大科技合作规则的倡导者、推动者和制定者，不断提升宁夏国重室的创新能力和影响力，着力塑造全方位、多层次、跨领域的科技创新合作格局。

二是加快构建创新联合体。支持宁夏国重室与龙头企业整合资源，建立创新联合体，大力吸引"大院、大所、大企"与宁夏国重室共建高层次研发机构，推进关联企业、高校院所、实验室协同发展。完善创新联合体各方利益链接机制，激发各类创新要素资源向宁夏国重室积聚，促进产业链、创新链与价值链的深度融合。鼓励和引导创新联合体积极参与国家重大战略远景科技项目，鼓励通过参股、投资等多种方式开展研发项目，加快攻克重要领域"卡脖子"技术。积极推动宁夏国重室开放共享发展，使高水平创新成果快速实现产业化，提高社会效益和经济效益。

区域发展篇

Region Development

B.17

2022年北京国际科技创新中心
发展进展及建议

董丽丽*

摘　要： 北京建设国际科技创新中心对于北京实现高质量发展、京津冀协同创新、国家科技自立自强都有重要意义。本文系统总结了北京国际科技创新中心建设所取得的重大成效，指出截止到2022年北京已初步建成具有全球影响力的科技创新中心。在此基础上，本文深入分析了北京国际科技创新中心建设中存在的薄弱环节，包括创新要素之间缺乏联动、各项发展仍不均衡、区域发展差异较大等，并提出进一步推进北京国际科技创新中心建设的几方面建议，包括打造原始科技创新策源地、构筑创新引领高精尖产业集群、建成全球创新要素汇聚地、建设京津冀协同创新共同体等。本文认为，要实现北京国际科技创新中心的建设目标，需要政府、企业、高校和研究机构等多方面共同努力，形成合力，共同推进北京

* 董丽丽，北京市社会科学院管理研究所副研究员，主要研究方向为科技政策、公共管理。

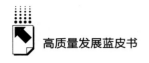

国际科技创新中心建设工作。

关键词： 北京　国际科技创新中心　原始创新　京津冀协同创新共同体

　　将北京建设成为国际科技创新中心是习近平总书记亲自提出、亲自谋划、亲自推动的国家战略，是实现我国科技自立自强的关键一步。党的十九届五中全会明确提出，支持北京等地形成国际科技创新中心，此后 8 年来北京市以"三城一区"作为北京国际科技创新中心建设的主平台，始终把国际科技创新中心建设作为"五子"之首。目前，北京已实现《北京加强全国科技创新中心建设总体方案》阶段性目标，并探索形成五个方面的"北京经验"，从而为实现 2030 年总体建设目标，将北京建设成为全球原始创新策源地、全球开放创新核心区奠定了坚实基础。

　　北京市国际科技创新中心建设，不仅对于北京市本身发展来说意义非凡，而且有助于京津冀协同发展、辐射引领全国创新、提高国际竞争力，甚至对于全球经济增长和科技创新也有重大意义。据此，本文首先系统总结了 2022 年北京国际创新中心建设所取得的重大成效，以及建设进程中北京市政府的相关实践与成功经验，对北京国际创新中心建设中的薄弱环节进行深入分析，在此基础上，提出进一步推动北京国际创新中心建设的相关建议。

一　北京国际科技创新中心建设开创新局面

　　依据 2023 年 5 月科技部、北京市人民政府、国家发展改革委等 12 部门联合印发的《深入贯彻落实习近平总书记重要批示精神　加快推动北京国际科技创新中心建设的工作方案》（以下简称《方案》），北京国际科技创新中心建设的目标是到 2025 年"全社会研发经费支出占地区生产总值比重保持在 6%左右，基础研究经费占研发经费比重达 17%左右。每万名就业人员中研发人员数量达到 260 人左右"。相关统计数据显示，截止到 2022 年，北京活跃研究人员近 50 万人，数量位居全球第一；独角兽企业近 100 家，R&D 经费支出占 GDP 的比重在 6.5%以上，位于全球前列。与纽约、波士顿、伦敦等国际科技创新中心相比，北京在 PCT 专利、科研机构 200 强、大科学装置方面具有明显优势。从国内看，北京在万人发明专利数、基础研究经费占 R&D 经费支出比重、技术合同成交额占比、PCT 专利数量年均增长率等十余个指标方面，排名均位居第 1。同时，近年来北京在多项针对全球科技创新中心的评选中均名列前茅，其中施普林格·自然发布的"自然指数-科研城市"全球排名显示，北京连续 6 年位居第一。

2023 年 5 月 26 日，在中关村论坛上中国工程院院士邬贺铨发布了《北京国际科技创新中心建设情况评估报告》（以下简称《报告》）。《报告》由邬贺铨院士与 45 位院士共同参与完成，对 2014～2020 年北京国际科技创新中心建设情况进行了系统总结和全面评估。《报告》提出，现阶段，北京原始创新和科技源头供给能力显著提升、多项指标达到国际领先水平，圆满完成《北京加强全国科技创新中心建设总体方案》中"第二步"的建设目标，已初步建成具有全球影响力的科技创新中心。

（一）重大科技创新成果集中涌现

科技创新是推动经济高质量发展的重要引擎。北京集聚的高校和科研院所质量和数量皆在全国排名前列，基础研究力量雄厚。在国际科技创新中心建设过程中，北京始终致力于加强原创性引领性科技攻关，持续打造高质量发展新引擎。2022 年，北京秉承"四个占先"原则，聚焦"卡脖子"技术攻关，持续加强基础和前沿技术项目布局，在量子信息、人工智能、区块链、生物技术等领域产生一批重大科技创新成果（见表1）。

表 1　北京在关键核心领域取得的重大科技创新成果

领域	重大科技创新成果
量子信息领域	建设了超导量子计算云平台；将量子直接通信距离提升到 100 公里；百度网讯、启科量子等 4 家企业上榜全球量子计算技术发明专利 TOP100
人工智能领域	发布"九鼎智算平台"及高精度智能线虫"天宝 1.0"；"小数据、大任务"路线研究取得新进展
区块链领域	发布自主可控的软硬件技术体系长安链 2.3 和海量存储引擎"泓"

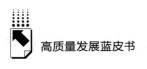

续表

领域	重大科技创新成果
生物技术领域	1个创新药获国家批准、15个第三类创新医疗器械上市,数量均居全国前列
集成电路领域	产研一体化取得突破,持续实施双"1+1"工程;搭建国内第一条8英寸硅光量产工艺线并开发量产工艺;自主研发出CCP介质刻蚀机

资料来源:北京市科委网站。

此外,北京在新一代信息技术、医药健康等领域也均取得重大突破,培育了一批世界级重大原创成果。2023年5月30日,中关村论坛重大成果发布会发布了20项重大科技成果,标志着北京国际科技创新中心建设取得重大进展(见表2)。此外,2022年北京还成功举办中关村前沿科技创新大赛、中国创新挑战赛等科技赛事。在2022年2月举办的北京冬奥会和冬残奥会上,绿色低碳科技成为一大亮点,共有200多项尖端技术和原创技术运用于冬奥会和冬残奥会的场馆建设、赛事运行等各个环节,留下了异常丰厚的冬奥会和冬残奥会科技遗产。

表2　2023年发布的20项重大科技成果

领域	科技成果
面向世界科技前沿	硅基光电子集成芯片与多功能系统;夸父卫星在轨获得世界一流天基太阳硬X射线图像等系列成果;通用视觉大模型Seg GPT;高能同步辐射光源直线加速器满能量出束;下一代云化开放无线网络新型空口试验验证平台
面向经济主战场	30微米厚度柔性可折叠玻璃;先进压缩空气储能技术;己内酰胺绿色生产成套新技术;180kW高效率氢燃料电池发动机系统;钠离子电池
面向国家重大需求	随钻成像测井仪器及井地数据传输系统;集成电路用12英寸高纯钴靶材及阳极;低温法烟气污染物近零排放控制(COAP)技术;基因编辑新型核酸酶;新一代人造太阳
面向人民生命健康	颅内病灶磁共振引导激光消融治疗系统;深脑成像微型化三光子显微镜;北斗卫星通信融入大众智能手机及实现产业化;基于国际首创技术的基因测序仪;国产体外膜肺氧合治疗(ECMO)产品

资料来源:2023年中关村论坛重大成果发布会。

（二）科技创新能力持续提升

"建强建优战略科技力量，有效服务国家重大战略需求"是北京国际科技创新中心建设的六大任务之首。近年来，北京在提升原始科技创新能力方面，建设了以国家实验室为引领的"三级"国际科技创新体系；在以体制机制激发创新活力方面，率先在新型研发机构中实行"五新"管理机制；在人才培养与人才激励方面，不断改革高端人才的引进、培养和评价制度。这一系列创新举措的实行，使得北京科技创新能力持续提升。2021年，北京市的R&D经费支出占GDP比重达6.53%，较2012年增加0.94个百分点，是全国平均水平的2.7倍，已提前完成《方案》中设定的2025年国际科技创新中心建设目标（见图1）。同时，基础研究经费占R&D经费支出比重为16.1%，较2012年增加了4.3个百分点（见图2）。

图1　2012～2021年北京市R&D经费支出及其占GDP比重

资料来源：历年《北京统计年鉴》。

在科技创新能力提高的同时，北京科技创新成果转化能力也有了显著提高。2022年，北京高技术产业增加值占GDP的比重接近30%，数字经济增加值也从2015年的0.87万亿元提高至2022年的1.7万亿元，年均增速约10%。海淀区数字经济核心产业增加值占海淀区地区生产总值的比重超过了50%。此外，中关村国家自主创新示范区2022年企业实现总收入8.7万亿元，相较

图2　2012~2021年北京市基础研究经费及其占 R&D 经费支出的比重

资料来源：历年《北京统计年鉴》。

2012 年增加了约 2.5 倍（见图 3）。随着科技创新能力的提高，高新技术已成为推动北京经济增长的主要引擎之一。

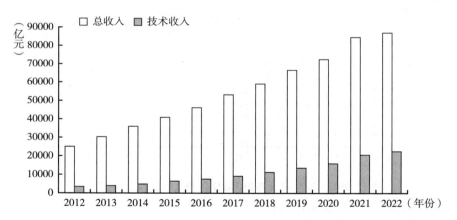

图3　2012~2022 年中关村国家自主创新示范区企业的总收入和技术收入情况

资料来源：北京市统计局。

（三）创新创业生态环境不断优化

创新创业生态环境是科技创新健康发展的基础，也是北京市政府着力打造和提升的重点领域。近年来，北京市政府以中关村国家自主创新示范区为标杆和主阵地，针对科技创新中的各种"痛点""堵点""盲点"，出台了一系列措施，为双创赋能，极大地激发了科研人员创新创造活力。2022年2月，北京市科委等部门联合发布了《北京市财政科研项目经费"包干制"试点方案》，率先在北京石墨烯研究院等试点单位试行经费专项"包干制"，研究单位可根据科研工作实际情况灵活使用经费，增加了科研经费使用的自主性；建立了"北京市科技管理信息系统"，实现项目和资金管理事务全流程在线办理，实现项目申报材料和办理时间的双减半。

双创生态环境的不断优化产生了显著效果。2022年，北京拥有独角兽企业近100家，平均每天新创办科技型企业近300家，留学归国人员、外籍从业人员增幅超过12%。2022年，有300余家跨国公司在中关村建立总部或研发中心，中关村企业出口总额达到3202.3亿元，相较2012年增加近2倍。根据2022年底发布的"中关村指数2022"，2021年中关村国家自主创新示范区的创新引领指数为347.3，较上年提高45.7（见图4）。此外，在2023年5月举办的中关村论坛上，北京人才发展战略研究院和北京大学光华管理学院联合发布的《全球城市人才黏性指数报告（2022）》显示，北京的综合得分连续3年在中国城市中排名第一。

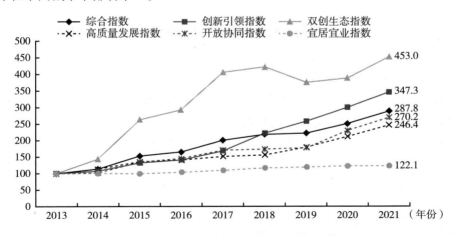

图4　2013~2021年中关村指数及五个一级指数

资料来源：孙奇茹：《中关村指数2022发布，创新引领指数快速上升》，《北京日报》2022年12月21日。

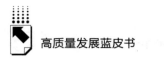

（四）全球影响力正日益扩大

北京科技创新能力的提升、原创性成果的大量涌入以及创新创业环境的不断优化，使得北京作为国际科技创新中心的全球影响力日益扩大。北京市政府也在工作中始终聚焦国际化发展，推动开放创新形成新格局。2022 年，北京市政府印发实施《北京市关于支持外资研发中心设立和发展的规定》，出台 20 条支持措施，认定首批外资研发中心 29 家；在对外交流方面，成功举办 2022 北京智源大会、北京国际学术交流季等活动 15 场，先后邀请近 40 位诺奖获得者或院士进行演讲交流。

通过一系列的努力，北京已经成为全球创新网络的重要力量，为我国进入创新型国家行列提供了有力支撑。《2022 年自然指数－科研城市》数据显示，在根据文章贡献份额排名得到的科研城市及都市圈 100 强中，北京排名第一。根据《国际科技创新中心指数 2022》的研究数据，北京在科学基础设施建设方面位居全球第一，在绿色低碳发展方面也表现突出，在可再生能源技术合作网络中处于全球首位，同时，北京持续汇聚世界顶级科研设施、一流科研机构和科学家，在创新型产业集聚、数字经济发展等方面的表现颇为突出。

二　北京国际科技创新中心建设存在的问题

近年来北京市国际科技创新中心建设取得了重大进展，但同时仍存在一些亟待解决的问题。其中有一些是国际科技创新中心建设中普遍存在的共性问题，例如科技成果转化方面，科技创新中心拥有很强的研发能力，但在研发成果孵化、产业培育等方面较为薄弱，导致科研成果不能与产业高效对接，特别是存在"最后一公里"问题，导致大量科技创新成果卡在了市场化环节。同时，还存在区域发展不均衡问题，在国际科技创新中心的发展过程中往往容易出现"一极化"的集中趋势，而这种不均衡达到一定程度后往往会导致科技创新活动效率低下，缺乏活力。除了共性问题，还有一些北京所特有的问题。例如官、产、学、研、资、介的配合与联动不足，导致北京科技创新活动对接效率较低，影响了整体的研发和成果转化效能。此外，还存在科研与市场衔接不够导致创新内在原生动力不足、科研力量集中带来的虹吸效应导致区域发展不均衡等问题。具体来说，可概括为以下几个方面。

（一）要素聚集优势明显，但创新要素之间缺乏联动

区域科技创新要素主要包括创新主体、创新技术、创新资本和创新体制机制等几大方面，北京国际科技创新中心建设的一个重要目标就是要汇聚各类创新要素，在此基础上有机整合创新要素，依托创新资本和创新体制机制激励科技创新活动，促进区域创新主体交互，加速创新技术转化和产业化。现阶段，北京已经聚集了大量的创新要素，在科技创新基础设施建设、创新人才培养、科技创新企业集聚、创新产出效率提升等方面皆取得重大进展，具有明显优势，但在创新要素的联动方面还存在较大的发展空间。

现阶段，北京创新要素联动方面主要存在以下不足。第一是作为国际科技创新中心建设主平台的"三城一区"创新要素资源分布不均衡，协同联动机制有待完善。其中，中关村科学城创新要素最为集中，不仅聚集了全国顶级的高校、科研院所，还有大量的高新技术企业和创新平台，总数占全市总数的近一半。其余地区则创新资源相对较少，创新要素黏性不足。第二是要素流动性不足，由于"三城一区"在医疗、教育等公共服务资源、创新环境和创新生态等方面存在较大差异，科技企业、科技人才等创新资源不断向中关村科学城汇聚，这进一步加剧了创新资源不均衡的问题。第三是创新要素间的对接和成果转化能力较弱，"三城一区"科技创新辐射外溢能力有待提高。受空间资源限制，北京制造业相对较弱，产业链存在较多薄弱环节，大量创新成果在产业化方面遇到阻碍，同时北京还存在重科研、轻中介和市场化不足等问题，降低了科技创新成果转化效率，也阻碍了北京的科技创新成果向周边地区扩散。《国际科技创新中心指数2022》测算了全球100个国际科技创新中心的要素聚集水平和辐射带动能力，根据测算结果，北京要素集聚优势明显，属于第一梯队，与旧金山-圣何塞、纽约等地一起占据了全球创新网络制高点，但在辐射能力方面相对较弱，得分仅处于第二梯队，落后于粤港澳大湾区。

（二）各项发展仍不均衡，存在短板与薄弱环节

北京在国际科技创新中心建设中的不均衡首先体现为科研基础设施建设进

展突出，在科技人力资源和知识创造方面存在短板。由清华大学和自然科研（Nature Research）团队联合发布的《国际科技创新中心指数》自2020年起连续3年从科学中心、创新高地和创新生态三个维度，对全球100个国际科技创新中心城市的发展状况进行系统性评估。根据《国际科技创新中心指数2022》的相关数据，在科学中心维度的评分中，北京科学基础设施得分为满分100分，位列第一，但在科技人力资源和知识创造方面的得分则明显落后，仅分别为73.54分和69.01分。以城市科研人员高被引论文比例衡量科技论文的整体质量和学术影响，以论文外部引用比例来衡量科技论文产出对社会、产业等领域的实践效力，综合这两个指标得到知识创造指标的得分，北京得分相对较低并未进入全球前二十。

其次是北京国际科技创新中心建设还存在区域发展不均衡的问题。"三城一区"的布局虽然在空间上拉开了距离，但是科技创新资源仍主要集中在市区六环内，以海淀区为中心呈放射状向周围城区扩散，同时，在六环内的资源也主要集中在北京的东部和北部，西部和南部以及六环之外的地区各类科技创新资源都与东部和北部有较大差距。这种科技创新资源发展的不均衡导致两方面的问题。一方面，北京东部和北部创新资源集中区域空间资源紧缺，居住、教育、医疗等相关配套公共服务资源也无法满足高密度科技创新机构、企业及人员的发展需求，从而一定程度上限制了科技创新活动的发展空间。另一方面，科技创新资源发展的不均衡还导致各区域间难以实现创新协同，资源稀缺地区也难以很好地承接北京科研院所等科研创新机构的前沿科技成果及推动产业落地，从而限制北京的科技创新成果向周边地区辐射转移，难以实现北京周边地区及京津冀区域共同发展。

（三）区域发展差异较大，辐射带动作用有待发挥

虽然北京自身具有雄厚的科技创新资源，集聚了丰富的创新要素，但京津冀协同创新仍存在诸多难点。一方面，天津与北京在产业规划和分工方面存在交叉重合；另一方面，河北周边区域的产业基础较为薄弱，创新发展滞后，导致北京大量的科技创新成果难以在第一时间实现转移和产业化。

根据《京津冀蓝皮书：京津冀高质量发展报告（2022）》相关研究，京津冀区域城市层面的高质量发展差异显著。根据测算结果，2011~2020年，北

京市的高质量发展指数远远高于其他城市，以 2020 年为例，北京市的高质量发展指数为 0.7354，天津为 0.4580，河北高质量发展指数最高的是石家庄，为 0.2728，其他的城市绝大多数高质量发展指数在 0.1~0.2，与北京相比差距仍然很大。《2022 年自然指数-科研城市》对中国和美国双边合作分值排名前 40 的城市进行了对比研究，发现北京与上海的合作最为密切，和天津的合作要弱于和南京、武汉、深圳等城市的合作，河北的合作城市中只有合肥一个城市进入了前 40 名，同时，天津与合肥之间没有合作联系，这也从侧面说明京津冀区域协同创新仍有较大发展空间。

三　推动北京国际科技创新中心建设的政策建议

根据 2023 年 7 月发布的《北京国际科技创新中心建设条例》（草案征求意见稿），北京国际科技创新中心的建设目标是成为全球创新要素汇聚、创新主体活跃、创新活动密集、创新实力雄厚、创新生态一流的科学中心和创新高地。要想实现这一目标，需要从创新技术源头供给、创新技术应用、创新生态、开放合作等多方面同时发力。与此同时，还需要出台相关政策和法规、加强对于科技创新的投入和支持、培养和引进高端科技创新人才等，多方协同、形成合力。具体来说，根据北京国际科技创新中心建设的相关进展及现阶段面临的主要问题，结合《深入贯彻落实习近平总书记重要批示精神　加快推动北京国际科技创新中心建设的工作方案》等政策文件，可以从以下几个方面入手，继续推进北京国际科技创新中心建设工作。

（一）聚焦重点领域科技攻关，打造原始科技创新策源地

如本文第一部分所述，现阶段北京已经在量子信息、人工智能、生物医药等领域取得多项重大原创性成果，已形成前沿科技创新优势。接下来，作为我国科技创新中心和国际科技创新中心，北京需要进一步聚焦关系国家安全和国计民生的重点创新领域，集中力量攻关，解决我国面临的"卡脖子"难题，实现关键技术自主可控，赢得科技自立自强的主动权，将自身打造成为全球原始创新策源地。这需要从以下几个方面着手。

首先，整合国家重点实验室、科研院所和企业的优势科研力量，向关键核

心领域集中；加大对基础学科的支持力度；提前部署 AI、区块链、生物医药等前沿科学研究；探索数字技术赋能基础科研与产业发展的新范式。其次，加速国家技术创新中心、国家新能源汽车技术创新中心等国家级平台建设；支持超大规模 AI 训练平台等公共底层技术平台和中试平台建设；重组国家重点实验室等主要科研力量，形成跨单位、跨学科、跨领域的创新网络。再次，聚焦空间、地球科学等重点领域，建设高能同步辐射光源、地球系统数值模拟器等大科学装置，加强大科学设备自主研发和人才培养能力。最后，在重点领域支持科研机构联合企业创办新型科研机构和创新联合体，针对产业发展中的核心技术难题展开联合攻关，探索建立以市场和企业为主导的产学研用深度融合新范式。

（二）以创新链引领产业链，构筑创新引领高精尖产业集群

从本文第二部分北京国际创新中心建设的现存问题可以看出，由于空间资源有限，传统制造业在北京很难有发展空间。由此，北京需要聚焦科技创新优势，一方面加强创新链对产业链转型升级的引领作用，另一方面发挥新型产业链对创新链的支撑作用，推进创新链、产业链双向融合，同时要运用好北京全球数字经济标杆城市建设等契机，构筑世界级创新驱动产业集群。重点需从以下几方面推进。

首先，以"三城一区"和中关村国家自主创新示范区为主抓手，抓住 5G 等新一代信息技术革命和新一代生物技术革命带来的机遇，统筹京津冀区域布局，实施国际科技创新中心与世界级产业集群"双轮驱动"的战略。其次，重点推动"独角兽"企业、隐形冠军企业等旗舰型企业的培育和发展，加强标杆孵化器建设，为企业发展提供更为专业的保障性服务。再次，依据重点领域培育一批"专、精、特、新"企业，构建科技企业全周期支持与服务体系，围绕企业的核心竞争力和创新能力培养制定政策，形成拥有技术主导权的产业集群。最后，发挥京津冀协同创新优势，充分利用三地优势资源，通过技术创新开展产业链强链补链工程，围绕新能源、低碳技术等前沿领域，布局三地未来产业发展，打造京津冀区域创新引领高精尖产业集群。

（三）优化创新创业生态环境，建成全球创新要素汇聚地

作为全国科技创新中心和科教资源最为丰富的地区，北京在创新要素聚集

方面已经形成了独特优势。随着全球新一轮科技革命和产业变革的加速，全球科技创新要素也在加速流动和演变。北京要把握多学科交叉、多领域融合、多主体协同的创新趋势，针对创新要素互动不足的问题，通过对创新要素的深度整合，实现科技创新与成果产业化的双提速，将科研优势转化为产业优势，推动产业快速成长，锻造新的产业竞争优势，培育新发展动能。具体包括以下几个方面。

首先，构建开放式公共服务网络，加强各领域创新服务及创新成果互联互通。加强创新资源融通，鼓励创新创业主体跨界合作，构建大中小企业融通发展的格局，积极融入全球创新网络和产业体系。其次，完善创新创业服务机制，构建一流创新创业生态。以中关村国家自主创新示范区为引领，完善双创孵化服务平台建设，构建双创孵化服务体系，优化双创服务流程。再次，营造市场化、法治化、与国际接轨的一流营商环境。北京已经聚集了大量国内外企业的总部和分支机构，可通过政策引导、优化办事流程等方式，进一步吸引集聚国际科技组织、行业联盟、外资研发机构和国际科技服务机构等。最后，利用中关村论坛、大型国际赛事等，打造全球科技创新交流合作国家级平台，促进国际科技创新要素的双向流动。

（四）完善区域创新发展机制，建设京津冀协同创新共同体

京津冀区域发展不均衡是北京国际创新中心建设中科技创新向外辐射效果不佳的重要原因。2023 年 5 月，习近平总书记在河北考察时强调，要以更加奋发有为的精神状态推进各项工作，推动京津冀协同发展不断迈上新台阶。[①]这就要求在北京国际科技创新中心建设的过程中，要进一步发挥北京的辐射带动作用，持续推进北京与雄安新区、通州区与"北三县"的协同创新进程。具体可从以下几方面着手推进。

首先，发挥北京国际科技创新中心的研发优势，结合津冀丰富的应用场景和资源禀赋，通过重大项目建设等方式围绕关键技术开展京津冀联合攻关，一方面增加科技创新的源头供给，另一方面切实有效做好科技成果市场化工作。

---

① 《习近平在河北考察并主持召开深入推进京津冀协同发展座谈会时强调　以更加奋发有为的精神状态推进各项工作　推动京津冀协同发展不断迈上新台阶》，https：//baijiahao. baidu. com/s？id＝1765730180714137078&wfr＝spider&for＝pc。

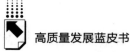

其次，围绕数字技术、生命健康、新能源等领域，形成多样化的产业结构和规模效应，有效提升京津冀区域产业链和供应链韧性，在此基础上打造世界先进制造业集群。再次，继续推进京津冀国家技术创新中心建设，在原始创新、创业孵化等方面探索建立符合技术创新内在规律的新型协作机制，形成支撑区域创新发展的协同创新网络，实现京津冀三地创新链、产业链和资金链的三链融合。最后，加强城市间各层面各领域的合作与互动，提升区域整体公共服务水平和创新能力，加强京津冀地区的国际交流合作，以北京国际科技创新中心建设为契机，力争将京津冀地区打造成为具有国际影响力的城市群。

参考文献

［1］《2022 年自然指数－科研城市》，https：//www.ncsti.gov.cn/kcfw/kchzhsh/2022 zrzhshkychsh/index.html。

［2］北京市科学技术委员会、中关村科技园区管理委员会：《北京国际科技创新中心建设条例》，https：//capitalip.org/upload/file/202307/1690294899112227.pdf。

［3］北京市统计局、国家统计局北京调查总队：《北京统计年鉴 2022》，中国统计出版社，2023。

［4］《国际科技创新中心官网》，https：//www.ncsti.gov.cn/。

［5］《国际科技创新中心指数 2022》，http：//www.naturechina.com/public/upload/pdf/2022/11/14/6371e84c78d1f.pdf。

［6］李子彪、李强、李元杰等：《数字经济：京津冀高质量发展的新动能》，载于李强、李子彪、王雅洁等：《京津冀蓝皮书：京津冀高质量发展报告（2022）》，社会科学文献出版社，2022。

［7］孙奇茹：《中关村指数 2022 发布，创新引领指数快速上升》，《北京日报》2022 年 12 月 21 日。

［8］中华人民共和国科学技术部：《深入贯彻落实习近平总书记重要批示精神加快推动北京国际科技创新中心建设的工作方案》，https：//www.most.gov.cn/xxgk/xinxifenlei/fdzdgknr/fgzc/gfxwj/gfxwj2023/202305/t20230517_186077.html。

B.18
2022年上海国际科技创新中心发展进展及建议

李敦瑞 吴峰宇 *

摘　要： 上海国际科技创新中心是国家创新体系的重要组成部分，其建设
　　　　　进程大致可以分为构建国际科技创新中心基本框架和打造具有全
　　　　　球影响力的科技创新中心内核两个阶段。自2014年以来，上海
　　　　　市以张江综合性国家科学中心为核心，积极打造世界级新兴产业
　　　　　集群和人才高地，并取得重大进展。特别是在集成电路、生物医
　　　　　药、人工智能、航空航天等重点领域取得了丰硕成果。但由于起
　　　　　步较晚和投放过快，上海国际科技创新中心建设进程中仍存在许
　　　　　多问题，尤其体现在研发经费投入比例和成果转化效率两大方
　　　　　面。从国家创新发展战略高度以及长三角一体化建设角度看，本
　　　　　文认为，上海国际科技创新中心应在现有的基础上继续完善科技
　　　　　创新体制，并加强金融支持，优化产业孵化生态。

关键词： 上海　科技创新　金融支持　成果转化

　　国际科技创新中心建设是上海推进国家治理体系和治理能力现代化的重要
试验田，是上海参与构建以国内大循环为主体、国内国际双循环相互促进的新
发展格局的重要平台，是上海深度融入全球创新网络、参与国际经济合作和竞
争的重要窗口，同时也是深化改革开放、增强制度供给的重要引擎。上海国际

---

* 李敦瑞，中共上海市委党校（上海行政学院）教授，主要研究方向为区域经济与可持续发
展；吴峰宇，中共上海市委党校（上海行政学院）国民经济学专业在读研究生。

科技创新中心建设一方面要推动关键核心技术突破，培育一批具有国际竞争力的领军企业和独角兽企业，为上海经济高质量发展提供强大支撑；另一方面则要打造世界知名创新高地，发挥上海辐射带动作用，不仅从科技创新、管理升级和产业带动角度促进长三角一体化发展，还要加强与全球科技创新中心的合作交流，打造国际性创新枢纽，并与"一带一路"主要国家和地区实现合作共赢，打造开放性创新平台。因此，为总结上海国际科技创新中心建设的经验和成果，有必要对其实践进程进行回顾和总结，并以此为出发点，对其未来的重点赛道和目标进行展望。

一 上海国际科技创新中心发展历程回顾

党的二十大报告指出，"科技是第一生产力、人才是第一资源、创新是第一动力"。在科技创新上追求卓越，是上海这座城市的鲜明底色。早在 2014 年 5 月，习近平总书记视察上海时就明确指示上海要"努力在推进科技创新、实施创新驱动发展战略方面走在全国前头、走到世界前列，加快向具有全球影响力的科技创新中心进军"[①]。近年来，国家有关部门和上海始终高度重视科技创新，统筹规划多方面资源，集中建设一个创新要素集聚、创新能力显著、创新活力澎湃、创新成果涌现的开放型国际科技创新中心。为实现这个目标，上海国际科技创新中心建设确定了"两步走"战略，其中第一步是构建科技创新中心基本框架，第二步是打造具有全球影响力的科技创新中心内核。

（一）构建科技创新中心基本框架

为贯彻落实习近平总书记对上海建设具有全球影响力的科技创新中心的指示和要求，上海立足国家战略和自身高质量发展需要，瞄准世界科技前沿，遵循科技创新规律，从已有的基础和优势出发，出台一系列重要政策措施，深入推进具有全球影响力的科技创新中心建设。

2015 年 5 月，上海市印发《关于加快建设具有全球影响力的科技创新中

---

① 《潮涌东方再扬帆——以习近平同志为核心的党中央关心浦东开发开放纪实》，新华网，https：//baijiahao.baidu.com/s？id＝1683052213340510238&wfr＝spider&for＝pc。

心的意见》（也称"科创22条"）。这是上海首次印发指导上海国际科技创新中心建设的专门文件，从奋斗目标到市场环境和人才引进，再到引领上海未来科技发展，用22条顶层设计全方位为上海国际科技创新中心的基本框架构建定下了基调。2017年4月，上海市人民代表大会常务委员会通过《上海市促进科技成果转化条例》，为科技成果转化提供了法治保障。2018年9月，在上海自贸区迎来挂牌五周年之际，上海正式成立"上海推进科技创新中心建设办公室"，旨在从顶层设计出发，整合上海张江高新技术产业开发区的各项资源，并深化上海自贸区改革创新，以吸引更多的国内外创新要素和高端人才，从而推动张江高新技术产业开发区成为国际科技创新中心的核心承载区。2019年3月，上海发布《关于进一步深化科技体制机制改革增强科技创新中心策源能力的意见》，（也称"科改25条"），明确提出，破除一切制约科技创新的思想障碍和制度藩篱，全面深化科技体制机制改革，全面实施创新驱动发展战略，加快建设具有全球影响力的科技创新中心。"科改25条"涉及科研机构管理、研究经费使用、科研项目评价、知识产权保护等方面。2020年5月，上海施行《上海市推进科技创新中心建设条例》。该条例以提升创新策源功能为目标，对以科技创新为核心的全面创新作出了系统性和制度性安排。2021年9月，上海市人民政府正式发布《上海市建设具有全球影响力的科技创新中心"十四五"规划》，在充分肯定"十三五"时期上海科技创新中心建设成果的基础上，为"十四五"时期上海科技创新中心建设树立了新的目标。至此，上海国际科技创新中心基本框架构建完成。

（二）打造具有全球影响力的科技创新中心内核

上海国际科技创新中心建设第二阶段的目标是打造具有全球影响力的科技创新中心内核。"十四五"时期，上海国际科技创新中心建设将从原始创新、技术创新、产业升级和体制改革四个维度，打造具有国际竞争力和持续发展潜力的示范基地，从而为国内产业转型升级提供强大创新动力。

提高原始创新能力是上海国际科技创新中心建设的重要目标和使命。近年来，西方发达国家对中国科学技术发展总体上采取打压措施，尤其是美国。美国鼓动西方社会加大对中国的技术封锁力度，从取消软件授权到制裁研发机构，手段无所不用。这种技术封锁虽然短期内会带来一些摩擦和不便，但客观

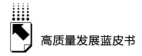

上也会倒逼国内原始创新的进步和突破。只有提高自身原始创新水平，才能真正打破国际科技封锁，彻底解决基础技术"卡脖子"难题，为国家经济高质量发展提供更持久的动力。同时，中国综合竞争力和国际地位提高，也要求在科技创新领域拥有更大的影响力。这意味着，我们必须深入参与到科技原始创新环节，推广自己的解决方案和技术标准，从而更好地提升中国在世界科技领域的话语权和规则制定权。所以，提高原始创新水平，引领国际科技走向，是上海国际科技创新中心建设的核心任务。

提升技术创新能级是在技术层面打造具有全球影响力的科技创新中心内核的重要途径。新产品和产业落地都离不开重大应用技术创新。因此除了提升原始创新水平，在应用层面上攻克关键共性技术，开发前沿引领技术，探索现代工程技术，以及开创颠覆性技术也是打造具有全球影响力的科技创新中心内核的题中之义。同时，技术创新是推动经济转型升级的重要引擎，是带动产业结构优化升级，推动经济增长方式转变，提高产业附加值和竞争力的必然要求。

持续增强的产业发展动力是具有全球影响力的科技创新中心的"血肉"。仅靠单个产品或者项目的创新无法实现可持续的科技进步，可持续的科技创新需要整个产业链的高效组织和运转。只有打造优势产业集群，形成规模竞争，才能完成从资金到项目再回笼资金的循环过程，才能使原始创新和基础研究落地生根，进而开枝散叶。上海为增强产业发展的动力，积极借助科技创新带来的新商业模式、新产业链和新市场机遇，推动传统产业向高技术、高附加值领域转型，并吸引和孵化更多科技创新企业和创业者，培育新兴产业，推动产业结构的优化和转型升级。

深入推进体制机制改革是具有全球影响力的科技创新中心正向运行的重要保障。一方面，体制机制改革可以激发创新活力，为国际科技创新中心建设提供持续的动力。通过改革创新体制机制，上海可以优化科技创新生态环境，破除创新发展中的制度障碍和体制瓶颈，鼓励创新者大胆探索和尝试。另一方面，体制机制改革还可以提升科技资源配置效率，优化科技创新中心的发展格局。通过改革科技资源的管理和分配机制，上海可以提高科技资源的利用效率和产出效益，这将有助于提升科技创新中心的整体水平和综合竞争力。为满足上海国际科技创新中心的长远发展需求，上海持续构建符合科技创新规律的法规政策体系，出台"科创22条""科改25条"以及《上海市促进科技成果转化条例》《上海市推进科技创新中心建设条例》等政策法规。上海全面创新改革试验成效显著，围绕科技成果转化、科技金融等领域，先后出台70余个地方配套政策、170余项改革举措。

二　上海国际科技创新中心建设的成果

经过多年的努力，上海国际科技创新中心建设已经在多个方面取得显著成果，主要表现为创新成果不断涌现，未来发展的相关配套设施日益完善，以及区域辐射效果显著三个方面。

（一）创新成果不断涌现

创新成果大量涌现是上海国际科技创新中心建设成果最直观的体现。2022年，上海实现了全社会研发经费支出占全市GDP比重4.1%左右的目标，大幅高于全国平均水平。较高的研发投入带来明显的学术产出效果。从专利上看，2022年上海全市专利授权量达到17.83万件，其中发明专利授权量3.68万件，每万人口发明专利拥有量为81.2件，PCT专利申请受理量5591件。从学术论文发表情况看，上海科学家在《科学》《自然》《细胞》三大期刊发表论文120篇，同比增长12.1%，占全国总数的28.8%。

学术研究和技术创新的成果也在快速孵化为新兴企业与产业链条，推动了新产品、新模式的出现。截至2022年底，已有78家上海企业在科创板上市，市值达到1.3万亿元，分别位居全国第二和全国第一；2021胡润全球独角兽榜数据显示，上海有71家企业上榜，数量约占全国的24%，增速居全国第一、总量居全国第二。同时，聚焦6G、元宇宙等新赛道，上海也在开展前沿技术布局。根据《2022上海科技进步报告》，2022年上海在张江区域推进面向Network2030的信息中心网络规模试验，海网云协同标准在国际电联立项，全球6G发展大会顺利召开，发布面向下一代互联网（Web3.0）的共识互联网操作系统ConfluxOS。这些举措都旨在开发全新的产品和服务体系，打造新的标准和新的服务模式，从而创造新的经济增长点。

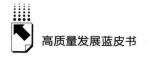
（二）未来发展的相关配套设施日益完善

雄厚的人才资源、完善的配套设施，是上海国际科技创新中心建设的重要支撑。近年来，上海正是从这两个方面不断积累，形成了国际科技创新中心建设所必要的人才支持和配套设施，并完善了相关的制度体系。

国家实验室和重点实验室是上海国际科技创新中心的重要组成部分，是国家战略科技力量的核心载体，能够集聚高水平人才、开展前沿基础研究、承担重大创新任务、提供高能级科技创新平台，为上海国际科技创新中心提供强大的策源功能和支撑作用。根据《2022上海科技进步报告》相关数据，上海的国家实验室和重点实验室建设成果显著，2022年，国家实验室体系初步呈现"3+4"总体格局，上海牵头组建的3家国家实验室全部实现高质量入轨运行，已集聚全时科研人员约1500人；4家国家实验室基地已先期启动，支持和培育一批新型研发机构。全市共有全国重点实验室44家，占全国总量的8%，位列全国第二。已完成25家实验室重组，其中推荐3家实验室入选重组"标杆"。

高科技人才引进和培养能够促进上海国际科技创新中心的功能全面升级，形成覆盖创新全链条的人才队伍谱系，涌现更多重大原创成果，推动重点领域关键核心技术突破，服务国家战略需求和经济社会发展。当前，上海科技人才积累主要包括高校培养和人才引进两种模式。其中，上海完善的高校人才培养体系为国际科技创新中心建设源源不断地输送高素质人才。上海高校共有国家级教学名师、教学团队、精品课程、精品资源共享课程、虚拟仿真实验教学项目等国家级教学成果奖项近2000项，占全国总量的10%以上。同时，上海高校共有两院院士、长江学者、国家杰出青年科学基金获得者等高层次人才近2000人，占全市科技人才总量的近20%。此外，上海还不断吸引海外人才加入，上海市人才结构不断多元化。2022年全市累计核发《外国人工作许可证》37.8万余份，其中外国高端人才（A类）7.1万余份，占比约19%，集聚外国人才和高端人才数量均居全国第一。①

---

① 上海市科学技术委员会：《2022上海科技进步报告》，https：//stcsm.sh.gov.cn/newspecial/2022jb/list.html。

国际科技创新中心建设不仅需要尖端的实验设备和高素质的科技人才，而且需要培植创新能力和新产业的土壤。良好的创新土壤意味着完善的配套制度，有助于打造富有活力的创新生态，推动上海国际科技创新中心从形成基本框架体系向实现核心功能跃升，推动上海以高水平科技供给服务支撑高水平科技自立自强。为此，上海市委市政府推出一系列政策和服务措施。在制度建设方面，2022年上海市出台了《关于支持在沪全国重点实验室建设发展的若干举措》《上海市促进人工智能产业发展条例》《上海市促进细胞治疗科技创新与产业发展行动方案（2022—2024年）》等一系列政策文件，为科技创新提供了制度保障。同时还建立了科技成果赋权改革试点单位制度，共有6家单位完成150余项科技成果赋权，有效地激发了科研人员的创新活力。除此之外，为了保证政策公开透明，上海市还推出了科技"政策北斗"2.0平台，为科技创新提供了政策指引，平台累计发布政策信息近3000条，累计访问量超过100万次。[①]

（三）区域辐射效果显著

上海国际科技创新中心建设成果，并不局限于上海自身的创新突破和产业升级，上海技术、管理乃至理念上的创新也快速辐射到周围区域，特别是带动提升了长三角地区整体的创新水平。辐射效果主要体现在高质量科技供给、高水平人才培养，和高效率服务支持三个方面[9]。

一是与长三角其他城市共建重大科技设施和创新平台，促进了产业升级和转型。根据《长江三角洲区域一体化发展规划纲要》，上海与南京、杭州、合肥等城市共建国家重大科技基础设施、国家实验室、国家工程技术研究中心等高水平创新平台，形成一批具有国际竞争力的产业创新链。

二是与长三角其他城市共同推进高水平人才培养，促进人才交流。上海与江苏、浙江、安徽三省一道推进人才一体化，大力推进区域战略互融、人才资源互通、人才平台共建、人才服务共享，并促进各类优秀人才向长三角区域快速集聚。借助人才的互动、集聚、交流促进了长三角区域的创新发展。

---

① 上海市科学技术委员会：《2022上海科技进步报告》，https：//stcsm. sh. gov. cn/newspecial/2022jb/list. html。

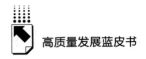

三是为长三角城市提供了高效率的服务支撑，促进了政策协调和配套。根据《长江三角洲区域一体化发展规划纲要》，上海与南京、杭州、合肥等城市共建国家级科技成果转移转化示范区、国家级科技金融综合服务平台、国家级科技"政策北斗"平台等高效率服务平台，形成一批具有国际水准的服务保障体系。

正是通过这些举措，上海国际科技创新中心建设成功与长三角一体化国家战略有机融合，取得了显著的区域辐射效果，长三角三省一市协同推进科技创新的局面已经形成。根据测算，上海2014年提出建设高水平国际科技创新中心以来，由于生产要素外溢和资金总量增长，长三角城市群受到的科技创新辐射强度比2010年有显著提升。

三　上海国际科技创新中心建设存在的问题和政策建议

（一）存在的问题

根据前述分析，上海国际科技创新中心建设取得了显著的成效，但仍在资金、人才、体制等多个方面存在问题，其中研发投入不均衡、从知识创新到产品和服务的创新转化效率不足两大问题尤为突出。

1. 研发投入不均衡

近年来，随着上海国际科技创新中心建设的推进，上海总体研发投入不断提高。上海市全年研发经费支出从2015年的925亿元上升至2022年的1875.4亿元，占全市地区生产总值的比重也从3.7%上升为4.2%；获批国家级自然科学基金项目达到4649项，经费合计33.48亿元。研究经费总量平均保持15%的年增长率，显著高于美国、日本、德国等国家的增长率。但是上海国际科技创新中心的研发投入还不均衡，投入结构还有待完善。

从研究活动的类型看，基础研究投入长期滞后。近年来，国家大力推动基础研究发展，上海作为国内创新研发的排头兵，基础研究也得到快速发展。但是，由于基础研究起步晚，相关研发经费在近年虽有增长，但无论是总量还是比重都偏低。例如，2021年，上海全社会基础研究投入仅为177.73亿元，相对过去虽有所增加，但是占整个研发投入的比重尚不足10%。

从研发活动的主体看，上海主要的研发主体为国有企业和政府所属研究机构，私营企业研发投入相对不足，缺乏创新型的知名私营企业。以 2022 年为例，私营企业研发经费占全市研发经费总额的比例不足 45%。相比之下，位于美国、日本、德国等国家的国际知名科技创新中心，私营企业的研发投入往往更高。与国内其他创新型城市相比，深圳拥有腾讯、华为、大疆等知名企业，北京拥有 360、小米、百度等知名企业，而上海却鲜有知名的民营科技企业。

2. 从知识创新到产品和服务的创新转化效率不足

上海在国际科技创新中心建设过程中，依托自身人才优势，积累了大量的知识创新成果，每年论文发表数量领先全国。但知识创新的最终目的，是推动技术创新，运用新知识研发新的技术手段和技术路径，从而提高生产和服务效率，实现更高的经济效益。但是，当前上海的科技创新更多停留在知识和理论创新的层面，转化为直接产品或者落地项目的较少。转化效率不足主要表现在两个方面。

一方面，上海的知识创新理论性更强，这类创新对于未来的产业升级和技术革命而言也是必要的，但是在一定时期内，该类创新由于成本较高、技术不稳定以及市场应用难等原因，并不适合企业直接承接并转化为新产品和服务。另一方面，上海高新技术企业多采用自研模式，承接高校科研成果并进行转化的市场主体较少。2022 年，上海有效专利中，来自上海高校的专利转让或者技术许可的数量占比远低于江苏、北京和广东等地。客观上，知识创新转化效率的不足严重制约了上海国际科技创新中心的能级提升。

（二）政策建议

针对前述问题，上海应进一步发挥国际金融中心的优势，为国际科技创新中心建设输送资金"血液"，并推行一体化发展体系，加快知识成果转化。

1. 发挥国际金融中心的优势

上海是位居世界前列的金融中心。2022 年，上海整个金融市场交易总额高达 2932.98 万亿元，其中股市交易额近百万亿元。丰富的金融资源和发达的金融体系可为上海建设有全球影响力的科技创新中心提供有力的支撑。

其一，要明晰政府与市场在金融支持中的边界。政府和市场都是国际科技创新中心建设的重要主体。从长远来看，政府的有效参与不可或缺，主要体现在两个方面：一是政府需要发挥引领作用，明确资金流向。任何新技术新产业在发展之初，都离不开新产品推广和市场培育的过程，在这一过程中企业往往面临资金回笼速度慢和资金短缺问题，此时政府需要引导资金流向一些有前景但是面临短期困难的初创企业。二是政府需要通过财政资金进行公共研发投入以及创新基础建设。企业落地和孵化需要相关的配套设施，例如较为完善的信息网络和交通枢纽。早期投资一般需要靠政府引导和介入。所以，即使是市场化程度最高的国际科技创新中心纽约和硅谷，政府也发挥着上述作用。而当然，市场在资源配置中是起决定性作用的，政府要引导资金进入基础研究领域，解决这一领域的市场失灵问题。同时，明确政府与市场在金融支持中的边界，防止资源的浪费和不合理分配，保障市场的公平竞争和效率。政府应该主要扮演好政策制定者和监管者的角色，为市场提供稳定、透明、公平的发展环境。市场主体则应该充分发挥自主决策的作用，根据市场规律进行资金配置和投资决策。所以，只有明确二者的边界，使得"看得见的手"和"看不见的手"产生最大的推动力，才能帮助上海建成世界一流的科技创新中心。

其二，要进一步健全金融市场服务体系。金融是实体经济的血液。世界著名的科技创新中心建设都离不开完善的金融市场支持，例如纳斯达克就在硅谷和纽约的科技创新中心建设过程中，帮助大量初创企业完成了上市融资；英国科技创新中心的建设是依托伦敦国际金融中心而构建的，最终形成了"双中心"的格局。科技创新中心的建设过程中，包含着不同类型、不同发展阶段的企业，因此上海需要在现有的主板、创业板、新三板和区域性股权市场四种层次的证券服务体系之上，进一步健全金融市场服务能力。通过扩大直接融资比重，发展多层次资本市场，支持各类创新企业的发展。一方面，未来需要进一步完善企业上市条件和准则，减少企业上市不合理限制，简化审核流程和加快审核速度，让具有潜力的企业更顺利地上市融资；另一方面，明确不同层次市场各自的服务对象和机制流程，确保以更合理、更完善的方式服务更多属于不同类型和处在不同发展阶段的企业。同时，还需要进一步完善退市与转板机制，即时淘汰不适应发展趋势的项目，减少信用摩擦，保证资本市场的发展真正服务于有价值、有技术的企业和产业链。

其三，要合理引导风险投资，发挥风险投资对初创企业的支持作用。科技创新中心孵化和引入的主要是高科技创新型企业，这些企业处于尚未成熟且没有明确规则，甚至可能没有参考的赛道。这也就意味着国际科技创新中心建设过程中所孵化的企业本身面临着较高的经营风险。这类企业由于自身规模小，风险高，几乎无抵押品，通过传统金融机构进行融资的成本过高，甚至无法融资。因此，针对高科技创新型企业的风险投资基本就是这类企业最重要的资金支撑。中小型科技创新公司平均存活时间不到3年，退出市场的原因往往是资金链中断，并且这些企业前期研发的成本和产出容易在进入与退出市场的摩擦中损失，降低创新效率。通过合理引导风险投资，可以减少此类摩擦，延长企业存活时间，提高创新效率。上海目前汇聚了较多风险投资机构，但是大多数风险投资机构由于资本自身的逐利性，主要服务对象是已经完成前期探索，产业发展进入正向循环的或者即将上市的科技创新企业，对于真正初创且缺乏资金的企业投资较少。因此，需要政府介入，采用风险补助的方式引导风险投资机构关注尚未完成孵化的种子项目或初创企业，使相关资金能以更合理的比例分配在初创企业从孵化到上市的各个阶段，为企业提供覆盖全生命周期的金融服务。

2. 推行一体化发展体系，加快知识成果转化

打造具有全球影响力的科技创新中心内核，不仅要求提高科研水平，更要求提高知识转化效果以及挖掘未来创新潜力。也就是说，上海国际科技创新中心未来需要各个部分协同发展，加强一体化建设，减少各企业、部门之间的摩擦，提升从知识和理论创新到技术和方法创新，最后到产品与服务创新的效率。

首先，优化服务国家战略的创新布局，夯实现代化经济体系建设的科技支撑。集中力量继续建设张江综合性国家科学中心，建设形成一批共性技术研发和转化平台，实施一批重大战略项目和基础工程，打造一批各具特色的科技创新集聚区。其次，需要推进科技体制机制改革先行先试，强化国际科技创新中心建设的制度供给。建立符合创新规律的行政管理制度，构建市场导向的科技成果转移转化机制，加快推进国家科技项目成果评价改革，大力发展科技成果市场化评价，充分发挥金融投资在科技成果评价中的作用，引导规范科技成果第三方评价，改革完善科技成果奖励体系，坚决破除科技成果评价中的"唯论文、唯职称、唯学历、唯奖项"。最后，还需要深化国际科技创新合作，加

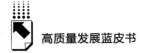

快构建开放型科技创新体系。积极参与全球治理和国际规则制定，在重大全球性问题上发挥引领作用，在重大区域性问题上发挥主导作用，在重大双边问题上发挥示范作用。加强与"一带一路"主要国家、欧美日等发达国家和地区、东盟等周边国家和地区、非洲等广大发展中国家在基础研究、前沿探索、重大项目、人才培养等方面的合作交流。推动国际组织、跨国公司、高校院所等各类创新主体在上海设立研发机构或参与合作研究。

参考文献

［1］《〈学术前沿〉》编者：《全球科创中心建设的中国之路》，《人民论坛·学术前沿》2020 年第 6 期。

［2］陈强、敦帅、李佳弥：《上海国际科技创新中心新一轮发展战略研究》，《科学发展》2023 年第 4 期。

［3］陈亚平、陈诗波：《中国建设全球科创中心的基础、短板与战略思考——基于城市群视角》，《科技管理研究》2020 年第 15 期。

［4］丁明磊、王革：《中国的全球科创中心建设：战略与路径》，《人民论坛·学术前沿》2020 年第 6 期。

［5］刘恒怡、宋晓薇：《基于金融支持视角的全球科创中心建设路径研究》，《科学管理研究》2018 年第 4 期。

［6］孟祺：《金融支持与全球科创中心建设：国际经验与启示》，《科学管理研究》2018 年第 3 期。

［7］钱智、吴也白、宋清等：《未来五年上海科技创新中心建设和产业发展的战略思路》，《科学发展》2022 年第 8 期。

［8］上海市科学技术委员会：《2022 上海科技进步报告》，https：//stcsm.sh.gov.cn/newspecial/2022jb/list.html。

［9］沈湫莎：《科技部署"施工图"高质量转为"实景画"》，《文汇报》2023 年 1 月 11 日。

［10］王海军、骆建文：《基于长三角经济带发展的上海科技创新中心建设对策》，《科技管理研究》2016 年第 8 期。

［11］王潇婉、武健：《如何发挥高校对科创走廊发展的支撑作用》，《中国高校科技》2019 年第 8 期。

［12］吴滨、李平、朱光：《科创中心与金融中心互动典型模式研究》，《中国科技论坛》2018 年第 11 期。

［13］徐鲲、贾俊伟：《科技创新中心建设政策是否提升了科技型企业价值？——来自上海科创中心建设的证据》，《北京联合大学学报》（人文社会科学版）2022年第2期。

［14］许学国、桂美增、张嘉琳：《多维距离下科创中心辐射效应对区域创新绩效的影响——以长三角地区为例》，《科技进步与对策》2021年第10期。

［15］杨晓冬：《人才一体化为长三角高质量发展赋能》，《中国人才》2023年第5期。

［16］中共上海市委、上海市人民政府：《上海市建设具有全球影响力的科技创新中心"十四五"规划》，上海市人民政府网站，https://www.shanghai.gov.cn/nw12344/20210928/5020e5fdf5ac4c6fb4b219da6bb4b889.html，2021年9月29日。

［17］卓泽林、张肖伟：《从金融中心转向科创中心：高等教育集群赋能城市转型发展——基于纽约市的探讨和分析》，《华东师范大学学报》（教育科学版）2023年第2期。

B.19
2022年粤港澳国际科技创新中心发展进展及建议

王　钺*

摘　要： 建设国际科技创新中心是新时代粤港澳大湾区践行创新发展理念，贯彻落实创新驱动发展战略，提升国际竞争力的关键举措。通过对粤港澳大湾区国际科技创新中心建设现状进行梳理，发现当前粤港澳国际科技创新中心建设的制度框架已经基本形成，粤港澳三地的创新水平得到提升、区域协同创新能力持续增强、技术交易市场不断完善，但是仍然面临基础研究能力偏弱、创新要素跨境流动限制较多、粤港澳三地创新软环境联通不畅等一系列问题。本文认为，粤港澳大湾区国际科技创新中心建设应该在构建区域科技创新共同体、加强港澳与内地在知识产权保护制度方面的衔接、建设高端产业体系、促进创新成果从数量驱动转向质量驱动等方面着手，推动粤港澳大湾区创新能力的进一步提升。

关键词： 粤港澳大湾区　国际科技创新中心　创新共同体

当前，在日益全球化的创新发展格局中，研发创新活动已经逐渐突破地理边界的限制，更多地以区域协同和合作的方式展开。在此情形下，建设具有研发创新、科学研究、文化引领和产业驱动性质的国际科技创新中心是增强区域创新实力、提升一国科技竞争力的关键。粤港澳大湾区是我国参与国际合作进

---

* 王钺，经济学博士，中共中央党校（国家行政学院）经济学教研部讲师，主要研究方向为区域创新与管理。

行对外交流的重要平台，在大湾区内建设区域性的国际科技创新中心是贯彻创新发展理念、构建新发展格局的重要举措。本文通过梳理粤港澳国际科技创新中心建设的进展、面临的问题和挑战，在此基础上针对性地提出了全面推动港澳和内地创新协同、以开放包容的理念构建粤港澳国际科技创新中心的政策建议。

一 2022年粤港澳国际科技创新中心建设进展

（一）粤港澳国际科技创新中心的制度框架基本形成

粤港澳国际科技创新中心（下文简称"粤港澳国创中心"）建设是我国落实创新驱动发展战略，实现科学技术的自立自强，进而推动经济高质量发展的重要方面。自 2021 年粤港澳国创中心在广州揭牌成立以来，制度和规划体系逐渐完善，依据《粤港澳大湾区发展规划纲要》（下文简称《纲要》），初步形成了"1+9+N"的科技发展布局，其中"1"是指"粤港澳国创中心"这个核心总部，总部以关键核心技术攻关为核心任务，以"事业单位-基金-公司"为主要运行模式；"9"是指独立运行的 9 个分中心，例如清华大学研究院（深圳）、香港中心、澳门中心等；"N"是粤港澳大湾区现有的创新资源，例如高水平科研机构。

制度完善和制度创新是推动粤港澳国创中心高质量发展的前提。粤港澳国创中心作为我国国际科技创新中心建设的"试验田"，对我国科技体制改革、实现科技自立自强具有重要的意义。《纲要》明确提出在粤港澳大湾区建设开放型科技创新联盟、建立外向型高水平科技创新平台、以点带面优化区域创新环境。除了《纲要》，其他一些配套的政策措施也为粤港澳国创中心建设提供了金融、要素流动、人才等方面的支撑。例如，《关于金融支持粤港澳大湾区建设的意见》从顶层设计的角度明晰了创业投资基金资本跨境流动的制度体系，构建了以金融工具为核心的科技创新活动投融资制度，并且明确了政府财政资金支持科技创新主体的具体方式，规定以财政补助的方式为研发机构提供资金支持，形成金融资本对科技创新的制度化支撑，对于解决国际科技创新活动中的投融资问题具有重要意义。粤港澳三地为高端和紧缺人才提供了个人所得税优惠政策，政策规定超过应缴税额15%的个人所得税部分，由九市政府进行补贴，该项政策营造了良好的人才发展环境，为粤港澳大湾区吸引人才、留住人才提供了良好的机遇。广东省政府重视各类孵化器、科技园、创新平台的建设，引导并支持科技成果转化，尽力优化粤港澳三地的创新环境。

（二）粤港澳大湾区创新能力迅速提升

2021年粤港澳三地发明专利为44.96万件（不含非公开专利），增长21.74%，分别为纽约湾区、旧金山湾区和东京湾区的9.66倍、7.07倍和3.11倍，科技创新能力明显增强。从PCT专利和学术论文看，粤港澳大湾区PCT专利申请和学术论文发表数量迅速提升，向世界一流湾区看齐，特别是广州、深圳两地学术论文发表数量和PCT专利申请数量居全国前列。以深圳市为例，2022年深圳市PCT专利申请量占全国PCT专利申请总量的23%，居全国首位。伴随学术论文发表数量和PCT专利申请数量的高速增长，深圳市的知识产权保护体系日益完善，2022年深圳市发行知识产权证券化产品125.46亿元，领跑全国。除此之外，深圳市即将超越香港成为粤港澳大湾区人均学术论文发表数量最高的城市。从粤港澳大湾区整体的学术论文发表数量和PCT专利申请数量来看，2020年，粤港澳大湾区共计发表学术论文7.7万余篇，为旧金山湾区的2.5倍，纽约湾区和东京湾区的1.5倍。

（三）粤港澳大湾区产学研协同创新能力不断增强

粤港澳国创中心自建立以来，推动粤港澳三地的区域创新协同能力不断提升，为粤港澳大湾区参与国际科技活动和创新竞争提供了重要支撑。粤港澳大湾区通过设立知识产权服务联盟、深港科技合作区、联合实验室以及合作发展基金等提高三地的创新一体化水平，促进粤港澳三地创新资源的整合和流通。"前海方案""南沙方案""横琴方案"等区域建设与改革方案为粤港澳三地深化协同合作提供了长期支持和保障。创新要素的自由流动是区域协同创新的前提，目前粤港澳大湾区通过平台搭建、项目合作、设施互联等路径推进产学研协同创新。粤港澳大湾区的产学研协同创新以市场需求为主导，呈现出多样性和灵活性，吸引了国内外创新主体，形成了以构建技术创新共同体为抓手的全球性创新平台和创新体系。

（四）粤港澳大湾区技术交易市场活力不断提升

技术交易是实现技术要素流动和技术的经济价值的重要渠道。自粤港澳国创中心成立以来，粤港澳大湾区的技术交易市场展现出了巨大的活力，技术交易合同数和技术交易成交额稳步提升。2021 年粤港澳大湾区技术市场中输出技术的成交额为 4123.2 亿元，吸纳技术的成交额为 5460.5 亿元，输出技术合同数为 47746 项，吸纳技术合同数为 67728 项。粤港澳技术交易市场中吸纳的技术超过输出的技术，粤港澳需要进一步提升技术创新水平，研发国际领先的技术，力争在技术交易市场中处于领先地位。在粤港澳大湾区内，广州市、深圳市、珠海市、佛山市、惠州市在技术交易市场中处于领先地位，而香港特别行政区和澳门特别行政区在技术交易市场中还处于劣势地位，进一步提升香港和澳门地区的技术交易活跃度，提高粤港澳大湾区内香港和澳门特别行政区与内地技术交易市场的融合水平，对于打造包容开放的国际科技创新中心具有重要意义。技术交易水平的提升具有重要的意义：第一，能够促进科技成果的转化和技术的增值，促进技术创新；第二，能够促进技术资源在供需双方间的优化配置，降低研发成本，提升创新效率；第三，有利于资本要素和技术要素的整合，促进产业结构升级，缓解企业融资约束；第四，有利于知识溢出和技术扩散，促进新技术的市场化发展，在社会中形成创新的良性循环。

二 粤港澳国际科技创新中心建设存在的问题和挑战

（一）基础研究和前沿研究能力偏弱

粤港澳大湾区专利申请数量和学术论文发表数量在国际湾区中虽然处于前列，但是从基础研究和前沿研究来看，粤港澳大湾区与东京湾区、旧金山湾区、纽约湾区相比还有一定的差距。基础研究在创新链中处于源头地位，人类历史上的科技革命均是在基础学科取得突破的基础上出现的。具体来看，粤港澳大湾区的基础研究呈现"数量多、质量低"的基本特征，基础研究的学科布局还不完善，存在改进空间。当前粤港澳大湾区的技术创新在大多数研究领域还处于跟跑地位，原始创新和基础研究领域的突破仍然较少，科技创新成果缺乏国际影响力。在基础研究的学科布局上，粤港澳进入全球 ESI 排名前 1‰ 的学科还没有力学等基础学科，并且在原创性、前沿性技术理论方面的研究水平还很低，核心技术攻关科研团队还比较短缺。除此之外，粤港澳大湾区内的优质高校和科研院所还较少，主要集中在广州和香港两地，虽然深圳市近年来创造各种有利条件吸引国内优质高校和科研院所设立分校，但是粤港澳大湾区内的东莞、中山、肇庆、佛山、澳门等城市仍然缺乏优质高校和科研院所，在基础研究和研发创新方面仍相对落后。

粤港澳大湾区内的产业技术创新水平也较低，在国际上处于边缘位置。此外，相较于国际上的其他湾区，粤港澳大湾区的专利被引数量很低，这表明粤港澳大湾区内专利的技术含量和质量还不高。粤港澳大湾区发明专利施引次数与发明专利总数的比值仅为 0.9，而旧金山湾区为 4.35，东京湾区和纽约湾区也均超过 1，这也在一定程度上说明了当前粤港澳大湾区科技创新能力与国际上的大湾区相比还有一定的差距，基础创新能力和前沿研究能力还有待提高。

（二）粤港澳大湾区跨区域协同创新水平较低

跨区域的协同创新是提升创新资源配置效率，提高区域整体创新水平和国际竞争力、建设创新型国家的必然选择。粤港澳大湾区建设国际科技创新中心，需要与之相配的跨区域协同创新系统。鉴于"一国两制"的特殊属性，香港和澳门与内地城市相当于两套制度安排和两个市场，因此粤港澳大湾区内的跨区域协同创新关系到两个层面，即大湾区内内地城市间的协同以及内地城市与港澳城市的协同。从第一个层面来看，粤港澳大湾区内地九市通过政策引导，区域协同创新水平不断提升，特别是近年来促进珠三角九市协同创新的政策陆续出台，例如《广深科技创新走廊规划》《珠江三角洲地区科技创新一体化行动计划（2014－2020 年）》。但是从现实来看，珠三角地区协同创新环境还未形成，地区间协同创新的动力不足，开展协同创新的市场机制还不够完善。另外，虽然粤港澳大湾区技术交易市场的活跃度不断提升，但是科技成果转化率与欧美国家相比还存在很大的差距，仍然有巨大的上升空间。截止到 2018 年，粤港澳大湾区国家级高新技术企业数量已有约 4.3 万家，但是龙头企业相对较少，例如广东省高新技术企业有千余家，但是以华为等为代表的龙头骨干企业很少，大量小型科技公司没有核心技术，抗风险水平较弱。从第二个层面看，虽然"广深港澳"科技走廊已经有一定的基础支撑，但是由于制度和法治环境存在差异，内地和港澳间的区域协同创新水平还较低，仍需进一步突破壁垒，提高跨区域协同创新水平。

（三）粤港澳三地创新软环境联通不畅

粤港澳三地在管理理念、科技发展理念等方面存在一些差异，导致三地的科技创新软环境并不畅通。香港和澳门地区奉行"小政府、大社会"的发展理念，而内地政府在科技创新方面的主导作用还较大。具体来讲，香港和澳门地区对科研项目的管理等更倾向于市场化，限制较少，几乎均对国际团队开放，而内地的科研项目管理体制仍然较为复杂，限制较多，因此香港和澳门与内地创新资源的共享还存在一些障碍，创新成果难以相互融通。虽然2018年科技部和财政部出台了一些制度，解决了中央财政资金"过河"到香港和澳门的问题，但是在风险投资、科研资金流通方面仍然采取的是外汇管理办法，对三地之间的创新合作和交流带来了极大的障碍。除此之外，内地的很多科技创新政策还未覆盖到香港和澳门地区，因而无法实现创新资源的共通。

另外，在知识产权方面，香港的知识产权保护制度对标国际水准、较为完善健全，相较之下，内地知识产权的侵权成本偏低，从而不利于对原创性成果的保护，也不利于从香港引进技术。目前，虽然已经建立了粤港知识产权保护专责小组，但是相关的执法信息仍然没有互享互通，相关的跨地区执法方案也没有出台。由此可见，粤港澳三地在科技创新软环境、政策制度、创新理念上应继续加强衔接和联通，破除三地间研发创新的制度和环境约束。

（四）创新平台建设仍处于起步阶段

粤港澳国际科技创新中心的建设需要高水平的创新平台作为支撑，例如大科学装置平台、国家实验室等。但是当前粤港澳的创新平台建设和发展仍处于起步阶段，关键设备数量较少，核心技术人才短缺，总体实力不强的状况还未得到转变。除此之外，粤港澳大湾区内各级创新平台之间合作和共享明显不足，各平台之间还出现了对创新资源的抢夺、重复低效研发和资源浪费等现象，国家实验室和大科学装置平台还未形成对其他中小型创新平台的引领和带动作用。与科技创新平台建设紧密相关的是研发人才，而目前粤港澳大湾区存在着人才结构性矛盾。一方面，珠三角地区高校本地科技创新人才培养数量较少，另一方面，珠三角地区早期发展中吸引到了大量的低技术劳动力，对高端劳动力的吸引力不足，珠三角地区在产业转型、高质量发展过程中形成了较大的高端人才缺口。目前，粤港澳大湾区高等院校毕业生从事研发和技术服务的仅占全体毕业生总数的5%左右。《粤港澳大湾区人才发展报告（2022）》指出，粤港澳部分产业和行业面临人才供需矛盾，例如电子通信业、能源化工业人才需求较大，但是高质量人才供给却相对不足。相较于京津冀和长三角，粤港澳大湾区内具有硕士学位和博士学位的人才占比较低，而且大湾区内的人才大多集中在深圳和广州两个城市，其他城市的人才引进压力较大。

（五）创新要素跨境流动面临的限制较多

目前，粤港澳大湾区内香港、澳门与珠三角地区之间人才、技术、资金、设备的流通还面临一定的限制和障碍，制约了创新要素的跨境自由流动。首先，在人员流动方面，香港和澳门地区的注册会计师、规划师、建筑师、医师、律师等专业技术资格在内地并不被认可，港澳地区相关人员在子女入学、购房、开设银行账户等基本生活服务方面不能与内地相关人员享受同等待遇，导致港澳居民和人才在大湾区内生活、工作、居住无法获得良好的体验感和归属感。其次，在研发样品、设备的流动方面，粤港澳实行的是不同的海关关税制度，海关检验标准和管理体制有较大差异，实现研发物资小物流、一次放行、绿色通道建设等还比较困难，通关障碍多、通关效率低，很多的研发用设备、样本等难以进入内地珠三角。最后，在资金流动方面，香港、澳门目前虽然与内地金融市场有业务互通通道，但"限流举措"仍然较多，科研资本、风险投资、创业资金等的跨境流动还不够顺畅，研发项目的进入和退出手续烦琐，跨境支付还面临一定程度的障碍。创新要素的自由流动是提升创新效率、开展跨区域创新合作的前提，通过要素间的相互碰撞可激发出新的思想和创新发现。但是，粤港澳大湾区内各种限制创新要素自由流动的障碍，在一定程度上降低了港澳和内地之间的科技合作，限制了粤港澳国际科技创新中心的发展。

三 进一步推动粤港澳国际科技创新中心建设的政策建议

（一）构建大湾区区域科技创新共同体

促进粤港澳国际科技创新中心建设需要高度重视三地创新资源的整合和协同，提高三地间创新资源的配置效率，构建跨区域创新共同体。具体来看，第一，要强化粤港澳大湾区内各城市的一体化发展，以地区合力参与国际科技竞争、在全球范围内吸引集聚优质的创新要素。这其中的关键举措是，在内地层面重点推动珠三角其他城市与广州和深圳的协同；在内地和港澳地区间，在不断加强"广深港澳"科技走廊建设的基础上，使走廊辐射联动周边的城市，争取建成高质量的大湾区科技创新共同体。第二，加强各创新平台之间的协同，使得粤港澳大湾区内各层次的科研创新平台、人才中心和孵化中心实现连接和对接，结成强弱帮扶对，推动大湾区内企业之间的对接和互动发展，在提升各种创新资源配置效率的同时，构建创新共同体下整体性和系统性的创新生态。第三，加强创新和产业的匹配性，实现创新链和产业链的融合发展，推动科技创新和产业发展的相互促进，构建相互支撑的创新链-产业链利益共同体。为企业和科研机构共同开展研发创新活动提供优惠政策，使科研机构和企业成为利益共同体，共担风险、共享收益，促进科研机构与企业需求精准对接，开展面向社会需求的研发创新活动。第四，打通国家科技资源、民间科技资源之间的通道，鼓励科技企业的研发者申请国家自然科学基金项目、支持龙头企业组建国家实验室，推动国家创新资源逐渐向社会开放，在大湾区内形成良性循环。

（二）促进科技创新成果从数量驱动转向质量驱动

新时代，要"把关键核心技术掌握在自己手中"，因此粤港澳大湾区的创新发展要走质量驱动型路径。第一，应该在基础研究上发力，加大对基础研究的投入力度，研发投入强度向一流创新型国家看齐，布局与基础研究相配套的基础设施，比如国家工程技术中心、国家实验室等，成为基础研究人才向往的地方。第二，在技术方面，要将着力点放在关键核心技术的研发上，在关键核心领域实现突破，解决"卡脖子"问题，引领产业发展，使得我国科技创新的某些方面在国际上具有一定影响力。第三，在产业创新方面，依托粤港澳国创中心培育先进的高精尖产业，促进基础研究、产业和企业之间的联通，使得科技创新的成果面向产业发展，以创新促进产业发展；在大湾区内建设创新产业集群，充分释放龙头企业和中小型科技企业的活力和动力。第四，继续秉承包容、开放的创新理念，将粤港澳国创中心建设成为链接全球创新活动的港湾，依托香港和澳门的国际化优势，促使大湾区内有条件的企业在海外设置研究机构，通过"走出去"链接国际研究前沿，并逐渐使大湾区提升对全球创新资源的集聚能力，提升运用和驾驭全球创新资源的能力，提质增效，促进我国创新质量的稳步提升。第五，依托粤港澳国创中心的制度优势，在大湾区内打造教育高地和人才高地，开展编制改革，畅通高端科技人才在高校、科研院所和科技企业间的流动，保护创新的收益，让科技人才更愿意成为企业创新的引领者。第六，制定国际高端人才引进制度，使得国际人才与本地居民享有同样的社保和住房保障待遇，建立香港、澳门和内地的人才公共资源共享和高技术人才资质互认机制。

（三）加强港澳与内地在知识产权制度和规则方面的衔接

加强港澳与内地在科技制度和规则方面的衔接是确保粤港澳国际科技创新中心平稳运行的基石。在科技创新活动中，完善的知识产权制度尤为重要，因为知识产权制度是保障科研人员拥有持续创新动力，保障大湾区国际科技创新中心顺利运行的基础。当前，内地经济社会发展还不协调，除深圳和广州以外，一些地市想要快速推进知识产权制度与国际标准接轨还比较困难，因此可以在粤港澳大湾区内进行试点。建议可以首先在广东省开展试点，由国家知识产权局支持，广东省知识产权局具体实施，在粤港澳大湾区内建立适合香港和澳门的知识产权制度，柔性学习香港特别行政区的知识产权制度，涵盖知识产权的归属、保护、运用、服务、管理等方面，渐进式地在大湾区学习、探索与国际标准一致的知识产权制度，并在这一过程中逐渐实现港澳与内地在科技制度和规则方面的接轨。

（四）以深港两地科技融合作为基石

深圳和香港两地是当前粤港澳大湾区中科技创新发展较好的地区，因而也是粤港澳国创中心高质量发展的重要极点，需要将深港两地的科技融合作为粤港澳国创中心建设的撬动点，以此推进珠三角九市和港澳科技的逐步融合，催生更多的合作项目和创新平台。具体来讲，第一，香港的科研机构、实验室、高校可以在深圳市设立分中心，充分发挥分中心的带动作用，以"本部-分中心"模式对接深圳和香港的研发要素、科技项目、科技基础设施，增加深港科技创新的合作交流，加快两地的科技融合。第二，选拔精锐力量，成立深港科技创新融合领导小组，在深圳设立实体办公室，完善深港两地科技合作、协调、运行、决策机制，以项目合作促进深港两地科技合作。第三，深圳和香港两地政府部门携手，推动国际、珠三角、港澳企业共同成立深港产业创新发展专项基金，依托该基金在国际市场和大湾区内进行科创投资，以金融手段为港澳科技合作争取更大的资金支持。

（五）在大湾区内建设具有全球影响力的高端产业体系

高端产业体系是粤港澳国创中心建设的实体支撑。第一，要围绕新兴产业，集聚一批创新型企业，培养一批龙头企业，引进一批高端人才，在粤港澳大湾区内结合各地方优势，发展新兴主导产业，推进新产品和新技术的应用，建设高端产业体系，进而提升粤港澳国创中心的国际影响力，吸引更多的交流和合作。第二，推动产学研深度融合，围绕产业发展需求布局研究，围绕国家重点领域培育创新龙头企业，并在此基础上以融资和税收优惠推动实施中小型科技企业培育计划，以"政府+创新龙头企业+中小型科技企业"的三级主体模式开展关键核心技术攻关，发挥新型举国体制优势。第三，组织实施优秀新兴产业的示范引领工程，创新科学技术方面的政府采购制度，实行创新产品远期约定采购、研发式采购，推进创新产品的商业化应用。第四，定期更新新兴产业的技术标准，确保技术创新与技术标准相匹配，形成科技支撑产业发展的良性循环。

（六）构建包容开放的科技创新氛围

粤港澳国际科技创新中心的建立需要有包容开放的科技创新氛围作为支撑。第一，打造宜居、开放的城市形象，优化城市公共服务和提升便利度，建设安全、便捷的交通体系，公平、高质量的教育体系，高效的医疗和人才住房

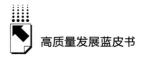

保障体系，营造尊重人才、尊重知识的社会风气，规范市场运行，降低创业企业的准入门槛，加大对侵犯知识产权行为的惩戒力度，保障创新人才对创新成果的合法性权益。充分发挥市场的作用，主动加强与其他国家的科技合作，积极对接创新资源，从环境、制度等各个方面构建包容开放、具有吸引力的国际科技创新中心。第二，加快政府在科技创新领域的职能从创新管理向创新服务转变，推动审批事项网上办理，降低创新创业活动的制度性交易成本。第三，破除粤港澳大湾区内创新要素跨境流动的各类障碍，尤其是珠三角和港澳之间资金、设备、人才、信息、数据、技术等要素自由流通的体制机制障碍，建立健全香港和澳门两地承接内地科研项目的管理和经费使用办法。第四，依托"一带一路"建设，在粤港澳大湾区内营造开放型的创新体系，构建包容、多元化的创新环境，通过良好的环境和入驻政策，吸引国际上有名的研发机构和优质创新企业入驻粤港澳大湾区，与此同时，鼓励粤港澳大湾区内的创新型企业主动"走出去"，在全球适宜的区域设置分支机构，联通全球的创新资源。

参考文献

［1］符正平、刘金玲：《新时代粤港澳大湾区协同发展研究》，《区域经济评论》2021年第3期。

［2］傅超、张泽辉：《国内外科技创新中心发展经验借鉴与启示》，《科技管理研究》2017年第23期。

［3］刘毅、任亚文、马丽等：《粤港澳大湾区创新发展的进展、问题与战略思考》，《地理科学进展》2022年第9期。

B.20

2022年成渝地区科技创新中心
发展进展及建议

张爱民　易　醇*

摘　要： 成渝地区双城经济圈建设是以习近平同志为核心的党中央在新形势下为促进区域协调发展，推动形成优势互补、高质量发展的区域经济布局做出的重大战略部署。建设具有全国影响力的科技创新中心是确保这一战略部署顺利落地的关键支撑和重要抓手，是国家赋予成渝地区双城经济圈的重要政治任务和历史使命。三年来，川渝两地紧盯建设具有全国影响力的科技创新中心这一战略目标，深化两地互动交流，以"一城多园"模式合作共建西部科学城，构建"两极一廊多点"科技创新空间布局，实施"六个一"共建任务，在构建区域协同创新体系、完善创新服务平台、提升科技创新和成果转化能力、促进科技创新人才汇聚等方面取得了明显成效。与此同时，成渝跨越不同行政区划，空间多点化导致科技资源较为分散，科研人才跨区流动不畅、科技力量协同效应不强。本文提出加强顶层规划引领、完善创新服务体系、推动军民融合发展、促进科技成果转化等政策建议。

关键词： 成渝地区双城经济圈　科技创新中心　创新发展

一　成渝地区科技创新中心建设的提出背景与重要意义

成渝地区双城经济圈建设是习近平总书记亲自决策、亲自部署、亲自推动

---

* 张爱民，经济学博士，中共成都市委党校经济学教研部副教授，主要研究方向为区域经济发展；易醇，经济学博士，四川省人民政府督查室副主任，主要研究方向为区域经济发展。

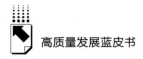

的重大战略。2023 年 7 月，习近平总书记到四川视察时强调："要坚持'川渝一盘棋'，加强成渝区域协同发展，构筑向西开放战略高地和参与国际竞争新基地，尽快成为带动西部高质量发展的重要增长极和新的动力源。"① 成渝地区科技创新中心作为成渝地区双城经济圈建设的重要内容，不仅有助于提升西部地区科技实力和竞争力，促进区域协调发展，而且对构建强大战略后方、维护国家安全、促进经济高质量发展具有重要而深远的意义。

（一）成渝地区双城经济圈的空间范畴

成渝地区双城经济圈位于"一带一路"和长江经济带的交会处，是西部陆海新通道的起点，具有连接西南与西北，沟通东亚与东南亚、南亚的独特优势，是我国西部人口最密集、产业基础最雄厚、创新能力最强的区域，在国家发展大局中具有独特而重要的战略地位。

按照中共中央、国务院印发的《成渝地区双城经济圈建设规划纲要》，成渝地区总面积 18.5 万平方公里，主要包括重庆市的中心城区及万州、涪陵等 27 个区（县），四川省的成都、泸州、绵阳等 15 个市。其中，成都、重庆的中心城区是成渝地区双城经济圈的双核心（双龙头），连接形成了整个经济圈的主发展轴。四川的绵阳、乐山、南充、达州、宜宾、泸州与重庆的黔江和万州被明确为成渝地区双城经济圈内的八个区域中心城市。

2022 年成渝地区双城经济圈实现地区生产总值 77587.99 亿元，比上年增长 3%，占全国比重为 6.4%，占西部地区比重为 30.2%。经过三年多的发展，成渝地区双城经济圈建设呈现出"发展能级持续提升、经济结构调整优化、工业发展提量增质、新兴消费蓬勃发展、要素服务保障有力"的五大特点。

（二）成渝地区科技创新中心的提出背景

我国幅员辽阔，长期以来地区之间发展不平衡、不协调的情况普遍存在。新中国成立后，成渝地区成为我国经济建设和大规模推进工业化的重要区域。国家通过"三线建设"在成渝地区大规模建设国防工业和基础设施，形成了

---

① 《智库对话 | 加快建成带动西部高质量发展的重要增长极和新的动力源》，https：//baijiahao. baidu. com/s？id = 1774167965727284159&wfr = spider&for = pc。

较为完整的现代产业体系，使成渝地区逐步成为我国最重要的战略大后方。1999 年 9 月，党的十五届四中全会提出实施西部大开发战略，要求西部具备条件的地区加快创建国家自主创新示范区、科技成果转移转化示范区等创新载体。

党的十八大以来，我国区域发展总体战略指向区域协调，更加关注跨区域、跨流域间的协调发展。京津冀协同发展、长三角一体化、粤港澳大湾区建设陆续上升为国家战略，京津冀区域、长三角区域、粤港澳大湾区成为在北、东、南三个方位带动全国高质量发展的重要增长极。"十三五"以来，随着"一带一路"建设、新时代西部大开发等一系列国家重大战略的深入实施，西部以成都和重庆为核心的成渝城市群迅速发展壮大，区域基础设施更加完备，产业体系日臻完善，科技创新和成果转化能力显著提升，在服务国家总体战略和辐射区域发展中的地位日益彰显。

2020 年 1 月 3 日，习近平总书记主持召开的中央财经委员会第六次会议提出建设成渝地区双城经济圈，打造具有全国影响力的重要经济中心、科技创新中心、改革开放新高地和高品质生活宜居地，即"两中心两地"。这意味着继京津冀协同发展、长三角一体化、粤港澳大湾区建设后，将成渝地区打造为经济增长第四极成为新的国家战略。2021 年 10 月，中共中央、国务院印发《成渝地区双城经济圈建设规划纲要》（以下简称《规划纲要》）部署建设成渝综合性科学中心。2021 年 12 月，国家发改委、科技部批复《成渝地区建设具有全国影响力的科技创新中心总体方案》（以下简称《总体方案》）。自此，成渝地区科技创新中心成为国家首个批复建设的区域综合性科学中心。

（三）成渝地区科技创新中心的发展定位

《规划纲要》提出将成渝地区打造为带动全国高质量发展的活跃增长极和强劲动力源。"两中心两地"的战略定位要求成渝地区走出一条以科技创新为第一动力，以科技成果转化应用为重要支撑的发展之路。《总体方案》明确在成渝地区建立科技创新中心，以西部科学城为空间载体，建设具有全国影响力的、首个跨区域科学中心。要求成渝地区科技创新中心以前沿性基础科学研究、重大技术研发和促进技术产业化为重点任务，在一些基础科研领域进行原创研究并实现突破，不断提升创新能力，加速创新成果转化应用。据此，成渝地区科技创新中心定位如下。

（1）具有全国影响力的科技创新中心核心支撑。瞄准世界科技前沿，助推强化国家战略科技力量，建设创新资源密集、创新活动集中、创新实力雄厚、创新成果丰硕的科技创新高地，使得成渝地区科技创新中心成为推动我国跻身创新型国家前列的重要引擎。

（2）成渝地区双城经济圈创新策源高地。以国家重大战略需求为导向，聚焦成渝地区比较优势，围绕基础前沿领域、重大科学问题和关键核心技术，加强基础研究和应用基础研究，推动成渝地区科技创新中心成为服务战略大后方建设的创新策源地。

（3）引领西部地区高质量发展的动力引擎。聚焦打通科学发现、技术发明、金融赋能、产业发展一体化路径，以战略性新兴产业为牵引推动创新深度链接、强化创新应用转化、促进产业基础高级化和产业链现代化，引领城市主导产业迈向全球价值链高端，引领和带动西部地区高质量发展。

（4）"一带一路"建设的协同创新示范区。成渝地区科技创新中心在"一城多园"框架下加强内外联动发展，深化国际科技合作和区域协同创新，增强创新辐射带动能力，助推建设"一带一路"科技创新共同体，成为国家开放创新体系的重要组成部分。

（四）建设成渝地区科技创新中心的重要意义

随着科学技术日益渗透到经济建设和社会进步的各个领域，科技创新能力越来越成为影响综合国力的决定性因素。我国已在尖端技术掌控和科技创新领域奠定了坚实的基础，一些重要领域已经走在世界的前列，但是我国科技的总体水平同世界先进水平相比仍有较大的差距。成渝地区科技创新中心建设有助于缩小西部地区在科技研发与成果转化方面与东部地区的差距，使我国科研资源在空间布局上更加均衡，更为有效地带动区域经济发展，更好地融入国际科技合作。同时，成渝地区科技创新中心的设立意味着成渝地区跻身国家发展的"大盘子"，将在国家层面获得集聚国家实验室、大科学装置、重大科技计划、高层次人才等方面的政策支持，这使得川渝科技创新发展迎来了历史发展机遇。

成渝地区科技创新中心建设是促进地区经济发展、加强产学研合作、改善创新创业环境和推动区域协同发展的重要支撑，不仅有助于打造更具竞争力的科技创新高地，推动成渝地区实现高质量发展，而且能使成渝地区进一步融入全国区域创新高地总体布局，成为参与全国乃至全球科技创新的重要力量。

二 成渝地区科技创新中心的顶层设计与战略构想

成渝地区建设科技创新中心，就是要依托先进的国家实验室、创新基地等重大科技基础设施群，以前沿性基础科学研究、重大技术研发和促进技术产业化为重点任务，通过实施"六个一"共建任务，构建"两极一廊多点"格局，共同推进西部科学城、成渝科创走廊等建设，为建成全国重要经济增长极和新的动力源，实现高质量发展提供智力支撑。

（一）战略目标：成渝共建具有全国影响力的科技创新中心

《总体方案》明确要求川渝两地深入贯彻党中央关于新时代西部大开发和成渝地区双城经济圈建设的战略决策，突出创新策源、产业牵引、区域联动，将成渝地区打造成为具有全国影响力的科技创新中心，使成渝地区科技综合实力迈入全国前列，重点领域实现全球领先原创成果突破，主导产业迈向全球价值链高端。为此制定了"三步走"战略目标：到2025年，成渝地区科技创新中心核心功能基本形成，建成若干国际领先的重大创新平台和研究基地，"一带一路"科技创新合作区建设架构基本形成。到2035年，基本建成具有全国影响力的科技创新中心和综合性科学中心，科技综合实力迈入全国前列，"一带一路"科技创新合作区基本建成。到2050年，基本建成具有国际影响力的科技创新中心，全面建成具有全球影响力的科学城，科技创新能力达到世界领先水平，成为建设世界科技强国的重要支撑。

（二）内核支撑：以"一城多园"模式合作共建西部科学城

《规划纲要》明确川渝两地要以"一城多园"模式共建西部科学城，并将其作为成渝地区科技创新中心的内核支撑和空间载体。2023年3月31日，科技部、国家发改委等部委与川渝两地政府共同印发了《关于进一步支持西部科学城加快建设的意见》，强调支持成渝地区以"一城多园"模式加快建设西部科学城，打造具有全国影响力的科技创新中心。其中，"一城"指西部科学城，目标是建成具有全国影响力的综合性国家科学中心；"多园"指川渝两地的国家高新区、国家级或省级的新区等创新资源集聚载体。

（三）空间规划：构建"两极一廊多点"科技创新空间布局

根据成渝两地战略合作协议，将构建"两极一廊多点"科技创新空间格局，共同探索推进西部科学城、成渝科创走廊、内陆自贸港等建设，全面支持和引领建设具有全国影响力的科技创新中心。"两极"是指以成都高新区为核心的西部（成都）科学城和以重庆高新区为核心的西部（重庆）科学城。首先以西部（成都）科学城、中国（绵阳）科技城以及西部（重庆）科学城、重庆两江协同创新区为先行启动区，着力增强原始创新能力，形成"基础研究–技术创新–产业创新"全链条体系，形成成渝地区科技创新中心的核心引擎，逐步构建"核心带动、多点支撑、整体协同"的发展态势。"一廊"是指围绕成渝地区城际交通主轴，在空间形态上呈现廊带状的科技创新经济带。"一廊"建设旨在促进科技创新要素沿经济带集聚和流动。具体而言，就是由成都高新区、重庆高新区与其他高新区沿成渝高速公路复线、成渝中线高铁线路共同打造成渝科创走廊，构建"成渝总部研发+周边成果转化"的科技创新发展模式。"多点"则是依托成渝两地12个国家级高新区及多个创新功能区和创新节点，打造一批科技创新卫星城市和区域。

（四）战略举措：实施"六个一"共建任务

共建"一城"：合作共建西部科学城，最终建成综合性国家科学中心。共建"一廊"：合作共建成渝科创走廊，推动创新成果在科创走廊沿线园区产业化。共建"一高地"：合作共建全国新经济示范高地，联手打造智能终端、大健康两大世界级产业集群。共建"一区"：合作共建西部创新创业引领区，推动孵化载体、基金、人才等有效集聚，形成两地优势互补的创新创业服务体系。共建"一港"：共同向上争取重庆高新区、成都高新区纳入内陆自贸港试点，推动人员自由通关、国际科技合作、国际产业合作等全方位改革。共建"一机制"：合作共建要素自由流动机制，推动科技资源向重庆高新区、成都高新区两大创新极核集聚，并在多个创新节点合理流动，激发各节点科技创新活跃度和开放度。

表1　成渝共建科技创新中心的战略举措

六大举措		专项行动
一城	以"一城多园"模式共建西部科学城	建设重大科技基础设施基地
		建设一批交叉前沿研究平台
		建设一流高等院校科研院所
		布局国家重点实验室、联合攻关实验室
		联合创建国家制造业创新中心、国家技术创新中心、国家产业创新中心
		布局一批新型研发机构,组建成渝产业技术研究院
一廊	增强协同创新共建成渝科创走廊	组建成渝地区高新区发展联盟
		成立成渝地区高新区协同发展投资基金
		推动先进园区与新兴园区合作共建"飞地园区"
		牵头成立重点产业联盟
		策划举办"巴蜀火炬节"活动,打造成渝地区高新区品牌节日
		建立成渝地区科研仪器设备共享平台,构建成渝地区科技资源数据目录体系
一高地	推进优势产业合作,共建全国新经济示范高地	共建智能终端世界级产业集群、大健康世界级产业集群
		制定两地产业协同发展规划,推动两地产业创新公共服务平台共享共用
		联合发布成渝应用场景机会清单,探索培育数字医疗、无人驾驶等新经济赛道
		联合争取国家设立国家药监局药品审评检查分中心
		联合争取国家批复建设国际医疗试验区,允许未正式注册药物和医疗器械在试验区内使用
一区	推动科技成果转化,共建西部创新创业引领区	共建成渝英才信息共享平台
		共建成渝科技服务超市
		共建成渝一体化科技金融服务平台
		共建成渝孵化载体业界共治理事会
		共办具有全国影响力的创新创业大赛
一港	加强国际科技合作共建内陆自贸港	加快建设"一带一路"国际科技创新合作示范区和国际技术转移中心
		探索扩大知识产权跨境交易,完善知识产权纠纷多元化解决机制

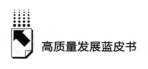

六大举措		专项行动
一机制	积极发挥市场作用,共建要素自由流动机制	共同制定成渝高新区人才互认标准,推动高层次人才、高端技能型人才等评定及荣誉在两地互认
		发布共建共享成渝高新区人才新高地行动方案,推动高端人才跨区域公共服务和社会保障共享
		积极探索两地企业证照"一网通办"试点,提升交互投资便捷性

三 成渝地区科技创新中心建设推进情况

2022 年,成渝地区双城经济圈实现地区生产总值 77587.99 亿元,占全国的比重为 6.4%,占西部地区的比重为 30.2%;地区生产总值比上年增长 3.0%,增幅与全国持平。在科技创新中心建设方面,川渝两地紧跟国家战略,加强省市县党政互动,积极推动科技部门联合打造高能级创新平台,协同推进西部科学城建设方案编制,促进人才跨区域流动和科技协同创新建设,成渝地区科技创新中心建设迈出实质性步伐。

(一)服务国家战略,积极融入成渝地区双城经济圈建设

1. 加强顶层设计,为科技创新中心建设提供基本指引

自中央提出建设成渝地区双城经济圈以来,国家层面已出台多个文件予以推动,其中,最具代表性的文件如下。

2021 年 10 月 20 日,中共中央、国务院发布的《成渝地区双城经济圈建设规划纲要》成为引领成渝地区双城经济圈建设的纲领性文件。明确提出川渝共建成渝综合性科学中心,高标准建设西部科学城,实施成渝科技创新合作计划,联合开展关键核心技术攻关,提升协同创新能力。

2021 年 12 月,国家发展改革委、科技部批复《成渝地区建设具有全国影响力的科技创新中心总体方案》,该方案提出了成渝共建西部科学城、建设具有全国影响力的科技创新中心等一系列重大战略任务,并细化明确了 129 项重点工作。

2023 年 3 月 31 日，科技部等部门（单位）与川渝两地政府印发了《关于进一步支持西部科学城加快建设的意见》。从支持合作共建高水平实验室体系，打造国家级创新平台；加大科技联合攻关协同力度，增强战略性产业竞争优势；深化科技体制机制改革，推动创新政策先行先试；强化区域交流合作，建设西部内陆开放新高地等方面明确了国家的支持政策和鲜明导向。

2. 推进区域互动，建立川渝党政联席会议长效机制

为更好落实国家战略部署，加快促进成渝地区双城经济圈建设，川渝两地不断深化党政高层互动，建立了川渝党政联席会议制度并形成长效机制。自 2020 年召开首次联席会议以来，至 2023 年 6 月已经先后召开七次联席会议，就成渝地区双城经济圈建设中遇到的重大议题进行磋商，推动成渝地区双城经济圈建设不断走向深入。

2020 年 3 月 17 日召开的第一次联席会议设定了成渝地区双城经济圈发展的目标和方向，鲜明提出"唱好双城记，建设经济圈"的发展主题，为整个成渝地区双城经济圈建设奠定了基调，为后续工作指明了方向。

2020 年 12 月 14 日召开的第二次联席会议研究落实了《成渝地区双城经济圈建设规划纲要》的规划部署，这是对第一次联席会议提出的目标和实现路径的具体化，为成渝地区双城经济圈建设描绘出宏伟蓝图。

2021 年 5 月 27 日，召开了第三次联席会议。在明确发展目标和路径后，会议着手组团队搭班子，全面加强战略协作、政策协同和工作协调，构建成渝地区双城经济圈的建设框架，为实现目标奠定基础。

2021 年 12 月 14 日，召开了第四次联席会议。在前面三次联席会议的基础上，第四次联席会议突出高质量发展导向和高水平协作联动，这是对前期工作的提升和优化，进一步提升了成渝地区双城经济圈建设的协同水平。

2022 年 6 月 29 日，召开了第五次联席会议。会议提出携手打造新时代区域合作新样板，并对前期工作进行了充分肯定，对取得的成果进行了展示，标志着成渝地区双城经济圈建设取得阶段性成果。

2022 年 12 月 30 日，召开了第六次联席会议。在前期工作成果的基础上进一步乘势前进，提出在高水平共建西部科学城上实现更大突破，共同打造高能级创新平台，共同强化关键核心技术攻关，共同促进科技成果转化应用，构建良好创新生态。

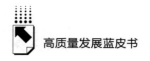

2023 年 6 月 26 日，召开了第七次联席会议。会议指出工作转入新阶段，强调壮大成渝主轴，挺起中部脊梁，工作重点从唱好"双城记"转向加快建设"经济圈"。

3. 多维联动发力，携手打造成渝地区科技创新中心

在国家战略引领及川渝党政联席会议确立的合作框架下，川渝各级党委政府、科技部门之间不断深化互动，签署了一系列战略合作协议，推动成渝地区科技创新中心建设不断走深走实。

2020 年 4 月，成渝两地高新区签署了《重庆高新区 成都高新区"双区联动"共建具有全国影响力的科技创新中心战略合作协议》，明确双方聚焦"六个一"重点任务，共同建设西部科学城、成渝科创走廊、内陆自贸港。

2021 年 12 月，成渝两地科技部门共同签署了《加强双核创新联动 推进共建具有全国影响力的科技创新中心合作协议》。提出以构建全国重要经济增长极和新的动力源为目标，以健全跨区域创新合作机制、共建开放型区域创新体系为保障，合力打造全国重要的科技创新和协同创新示范区，实现资源共享、项目共促、政策共通、成果共享。成渝两市签署《落实成渝地区双城经济圈建设重大决策部署唱好"双城记"建强都市圈战略合作协议》；两地有关部门签署《加强双核创新联动推进共建具有全国影响力科技创新中心合作协议》，进一步推动成渝务实合作、双城联动、协同发展。

2022 年 6 月，重庆市、四川省政府印发《成渝地区共建"一带一路"科技创新合作区实施方案》，提出健全开放创新的体制机制，引导创新要素跨区域有序流动和高效聚集，发挥成渝两地特色优势，深化同共建"一带一路"国家的科技交流与合作。

（二）川渝协同创新，科技创新中心建设迈出实质性步伐

根据重庆科技发展战略研究院与四川省科技发展战略研究院等智库单位联合编制的《成渝地区双城经济圈协同创新指数评价报告 2022》：从 2019 年至 2021 年成渝地区协同创新水平稳步提升，2021 年协同创新总指数较 2019 年增长 20.01%。其中，产业联动指数增幅最大，较 2019 年增长 44.88%；其次是成果共享指数，增长 15.77%，创新合作指数增长 14.25%。报告指出，从 2016 年至 2021 年，成渝地区科技投入大幅提升。一是 R&D 经费支出快速增

长，2016~2021年增长110.5%、高于全国平均增速32.2个百分点；二是R&D投入强度再创新高，2016~2021年提高0.49个百分点，高出全国平均增幅0.15个百分点；三是高校院所研发投入增长强劲，2016~2021年增长113.2%。

截至2022年底，四川已拥有10个国家重大科技基础设施、190多个国家级创新平台，有两院院士64人、各类专业技术人才约380万名，区域创新能力位居全国前列。重庆高新区获批国家级知识产权强国建设示范园区，引进或培育科技型企业1500家、高新技术企业305家，引进院士、市级以上科创人才超140人；高标准打造金凤软件园、重庆汽车电子产业园等特色园区，战略性新兴企业实现产值2208亿元，占到了规模以上工业总产值的85%左右。

1.战略科技力量加速集聚

实验室建设方面。川渝两地围绕人工智能、先进制造、节能环保、大健康和现代农业等重点领域，规划建设了一批重点实验室。截至2022年底，西部地区第一个国家实验室成功落地四川并挂牌建设，四川天府实验室目前已进入实体化运行阶段，聚焦电子信息、生命科学、生态环境领域成立了天府兴隆、天府永兴、天府绛溪和天府锦城4个实验室。2022年，四川省3个重点实验室经优化重组后被纳入全国重点实验室序列，实施首批四川省自然科学基金项目2000余项。西部（重庆）科学城也在加速汇聚战略科技力量，金凤实验室于2022年6月正式揭牌；金凤实验室与华大集团合作共建的国内首个病理时空组学研究平台"金凤·华大时空中心"同步挂牌投用。金凤实验室在平台建设、人才聚集、成果转化、开放合作等诸多方面加快打造高能级创新平台，成为西部（重庆）科学城科技创新"头号工程"。

重大科技基础设施建设方面。目前，四川拥有国家重大科技基础设施10个，数量位居全国第3；中国地震科学实验场、矢量光场等"十四五"国家重大科技基础设施，光子芯片等7个国家科教基础设施已启动建设；准环对称仿星器等省重大科技基础设施已获批建设。2023年5月6日，成渝（兴隆湖）综合性科学中心重大科技基础设施项目建设启动，聚焦智能制造、电子信息、生物医药等重点领域，打造学科关联、空间集聚的原始创新集群。重庆市也在积极建设超瞬态实验装置、长江上游种质创制科学装置等国家级、市级重大科技基础设施。截至2022年，两地已建成川渝科技资源共享服务平台，整合两

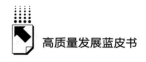

地大型仪器设备 1.21 万台（套），价值约 127 亿元。

2. 科技创新和成果转化能力持续提升

技术创新中心建设方面。2022 年四川已获批建设国家精准医学产业创新中心、国家超高清视频制造业创新中心、国家高端航空装备技术创新中心；同位素及药物等 2 个国家工程研究中心启动建设，国家川藏铁路技术创新中心一期工程建成投用。川渝地区 6 个企业技术中心进入新认定国家企业技术中心名单，国家级、省级产业技术创新平台超过 2300 个。

科技成果转化方面。川渝全面推进职务科技成果权属改革；四川启动了在川高校院所重大科技成果转化"聚源兴川"行动，重大新药创制国家科技重大专项成果转移转化试点示范基地正加速建设，四川省跨高校院所新型中试研发平台揭牌运行。

技术合作与转移方面。两地成立了成渝地区技术转移联盟、大学科技园协同创新联盟。2022 年，川渝技术合同成交额突破 2200 亿元，是 2019 年的 1.6 倍；四川省技术合同成交额达到 1649.8 亿元，同比增长 18.1%；重庆市技术合同成交额超 620 亿元，连续两年实现翻番。

3. 区域协同创新体系加快构建

2020 年 4 月，川渝两地科技部门签署共建科技创新中心的框架协议，围绕增强成渝地区协同创新发展能力，构建区域协同创新体系，推动形成区域科技创新平台共建、资源共享、项目共促、政策共通、成果共享局面。

此外，双方围绕 2027 年建成区域协同创新体系这一目标，陆续签订了科技资源共享、科技成果转化、科技专家库开放共享等合作协议；集聚创新资源，催生创新成果，以科技赋能新能源汽车、电子信息、数字医疗等特色产业发展，积极构建产学研协同创新体系。

4. 科技创新人才集聚高地逐步形成

成渝两地充分利用科教资源集群优势，完善人才战略布局，打造创新人才集聚高地。由四川大学、重庆大学牵头成立了成渝地区双城经济圈高校联盟，共同推动川渝 20 所院校加入联盟，在人才培养、科技创新、成果转化等方面加强协同联动，为科技创新中心建设夯实了人才基础和智力支撑。

（三）优化空间布局，科技创新"策源地"初具形态

在《成渝地区双城经济圈建设规划纲要》引领下，成渝两地根据本地区

位特点、人才优势和科技资源禀赋，科学规划布局西部科学城，着力打造科技创新中心的内核支撑与空间载体，携手建设西部地区创新资源最为集中、双创生态最为活跃、产业发展质量最优、协同创新效率最高的标志性区域。

成都市：加快引聚科技资源要素，布局建设重大创新平台，不断优化西部（成都）科学城"一核、四区、多基地"空间载体和功能布局，西部（成都）科学城建设取得明显进展。

一核：西部（成都）科学城（132平方公里），集中布局重大科技基础设施集群、高能级实验室集群、校院地协同创新平台集群和产业创新平台集群，打造国家科技创新体系的重要基础平台。由7大板块组成。鹿溪智谷科学中心，规划面积10.7平方公里，集中布局中国科学院、中国工程物理研究院等国家级科研机构。重大科技基础设施建设基地，规划面积12平方公里，集中布局国家实验室、重大科技基础设施和交叉研究平台。协同创新基地，规划面积7.3平方公里，集中布局协同创新示范项目。独角兽岛，规划面积0.7平方公里，集中孵化培育独角兽企业。兴隆湖高新技术服务产业园，规划面积10.4平方公里，布局新经济产业园、央企研发中心和校院地协同创新区。凤栖谷数字经济产业园，规划面积14.7平方公里，布局天府无线谷、凤栖软件园等数字经济产业园区。新兴智能制造产业园，规划面积7平方公里，布局科技成果孵化转化重要载体和智能制造产业基地。四区：新经济活力区（73.5平方公里）、天府国际生物城（69.8平方公里）、成都东部新区未来科技城（60.4平方公里）、新一代信息技术创新基地（43.1平方公里）。主要承接西部（成都）科学城的原始创新成果，重点打造"二次创新"承载地。多基地（协同创新系统）：探索跨区域、跨功能区"总部+基地、研发+生产、中心+基地"发展模式，推动成都都市圈各区域创新链与产业链融合。

重庆市：按照产、学、研、商、居一体化规划发展西部（重庆）科学城，西部（重庆）科学城位于重庆中心城区西部槽谷地带，向西联动渝西、辐射川东，区位优势明显，拥有国家自主创新示范区、自贸试验区、国家级高新区、西永综保区，高新技术产业和科教资源集聚。西部（重庆）科学城按照"一核四片多点"的空间结构规划构建。其中："一核"，位于重庆高新区直管区，集聚基础科学研究和科技创新功能的核心引擎，将集中力量建设综合性国家科学中心；"四片"，包括北碚、沙坪坝、西彭-双福、璧山四大片区，主要承

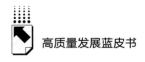

担教育科研、高端制造、国际物流、军民融合等创新功能；"多点"，即以诸多的创新创业园、高新技术产业园等为支撑，构建产学研深度融合的创新空间体系。

四　高质量建设成渝地区科技创新中心的建议

成渝地区科技创新中心建设的特殊性在于跨越了不同的行政区划，空间多点化造成科技创新资源分布较为分散，存在科研人才跨区流动不畅、科技力量协同效应不强等问题。因此，本文提出加强顶层规划引领、完善创新服务体系、推动军民融合发展、促进科技成果转化等政策建议。

（一）聚焦关键核心领域，加强顶层规划引领

一是坚持服务国家总体战略和地方经济社会发展需要，依托成渝地区产业基础和技术优势，围绕主导产业拓链、战略产业强链、优势产业延链、未来产业建链，瞄准技术前沿和国家"卡脖子"领域，聚焦电子信息、航空航天、生物医药、新能源、新材料等优势领域，在"薄弱缺"环节加大攻关力度，在产业链高端和价值链核心关键领域实现重大突破，使成渝地区成为国家重要的产业链备份基地，形成一批标志性创新成果与典型应用，夯实经济社会发展的现实基础。二是继续强化各层级科技研发与应用推进机制，成立科技创新联席会议制度。由两省市科技部门牵头联合成渝地区国家级高新区共建共享，形成"成渝强研发，周边产业化"的产业协作网络与分工体系。三是锚定未来高质量发展目标，抢抓科学技术突破新赛道新领域。超前布局世界前沿技术和颠覆性技术研发，加快新技术的先发应用和未来产业培育，打造未来发展新优势。如加快实施6G通信、干细胞研究与修复、类脑研究、生物信息和光电材料等重大科技专项研究。

（二）整合战略科技力量，完善创新服务体系

一是加快构建多层次成渝共享的实验室体系。瞄准世界科技前沿，对标国际先进实验室，立足川渝科技创新发展需要，聚焦电子信息、生命科学、生态环境等优势领域，以西部（成都）科学城、西部（重庆）科学城、中国（绵

阳）科技城为主要载体，构建国家级、跨省域、省市等多层级的"综合+专业"复合型重点实验室体系。二是构建川渝高校院所创新联盟。整合成渝地区丰富的高校资源，重点推动四川大学、重庆大学、电子科技大学冲刺世界一流大学，支持中国科学院大学成都学院和重庆学院建成高水平研究型大学。构建有利于推动成渝之间科研人才、信息、设备、技术共享和协同创新的机制，在更大范围、更宽领域、更高层次上形成紧密联系的科研创新同盟。三是建设世界一流国内领先的创新平台。依托西部（成都）科学城、西部（重庆）科学城、中国（绵阳）科技城建设一批国家重大科技基础设施集群，为成渝地区高水平创新活动提供基础支撑。围绕已建、在建和拟建的国家科技基础设施布局建设一流前沿交叉研究平台。瞄准智能制造、人工智能、生物医药和新一代信息技术等重点产业领域和科技前沿，建设世界一流产业技术研发和转化平台。

（三）深化军地科技合作，推动军民融合发展

一是推进军民基础科研技术和大型仪器设备双向共享。充分利用成渝地区军工科研资源丰富的优势，整合军地技术、资本、信息、人才、设备装置等资源要素，共建军民高水平新型研发机构。创新军民两用共性技术研发模式，以服务国家安全和经济发展为核心，联合共建军民融合场景创新中心。二是加快军民融合产业示范区建设，实施军民融合新兴产业培育行动，将军工科技研发优势与社会产业推广能力相结合，以园区为载体推动科技重大专项成果产业化、民用化，打造国内领先的军民融合产业示范区。三是整合科技创新资源，建立成渝绵军民融合协同发展机制，加快探索"民参军""军转民"联合研发生产机制，在确保国防安全的前提下建立军民重大项目合作共建机制。四是加强军民融合知识产权服务，加大军民科技成果融合力度和深度。共建川渝军民融合知识产权公共服务平台，推动知识产权军民融合试点取得突破。

（四）引入市场运作机制，促进科技成果转化

一是激发科技机构创新活力，深入推动成渝地区开展职务科技成果权属改革，探索不同行政区划共建高校院所中试研发机构，以市场化手段加速推动实验室成果走向市场。二是以西部科学城为载体，开放链接全球创新资源，加大

对高层次人才及团队的引育力度，打造一支高质量的科技研发队伍，在若干基础科学和前沿领域实现重大突破。三是发挥成渝"双核"引领作用，通过技术成果产品化、技术权益资本化、技术转移模式多元化、技术服务专业化带动周边市县提升成果转移转化水平，打造一批成果转化集聚区。

（五）靶向引聚创新人才，实现人才互通互认

一是依托川渝重大创新平台载体和高校院所优势，创设"川渝学者"特聘专家制度，靶向引聚全球高精尖创新人才和团队。支持高校院所、产业园区、地方政府采用"企业使用、院校聘任、政府补贴"的方式，通过"一人一策"招引高层次科技人才和研究团队。二是协同培育高层次人才队伍。制订川渝人才计划遴选培育领军人才，构建省市人才计划互通互认机制，支持人才在成渝地区自由流动。推行"校企双导师"共培新模式，造就一批中青年高级专家。三是创新人才选拔与激励机制。探索多元化人才评价机制，形成以创新能力、质量、贡献、实效为导向的人才评价体系，加大对有突出贡献人才的倾斜力度。建立一体化人才保障服务标准，实行人才评价标准互认制度，提高对国际人才、创新团队的综合服务水平和吸引力。

（六）完善支撑保障体系，助力科技协同创新

一是打造多元化科技金融体系。推动成渝在信用担保、不良资产处置、创业和私募股权投资等领域的跨区域合作。支持重庆开展区域性股权市场制度和业务创新。实现科技金融供求体系结构合理化、科技金融市场体系功能完善化、科技金融监管体系安全高效化、金融互通体系开拓一体化。支持成渝共建"一带一路"金融服务体系，推进金融科技、绿色金融等创新式点。二是加强知识产权创造保护运用。打造西部地区甚至全国重要的知识产权交易中心，探索扩大知识产权跨境交易。加大知识产权保护力度，推动知识产权保护与国际接轨。深化知识产权运用，构建以知识产权为主导的新经济发展产业支撑体系。三是深化科技监督管理职能，构建川渝科技"大监督"格局。落实监督管理政策，率先成立跨行政区的川渝科技监督与诚信监督专家委员会，深化科技评价机制改革，建立与科技发展相适应的现代科研管理与评价体系。

参考文献

［1］《成渝高新区携手打造中国经济"第四极"》，《四川科技报》2020年5月8日，第1版。

［2］四川省人大教科文卫委课题组：《建设具有全国影响力成渝科技创新中心的制度研究》，《民主法制建设》2022年第2期。

［3］于良：《成渝地区的科技创新需求与思考》，《科技中国》2022年第11期。

［4］《在成渝地区布局综合性国家科学中心》，《四川日报》2023年3月9日，第4版。

国际借鉴篇
International Reference

B.21
2022年美国科技创新动态及启示

周　密　胡可欣*

摘　要： 新时期，中国崛起的趋势与外部遏制压力之间的矛盾正在加剧，全球竞争格局出现了重大改变，以建设世界科技强国为引领，深入实施创新驱动发展战略，是我国立足全局的重大战略选择。本文通过梳理总结近年来美国科技创新动态，发现美国正在通过出台系列法案、优化关键机构、加大研发投入强度、推动产学研一体化、优先部署关键和新兴技术、实施中美战略博弈维护其全球科技创新领先地位。而在中美科技创新竞争形势下，我国仍面临研发投入总量与美国存在较大差距、政府公共投资不足、R&D经费投入分布结构失衡、"卡脖子"技术短板亟待补齐、国家实验室体系有待完善等挑战。据此，本文提出我国应从大力增加研发投入、建立"卡脖子"风险排查预警机制、推进国家实验室法律法规体系建设、加强技术追踪和技术预测、加快产业创新基础和载体建

---

* 周密，南开大学中国城市与区域经济研究中心主任，教授，博士生导师，主要研究方向为创新理论与政策；胡可欣，南开大学经济与社会发展研究院在读硕士研究生，主要研究方向为区域创新发展与政策。

设等角度出发，进一步完善国家创新体系，实现科技自立自强。

关键词： 科技自立自强 美国 科技创新

强化国家战略科技力量是实现我国科技自主发展，支持社会主义现代化国家全面建设的必然选择，是加速建设科技强国的重要任务，对于提升国际竞争力，应对科技革命和产业变革，实现高质量发展至关重要。新时期，全球经济竞争格局正发生重大变化，要素规模优势正向创新综合优势转变。中国崛起的趋势与外部遏制压力之间的矛盾日益突出。深入分析全世界科技强国的具体实践，对我国科技强国战略发展具有极其重要的启示作用。在世界科技强国中，尤以科技实力最为雄厚、科技强国建设历程最长的美国为典型代表。本文通过梳理美国科技创新发展现状，中美科技创新竞争形势下我国面临的挑战，提出了进一步完善我国国家创新体系，实现科技自立自强的政策建议。

一 2022年美国科技创新发展现状

（一）推出"创新与竞争"系列法案，强调突出国家意志

近年来，美国加速"创新与竞争"系列法案设立，这些法案的内容反映出了美国科技创新在国家意志的引导下为国家目标服务，并确保美国在全球科技竞争中保持领先优势的功能，如表1所示。2020年5月，美国国会通过《无尽前沿法案》，将科研投资提升至1900亿美元，以确保科技优势。据拜登政府最新财政预算，美国国家科学基金会预算增至102亿美元，同比增长20%，这意味着美国改变了以往基础科研投入增速基本与通胀挂钩的惯例，让科研投入实现指数级跃升。2021年6月，美国参议院通过了《2021年美国创新与竞争法案》，这一法案对之前的《无尽前沿法案》进行了扩充，总计拨款高达2500亿美元，主要目标在于扭转自特朗普执政以来美国在科技领域发展缓慢的态势，加速提升美国科技创新投入的速度。2022年2月，美国众议院引入《2022年美国竞争法案》，促进美国关键半导体芯片的生产，增强本土制

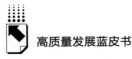

造业和供应链，推动科学研究和技术创新，同时支持引进国际人才，以提升美国在全球科学、技术和贸易等领域的竞争力。2022 年 8 月，总统拜登签署《芯片和科学法案》，该法案对于芯片行业的支持具有明确具体、可操作性强的特征，旨在有效巩固美国在芯片行业的领导地位。

表 1　美国"创新与竞争"系列法案

时间	名称	主推机构	主要内容
2020 年 5 月	《无尽前沿法案》	参议院	第一，在国家科学基金会（National Science Foundation, NSF）设立一个新的技术和创新理事会（DTI, Directorate for Technology and Innovation）；第二，创设区域技术中心；第三，针对经济安全、科学、研究、创新、制造和就业建立一个战略报告体系；第四，设立关于供应链韧性和危机应对的项目
2021 年 6 月	《2021 年美国创新与竞争法案》	参议院	该法案整合了参议院各委员会此前的 30 多项相关提案，共分为 7 个部分："芯片与 O-RAN 5G 紧急拨款"、《无尽前沿法案》、《2021 年战略竞争法案》、《国土安全和政府事务委员会条款》、《2021 年迎接中国挑战法案》、"其他事项"，以及《2021 年贸易法案》。其中，以半导体、5G 等技术为中心的对华科技遏制和竞争是该法案的重心；数字技术和网络空间作为中美竞争的战略高地也是重中之重。美国意图从技术研发体系、治理模式和国际联盟等方面实现"数字去中国化"
2022 年 2 月	《2022 年美国竞争法案》	众议院	该法案共计 12 个部分，涉及半导体、研究与创新、供应链、外交、国土安全和人才等多个领域，批准了近 3000 亿美元的投资，以全面提升美国的全球竞争力。法案批准的投资主要用于以下领域：未来 5 年内拨款 520 亿美元补贴半导体、汽车、消费电子产品和国防系统中关键部件的研究、设计与制造；未来 6 年内拨款 450 亿美元用于改善关键物品供应链；1600 亿美元用于科学研究和创新；105 亿美元用于增加药物库存及医疗设备；80 亿美元用于援助发展中国家应对气候变化等

续表

时间	名称	主推机构	主要内容
2022 年 8 月	《芯片和科学法案》	众议院	该法案将为美国芯片行业提供约 527 亿美元的资金支持,投入约 2000 亿美元用于促进美国未来十年在人工智能、量子计算等各领域的科研创新

资料来源:笔者整理。

(二)优化关键机构,促进战略执行

近年来,美国历届政府不断提高对科技发展的重视程度,并对科技组织体系进行深刻调整。

一是创设新职位。2009 年,时任总统奥巴马创设首席技术官职位,并任命维吉尼亚州的技术部长阿尼什·乔普拉为首任官员,同时领导科技政策办公室(OSTP)。此举被分析人士称为美国政府 21 世纪最好的创新之一,充分彰显了科技在美国内政外交政策中的重要地位。2021 年,拜登上任后将首席技术官地位提升至内阁级别。此外,2021 年,拜登政府还首设了国家网络总监职位,由其统筹美国数字防御战略的制定和落实。

二是聚焦新问题增设新政府机构。美国国务院增设下属新机构"网络空间和数字政策局"(CDP),帮助"解决网络和新兴技术的外交问题",并确保将价值观"纳入美国网络空间和数字政策,推进能持续支撑美国价值观的数字技术愿景"。2022 年 6 月,拜登提名内特·菲克(Nate Fick)为大使,领导CDP。内特·菲克有网络安全公司、新美国安全中心从业经历,对北约战备、印太外交都有涉猎。该机构和人员设置充分突出了拜登政府推进网络空间外交的政策取向。

三是加强人工智能和量子等重点领域的决策咨询机构建设。例如,人工智能方面,2018 年,美国国防部国家安全委员会成立人工智能国家安全委员会;2021 年,美国商务部成立人工智能咨询委员会;2022 年,人工智能咨询委员会成立五个工作组;2022 年,拜登签署一项总统行政令,将量子计划咨询委

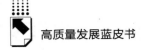

员会直接置于白宫权力之下。此外，美国国防部建立新兴能力政策办公室，负责为国防部研究和采办人员制定与人工智能、高超声速等新兴能力有关的政策，帮助将新兴能力整合到国防部的战略、规划指南和预算流程中，以加快新兴能力的部署。

（三）加大研发投入力度，确保科技全球领先地位

近半个世纪以来，美国在研发方面的总投入占 GDP 的比例一直保持在 2.4%～2.7%的水平上。美国的科技研发投入（以购买力平价计算）占 GDP 比例仅在经合组织（OECD）成员国中排第 10 位。近几年来美国的研发投入占 GDP 比例增速相对较缓，而部分国家和地区如韩国、中国、以色列等的研发投入占比增速明显，中国与美国的研发投入占比差距正在缩减。

美国政府智库报告中多次提及美国在增加 R&D 研发投入方面的动力不足将使美国失去其全球科技创新的优势地位。近年来，拜登政府致力于加大研发投入力度，并将重点集中在基础研究和关键新兴技术领域。其中，代表性政策包括《美国就业计划》和《2021 美国创新与竞争法案》。2021 年 3 月 31 日，拜登政府推出了《美国就业计划》，投入 1800 亿美元用于研发（R&D）和未来技术的发展，另有 3000 亿美元用于重塑和振兴美国的制造业和小型企业，还有 1000 亿美元用于劳动力发展，旨在通过增加科技研发投资，培育强大的科研创新能力，创造有利于成果转化的环境，并大幅提升对人才等科技创新要素的吸引力。

（四）软硬载体结合，推动产学研一体化

基于需求导向的产业战略，美国通过整合产业载体搭建产学研一体的资源平台，推动产业技术创新。美国将产业载体分为硬载体和软载体两类，其中硬载体根据其在推动战略性新兴产业演进过程中的功能性质不同，又可以划分为知识生产载体、执行载体、企业生产载体、企业孵化载体、创新过程载体、创新支撑载体六类，如表 2 所示。

表 2　战略性新兴产业的主要硬载体

载体类型	典型载体	举例
知识生产载体	重点实验室、研究型大学、技术中心、产业(工业)研究院、研发型企业	美国能源部、国防部和国家航空航天局所属的国家实验室;2022年美国进入世界QS排名前100的大学有27所,进入排名前10的有麻省理工、斯坦福、哈佛、加州理工、芝加哥大学;截至2021年美国共有17家制造业创新研究机构,聚焦先进制造、人工智能、量子信息科学、生物技术、先进通信网络等产业,如制造业创新研究所、未来产业研究所(IotFIs);美国国家科学基金会(NSF)于1987年设立了科学技术中心计划,截至2021年共成立了18个科学技术中心,如微生物化学中心、人工智能与物理地球学习中心;欧盟委员会发布《2021年欧盟工业研发投入记分牌》,全球研发投入(R&D)最多的2500家公司中美国占有779家公司(31%),谷歌的母公司Alphabet、微软、苹果、Facebook和Intel这五大科技巨头位列美国公司前五
执行载体	企业	Intel、微软、甲骨文、高通、苹果、Alphabet、特斯拉、思科、AT&T等
企业生产载体	大学、产业研究院	大学通常是通过科学家自主创办衍生企业,产业研究院则利用专利孵化企业
企业孵化载体	孵化器、加速器、科技园区、产业集群等	美国有2165家加速器和孵化器,Eqvista平台2021年发布的美国排名前十的孵化器为Y-combinator、500 Start-ups、I/O Ventures、Tech Stars、Trans Media Ventures、Dream It Ventures、The Brandery、The Hatchery、Capital Factory、Excelerate Labs;北美有超过170个科技园区,代表性的有三角研究园、斯坦福研究园、波士顿128号公路高技术园区等;代表性产业集群有硅谷高新技术产业集群、波士顿生物技术(生物制药)产业集群、加利福尼亚州信息技术集群等
创新过程载体	产学研合作体、技术(创新)联盟、共性技术平台等	Manufacturing USA(原"国家制造业创新网络"战略,又名NNMI),通常在一个领域内重点建设一家创新中心研究所(IMIs),聚焦某一种平台性技术,目前已建成16所研究所,涵盖机器人技术、生物制造、纺织材料、传感器、网络安全等领域。NNMI采用会员制的运营方式从一开始就吸引了各方力量参与,其成员由学术界、工业界和国家实验室、联邦政府等产学研用各方组成

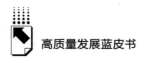

高质量发展蓝皮书

续表

载体类型	典型载体	举例
创新支撑载体	生产力促进中心、公共技术平台、行业协会、技术转移中心、科技服务中心等中介机构	美国国家标准与技术研究院(NIST)为企业提供技术测试、检测、转让等服务;美国负责科技成果转化工作的政府部门主要是商务部和国家专利局(USPTO)、国家联邦实验室技术转移联合体(FLC)、国家电信与信息管理局(NTIA)、国家科学技术委员会(NSTC)、技术转移中心(NTTC)、国家技术信息服务中心(NTIS)及国家产业技术委员会等

资料来源:笔者整理。

国家战略科技力量中战略性新兴产业的主要软载体如表 3 所示,被广泛使用的软载体以制度环境为主,涉及三个方面,一是产业政策,二是法律制度,三是社会文化。软载体对各个阶段的战略性新兴产业发展的影响都具有弥散性和不可预知性特征,其承载力是可以无限挖掘的。

表 3 国家战略科技力量中战略性新兴产业的主要软载体

载体类型	典型载体	举例
产业政策	支持特定领域研发的优先政策、支持产学研合作的政策、对高科技企业的税收等方面的优惠政策、支持金融体系发展的政策、对新兴产业的优先采购政策等	2021 年 7 月美国国家科学、工程与医学院旗下的期刊《科学技术方面的问题》发表的《未来 75 年美国科学与创新政策:导言》一文,选出了 2019~2021 年发表的 10 篇科技创新政策相关报告,包括《应对中国挑战:美国技术竞争新战略》《美国与国际科学的未来》《创新与国家安全:确保我们的优势》《掌舵:应对中国挑战的国家技术战略》《在下一代经济中的竞争:创新新时代》《自满的危险:处于科学与工程临界点的美国》《NASEM 无尽的前沿研讨会综述》《科技行动计划》《启动美国》《联邦科学的无尽前沿应该扩展吗?》
法律制度	促进产业发展及创新创业的各类法律、法规	2022 年出台的《芯片与科学法案》《2022 年保护美国知识产权法案》;2021 年出台的《2021 年美国创新与竞争法案》《美国创新与选择在线法案》;2019 年出台的《区块链促进法案》
社会文化	文化、习俗、惯例等	美国的文化是由各种不同的文化在一个开放、自由的环境中相互交融而形成的。这种文化背景培养了美国人包容多样性、勇于冒险和勇于创新的精神。多元化、开放性、自由和对创造力的推崇是科技创新所必需的关键社会文化价值观

资料来源:笔者整理制作。

（五）加快技术预测，优先部署关键技术和新兴技术

自 2020 年起，美国对关键技术和新兴技术的优先布局加速。2020 年 10 月，美国出台关键技术国家战略，涉及前沿技术领域近 20 个。美国明确提出，在国内研发投入力度加大的过程中，对技术出口进一步加强约束，从而使其前沿技术在全世界处于主导地位。同年，美国通过了《无尽前沿法案》，明确了联邦科技投资框架，其中，美国国家科学基金会的技术与创新指导委员会获得了 1000 亿美元的资金，这些资金将主要应用于关键领域研发。2021 年，美国智库信息技术与创新基金会（ITIF）出台美国先进技术优势行动报告，在这一文件中明确提出确保先进技术竞争力的目标有三个，同时具体建议共 10 项。上述目标将研发、生产突破性技术包括在内。在先进技术领域中，对美国企业发展予以大力支持；不断创新发展先进技术领域。这些目标在税收抵免、资本支持、知识转移和部门评估等 10 个方面得到具体推进，为新兴技术等前沿领域提供了目标导向和实践准则。

（六）中美战略博弈，科技竞争有所加剧

近年来中国在科技进步上取得的成就，动摇了美国在高技术领域的领导地位，使其将中国视为当前最大的战略竞争对手。美国对华科技竞争策略主要表现为以下四方面。

一是继续实施关键领域的限制政策。2020 年 2 月，美国引导 42 个《瓦森纳协定》成员国就扩大出口管制范围达成共识，特别关注军事用途的半导体基板制造技术以及用于网络攻击的军事软件。这一扩大管制范围的举措清晰地表明了美国的意图，即限制中国获取关键半导体技术的途径。2020 年 11 月，美国进一步修订了《出口管制条例》，有针对性地将越来越多的中国科技实体列入"实体清单"和"涉军清单"。二是加强遏制中方高科技企业与机构。为限制中国在美国的投资，美国多次以国家安全为由设立障碍。2018 年美国国防部发布了名为《中国的技术转移战略》的研究报告，提醒政府对中国对美国的技术投资可能带来的风险保持警惕，包括风险投资和初创科技公司融资，防止关键技术向中国转移。此外，以国家安全为借口，限制中国企业的科技产品进入美国市场。三是阻碍中美科技人才交流与合作。近年来，前往美国学习

或研究的中国学生或研究人员持 F 类和 J 类签证的限制增加，特别是那些与中国军方有关联的个人。此外，美国政府通过调查和处罚的方式，限制与中国进行合作的科学家、科研机构等，限制在人工智能、机器人、计算机硬件和系统等敏感领域的研究合作，限制中美之间的科学研究交流。四是形成"民主国家技术联盟"，对特定国家实施技术孤立。美国主动和盟国在新兴技术领域开展深度协作，例如人工智能以及量子计算领域等。2021 年，白宫公开国家安全战略相关文件，高度关注技术竞争的发展，同时在新兴技术领域，对美国和盟友间协作的重要作用与价值予以全面论述。美国提出建立"技术联盟"，旨在实现盟国之间、政府和企业之间的多层次合作，以构建一个紧密的技术封锁网络。

二 中美科技创新竞争下我国面临的挑战

（一）我国研发投入增长迅速，投入总量仍与美国存在明显差距

就 2000～2019 年的研发投入情况而言，中国的研发投入虽然持续迅速增长，但不论是年度投入还是累计投入，与美国相比都仍存在显著差距。如图 1 和图 2 所示，以购买力平价（PPP）计算，中国的研发投入从 2000 年的 329 亿美元迅猛攀升至 2019 年的 5257 亿美元，增长了 15 倍，年均增长率达 15.7%。这使其占美国研发投入的比例从最初的 12.22% 飙升至 79.96%，呈现出迅速的增长趋势。然而，即使是 2019 年，按照汇率计算，中国的研发投入也仅相当于美国的 48.76%。此外，中国在累计研发投入方面也与美国存在较大差距。按照 PPP 计算，从 2000 年到 2019 年的 20 年间，中国的研发投入累计仅为美国的 53.6%。而按照汇率计算，这一比例更低，仅为 29.9%。

（二）政府公共投资不足，研究机构与高校科研布局更偏重创新链条后端

公共研发与私人研发部门研发经费在社会经济发展方面的作用存在一定差异，因为政府资金主要发挥杠杆效应，能对科研领域其他渠道的资金产生正向指导作用，因而公共研发投资能更加显著地推动经济发展。尽管政府在研发活动中的主导地位会随着时间的推移而下降，但与创新型国家相比，中国采用政

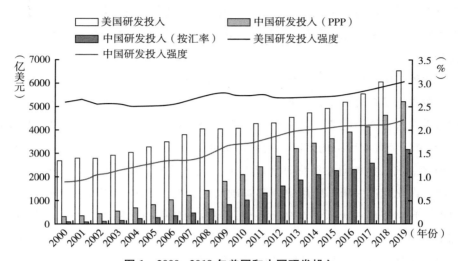

图1 2000~2019年美国和中国研发投入
(按PPP和汇率计算)和研发投入强度

资料来源：OECD Main Science and Technology Indicators.，https：//www.oecd.org/sti/msti.htm。

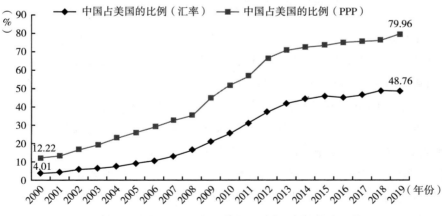

图2 2000~2019年中国研发投入(按PPP和汇率计算)
占美国研发投入的比例

资料来源：OECD Main Science and Technology Indicators.，https：//www.oecd.org/sti/msti.htm。

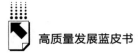

企双主导模式的时间不长，企业没有发展成为科技创新的主体力量，在此情况下政府指导作用不断下降，资金投入滞后，将严重影响国家原始创新能力提升。

此外，中国的基础研究和应用研究主要由科研机构和高校承担，科研机构和高校占据了超过80%的政府资金，二者拥有大量科研资源，可以根据国家战略需求进行资源配置，以填补市场资源配置的不足。然而，从科研机构和高校的R&D经费配置结构来看，它们更加倾向于在创新链条的后端进行布局。2020年，科研机构研发经费80%以上来自政府资金，其中超过50%用于试验发展，占比超过一半，应用研究和基础研究分别占32%和17%。高校研发经费中，政府资金占比达到60%，在应用研究中使用的比例为50%，在基础研究中使用的比例不足40%。对于创新型国家来说，研发机构与高校十分关注科研，尤其是基础研究，基础研究的资金配置占比要高一些。与之相比较，现阶段中国研发经费中，政府资金主要用于两个方面，一是应用研究，二是试验发展，对于基础研究来说，基础研究虽然以关键技术为依托，但没有得到充足的支持。

（三）R&D经费投入分布结构失衡，基础研究投入占比低

在基础研究、应用研究、试验发展之间维持适当的经费比例关系，对于争夺科技主导权以及增强科技对经济发展的支持和引领能力具有重要意义。中国和创新型国家在基础研究、应用研究、试验发展三大领域的经费投入比例存在很大差异。美国的经费投入结构是1：1.29：4.27，而我国的经费投入结构是1：1.88：13.75。当前，中国的科技水平已从技术跟踪与追赶阶段发展到"跟跑""并跑""领跑"的阶段，其战略重点已从单一突破转向整体能力的提升。但是，中国研发经费增长速度没有和全要素生产率保持同步，导致科技创新受到严重影响。产生这一问题的根本原因在于，中国在创新方面遇到的问题不能只通过简单增加R&D经费来解决，还要合理调整经费的配置结构。中国在试验发展方面的经费投入比例长期维持在70%以上，最近几年甚至接近85%，但是基础研究领域资金十分短缺。过于重视试验发展产生的短期收益，没有重视基础研究的深入发展，致使科技创新从表面看起来迅猛发展，时间一长，就会严重制约中国原始创新能力和国际竞争力提升。

（四）关键核心技术竞争日益激烈，"卡脖子"技术短板亟待补齐

为维持其技术主导地位，美国出台一系列限制、打压中国科技发展的策略。主要表现为两种形式，一是全面封锁，二是重点打压。前者体现为特朗普政府以贸易纠纷为导火索，通过"技术脱钩"手段全面打击中国高端制造业；后者则体现为拜登政府试图集中打压中国的关键技术领域，如频繁使用"实体清单"。"实体清单"是美国商务部针对技术出口的最常用和最严格的限制名单。自2018年开始，美国开始加大对中国高科技领域的限制力度，在清单中加入的中国企业数量自63家上涨到当前的670家以上。2021年，美国通过《2021年美国创新与竞争法案》，进一步建立了关键核心技术清单，试图在关键核心技术领域领先中国"两代"，详细列出芯片、人工智能、5G、空间技术等10个关键技术领域，试图对中国的关键技术和产品实施限制。

结合相关数据发现，我国目前超过七成的基础性技术依赖于美国，美国在大部分技术领域的掌控程度较高，这导致我国部分高精尖产业面临着被外国限制的风险。当前典型的限制主要出现在医药、航空和高端装备制造等关键零部件领域。这反映出中国产业的技术附加值相对较低。许多产业价值链的高端环节依赖于国外技术供应，迫切需要弥补短板。

（五）国家实验室体系有待完善，建设规划需要统筹

美国的国家实验室都是伴随国家战略创建和发展起来的，主要承担基础性和战略性科研任务，成果往往对国家的战略决策具有必要的支撑作用，是国家创新体系的重要组成部分。

美国国家实验室归属于联邦政府的多个部门，包括能源部、国防部、卫生与公共事业部、国家航空航天局、国家科学基金会、农业部等。这些实验室普遍采取"小核心、大外围"的发展模式。核心方向保持不变，包括特色基础设施、基础研究领域和核心团队，保持稳定的发展态势。同时，这些实验室还通过主导合作项目研究、通用技术研发、人才培养等合作方式，保持大规模支撑资源。与国防、国家安全、国家战略等相关的研究主要由联邦政府内部完成，而作为支撑的基础研究和应用基础研究主要由高校和企业完成。美国国家实验室体系还建立了世界上最广泛、效率最高的成果转移机制。在顶层，以

《联邦采购规则》等法律法规作为依据和指导；在中间层，借助国家实验室联盟（Federal Laboratory Consortium，FLC）等平台，形成技术转移（Technology Transfer）的体系；在底层，通过实验室与私营企业、高校等多种合作和技术转移方式，实现科研成果的迅速产品化。

我国国家重点实验室体系的建设起步较晚，与成熟的美国国家实验室体系相比还存在差距。在宏观管理结构方面，我国国家重点实验室整体上实行垂直管理，不同国务院部门、地方政府间的内在关联不足，交流不深入，从而影响了实验室的知识优势的发挥。与美国、英国等发达国家的国家实验室建设相比，我国在财政投入方面仍明显不足。以 2020 年为例，我国国家重点实验室的预算为 11.86 亿元，其中重点实验室及相关设施项为 79355 万元，其他基础研究支出项为 39208 万元。而以美国能源部国家实验室为例，2020 财年美国能源部国家实验室的投入预算总额达到 66 亿美元，约合人民币 427 亿元。此外，我国国家重点实验室在制度保障方面也还有待改善，产学研合作机制、技术转化收益分配机制和教师评价体系等方面尚不够健全。不同学科和领域的实验室在经费来源上存在差异，基础理论研究类实验室在产学研合作和技术转化方面的收益相对较少。

三 进一步完善国家创新体系实现科技自立自强的政策建议

（一）大力增加研发投入，调整拨款投入结构

第一，我国需要超常规增加研发投入，以促进科技创新成果的增加。美国在科技创新领域的领先地位主要源自持续且大规模的研发投入。我国近年来的研发投入迅速增长，十年间年均研发投入翻倍，位列全球第二，研发强度也突破了 2%，接近 2.5% 的目标。为保持这一趋势，我国应进一步提升研发投入，以避免与美国之间的差距重新拉大。

第二，我国应加大政府研发投入力度，因为政府投入具有杠杆效应，能够拉动整个社会的研发投入增加。对于需要长期高风险投入的"卡脖子"技术，政府应牵头支持。在 1955～1964 年的十年间，美国联邦政府研发经费增长了 260%，远超我国政府近十年的增长速度（100%）。随着美国进一步增加研发

投入，我国需加大资金支持力度，以确保差距不再扩大。

第三，我国应调整研发投入结构，提高基础研究和应用研究的投入比例。2021年，美国将16.4%的研发经费用于基础研究，20%用于应用研究，远高于我国的6%和11.3%。拜登政府在2022财年研发预算请求中强调要增加基础研究和应用研究经费，分别比上一年度增加11.6%和13.7%。因此，我国应在增加总体研发投入的同时，调节经费配置结构，尤其是中央政府在基础、应用研究领域的投入力度需进一步加大，以获得更多基础性科研成果，为实现科技自立自强打下坚实基础。

（二）加强关键核心技术研究，建立"卡脖子"风险排查预警机制

关键核心技术是推动科技创新和产业发展的重要动力。美国商务部频繁运用诸如"实体清单"等技术管控手段，持续加强对华技术限制，旨在遏制中国的科技进步。针对这一挑战，应采取双重策略予以回应。首先，从竞争对手的视角出发，全面了解制约科技发展的关键技术问题，加强对核心技术的深入分析。明晰主要竞争对手所面临的技术短板，将其作为科研攻关的重中之重。需要对受限制的企业、高校等不同实体进行深入调查，掌握"实体清单"限制所带来的真正影响。其次，要从自身角度出发，明晰已受限制的技术领域、可能会受到限制的领域，以及需要自主突破的真正制约因素。必须区分开能够通过其他方法替代或解决的虚假制约技术与真正的制约技术。在此基础上，建立一个灵活的技术排查清单和预警机制。包括拟定详尽的排查计划，明确任务内容、组织策略和保障措施，进一步深入研究受限制的实体，借助专家咨询力量，有系统地评估技术风险。同时，建立预警指标体系，调动领军企业，使其深度分析和监测制约技术，建立有效的监测和预警机制。

（三）有序推进国家实验室法律法规体系建设，探索完善我国国家实验室治理模式

法律法规对国家实验室发展的影响是十分关键的。当前，美国已制定3800多项与国家实验室相关的法案，而我国科技类法律法规只有130多项，以促进性政策为主，尚未形成专门约束国家实验室建设的法律框架。为弥补这一法律约束的空白，国务院等主体应立即联合相关单位，共同推动完善国家实

验室建设法律法规体系，明确国家实验室的工作目标、发展定位、管理权限以及评价体系等。同时，需要进一步研究与我国国情相适应的国家实验室托管制度，为第三方专业管理机构的发展提供有力支持。在具备条件的情况下，托管单位可以以高校和科研机构为主体，或者设立专业实验室，重点关注国家实验室的日常运营和管理。地方政府、托管单位和国家实验室可以签署三方协议，借助揭榜挂帅等模式，推动重大项目的立项，并有效执行科研管理负面清单制度。此外，还应制定复合型科研任务分配制度，将自上而下和自下而上的方法有机结合，以核心工作内容为基础，制定优势团队选拔机制，建立不同渠道的竞争退出制度。充分发挥新型举国体制的优势，建立虚拟国家实验室的协同发展联盟。在紧急任务需要全面完成时，必须充分发挥新型举国体制的作用，签署协议、合同等，迅速构建攻坚结合体，实现不同基地的网络化运营模式。

（四）加强技术追踪和技术预测，构建科学系统的技术预见体系

当前，全球科技创新和战略竞争愈加错综复杂。考虑未来到五至十五年的社会发展方向，结合重大科技需求，国家应制定科学的发展规划。这一规划应涵盖四个关键领域：第一，深入了解科技需求；第二，进行专家调查；第三，加强队伍建设；第四，提供经费支持。同时，通过组建技术咨询团队，将各个领域的技术研究力量整合起来，构建常态化的预测研发实践制度。我国至今尚未形成完善成熟的技术预见标准或方法体系，相关领域的研究手册也有待完善。为此，我们需要推动技术预见方式的标准化和规范化。定性方法例如德尔菲法，以及定量方法例如专利分析法，应该有机结合，借助大数据技术，与新兴技术如人工智能等紧密融合，以提高技术预见的可靠性和准确性。当前，新兴技术正在深入发展，技术之间的交叉和融合不断推进，数字化技术的发展也引发了技术演变。同时，科研范式也在发生变化，这使得技术预见的难度和不确定性逐渐增大。因此，我国必须进一步创新发展技术预见制度，吸引社会力量参与其中。不同领域、不同技术预见平台应该吸纳多方参与，积极推动并提升技术预见质量。

（五）增强国家战略科技力量中自主可控产业的引领作用，加快产业创新基础和载体建设

第一，应着眼于培养和扩展多样化的软性载体。一般而言，载体的建设应

主要从硬载体入手，涵盖两个方面，一是孵化器，二是共性技术平台。然而，战略性新兴产业具备"新"与"兴"的特质，其创新与发展的关键在于制度环境。只有通过全面满足产业在软载体方面的需求，我们才能在有序的情境下推动产业的健康发展，从而为硬性载体的建设创造有利条件，使硬载体充分发挥作用。第二，应构建企业孵化载体和创新支撑载体，为战略性新兴产业的创新和创业提供基础支撑。第三，要在软载体的支持下，持续发展执行载体、知识生产载体和企业生产载体，从而不断提升产业创新的关键能力。第四，形成上述载体布局后，还需整合各类软、硬载体，尤其要充分发挥产业政策、政府规划、法律法规、社会文化等软载体的作用。这有助于促进接力创新、产学研合作、战略联盟等创新过程中的载体形成，推动大学与企业之间接力创新的实现。

参考文献

［1］科技部：《科学技术部 2020 年度部门预算》，https：//www. most. gov. cn/xxgk/xinxifenlei/fdzdgknr/bmyjs/202107/P020210719587606661325. pdf。

［2］孙莹：《R&D 经费投入趋势演变与启示——基于交叉结构视角的国际比较》，《上海行政学院学报》2023 年第 1 期。

［3］张亚东、何海燕、孙磊华等：《"卡脖子"关键核心技术壁垒的关键特征、运行机制与应对策略》，《科技和产业》2023 年第 5 期。

［4］张志彤、李天柱、银路、马佳、王敏：《战略性新兴产业载体分类研究》，《技术经济》2013 年第 9 期。

［5］周华东、李哲：《国家实验室的建设运营及治理模式》，《科技中国》2018 年第 8 期。

［6］周文康、费艳颖：《美国科技安全创新政策的新动向——兼论中国科技自立自强战略的新机遇》，《科学学研究》2023 年第 3 期。

B.22
2022年德国科技创新动态及启示

杨 燕 武旭阳*

摘 要： 当前，德国全球创新指数、研发投入强度、2022年研发人力资源水平以及专利质量、科技论文产出、高技术产品占比等关键科技创新指标仍然全球领先，但在尖端、未来及新兴技术发展方面以及科研后备力量竞争力方面面临潜在的挑战。2022年，德国继续将目标锚定在培养德国的未来能力、解决重大社会挑战问题、构建开放创新和创业文化三大板块上，着力在材料研究、量子技术发展、5G/6G等下一代通信技术、人工智能、清洁能源、数字化发展、基础研究支持、专业人才供给等重点领域发力。总体看，德国政府的科技创新战略呈现出强调政策的连续性和灵活性、发力创新全链条、主要依靠市场机制、重视寻求广泛的共识等几个特点，对我国科技创新形成了四点启示。

关键词： 德国 科技创新 全球创新指数 前沿尖端技术

2013年以来，世界大国纷纷从保持或重塑国际竞争优势的战略考量出发对本国科技创新的战略布局和政策进行重大调整，世界科技发展呈现出新的态势和特征。德国是全球领先的创新型国家，对其科技创新动态进行全面梳理有助于我国精准把握世界科技创新的前沿动向，有效应对新挑战。

---

* 杨燕，博士，中共四川省委党校（四川行政学院）经济学教研部副教授，主要研究方向为科技创新、制造业现代化转型发展、公共政策；武旭阳，中共四川省委党校（四川行政学院）经济学教研部在读硕士研究生，主要研究方向为世界经济。

一 德国科技创新态势

（一）综合创新指数位居全球前列

根据世界知识产权组织发布的《全球创新指数2022》，2022年德国在全球132个主要国家和地区中排名第8，相较于2013年提升了7个位次，达到历史新高。与此同时，德国的创新产出指数排名2018年后呈现明显的下滑趋势，但整体上仍然显著优于其创新投入指数排名。2022年，德国创新产出指数与全球创新指数排名分列第2和第5的美国、荷兰相当。详见表1、表2。

表1 2013~2022年德国全球创新指数排名情况

年份	全球创新指数排名	创新投入指数排名	创新产出指数排名
2013	15	20	10
2017	9	17	7
2018	9	17	5
2019	9	12	9
2020	9	14	7
2021	10	14	8
2022	8	12	7

资料来源：世界知识产权组织：2013~2022年《全球创新指数》。

表2 2022年全球创新指数排名（TOP10）

国家	全球创新指数排名	创新投入指数排名	创新投入指数90%的置信区间	创新产出指数排名	创新产出指数90%的置信区间
瑞士	1	3	[2,4]	1	[1,1]
美国	2	2	[2,4]	5	[4,7]
瑞典	3	4	[2,5]	2	[2,3]
英国	4	7	[5,9]	3	[2,3]
荷兰	5	10	[7,13]	6	[6,8]
韩国	6	16	[10,18]	4	[4,5]

续表

国家	全球创新 指数排名	创新投入 指数排名	创新投入指数 90%的置信区间	创新产出 指数排名	创新产出指数 90%的置信区间
新加坡	7	1	[1,1]	14	[13,17]
德国	8	12	[11,16]	7	[5,7]
芬兰	9	6	[5,7]	9	[9,11]
丹麦	10	8	[7,11]	10	[5,8]

资料来源：世界知识产权组织：《全球创新指数 2022》。

进一步地，对 2022 年德国在创新投入指数和创新产出指数两个一级指标下的 7 个二级指标①的排名进行分析，发现德国人力资本和研究、创意产出两个二级指标的排名高于其全球创新指数排名，高于或与其所属一级指标的排名相同，尤其是人力资本和研究位列全球第 2，远高于其所属一级指标创新投入全球第 12 的排位。详见图 1。具体地，德国在人力资本和研究方面的突出优势主要依赖于科学和工程类专业毕业生占比、研发投入强度和全球研发公司前三位平均支出三个指标，分别排名第 7、第 9 和第 2；创意产出方面的突出优势主要依赖于匡内工业设计、全球品牌价值和国家代码顶级域三个指标，分别排名第 7、第 9 和第 6。

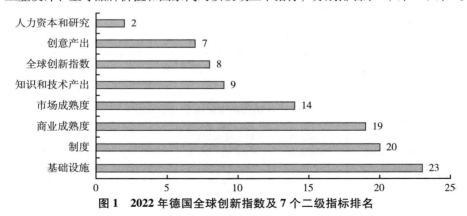

图 1　2022 年德国全球创新指数及 7 个二级指标排名

资料来源：世界知识产权组织：《全球创新指数 2022》。

---

①　创新投入指数由制度、人力资本和研究、基础设施、市场成熟度、商业成熟度 5 个二级指标构成，创新产出指数由知识和技术产出、创意产出 2 个二级指标组成。

此外，德国在每千总就业人数中全职研究人员总数①、物流表现、产业集群发展、同族专利、本国人专利申请量、引用文献 H 指数、高技术制造业占比、生产和出口的复杂性等三级指标上也表现突出，分别排名第 5、第 1、第 7、第 6、第 1、第 3、第 7 和第 3。

（二）研发投入强度高于欧盟目标

2017 年德国的研发投入强度达到 3.05%，首次超过欧盟 3% 的目标，截至 2022 年已连续 6 年超过这一目标。此外，德国研发密集型产业的研发投入强度在 2020 年达到 9.3%。从图 2 看，2000 年以后德国的研发投入强度一直领先于中国，呈现出增长的态势，并在 2019 年与美国、日本基本持平，但在此后又落后于这两个国家。

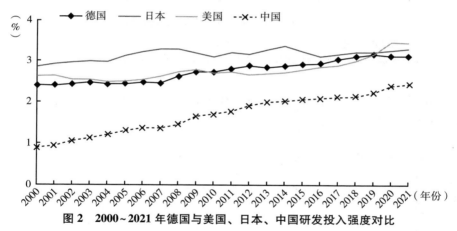

图 2　2000~2021 年德国与美国、日本、中国研发投入强度对比

注：以 2015 年美元不变价和购买力平价计算。

资料来源：OECD 创新与科技数据库。

（三）高等教育部门和政府部门的研发支出占比较高

根据 OECD 发布的相关数据，德国 2005 年以来（2020 年除外）研发支出

---

① 根据经济合作与发展组织（Organisation for Economic Co-operation and Development，OECD）的测算，德国的全职研究人员总数逐年增加，2020 年数据显示，目前德国有 45 万多名全职研究人员，而每千总就业人数中全职研究人员总数达 10 人，远高于中国的 3 人。

总量稳步增加，这其中，商业企业部门是重要来源部门，2020 年之前研发支出总量呈逐年缓慢上升之势，占比保持在 70% 左右（见图 3）。

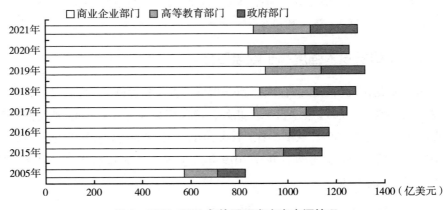

图 3　2005~2021 年德国研发支出来源情况

注：以 2015 年美元不变价和购买力平价计算。

资料来源：OECD 创新与科技数据库以及 OECD《主要科技指标》。

不过，与日本、美国及中国相比，德国商业企业部门的研发支出占比要低 6~12 个百分点（见图 4）。

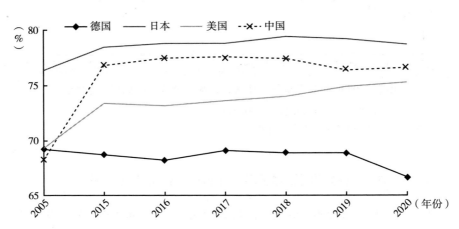

图 4　2005~2020 年德国、日本、美国、中国商业企业部门的研发支出占比

资料来源：OECD《主要科技指标》。

德国高等教育部门的研发支出占比显著领先于中国、美国和日本（见图5）。

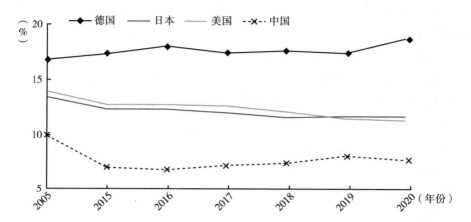

图5　2005~2020年德国、日本、美国、中国高等教育部门的研发支出占比

资料来源：OECD《主要科技指标》。

德国政府部门的研发支出占比常年高于美国和日本，和中国的数据近年来较为接近（见图6）。

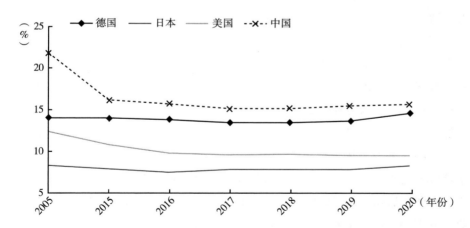

图6　2005~2020年德国、日本、美国、中国政府部门的研发支出占比

资料来源：OECD《主要科技指标》。

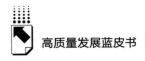

（四）接续重点发力材料、量子技术等前沿领域

2021 年底德国新政府开始执政，从新政府出台的主要科技政策措施看，无论是在政策目标方面，还是在具体行动领域，新政府都基本沿袭了 2018 年 9 月默克尔政府时期出台的《高科技战略 2025》的框架体系，新政府的科技政策目标仍然锚定"培养德国的未来能力""解决重大社会挑战""构建开放创新和创业文化"三大板块，具体行动仍然强调了材料研究、量子技术发展、5G/6G 等下一代通信技术、人工智能、清洁能源、数字化发展、基础研究支持及专业人才供给等重点领域。

新进展主要体现在以下几个方面。2022 年 2 月，德国联邦教育与研究部发布《材料研究资助重点文件》，进一步明确了材料研究的十个重点支持方向。2022 年 6 月，在参考 2021 年发布的《量子系统议程 2030》的基础上，德国联邦教育与研究部再次征集 300 余位来自学术界和产业界的专家的意见建议，出台《量子系统战略》，明确了重点发力的 8 个方向及未来 10 年确保德国在量子计算、量子传感系统领域取得世界领先地位和技术主导权的宏大目标。2022 年 7 月，启动了由产业界主导的"6G-ANNA"项目，目的是加快推进 6G 技术的开发及其商业化产业化应用。该项目目前由诺基亚德国牵头实施，空客、博世、爱立信、西门子、沃达丰等在内的 29 家知名企业、研究机构加入。在人工智能领域，从 2022 年 7 月 1 日起，新政府向上一届联邦政府建设的 5 个人工智能能力中心提供联邦层面的资助，总额度为 5000 万欧元/年，明确强调要确保德国在人工智能领域的技术主权，特别强调科学突破的商业化产业化应用。这一资助加上各中心所在州提供的额度相当的资助，将有助于各人工智能能力中心专注于解决长期复杂问题、提升对高端人才的吸引力。在清洁能源领域，2022 年 6 月德国发布"能源紧急计划"，提出到 2035 年实现基于可再生能源的电力供应。此外，在上届联邦政府制定的《德国氢能战略》的基础上，新政府启动了新资助计划，任命了"氢能创新专员"，由其专门负责氢能创新和市场开拓等相关业务。与此同时，立足"应对未来"，新政府为推动德国可持续地生产和应用生物质提出了框架性战略要点，投入 1600 万欧元用于支持与人类健康和生物多样性相关的研究项目。

值得关注的是，德国新政府在 2022 年 10 月底公布了《研究与创新未来战略》草案，2023 年 2 月对外发布正式文件，取代 2018 年发布的《高技术战略 2025》，成为德国新的科技创新战略。相较于《高技术战略 2025》，《研究与创新未来战略》明显关注战略的落实落地①，更加重视颠覆性创新、科技成果转化、构建强有力的欧洲及国际合作网络、扩大研究与创新的社会参与度、大范围尖端人才的培养、实施更加敏锐的研究及创新政策，等等②。

（五）德国科技创新面临两个潜在挑战

其一，尖端、未来及新兴技术发展落后于第一梯队国家。在专利产出方面，虽然德国高价值技术领域③ PCT 专利注册量始终保持领先地位，但尖端技术领域④ PCT 专利注册量远低于世界平均水平。与之进一步形成呼应的是，2021 年德国尖端技术附加值占比（3%）尚不足高价值技术附加值占比（11.2%）的 1/3，显著低于韩国（10.1%）及瑞士（8.9%）等国家的水平⑤；2011~2021 年，德国发表的 SCI 科技论文总量居全球第 4，但其在 Web of Science 论文数据库中的占比下降了 1.3 个百分点，同期的引用指数从 7.3 降至了 0.1 这一世界平均水平。

其二，科研后备力量竞争力近年有所下降。一方面，根据中国人事科学研究院课题组对全球基础研究人才分布及发展趋势的分析，在自然科学总体层面，虽然德国 A、B、C 三个层次的人才的综合排名仍在全球前五，但全球占比在 3%~6%，低于英国的 6%~8% 及中国的 11%~15%，远低于美国的 21%~

---

① 主要表现为从提高研发强度、增加高科技领域初创企业数量、扩大学术人员创建企业的数量、推动更多跨越式创新成果的市场化、提高高校外籍科研人员比例、提高中小企业创新者比率、新设企业审批时间缩短至 24 小时等 15 个方面设置了研究及创新战略考评目标。

② 《德国联邦教研部官网公布"研究与创新未来战略"草案》，https：//destudie. zust. edu. cn/info/1027/1467. htm；"Future Research and Innovation Strategy：Executive Summary"，https：//www. bmbf. de/SharedDocs/Publikationen/de/bmbf/FS/747580_ Zukunftsstrategie_ Forschung_ und_ Innovation_ en. pdf? _ _ blob=publicationFile&amp；v=2。

③ 指研发强度在 3%~9% 的技术领域。

④ 指研发强度高于 9% 的技术领域。

⑤ https：//www. e - fi. de/dashboard/wertschoepfung - und - spezialisierung/wertschoepfungsanteil - fue-int-industrien.

24％。另一方面，德国研究与创新专家委员会（EFI）发布的创新仪表盘数据显示，德国大学毕业生的总量 2015 年为 31.7 万人，2020 年下降到 29 万人，降幅 8.5％，其中工程类毕业生的总量和占比分别减少了 8337 人和 2.4 个百分点[1]。

二 德国科技创新战略的四个特点

（一）强调政策的连续性和灵活性

自 2006 年起，德国联邦政府已发布 4 次高技术战略，平均每 4 年更新一次。进入 2022 年后，新政府早期虽然没有发布新的高技术战略，但其推出的科技创新政策明显继承了《高技术战略 2025》的框架体系；后期发布的《研究与创新未来战略》草案及 2023 年初发布的正式文件，虽然没有再沿用《高技术战略 2025》的框架体系，但都明确了"确保德国和欧洲技术主权"的高技术战略追求，都强调了"面向未来"的研究与创新，都一如既往地重视中小企业、初创企业及区域产业集群的发展。

不仅如此，《研究与创新未来战略》（执行摘要）还特别强调了战略本身的"学习性"，即这一科技创新战略可以根据市场、科学研究及社会的变化而不断进行动态化调整，以更快、更灵活地应对变化。因此，我们可以观察到，德国制定的科技创新战略[2]越来越全面，跨部门性、跨领域性和政府干预在加强，战略重点由最初的具有市场潜力的具体科技领域转换为面向国家需求、面向全球挑战、面向欧洲及面向未来的科技创新方向。

（二）发力创新全链条

《研究与创新未来战略》（执行摘要）第 2 部分和第 3 部分的标题分别是"共同推进研究与创新""科学、研究与转化"，明确将科学研究与创新进行了区分，强调科学、研究与工业之间的合作及创新，这与欧盟在 2014 年推出的

---

① https：//www.e-fi.de/dashboard/humankapital/faecherstruktur.
② 主要指 2006 年以来德国联邦政府发布的几个版本的高技术战略（2006 年、2010 年、2014 年、2018 年）及德国新政府在 2023 年 2 月发布的《研究与创新未来战略》。

Horizon2020（2014～2020 年）在理念上一脉相承。为此，德国新政府提出了六个方面的具体举措。在科学研究方面，强调获取决定性的知识，提出要在"易化大型技术性基础设施的获取""加强与欧洲的合作及其他国际合作""促进德国学术及高等教育体系的国际化""促进大范围的尖端人才培养"等方面给予持久的投入，为未来的进步奠定基础。在成果转化和市场化方面，特别强调德国在经济及社会层面将思想转化为新的商业模式、扩大社会创新以及创业文化方面有所欠缺，提出了"设立德国科研创新与成果转化署（DATI)①，促进区域应用科学大学和中小型综合大学的研究成果转化""成立联邦颠覆性创新署（SPRIND），追踪并促进颠覆性创新""建立有国际吸引力的创新区，为投资和创业创造一个有吸引力的环境""在科学研究、初创企业与工业社会间建立联系，促进科技领域初创企业数量增加"② 等举措。

此前，德国联邦政府以"卓越大学"和"卓越集群"为主要抓手，以资金支持、技术帮助、战略咨询等方式为工业界和科学界携手向更高水平科技领域进军保驾护航；强调"卓越大学"和"卓越集群"协同共建，资金资助限定为只有大学、研究机构、企业多主体合作的项目才能申报，推动形成从重大问题出发、打破传统学科界限的更具创造力的产学研协作创新网络。2005～2019 年，德国先后推出 3 期"卓越"计划，卓越集群总数从第 1 期的 37 个增加到了第 3 期的 57 个，增幅约 54%，大学与大学共建卓越集群数从 2 个增加到 17 个。这一结果表明，通过"卓越"计划，德国的卓越集群建设不仅实现了总量的增加，还促成了若干具有特色的大学的出现，有向"硅谷"和"128 号公路"看齐之势。相较于 20 世纪 90 年代中期由州政府共同发起的"卓越计划"、"研究与创新公约"和"2020 大学公约"等，德国联邦政府在 21 世纪推出的科技创新政策在关注重大科学研究突破的同时，也格外重视研究成果的转化与商业化，德国新政府更是明确表达

---

① 已于 2022 年 4 月成立，并发布了纲领性文件，详见 BMBF. Stark‑Watzinger：BMBFgibt Startschuss für die Deutsche Agentur für Transfer und Innovation；https：//www.bmbf.de/bmbf/shareddocs/pressemitteilungen/de/2022/04/110422‑DATI.html。

② 德国于 2022 年 7 月公布了《联邦政府创业战略》，该战略是德国扶持初创企业的首部综合性战略，从加强融资、简化创业流程、支持女性创业者、在获得人才与公共订单及科学界创办企业等方面提供便利等 10 个方面提出了服务、保障措施。详见 BMWK. Die Start‑up‑Strategie der Bundesregierung，2022。

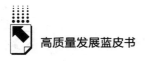
了挖掘大学创业潜力的决心。

除综合性大学、应用技术大学等高校外，德国科学研究的重要主体还有马-普协会、亥姆霍兹协会、弗劳恩霍夫协会、莱布尼兹协会四大非营利性研究机构。它们在科学研究和成果转化、商业化应用不同环节形成了明确的分工体系和联邦政府、州政府资助方案。不仅如此，根据相关研究，马-普协会和亥姆霍兹协会虽然专注于基础研究，但也都设有技术转化办公室，专门负责科技成果的知识产权开发和商业化转化。[①]

此外，德国联邦政府还曾在 2019 年召开"从研究到商业实践"磋商会、在 2020 年发起"技术转让标准化立法交流会"，尝试在制度立法层面推进科研成果从实验室样本到生产线再到市场化商品的转移转化。

（三）主要依靠市场机制

一方面，德国的科技创新项目管理工作主要由联邦政府及州政府基于商业合同委托相关专业机构负责。德国联邦政府及各州政府是研发的主要资助者，但它们直接管理的项目非常少，主要由 17 家经政府认定的项目管理专业机构代为履行相关职责，包括接受项目申报咨询、对申请项目组织评审、提供评审结果、对批准进行全过程管理、宣传项目成果及跟进成果转化情况等。与此同时，政府委托的项目管理专业机构是按照商业逻辑运转的。具体表现：这些机构一般设有类似于董事会、理事会、监督委员会、执行委员会等的公司化管理层级；这些机构的项目管理绩效要由第三方机构进行评估，评估结果会影响其从政府处获得的委托管理任务情况。对于跨部门的联合资助计划，则首先由参与部门联合委托一个项目管理专业机构来统一负责项目方案的征集、评估、领域归类并将方案分配给相关部委，各部委接到方案后再分别委托各自的项目管理专业机构分头组织实施。

另一方面，德国联邦及州对大学、研究机构及创新集群的经费投入和政策支持主要看市场的认可度。市场认可度越高，财政投入越多，对于市场认可度不高的机构和项目，让其自然淘汰——让市场选择真正的"精英机构、优质

① 李杨、郭梓晗：《德国科研管理体制与科技创新政策及启示》，《中小企业管理与科技（中旬刊）》2021 年第 6 期。

项目"。以弗劳恩霍夫协会的运作为例，在制度安排上，政府按协会从产业界和公共项目中获得的经费总额的一半予以经费配套支持，即协会收入的约 1/3 来自政府财政拨款，约 2/3 来自合同收入[①]。这意味着，合同收入是协会的主要收入来源，协会从政府拿到更多的研究经费支持的前提是获得更多的合同收入，两者都要求协会的研发活动必须面向产业界和公共竞争项目的需求。这样的制度设计驱使协会以市场需求为导向追求研发的效益和效率，同时还要保持科技创新的前沿性以兼顾政府的目标，有效促进了市场与政府、应用研究与基础研究之间的平衡，也因此成就了世界知名的"弗劳恩霍夫协会模式"。

（四）重视寻求广泛的共识

首先，在科技创新战略的形成过程中，德国联邦政府特别注重利益相关者的广泛与有效参与，以保证方案的科学性和可落地性。在草案形成环节，通常会通过设立德国科学与人文科学理事会、联合科学会议以及研究与创新专家委员会的形式，邀请外部相关领域专家对联邦教研部提出的初步方案进行研讨、评估，尤其关注当下科技计划体系"是否能"及"如何能"满足未来研究与创新战略的需要。在草案完善环节，首先会组织部际深入讨论，然后面向企业、大学、研究机构、协会、联合会、社会知名人士等多方代表征询意见和建议，展开对话和协商，在此基础上再次组织外部专家就未来科技创新的趋势以及不同情境下多元主体的利益平衡办法进行预判和分析。此外，德国联邦政府还分别在 2010 年和 2015 年发起设立了"创新对话"与"高技术论坛"，以便定期与来自学术界、工业界及民间社会的代表共同研讨国家科技创新战略实施推进中的重大课题。

其次，在科技创新战略的执行过程中，德国联邦政府特别强调社会公众在研究与创新中的积极参与。近年来，德国联邦政府为了提高公众对科技创新的接受度及鼓励更广泛的社会公众参与研究与创新，已做了"组织开展主题不同的科学年活动""定期编发《创新政策分析》"等活动尝试，期望以中立、透明、全面、通俗易懂的方式与社会公众就新技术带来的机遇和挑战展开交流对话。

---

① 西鹏、陈东阳、刘爽健：《高校新型研发机构市场化能力建设研究——基于德国弗劳恩霍夫协会模式的思考》，《中国高校科技》2022 年第 Z1 期。

三 德国科技创新经验对中国的启示

党的十八大以来，以习近平同志为核心的党中央高度重视科技创新，指出"科技兴则民族兴，科技强则国家强"①，要求"加快建设科技强国，实现高水平科技自立自强"②。尤其是，《中共中央关于制定国民经济和社会发展第十四个五年规划和二〇三五年远景目标的建议》提出，"把科技自立自强作为国家发展的战略支撑"，明确赋予科技自立自强国家发展战略支点的功能，并在随后的多个场合③多次强调"科技自立自强是促进发展大局的根本支撑""坚持把科技自立自强作为国家发展的战略支撑"，传递了坚持走中国特色自主创新道路的决心④，为我国科技创新活动及相关工作的推进指明了方向。在这一背景下，德国科技创新战略制定及推进的经验对我国主要有以下几点启示。

（一）坚持以"四个面向"引领"科技强国"建设

2020年9月11日，习近平总书记在科学家座谈会上提出，我国科技事业发展要坚持"四个面向"——面向世界科技前沿、面向经济主战场、面向国家重大需求、面向人民生命健康，不断向科学技术广度和深度进军，提出了"抢抓科技创新的主动权""推动科技与经济深度融合""服务国家安全与发展大局""人民至上"的总揽性要求，极具大局观和前瞻性。其中，"面向世界科技前沿""面向经济主战场""面向国家重大需求"三项的根本支撑在于基础研究与"卡脖子"技术的突破及科技成果的资本化产业化，与"把科技自立自强作为国家发展的战略支撑"相呼应，与近年德国科技创新战略中"培养未来能力""解决社会重大挑战问题"的提法及"发力创新全链条"异曲同

---

① 2016年5月30日，习近平总书记在全国科技创新大会、两院院士大会、中国科协第九次全国代表大会上，指出"科技兴则民族兴，科技强则国家强"。

② 2021年5月28日，习近平总书记在中国科学院第二十次院士大会、中国工程院第十五次院士大会、中国科协第十次全国代表大会上明确指出"加快建设科技强国，实现高水平科技自立自强"。

③ 2020年12月召开的中央经济工作会议、中国科学院第二十次院士大会、中国工程院第十五次院士大会和中国科协第十次全国代表大会及党的十九届六中全会。

④ 早在2012年底，党的十八大就已强调"要坚持走中国特色自主创新道路"。

工；"面向人民生命健康"体现的是科技创新的价值取向，是"中国特色自主创新道路"的重要组成部分[①]。

（二）更好发挥政府在基础研究领域和重大技术首台套市场化应用中的作用

基础研究是"科学、技术、生产力"创新链条中的首要环节，是科技创新的基石，加强基础研究是建设世界科技强国的必由之路。德国政府对于基础研究的资助推崇自由、独立与多样，重视对国家学术及高等教育体系的国际化、大范围尖端人才的培养、易化大型技术性基础设施的获取等关键环节的持久投入，着力在人工智能等重点领域加大资助力度以激励研究人员专注于解决长期复杂问题，等等。新时代十年，我国不断强化基础研究顶层设计和系统布局，基础研究整体水平和国际影响力大幅提升，但与建设加快建设世界科技强国、实现高水平科技自立自强的要求相比，重大原创成果不多、顶尖科学家及高水平创新团队少、促进青年科学家脱颖而出的机制尚不完善、良性的基础研究生态尚未形成等短板依然突出。这些短板产生的根本原因在于，基础研究成果处于底层，显示度低，耗时长，只能利用，无法在市场上变现，需要政府对从事基础研究的研究人员给予"智力报偿"，提供相对优越的研究条件、经济待遇、荣誉及社会地位，对暂时未取得成果的研究人员要有足够的耐心和宽容。与此同时，要强化质量、绩效、贡献为核心的评价导向，拉长评价周期，赋予科研人员更大的人、财、物支配权和学术自主权，营造勇于创新、敢于"啃硬骨头"和宽容失败的科研环境，给予优秀青年科学家更多承担重要科学任务的机会，等等。归根结底，这些举措的指向是机制的完善和创新，急需更好发挥政府的作用。

此外，政府急需在"卡脖子"技术取得突破之后的市场突破环节有效发挥作用，包括进一步完善"首台套"保险补偿机制、修正不符合企业实际情况的政策、为"首台套"提供一些应用场景、严控招标评审中的国产歧视现象等，做好自主创新的"后半篇文章"。

[①] 德国近年的科技创新战略里面也有提及"大健康"，但落脚点在"应对未来挑战"上，与我国"以人民为中心""人民至上""生命健康至上"的价值取向有差异。

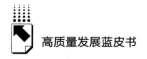

（三）充分发挥市场在应用研究和商业化产业化环节的决定性作用

相较于基础研究，应用研究和商业化产业化两个环节都必须面向市场、养成竞争进取的精神。德国给我们做了以政府"有形之手"紧握市场"无形之手"的示范，即主要依靠市场机制，政府根据市场的选择给予支持。目前，我国对基础研究与应用研究尚未有明确的划分，对两类研究的支持力度大小无明确界定，应用研究与基础研究一起吃财政供养的"大锅饭"。相应地，应用型研究机构获取市场资源、面向市场的能力长期得不到培养。我国急需根据研究目的，区分基础研究和应用研究，对于应用研究，财政资金不再按项目分配固定的科研经费，而是参照弗劳恩霍夫协会模式，根据研究机构服务企业和政府的成效决定经费的支持力度。同样地，对于参与商业化产业化环节的企业、社会资本、地方政府等的激励，也可以参照弗劳恩霍夫协会模式，让市场选出真正的优质项目、优质企业和有为地方政府。

（四）加强与社会各界的对话交流

从 1911 年熊彼特提出"创新"概念、强调革新生产技术和生产方法在经济发展中的作用算起，相关研究至今已有百余年的历史，涌现出技术范式和技术轨道、技术-经济范式、国家创新系统、创新三螺旋、创新四螺旋甚至 N 螺旋、开放式创新等一批有影响力的理论，创新变得越来越复杂，需要政府、企业、高校、研究机构、金融机构、公众等多元主体高效协作。政府在科技创新战略的形成与实际推进中应与企业、高校、研究机构、金融机构、公众等社会各界就科技创新的时代价值、着力方向和实现路线加强对话交流，一方面在最大范围内凝聚共识，另一方面充分激发社会各界在科技创新中的创造性。因此，我们看到德国近年来高度重视社会各界在科技创新各个环节的参与和贡献。建议借鉴德国的经验，进一步强化利益相关主体在科技创新战略制定环节的广泛参与与有效参与，以保证方案的科学性和可落地性；重视"中立、透明、全面、通俗易懂"，就新技术带来的机遇和挑战强化与社会公众的交流对话。

参考文献

［1］ EFI，Gutachten 2022，Berlin：EFI，2022.

［2］ OECD，Main Science and Technology Indicators，2022.

［3］ OECD，Main Science and Technology Indicators，2022.

［4］ 陈洪捷、巫锐：《"集群"还是"学科"：德国卓越大学建设的启示》，《江苏高教》2020 年第 2 期。

［5］ 陈佳、孔令瑶：《德国高技术战略的制定实施过程及启示》，《全球科技经济瞭望》2019 年第 3 期。

［6］ 陈强、王浩、敦帅：《德国创新集群策动中政府分工与合作关系研究及启示》，《德国研究》2020 年第 2 期。

［7］ 陈志：《国家科技计划体系如何调整？——〈德国高技术战略〉的启示》，《全球科技经济瞭望》2017 年第 3 期。

［8］ 范英杰、赵闯：《德国研究联合会新任主席谈基础研究及其资助》，《中国科学金》2020 年第 5 期。

［9］ 胡海鹏、袁永、康捷：《德国主要科技创新战略政策研究及启示》，《特区经济》2017 年第 12 期。

［10］ 李宏、惠仲阳、陈晓怡等：《美国、英国等国家科技创新政策要点分析》，《北京教育（高教）》2020 年第 9 期。

［11］ 李杨、郭梓晗：《德国科研管理体制与科技创新政策及启示》，《中小企业管理与科技（中旬刊）》2021 年第 6 期。

［12］ 柳学智、苗月霞、冯凌：《全球基础研究人才分布与发展趋势》，《中国人才》2022 年第 6 期。

［13］ 孙浩林：《德国新任联邦政府执政首年科技创新政策评述》，《全球科技经济瞭望》2022 年第 12 期。

［14］ 王东京：《中国经济突围：新发展阶段的关键议题》，中信出版社，2022。

［15］ 王顺兵：《德国科技管理特点及启示》，《全球科技经济瞭望》2017 年第 4 期。

［16］ 西鹏、陈东阳、刘爽健：《高校新型研发机构市场化能力建设研究——基于德国弗劳恩霍夫协会模式的思考》，《中国高校科技》2022 年第 Z1 期。

［17］ 叶玉江：《持之以恒加强基础研究夯实科技自立自强根基》，《中国科学院院刊》2022 年第 5 期。

［18］ 张明妍：《德国科技发展轨迹及创新战略》，《今日科苑》2017 年第 12 期。

［19］ 赵宇飞、吴燕霞：《突破技术"卡脖子"，又被市场"卡脖子"：卖不出去的"首台套"》，《半月谈》2021 年第 14 期。

B.23
2022年日本科技创新动态及启示

杨 燕 武旭阳*

摘 要： 2022年，日本综合科技创新实力仍位居世界前列，研发投入强度持续领先，创新产出指数创历史新高；人工智能技术、量子信息技术、聚变能源技术、生物技术、材料技术等前沿技术仍是重点发力领域；形成了利用技术预见确定科技创新方向、高强度投入基础研究、高度重视可持续的科技人才供给、战略性推进科技外交和科技创新开放合作等主要做法。借鉴日本经验，结合我国科技创新的实际情况，本文提出优化技术预见方法、加大基础研究支持力度、构建科技创新人才贯通培养体系、推进高水平国际科技交流合作等四点启示建议。

关键词： 日本 技术预见 官产学研合作 创新战略

2022年，日本从克服自身发展中面临的资源、科技、社会等方面的问题以及提高全球竞争力、实现《第六期科学技术与创新基本计划》提出的"社会5.0"目标等现实需求出发，颁布了《综合创新战略2022》，并将其作为科技创新的年度指南，出台多项重点领域专项计划，成效显著。

一 2022年日本科技创新动态

（一）综合科技创新实力仍位居世界前列

根据世界知识产权组织发布的《全球创新指数2022》，2022年日本全球创

---

* 杨燕，博士，中共四川省委党校（四川行政学院）经济学教研部副教授，主要研究方向为科技创新、制造业现代化转型发展、公共政策；武旭阳，中共四川省委党校（四川行政学院）经济学教研部在读硕士研究生，主要研究方向为世界经济。

新指数排在第 13 位，相较于 2013 年的排名提升了 9 个位次，其中：创新投入指数排在第 11 位，相较于 2013 年的排名提升了 3 个位次；创新产出指数排在第 12 位，创历史新高且相较于 2013 年的排名提升了 21 个位次；科技投入转化为产出的效率逐年提升（见表 1）。

表 1　2013~2022 年日本全球创新指数排名情况

年份	全球创新指数排名	创新投入指数排名	创新产出指数排名
2013	22	14	33
2014	21	15	27
2015	19	12	26
2016	16	9	24
2017	14	11	20
2018	13	12	18
2019	15	14	17
2020	16	12	18
2021	13	11	14
2022	13	11	12

资料来源：世界知识产权组织：2013~2022 年《全球创新指数》。

2000 年以来，日本的研发投入强度持续领先，其间虽有微小波动，但于 2005 年首次突破 3% 达到 3.13% 后，已经连续多年保持在 3% 以上，且一直高于中国和德国，甚至在 2019 年之前高于美国（见图 1）。

日本的研发支出来源包括商业企业部门、高等教育部门、政府部门、私营非营利部门。其中，商业企业部门是研发支出的中坚力量，其研发支出在国内总研发支出中的占比接近 80%（见图 2）。

从研发投入的领域分布看，德国基础研究投入占国内生产总值比重自 2005 年以来一直在 0.4% 上下，显著高于中国，但比美国略低（见图 3）。

从每千总就业人人数中全职研究人员总数这一指标看，日本保持在 10 人左右，一直高于美国和德国，显著高于中国（见图 4）。

从研发产出看，自 2000 年起，日本的 PCT 专利申请量整体呈上升趋势，

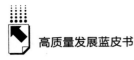
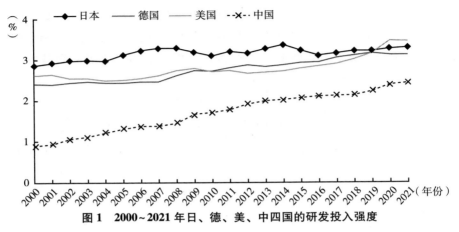

图 1　2000~2021 年日、德、美、中四国的研发投入强度

注：以 2015 年美元不变价和购买力平价计算。
资料来源：OECD 创新与科技数据库。

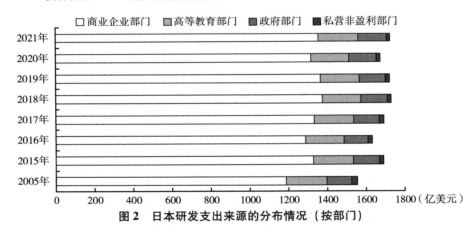

图 2　日本研发支出来源的分布情况（按部门）

注：以 2015 年美元不变价和购买力平价计算。
资料来源：OECD 创新与科技数据库以及 OECD 主要科技指标。

但 2018 年后呈现出小幅下降的态势（见图 5），三方同族专利申请量①则一直不同程度地高于美国、德国和中国，位居世界前列（见图 6）。

———————————

① 三方同族专利是在欧洲专利局、日本特许厅、美国专利与商标局提交注册的同一组专利，旨在保护同一发明。

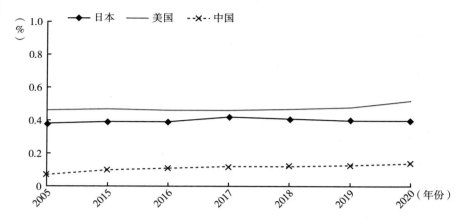

图3　2015~2020年日、美、中三国基础研究投入占国内生产总值的比重

资料来源：OECD《主要科技指标》。

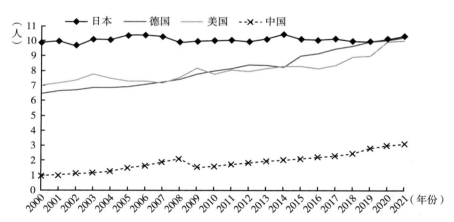

图4　2000~2021年日、德、美、中四国每千总就业人数中全职研究人员总数

资料来源：OECD创新与科技数据库。

（二）重点领域科技创新动态

随着生成式人工智能、量子信息和新型材料等前沿技术的快速发展，为了能够在未来科技领域占据领先地位，提升国际竞争力，世界各主要经济体纷纷展开对科学、技术和创新的规划与部署。日本于2021年颁布《第六期科学技术与创新基本计划》。该计划承袭了《第五期科学技术基本计划》提出的"社

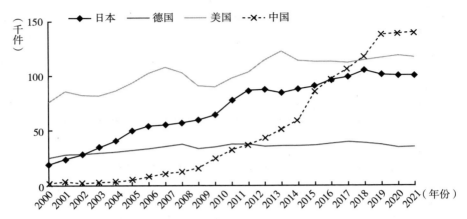

图5　2000～2021年世界知识产权组织公布的日、美、德、中四国的 PCT 专利申请量

资料来源：世界知识产权组织知识产权统计数据中心。

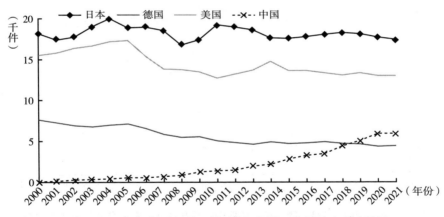

图6　2000～2021年日、美、德、中四国的三方同族专利申请量

资料来源：OECD 创新与科技数据库。

会 5.0"战略构想，将目标设定为实现"社会 5.0"，计划通过科学、技术和创新，综合运用人文、社会和自然科学知识解决发展中的问题，实现超级智能社会。作为《第六期科学技术与创新基本计划》第三年的年度科技创新行动指导战略，《综合创新战略 2022》将人工智能（AI）、量子信息、聚变能源、生物、材料、健康医疗、空间、海洋、农业林业渔业等领域的相关前沿技术确定为国家战略性推进的先进科学技术。

1. 人工智能技术领域

近年来，随着计算科学领域中的硬件提升、算法改进以及互联网的快速普及，大量的数据加快产生，人工智能技术应运而生并在社会各个方面得到了广泛应用，深刻地改变了、改变着人们的生产生活方式。尤其是，在医疗、交通、材料等领域，人工智能技术正在成为引导世界范围内新一轮科技革命和产业变革的重要驱动力。日本作为全球人工智能技术发展的重要推动者，已于2019年6月、2021年6月、2022年3月先后三次针对本国的人工智能技术发展制定战略性文件（见表2）。其中，《AI战略2019》重点对人工智能技术有关的教育改革、研发体制重建、社会实施、数据协作基础建设、AI时代的数字治理、资助中小企业和风险较高的初创企业、伦理探讨等方面进行规划部署；《AI战略2021》是对《AI战略2019》的跟踪更新与升级，强调以日本全社会的数字化智能化为方向，加速发展人工智能技术；由于地震、火山爆发、气候变化等自然灾害的影响，《AI战略2022》在前面规划部署的基础上重点就应对迫在眉睫的危机进行了内容增补，提出"负责任的人工智能"① 的概念。

表2 日本人工智能技术专项战略

颁布时间	战略/政策	战略目标	发展要点
2022 年	《AI 战略 2022》	（1）对于迫在眉睫的危机,建立能够最大限度保护居民生命财产安全的体制和技术基础;（2）成为世界上最适应人工智能时代的培养人才、吸引全球人才的国家;（3）成为人工智能在产业应用中的领跑者,增强产业竞争力;（4）实现"包含多样性的可持续社会";（5）以日本为龙头,构建人工智能领域的国际研究、教育和社会基础网络,加快人工智能研发、人才培养等	新增:处理迫在眉睫的危机,确立国家强韧性 AI,以 AI 及其周边技术辅助灾害预测、预防、应对、恢复
2021 年	《AI 战略 2021》		教育改革、研发体制重建、社会实施、数据协作基础建设、AI 时代的数字治理、资助中小企业和风险较高的初创企业、伦理探讨
2019 年	《AI 战略 2019》		

---

① 负责任的人工智能, 指安全、可信、可控、可靠和可扩展的人工智能技术, 是公平、公正和有益于全人类应用和产业发展, 推动经济、社会及生态可持续发展的人工智能技术。

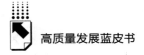

2.量子信息技术领域

量子信息技术是一项具有划时代意义的颠覆性新兴技术，量子信息技术与现代电子信息技术的深度融合，有助于释放巨大的生产力。世界主要经济体认识到量子信息技术的前瞻性和颠覆性，纷纷面向这一未来前沿技术领域制定国家级战略部署。2020 年 1 月，日本发布《量子信息技术创新战略》，在量子信息技术相关的技术开发、国际合作、产业和创新、知识产权和国际标准化、人才培养等方面提出了具体目标及配套措施。2022 年 4 月，日本发布《量子未来社会愿景》，提出通过量子信息技术实现经济增长、人与自然和谐相处、人们生活富裕的未来社会愿景和目标。2023 年 4 月，为了实现《量子未来社会愿景》中提出的愿景和目标，日本进一步明确了量子信息技术在实际应用和产业化方面面临的主要挑战，制定《量子未来产业创造战略》，部署了量子信息技术实用化和产业化的基本政策和行动计划。详见表 3。

表 3　日本量子技术专项战略

颁布时间	战略/政策	战略目标	发展要点
2023 年	《量子未来产业创造战略》	量子信息技术实用化和产业化	(1)多种产业参与协作共创；(2)创造多产业可接入利用量子信息技术的环境；(3)全球合作与发展；(4)产学研合作推进产业化
2022 年	《量子未来社会愿景》	经济增长、人与自然和谐相处、人们生活富裕	(1)2030 年吸引 1000 万国内量子信息技术用户；(2)2030 年利用量子信息技术实现的产值达到 50 兆日元的规模；(3)2030 年创造出一批打开未来市场的量子独角兽风险企业；(4)创建和激活创业企业；(5)强化量子信息技术创新基地体制；(6)培养和确保人才；(7)量子信息技术的知识产权化、标准化；(8)国际合作
2020 年	《量子信息技术创新战略》	(1)"量子信息技术创新"战略部署；(2)量子信息技术与现有技术一体化综合推进；(3)加强量子信息技术创新战略、AI 战略和生物战略的融合与合作	(1)技术开发，聚焦主要技术领域、量子融合创新领域、基础性研究；(2)国际战略，开展国际合作；(3)产业和创新战略，形成"量子信息技术创新基地(国际枢纽)"，创设"量子信息技术创新协会"，完善创业和投资环境；(4)知识产权和国际标准化战略；(5)培养和确保优秀人才，推进脑循环，培养量子原生力

3. 聚变能源技术领域

核聚变能具有原料来源丰富、能量巨大和反应产物清洁无污染等特点，被认为是实现可持续发展战略的理想新能源。在当前能源紧缺、环境保护约束趋紧的形势下，世界主要国家均针对聚变能源技术的突破和商业化的发展制定了相关战略。日本于2023年4月制定《聚变能源创新战略》，提出在下一个十年内在聚变能源技术领域取得突破性进展并使其商业化和产业化（见表4）。此外，日本还参与国际热核聚变实验堆计划①，积极开展国际合作，寻求对人类核聚变能源的共同研究与开发。

表4　日本聚变能源技术专项战略

颁布时间	战略/政策	战略目标	发展要点
2023年	《聚变能源创新战略》	(1)未来10年实现聚变能源的实用化;(2)未来10年活用技术优势以抓住市场优势;(3)未来10年实现聚变能源的产业化	(1)明确聚变能源的社会定位,尽早明确发电示范的时间,提高行业的可预测性;(2)促进民间企业的进一步参与,吸引民间投资,推进官产学联合努力;(3)建立培育核聚变产业的场所,弥合私营部门(包括初创企业)持有的技术与工业需求之间的差距;(4)参与国际关于安全法规的讨论,确定安全保障的基本方法;(5)通过参与国际热核聚变实验堆计划以及国内研发推动聚变能源的核心技术开发;(6)持续推进聚变能源的学术研究

4. 生物技术领域

为促进生物经济发展，应对突发疫情，日本先后于2019年、2020年发布了《生物战略2019》《生物战略2020（基本措施）》《生物战略2020（市场领域措施最终版本）》，提出以"2030年实现世界上最先进的生物经济社会"

---

① 系目前全球规模最大、影响最深远的聚变能源国际科研合作项目之一，目前由欧盟和美、日、俄、中、韩、印六国共同承建。

为目标，以可持续发展、循环型社会和健康为关键词，由政府、大学、产业界等多方共同参与推进生物技术创新。详见表5。

表5　日本生物技术专项战略

颁布时间	战略/政策	战略目标	发展要点
2020年1月	《生物战略2020(市场领域措施最终版本)》	2030年将市场规模扩大到92万亿日元	(1)制定生物数据链接和利用的准则,并推动实施基于该准则的倡议;(2)形成全球和区域生物社区并促进投资;(3)发展作为全球生物社区的生物生产示范和人力资源开发的功能
2020年6月	《生物战略2020(基本措施)》	2030年实现世界上最先进的生物经济社会,实现4个社会图景:所有产业联动的循环型社会、可持续初级生产以满足多样化需求、采用可持续的制造方法以生物技术生产材料和资源、医疗和保健共同发展的社会	(1)市场领域的设定、预测和持续承诺;(2)生物技术与数字技术的融合;(3)促进国际化、区域网络建设和投资;(4)加强国际战略合作;(5)解决伦理、法律和社会问题
2019年	《生物战略2019》	2030年实现世界上最尖端的生物经济社会,实现3个状态:生物第一思想、形成生物社区、生物数据驱动	

5.材料技术

材料技术对传统产业升级和战略性新兴产业发展起着至关重要的基础性作用。因此，世界科技强国把材料技术摆在了非常重要的位置上并不断加强对新材料产业的宏观引导和扶持。日本在材料技术领域基础雄厚，拥有锂离子电池、蓝色发光二极管等众多的原始创新成果，国际竞争优势突出。尽管如此，鉴于国际材料技术竞争日趋激烈，日本于2021年4月制定了《加强材料创新能力战略》，提出致力于数据驱动型的材料创新，计划借此打造新的价值链和产业链。详见表6。

表6 日本材料技术专项战略

颁布时间	战略/政策	战略目标	发展要点
2021年	《加强材料创新能力战略》	加强材料创新能力,实现"社会5.0",克服资源和环境限制,构建强韧性的社会和产业,走在世界前列	(1)建立以数据为基础的材料研发平台;(2)战略推进重要材料技术研发利用;(3)构建材料创新生态系统;(4)培养和确保支持材料创新能力的人力资源

二 日本推进科技创新的主要经验

(一)长期利用技术预见确定科技创新方向

技术预见是一种对未来优先发展技术进行识别的重要方法,技术预见成果可以为国家科技计划和重大决策提供有力的支持。日本从1971年开始实施"技术预见调查"项目,至今已实施了11次技术预见。在这11次的技术预见中,日本不断丰富优化技术预见的方法,加强技术预见的精准性和专业性,为日本精准选择科技创新方向、高效配置科技创新资源、保持前沿科技的世界领先地位提供了重要支撑。

(二)高强度投入基础研究

基础研究是突破性创新的知识源头,一个国家想要成为世界科技强国或者保持世界科技强国地位,必然要在基础研究上下功夫。随着科技的快速发展,国际科技实力的较量正在逐步前移至基础研究阶段,各国积极储备面向国家未来发展与安全的科技力量。日本在《2021年科学、技术和创新白皮书》中明确指出,加强基础研究是实现"社会5.0"的基础。日本历来重视基础研究。为了加强基础研究,日本实施了一系列举措,包括长期持续稳定地对公立研究机构进行资金支持;增加对大学的财政支出,发挥其作为基础研究主要参与者的引领作用;鼓励包括博士生在内的年轻研究人员的研究活动;将研究型大学提升到世界顶级水平,提高大学基础研究能力;鼓励政府、企业、大学、私营非营利机构等多方投入基础研究，形成基础研究投入主体多元化以及执行主体多元化格局；等等。

（三）高度重视可持续的科技人才供给

目前，世界各国的科技创新人才培养大多集中在高等教育阶段，忽略了对科技创新人才的早期发现与培养，不利于形成可持续的人才供给。日本已经意识到基础教育阶段在科技创新人才培养中的重要性，在 2021 年制定的《第六期科学技术与创新基本计划》中提出科技创新教育应从中小学阶段开始，实施面向实现"社会 5.0"目标的教育。具体要求包括培养学生好奇心，加强对学生探索现实问题的能力培养，创建基于前沿研究的中小学教学内容，形成学段贯通的培养体系；小学阶段注重对学生科学兴趣的培养，初中阶段注重对提出问题、探索问题的引导，高中阶段注重对科学思维的训练，形成系统培养下一代科技创新人才的体系。与此同时，日本还特别注重学科间的贯通培养，在中小学教育中广泛促进 STEAM 教育①，促进理工科与文科的融合，培养文理兼修的综合素质科技创新人才。此外，和德国一样，日本也特别强调促进女性研究人员的积极参与，确保科技创新人才的多样性；加大对年轻研究人员以及博士生的科研支持力度；吸引国际创新人才，形成国际人才循环；等等。

（四）战略性推进科技外交和科技创新开放合作

在本质上，科技外交是相关主体从国家战略需要出发，通过谈判、访问、参加国际会议、建立研究机构等多种方式对知识进行跨境流动调节的活动。随着新一轮科技革命和产业变革的深入推进，国际竞争格局加速重塑，科技创新"政治化""集团化""武器化"趋势日趋明显，科技外交已然成为一个国家总体外交战略的重要组成部分。日本通过战略性推进科技外交，融入全球科技创新网络，与美国、欧盟、中国、韩国、东盟国家等开展持续的联合研究和科技合作，在吸收全球知识和技术的同时，积极参与国际规则制定，向世界传播

---

① STEAM 教育即跨学科教育，科学（Science）、技术（Technology）、工程（Engineering）、艺术（Art）、数学（Mathematics）多学科融合的综合教育，鼓励学生将他们在科学、技术、工程、艺术和数学等学科上的知识学习应用于探索和解决现实问题。

"社会5.0"，提升科技话语权。此外，日本还积极开展科技创新国际合作。一方面，通过与具有强大科技创新实力的伙伴国家联合开展科技创新，大力促进国际共同研究，攻克关键技术。另一方面，与发展中国家开展国际合作，通过技术、资本获取市场和资源。再者，利用国际框架推进国际科技创新合作，如利用亚洲太平洋经济合作组织（Asia-Pacific Economic Cooperation，APEC）科技创新政策伙伴关系机制，通过联合项目和研讨会等方式促进APEC地区的科学技术创新；利用东盟-日本科学技术合作委员会，提升日本-东盟联合研究能力，实现研究成果产业化商业化；等等。

三 对中国推进科技创新的启示

企业是创新的核心主体。在科睿唯安发布的《2023年度全球百强创新机构》榜单中，日本有38家企业上榜。相较于美国的19家企业上榜、中国内地的4家企业上榜，日本可谓"遥遥领先"，其推进科技创新的经验做法对我国建设科技强国有以下四点启示。

（一）加快优化技术预见方法

前沿技术发展与关键核心技术攻关直接关乎一个国家的发展与安全，需要中央政府的科学规划、超前部署。自1971年至今，日本已经开展了11次技术预见调查，成效明显。我国首次实行关键技术选择是在1992年，至今已有30余年的技术预见实践，但仍存在"多而不强"、方法理念不足等问题，需要进一步发挥技术预见在部署前瞻性科技、建设科技强国中的重要作用。建议：其一，建立多样灵活的技术预见方法库，包括对传统德尔菲方法进行创新优化，结合人工智能、大数据、愿景分析等先进技术丰富技术预见方法，提高技术预见效率。其二，扩大技术预见专家库覆盖范围，囊括学者、政府、产业届甚至社会公众，对专家库进行标签化管理，以便技术预见开展时可以灵活调配。其三，面向社会愿景与可持续发展挑战部署关键核心技术攻关。建立技术预见阶段考评机制，如将重大技术发展与攻关分解为若干个小阶段并设置阶段性目标，在关键性时间节点对每个阶段目标的完成情况进行评估。若评估达标，则继续下一阶段的支持；若进展顺利且技术成果发展前景明显看好，则在下一阶段增加支持力度；若评估不达标，则根据实际情况，减少支持、修正目标、调整技术路线等；在这个过程中持续优化技术预见方法。

（二）加大基础研究支持力度

基础研究是一切创新的源头，是我国建设世界科技强国的基石，但具有探索性、长期性、复杂性、成果不可预见性等特点，需要有"十年磨一剑"的韧性，不求急用。2020年我国基础研究经费占国内生产总值及科研经费总额的比重分别为0.14%和5.7%，相比日本同期0.4%和12%的数据，差距明显，我国急需加大对基础研究的支持力度。建议：首先，给科研人员创造潜心研究的环境。如探索建立与国际接轨的项目评审机制，放宽评价周期，在一些层面上允许"入不敷出"，而非"投入即产出"，允许"十年不鸣"而"一鸣惊人"。其次，首要支持大需求牵引下的基础研究。立足实际选定突破方向，不盲目追求"高大上"。再次，创新科研经费的配置、预算和使用。参照国际通行做法，以稳定性经费支持为主；探索通过立法明确政府投入基础研究和应用研究的资金占比，确保经费预算①；给科学家更多自主权，允许经费在预算中不同项目间调配；探索以联合资助模式，设立自然科学基金企业创新发展联合基金，引导社会资金参与基础研究②。

（三）构建科技创新人才贯通培养体系

党的二十大报告指出，"教育、科技、人才是全面建设社会主义现代化国家的基础性、战略性支撑"，明确了教育、科技、人才三者在全面建设社会主义现代化国家中的重要作用，同时也强调了三者相互支撑、相辅相成的辩证逻辑，即科技发展离不开人才的支撑，而人才来自"百年"教育。相应地，面向新征程，党的二十大报告提出了构建创新型科技人才贯通培养体系、提供可持续的科技创新人才的要求，与日本面向"社会5.0"目标全阶段多学科贯通培养科技创新人才的思路"异曲同工"。新时代十年，我国十分重视科技创新

---

① 深圳已有相关实践。
② 北京、浙江已有相关实践。

人才的发现吸引、培养激励，大学和科研机构对于高技术人才的培养力度逐步加大，同时吸引国际人才的举措也日趋完善，但对于科技创新人才的贯通培养还需要进一步加强。建议：加大对创新人才的早期全面培养力度，激发学生的好奇心和动手能力，培养学生的自主性、主动性和创造性；加快推动形成小学-初中-高中-大学-社会全阶段纵向贯通的创新培养激励制度，同时注重学科间的横向贯通，促进人才全面发展；加快构建以能力贡献为导向的科技人才评价体系，建立和完善有利于青年科技人才脱颖而出、有利于科技优秀拔尖人才自主发挥作用、有利于科技创新队伍创新能力提升的人才管理制度。

（四）坚定不移推进高水平国际科技交流合作

在日本推进科技创新的实践中，从国家科技安全及利益最大化出发，针对不同发展水平国家采取有差别的科技创新合作策略是一大特色。党的二十大报告要求，坚持高水平对外开放，加快构建新发展格局。这其中，高水平对外开放是更大范围、更宽领域、更深层次的对外开放；坚持高水平对外开放是方法与路径，加快构建新发展格局是目标与结果，而加快构建新发展格局的关键在于加快实现高水平的科技自立自强。借鉴日本经验，我国推进科技创新的国际交流合作应当形成几个基本认识。其一，一切国际科技交流合作都应围绕加快实现高水平的科技自立自强及加快构建新发展格局展开。其二，紧盯世界主要创新大国和关键科技小国，准确掌握当前世界前沿技术重点领域科技创新动态，精准选择合作对象、领域和方式。其三，利用国家间科技合作联委会、科技伙伴关系、全球科技大会等高能级平台，积极参与国际科技创新对话和规则制定。其四，着力于把"集中力量办大事"制度优势和超大规模市场优势转化为高水平国际科技交流合作优势。

参考文献

［1］OECD, Main Science and Technology Indicators, Paris：OECD,（2）, 2022.

［2］内閣府. 科学技術・イノベーション基本計画. 東京：内閣府, 2021.

［3］内閣府. 科学技術基本計画. 東京：内閣府, 2016.

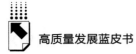

［4］　内閣府．統合イノベーション戦略 2023．東京：内閣府，2023．

［5］　内閣府．AI 戦略 2019～人・産業・地域・政府全てに AI～．東京：内閣府，2019．

［6］　内閣府．AI 戦略 2021～人・産業・地域・政府全てに AI～（「AI 戦略 2019」フォローアップ）．東京：内閣府，2021．

［7］　内閣府．AI 戦略 2022［R］．東京：内閣府，2022．

［8］　内閣府．量子技術イノベーション戦略(最終報告)．東京：内閣府，2020．

［9］　内閣府．量子未来社会ビジョン～量子技術により目指すべき未来社会ビジョンとその実現に向けた戦略～．東京：内閣府，2022．

［10］　内閣府．量子未来産業創出戦略．東京：内閣府，2023．

［11］　内閣府．フュージョンエネルギー・イノベーション戦略．東京：内閣府，2023．

［12］　内閣府．バイオ戦略 2019～国内外から共感されるバイオコミュニティの形成に向けて～．東京：内閣府，2019．

［13］　内閣府．バイオ戦略 2020(基盤的施策)．東京：内閣府，2020．

［14］　内閣府．バイオ戦略 2020(市場領域施策確定版)．東京：内閣府，2020

［15］　内閣府．マテリアル革新力強化戦略．東京：内閣府，2021．

［16］　文部科学省．令和 3 年版（2021）科学技術・イノベーション白書．東京：文部科学省，2021．

［17］　杨捷、陈凯华、穆荣平：《技术预见方法的回顾与展望》，《科学学与科学技术管理》2022 年第 12 期。

［18］　张蛟龙：《科技外交：发达国家的话语与实践》，《亚太安全与海洋研究》2023 年第 2 期。

［19］　赵迎结、田辉：《日本如何实现科技创新人才贯通培养》，《人民教育》2022 年第 8 期。

附　录　中国创新发展大事记

邹一南　史橄波*

1978 年 10 月，中共中央转发全国科学大会《1978～1985 年全国科学技术发展规划纲要》。要求坚持独立自主、自力更生，学习和独创相结合，认真学习外国的先进科学技术，从我国的实际出发，勇于创新，走我国自己发展科学技术的道路。

1980 年 10 月，国务院常务会议通过《关于开展和保护社会主义竞争的暂行规定》。提出鼓励革新技术和创造发明，保障有关单位和人员应有的经济利益。

1981 年 6 月，中国共产党十一届六中全会通过《关于建国以来党的若干历史问题的决议》，要求坚决扫除长期存在而在"文化大革命"期间登峰造极的那种轻视教育科学文化和歧视知识分子的完全错误的观念，努力提高教育科学文化在现代化建设中的地位和作用。

1984 年 10 月，中国共产党十二届三中全会通过《中共中央关于经济体制改革的决定》。强调我国经济体制应当具有吸收当代最新科技成就，推动科技进步，创造新的生产力的更加强大的能力。

1985 年 8 月，国务院办公厅批转国家科学技术委员会《关于抓一批"短平快"科技项目促进地方经济振兴的请示》（又称"星火计划"），该计划成为第一个获批实施的依靠科技促进农村经济发展的计划。

1986 年 2 月，国务院印发《关于成立国家自然科学基金委员会的通知》。要求国家自然科学基金委员会根据国家发展科学技术的方针、政策和规划，有

---

* 邹一南，经济学博士，中共中央党校（国家行政学院）经济学教研部教授，主要研究方向为发展经济学、国民经济学；史橄波，中共中央党校（国家行政学院）研究生院在读硕士研究生，主要研究方向为政治经济学。

效运用科学基金，指导、协调和资助基础研究和部分应用研究工作，发展和培养人才，促进科学技术进步和经济、社会发展。

1986 年 11 月，中共中央、国务院批转《高技术研究发展计划纲要》。从世界高技术发展的趋势和中国的需要与实际出发，选取了对中国未来经济和社会发展有重大影响的 7 个高技术领域（1996 年增加了海洋技术领域）的 15 个主题项目，作为我国高技术研究发展的重点。

1988 年 8 月，国家科学技术委员会召开全国第一次"火炬"计划工作会议，全国"火炬"计划正式开始实施。其宗旨是实施科教兴国战略，贯彻执行改革开放的总方针，发挥我国科技力量的优势和潜力，以市场为导向，促进高新技术成果商品化、高新技术商品产业化和高新技术产业国际化。

1992 年 3 月，国务院审议通过《国家中长期科学技术发展纲要》，制定十个领域的科技发展重点，要求深化改革，建立有利于经济发展和科技进步的新体制。

1993 年 7 月，第八届全国人民代表大会常务委员会通过《中华人民共和国科学技术进步法》，指出国家实行经济建设和社会发展依靠科学技术，科学技术工作面向经济建设和社会发展的基本方针，以促进科学技术进步，在社会主义现代化建设中优先发展科学技术，发挥科学技术第一生产力的作用，推动科学技术为经济建设服务为目标。

1993 年 11 月，中国共产党十四届三中全会通过《中共中央关于建立社会主义市场经济体制若干问题的决定》。强调继续深化企业改革，必须解决深层次矛盾，着力进行企业制度的创新；进一步改革科技体制和教育体制，必须积极促进科技经济一体化，搞好技术创新，建立地区和行业的技术创新组织和技术推广网络。

1995 年 5 月，中共中央、国务院印发《关于加速科学技术进步的决定》。强调科学技术是第一生产力，是经济和社会发展的首要推动力量，是国家强盛的决定性因素，必须大力发展科学技术，加速全社会的科技进步。

1995 年 11 月，国务院批准国家计划委员会、国家教育委员会、财政部《"211 工程"总体建设规划》，着力面向 21 世纪重点建设 100 所左右的高等学校和一批重点学科。

1997 年 6 月，国家科教领导小组决定制定"国家重点基础发展规划"并组织实施"基础研究重大项目计划"（简称"973"计划），加强国家战略目标导向的基础研究工作。

1998 年 5 月，江泽民同志在庆祝北京大学建校 100 周年大会上提出"为了实现现代化，我国要有若干所具有世界先进水平的一流大学"。由此，教育部决定实施《面向 21 世纪教育振兴行动计划》，重点支持国内部分高校创建世界一流大学和高水平大学，并命名为"985 工程"。

1999 年 1 月，国务院批转教育部《面向 21 世纪教育振兴行动计划》。强调实现社会主义现代化，科技是关键，教育是基础。在即将到来的 21 世纪，国家的综合国力和国际竞争能力将越来越取决于教育发展、科学技术和知识创新水平。

1999 年 8 月，中共中央、国务院印发《关于加强技术创新，发展高科技，实现产业化的决定》。指出创新是一个民族进步的灵魂，是国家兴旺发达的不竭动力；要加强技术创新、深化体制改革、营造有利于技术创新和发展高科技、实现产业化的政策环境。

2000 年 10 月，中国共产党十五届五中全会通过《关于制定国民经济和社会发展第十个五年计划的建议》。首次提出，推动经济发展和结构调整必须依靠体制创新和科技创新，体制创新是科技进步和创新的保证。

2002 年 8 月，科技部印发《可持续发展科技纲要》。指出技术创新不足、创新体系不健全已制约可持续发展的实施；我国科学技术创新能力尤其是原始创新能力不足的状况日益突出和尖锐，已经成为影响我国科学技术发展乃至可持续发展的重大问题。因此，加强技术创新，推进国家可持续发展技术创新体系的建设，是促进我国可持续发展战略实施的当务之急。

2002 年 11 月，中国共产党第十六次全国代表大会召开，江泽民同志代表第十五届中央委员会向大会作了题为《全面建设小康社会，开创中国特色社会主义事业新局面》的报告。党的十六大报告强调，创新是一个民族进步的灵魂，是一个国家兴旺发达的不竭动力，也是一个政党永葆生机的源泉。通过理论创新推动制度创新、科技创新、文化创新以及其他各方面的创新，不断在实践中探索前进，永不自满，永不懈怠，这是我们要长期坚持的治党治国之道。

2005 年 10 月，中国共产党十六届五中全会通过《中共中央关于制定国民经济和社会发展第十一个五年规划的建议》。指出我国目前面临的挑战包括经济结构不够合理，创新能力不足等；在"十一五"期间，必须提高自主创新能力，坚持科技创新、理论创新、制度创新。

2006 年 2 月，国务院发布《国家中长期科学和技术发展规划纲要（2006-2020 年）》；同月，中共中央、国务院发布《关于实施科技规划纲要 增强自主创新能力的决定》。强调要实施《国家中长期科学和技术发展规划纲要（2006-2020 年）》，努力建设创新型国家；要坚持自主创新，全面提升国家竞争力；要创新体制机制，走中国特色自主创新道路；要制定配套政策，激励自主创新；号召动员全党全社会力量，为建设新型国家而奋斗。

2007 年 10 月，中国共产党第十七次全国代表大会召开，胡锦涛代表第十六届中央委员会向大会作了题为《高举中国特色社会主义伟大旗帜 为夺取全面建设小康社会新胜利而奋斗》的报告。党的十七大报告强调，提高自主创新能力，建设创新型国家，是国家发展战略的核心，是提高综合国力的关键。要坚持走中国特色自主创新道路，把增强自主创新能力贯彻到现代化建设各个方面。

2009 年 6 月，科技部、财政部、教育部、全国总工会和国家开发银行印发《国家技术创新工程总体实施方案》。提出以落实国务院《关于发挥科技支撑作用促进经济平稳较快发展的意见》，大力支持企业提高自主创新能力为目标，以推动产业技术创新战略联盟构建和发展、建设和完善技术创新服务平台、推进创新型企业建设、面向企业开放高等学校和科研院所科技资源、促进企业创新人才队伍建设和引导企业充分利用国际科技资源等为主要任务，并制定一系列保障措施。

2010 年 10 月，中国共产党十七届五中全会通过《中共中央关于制定国民经济和社会发展第十二个五年规划的建议》。指出要深入实施科教兴国战略和人才强国战略，加快建设创新型国家。同月，国家发展改革委印发《加强区域产业创新基础能力建设工作指导意见》。指出加强区域产业创新基础能力建设是推进创新型国家建设的重要举措，是夯实国家自主创新支撑体系的迫切需要、调整产业结构和转变经济发展方式的重要手段、推进实施区域发展总体战略的重要支撑。

2012 年 9 月，中共中央、国务院印发《关于深化科技体制改革加快国家创新体系建设的意见》。指出要充分认识深化科技体制改革、加快国家创新体系建设的重要性和紧迫性，明确主要目标是到 2020 年，基本建成适应社会主义市场经济体制、符合科技发展规律的中国特色国家创新体系。

2012 年 11 月，中国共产党第十八次全国代表大会召开，胡锦涛代表十七届中央委员会向大会作了题为《坚定不移沿着中国特色社会主义道路前进 为全面建成小康社会而奋斗》的报告。党的十八大报告强调，在当代中国，坚持发展是硬道理的本质要求就是坚持科学发展，提出实施创新驱动发展战略。

2013 年 1 月，国务院印发《"十二五"国家自主创新能力建设规划》，引导创新主体行为，指导全社会加强自主创新能力建设，加快推进创新型国家建设。同月，国务院办公厅印发《关于强化企业技术创新主体地位全面提升企业创新能力的意见》。指出目前我国企业创新能力依然薄弱，许多领域缺乏具有自主知识产权的核心技术，要以此为突破口全面提升企业创新能力。

2013 年 3 月，习近平看望了出席全国政协十二届一次会议的科协、科技界委员，并参加联组讨论。习近平参加讨论时强调，实施创新驱动发展战略是立足全局、面向未来的重大战略。

2014 年 8 月，习近平主持召开中央财经领导小组第七次会议，强调要加快实施创新驱动发展战略，加快推动经济发展方式转变。

2015 年 3 月，中共中央、国务院印发《关于深化体制机制改革 加快实施创新驱动发展战略的若干意见》。强调创新是推动一个国家和民族向前发展的重要力量，也是推动整个人类社会向前发展的重要力量。面对实现"两个一百年"奋斗目标的历史任务和要求，必须深化体制机制改革，加快实施创新驱动发展战略。

2015 年 6 月，国务院办公厅印发《关于大力推进大众创业万众创新若干政策措施的意见》。强调推进大众创业、万众创新是发展的动力之源，对于创新驱动发展道路具有重要意义，并就完善相关体制机制提出若干意见。

2015 年 9 月，中共中央、国务院印发《深化科技体制改革实施方案》。强调深化科技体制改革是全面深化改革的重要内容，是实施创新驱动发展战略、建设创新型国家的根本要求。

2015 年 10 月，中国共产党第十八届五中全会通过《中共中央关于制定国民经济和社会发展第十三个五年规划的建议》。强调创新是引领发展的第一动力，必须把创新摆在国家发展全局的核心位置，不断推进理论创新、制度创新、科技创新、文化创新等各方面创新，让创新贯穿党和国家一切工作，让创新在全社会蔚然成风。

2015 年 10 月，屠呦呦因在研制青蒿素等抗疟药方面的卓越贡献，与威廉·C. 坎贝尔、大村智共同被诺奖委员会授予该年度诺贝尔生理学或医学奖。

2015 年 11 月，中国自行研制、具有自主知识产权的大型喷气式民用飞机 C919 客机首架机在浦东基地正式总装下线。同月，中国超级计算机天河二号在最新一期全球超级计算机 500 强排行榜中获得"六连冠"，打破此前日本"京 K"所保持的"五连冠"世界纪录。

2015 年 12 月，"悟空"号暗物质粒子探测卫星在酒泉卫星发射中心搭载长征二号丁运载火箭发射升空，卫星顺利进入预定转移轨道。

2016 年 2 月，科技部主导的《国家重点研发计划首批重点研发专项指南》正式发布。国家重点研发计划整合了原有的"973"计划、"863"计划、国家科技支撑计划等内容，着力解决制约我国科技计划引领带动创新发展的深层次重大问题，更好地推动以科技创新为核心的全面创新。

2016 年 3 月，十二届全国人大四次会议通过《中华人民共和国国民经济和社会发展第十三个五年规划纲要》。提出要实施创新驱动发展战略，把发展基点放在创新上，以科技创新为核心，以人才发展为支撑，推动科技创新与大众创业万众创新有机结合，塑造更多依靠创新驱动、更多发挥先发优势的引领型发展。

2016 年 5 月，中共中央、国务院印发《国家创新驱动发展战略纲要》。强调科技创新是提高社会生产力和综合国力的战略支撑，必须摆在国家发展全局的核心位置。

2016 年 7 月，国务院印发《"十三五"国家科技创新规划》。《"十三五"国家科技创新规划》主要明确了"十三五"时期科技创新的总体思路、发展目标、主要任务和重大举措，是这一时期国家在科技创新领域的重点专项规划。

2016 年 8 月，"墨子"号卫星于酒泉卫星发射中心搭载长征二号丁运载火箭发射升空，成为全球第一颗设计用于进行量子科学实验的卫星。

2016 年 9 月，国家天文台设计建造的 500 米口径球面射电望远镜（FAST）

正式落成开光，开始测试和调适设备，成为世界上最大的单面口径球面射电望远镜。

2017 年 1 月，教育部、财政部、国家发展改革委印发《统筹推进世界一流大学和一流学科建设实施办法（暂行）》，"世界一流大学和一流学科"建设战略正式实施，旨在提升中国高等教育综合实力和国际竞争力。

2017 年 5 月，国务院办公厅印发《关于县域创新驱动发展的若干意见》。指出实施创新驱动发展战略，基础在县域，活力在县域，难点也在县域。针对当下县域科技创新相对薄弱、不平衡的现象，提出若干意见推动实现县域创新驱动发展。

2017 年 9 月，耐盐碱杂交水稻（俗称"海水稻"）在青岛海水稻研究发展中心的试验基地和金口镇海水稻稻作改良国家示范基地进行实地测产。试种、推广成功后，按照每亩产值 200～300 公斤计算，可增产粮食 500 亿公斤，多养活约 2 亿人。

2017 年 10 月，中国共产党第十九次全国代表大会召开，习近平代表十八届中央委员会向大会作了题为《决胜全面建成小康社会 夺取新时代中国特色社会主义伟大胜利》的报告。党的十九大报告强调，创新是引领发展的第一动力，是建设现代化经济体系的战略支撑。要加快建设创新型国家，瞄准世界科技前沿，加强应用基础研究，加强国家创新体系建设，深化科技体制改革，倡导创新文化，培养造就一大批具有国际水平的战略科技人才、科技领军人才、青年科技人才和高水平创新团队。

2018 年 4 月，科技部、国务院国资委印发《关于进一步推进中央企业创新发展的意见》。该文件指出中央企业作为国民经济发展的重要支柱，是践行创新发展新理念、落实国家重大科技创新部署的骨干力量和国家队，为贯彻党的十九大精神，实施创新驱动发展战略，加快推动中央企业创新发展提出若干意见。

2018 年 5 月，科技部、全国工商联印发《关于推动民营企业创新发展的指导意见》。针对深化供给侧结构性改革、激发市场活力、加快建设创新型国家和实现经济社会持续健康发展，支持民营企业提高科技创新能力提出若干意见。

2019 年 1 月，嫦娥四号探测器在月球背面南极-艾特肯盆地内的冯·卡门撞击坑内软着陆并拍下传回月球背面近照，实现第一次有人类制造的探测器在月球背面实现软着陆。

2019 年 8 月，科技部印发《关于新时期支持科技型中小企业加快创新发展的若干政策措施》。强调科技型中小企业是培育发展新动能、推动高质量发展的重要力量，科技创新能力是企业打不垮的竞争力。

2020 年 7 月，"天文一号"火星探测器在文昌航天发射场由长征五号遥四运载火箭发射升空，成功进入预定轨道，负责执行中国第一次火星探测任务。

2020 年 11 月，中国共产党十九届五中全会通过《中共中央关于制定国民经济和社会发展第十四个五年规划和二〇三五年远景目标的建议》。强调要坚持创新驱动发展，全面塑造创新发展新优势，坚持创新在我国现代化建设全局中的核心地位，把科技自立自强作为国家发展的战略支撑，深入实施科教兴国战略、人才强国战略、创新驱动发展战略，完善国家创新体系，加快建设科技强国。

2021 年 3 月，十三届全国人大四次会议通过《中华人民共和国国民经济和社会发展第十四个五年规划和 2035 年远景目标纲要》。"十四五"规划和2035 年远景目标纲要贯彻《中共中央关于制定国民经济和社会发展第十四个五年规划和二〇三五年远景目标的建议》精神，再次强调要坚持创新驱动发展，全面塑造创新发展新优势，坚持创新在我国现代化建设全局中的核心地位，把科技自立自强作为国家发展的战略支撑。

2021 年 5 月，中国科学技术大学潘建伟院士团队成功研制当时国际上超导量子比特数量最多的量子计算原型机"祖冲之号"，操纵的超导量子比特达到 62 个，并在此基础上实现了可编程的二维量子行走。

2022 年 8 月，工业和信息化部、国家发展改革委、科技部、财政部、人力资源社会保障部、中国人民银行、国家市场监管总局、中国银保监会、国家知识产权局和全国工商联印发《关于开展"携手行动"促进大中小企业融通创新（2022-2025 年）的通知》。通知提出以推动大企业加强引领带动，促进产业链上中下游、大中小企业融通创新为目标，开展"携手行动"，并就相关具体事项进行部署。

2022 年 10 月，中国共产党第二十次全国代表大会召开，习近平代表十九届中央委员会向大会作了题为《高举中国特色社会主义伟大旗帜 为全面建设社会主义现代化国家而团结奋斗》的报告。党的二十大报告强调，教育、科技、人才是全面建设社会主义现代化国家的基础性、战略性支撑。必须坚持科技是第一生产力、人才是第一资源、创新是第一动力，深入实施科教兴国战略、人才强国战略、创新驱动发展战略，开辟发展新领域新赛道，不断塑造发展新动能新优势。

2023 年 5 月，神舟十六号飞船在酒泉卫星发射中心发射升空，首次搭载非军人出身的载荷专家桂海潮开展专业研究。

2023 年 7 月，中共中央、国务院印发《关于促进民营经济发展壮大的意见》。指出要支持提升民营企业科技创新能力，鼓励民营企业根据国家战略需要和行业发展趋势，持续加大研发投入，开展关键核心技术攻关，按规定积极承担国家重大科技项目。

2023 年 8 月，《求是》杂志发表习近平总书记重要文章《加强基础研究实现高水平科技自立自强》。文章强调，加强基础研究，是实现高水平科技自立自强的迫切要求，是建设世界科技强国的必由之路。

Abstract

Innovation is the main driving force behind economic and social development and a key support for enhancing comprehensive national strength. Since the 18th National Congress of the Communist Party of China, the Party Central Committee, with Comrade Xi Jinping at its core, has attached great importance to innovative development. In response to issues such as China's low innovation capacity, a relatively low level of scientific and technological development, and the need to increase the contribution of science and technology to economic and social development, the Party and the government have successively introduced a series of policies to support innovative development. The aim is to provide better institutional and mechanistic support for harnessing innovation as a driving force for economic growth. The report of the 20th National Congress of the Party pointed out that we must adhere to the principles that science and technology constitute the primary productive forces, talents are the primary resources, and innovation is the primary driving force. It proposed to comprehensively implement the strategy of innovation-driven development, open up new areas and pathways for development, and continuously shape new dynamics and advantages for development. Against this background, it is increasingly urgent to quantitatively assess and analyze the level of innovation and development nationwide and in various regions since entering the new era. Based on the results of quantitative evaluation and analysis, it is of great theoretical and practical significance to propose corresponding policy recommendations for future innovative development promotion. The theme of this year's High-Quality Development Blue Book is innovative development. Through the main report, as well as technical, policy, survey, regional, and reference sub-reports, it comprehensively and constructively evaluates the current level of economic innovation and development in China and provides relevant policy recommendations. In this context, the quantified assessment and analysis of national and regional levels of innovative development since the beginning of the new era has become increasingly urgent. Based on the quantitative assessment and analysis results, it is of great theoretical and practical significance to provide corresponding policy suggestions for promoting future innovative development. This year's Blue Book on High-Quality Development, with innovation development as its theme. Through the general report and the technical, policy, survey, regional and reference chapters, it comprehensively and constructively evaluates the current level of economic innovation and development in our country, and proposes relevant policy recommendations.

The general report, based on General Secretary Xi Jinping's important exposition on innovative development, constructs an evaluation index that reflects the "dual-wheel drive" of technological innovation and institutional innovation. It calculates the innovation development levels of the entire country and various regions for the new era, spanning from 2013 to 2022. The research indicates that in 2022, China's Economic Innovation Development Index is 34. 33, an increase of 47. 60% compared to 2013, with an average annual growth rate of 4. 4%. Among the sub-indices, the institutional and environmental index has increased from 6. 42 to 8. 96, the resource and input index has increased from 3. 80 to 6. 38, and the output and efficiency index has increased from 13. 03 to 18. 99. Looking at different regions, the innovation development index in economically developed regions is generally higher than in economically underdeveloped regions. Moreover, economically developed and underdeveloped regions do not show a clear convergence trend in terms of institutions and the environment, resources and input, and output and efficiency. To advance innovative development in the future, there should be a further insistence on the "dual-wheel" drive of technological innovation and institutional innovation. The role of the new comprehensive national system should be leveraged to create a better policy and institutional environment for innovative development. Basic research should be strengthened, a high-quality regional innovation system should be constructed, and the innovation development gap between regions should be narrowed.

The sub-reports, including technical, policy, investigation, regional, and reference reports, analyze and forecast the achievements and problems in China's economic innovation development in recent years from different perspectives. They

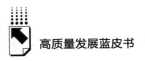

also put forward corresponding policy suggestions. The technical report analyzes and forecasts the development of technology innovation in seven major frontier areas, including the new generation of artificial intelligence, quantum information, integrated circuits, brain science and brain-like research, genetics and biology, clinical medicine and health, and deep space, deep Earth, deep sea, and polar exploration. The policy report analyzes and forecasts the progress of China's technology management system reform, the legal protection system for intellectual property rights, international scientific and technological cooperation and exchange mechanisms, and the transformation and industrialization of scientific and technological achievements. The investigation report, using the China Academy of Safety Science and Technology as an example, conducts research on the technological innovation development of national scientific research institutions, using Peking University as an example to investigate high-level research universities, using China Electronics Corporation as an example to investigate leading technology companies, and using the National Key Laboratory of Efficient Utilization of Coal and Green Chemical Engineering as an example to investigate the technological innovation development of national laboratories. The regional report analyzes and forecasts the development progress of Beijing, Shanghai, the Guangdong – Hong Kong – Macao Greater Bay Area International Science and Technology Innovation Center, and the Chengdu – Chongqing Regional Science and Technology Innovation Center. The reference report tracks and analyzes the latest developments in scientific and technological innovation in the United States, Germany, and Japan. Finally, the book reviews and summarizes important events in China's economic innovation development since the reform and opening up.

Keywords: High – Quality Development; Innovative Development Concept; Technological Innovation; Institutional Innovation

Contents

I   General Report

Abstract: Innovation is the main driving force behind economic and social development, and also a key support for improving comprehensive national strength. Research shows that the total index of China's economic innovation and development in 2022 was 34. 33, an increase of 47. 60% compared to 2013, with an average annual growth rate of 4. 4% . In the secondary indicators, the system and environment index increased from 6. 42 to 8. 96, the resource and input index increased from 3. 80 to 6. 38, and the output and benefit index increased from 13. 03 to 18. 99. From the perspective of various regions, the innovation development index of economically developed regions is generally higher than that of economically underdeveloped regions, and there is no obvious convergence trend between developed and underdeveloped regions in terms of system and environment, resources and inputs, output and benefits. To promote innovative development in the future, we should further adhere to the "dual wheel" drive of scientific and technological innovation and institutional innovation, play the role of the new national system, and create a better policy and institutional environment for innovative development. At the same time, basic research should be strengthened and placed at the core of technological innovation. Finally, we should accelerate the construction of a high-quality regional innovation system and narrow the gap in innovation development between regions.

Keywords: Innovation and Development Index; Institutional Innovation; Technological Innovation; Regional Disparities

II Technology Innovation

B . 2 Report on New Generation Artificial Intelligence Technology Innovation and Development in 2022

Zhu Shengjun , Fang Haifeng and Yu Guojun / 022

Abstract: The development of artificial intelligence (AI) has become a critical benchmark for gauging a country's technological innovation capabilities and economic competitiveness. It holds profound significance for China's economic growth, societal advancement, and governance. Realizing the innovative progress of the next-generation AI technologies is an intrinsic prerequisite for China to establish itself as an innovative nation and a global technology powerhouse. China has achieved notable successes in the AI industry's size, infrastructure, and technological patents. However, there are still weaknesses in critical technological areas like intelligent chips and operating systems, as well as in the realm of industry talent. Furthermore, China faces challenges such as the U. S. 's technological blockade, economic suppression, and a lack of robust ethical norms and regulations for technology. To overcome these challenges, there is a pressing need to amplify research investments, bolster independent R&D capabilities, address the talent challenge in the industry, enhance the integration of industry-academia-research collaboration, refine relevant laws and standards, and intensify international collaboration and dialogue. These measures are poised to propel China's innovative advancements in AI technology, equipping it to navigate present and future challenges.

Keywords: Artificial Intelligence; Technological Innovation; Emerging Industry

B.3　Report on the Quantum Information Technology

　　　Innovation and Development in 2022　　　*Fan Mingyu* / 035

Abstract: The field of quantum information technology represented by quantum computing, quantum communication and quantum measurement is making continuous breakthroughs, and the practical prospect is becoming more and more clear. The quantum information technology based on quantum principles may break through the physical limit of existing information technology, it will lead to disruptive innovation and change in information technology, as well as the potential to change the balance of military power in the world, and attract continuous attention and capital investment from all countries in the world. This report starts with the policies of the world's major countries in the field of quantum information technology, and it analyzes the latest research and application progress of quantum information technology and standardization. It is concluded that quantum information technology has become the national strategy of all countries, and all countries have formulated development plans and technical routes, attached importance to basic research, and emphasized the cooperation between industry, learning and research. They strive to integrate into and build the whole industrial chain ecosystem, and cultivate talents in each industrial chain link. As the international competition in the field of quantum science and technology becomes more and more prominent, it is proposed to continue to provide support for quantum information technology through the government's research and development investment, build a quantum information science center with the national laboratory as the core, and jointly identify the key problems and major challenges in the future development of quantum information science; Supervise and evaluate the implementation of the project, including key components and materials, information exchange and standard construction, technology conversion mechanism and effect; Improve the mechanism for talent introduction and cultivation; Simplify the technology transformation process, and form a quantum information technology ecosystem including the government (national laboratory), academia and industry; Expand space for international cooperation at the national level; Carry out the exploration of quantum engineering related applications.

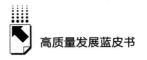
高质量发展蓝皮书

Keywords: Quantum Information; Quantum Computing; Quantum Communication; Quantum Measurement

B.4 Report on the IC Technology Innovation and Development in 2022 *Li Xianjun* / 057

Abstract: Integrated Circuit (IC) industry is not only the basic industry and core industry in the era of digital economy, but also an important field of global competition. Under the background of policies that continue to support the development of IC industry in recent years, although China's IC industry is facing the comprehensive pressure of the United States, the overall development maintains a good momentum. The overall scale of the industry has maintained a high overall growth rate, the global competitiveness has been improved in an orderly manner, and achieved a certain breakthrough in the industrial chain part of the link. Looking to the future, despite severe external pressure, especially the comprehensive suppression of the United States, the scale of China's IC industry will continue to grow rapidly under the promotion of the emerging nationwide system and the traction of strong demand, and the ability of domestic substitution and independent control in some fields will be improved. Therefore, it is necessary to further strengthen the support for the IC industry, especially to give full play to the advantages of the new nationwide system, strengthen the support for basic research, especially to deepen the function of enterprises as the main body of innovation, promote the effective breakthrough and collaborative innovation of the whole IC industry chain, and prevent the risk of "true decoupling" from the global market.

Keywords: IC Industry; Technolog Innovation; Digital Economy

B . 5   Report on the Innovative Development of Neuroscience

and Neuromorphic Research in 2022

He Canfei , Jiang Sheng / 073

Abstract: Currently, the neurological and psychiatric disorders have become significant issues threatening the health and well-being of the Chinese people. Meanwhile, with the increasing complexity of social and economic activities, the transformation towards intelligence has become an inevitable trend for future social development. Neuroscience and neuromorphic research aim to study human brain activity. Its achievements contribute to understanding the mechanisms of brain disorders and the development of bionic artificial intelligence. Since 2014, China has proposed the "Brain Project," which has established the important position of neuroscience and neuromorphic research at the institutional level. With the support of relevant policies, China has made numerous innovative achievements in the field of neuroscience and neuromorphic research, and has also promoted the industrial transformation of neuroscience and neuromorphic research, becoming a leading innovator in this field second only to the United States. However, China currently faces three major problems: weak research infrastructure, insufficient talent development, and lack of interdepartmental collaboration. To address these issues, this article proposes starting from the mechanisms of funding investment, talent cultivation, and cross-departmental collaboration. By expanding funding channels, innovating talent cultivation and selection systems, and establishing interdisciplinary cooperation platforms, it aims to promote the innovative development of neuroscience and neuromorphic research.

Keywords: Neuroscience and Neuromorphic Research; Institutional Development; Technological Innovation; Industrial Transformation

B . 6   Report on the Innovation and Development of

Gene Technology and Biotechnology in 2022

Zhu Xiangdong , Zhu Shengjun / 092

Abstract: Gene technology and biotechnology, as key components of the

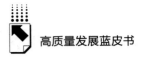
modern industrial system, hold a prominent position in driving technological advancement and economic development. This report organizes the innovation and development of gene technology and biotechnology in 2022 from two dimensions: technological innovation and application scenarios. Fortechnological innovation, gene editing technology is constantly being updated and iterated, the cost of gene sequencing technology continues to decline, and synthetic biology maintains rapidly developed. In terms of application scenarios, gene therapy is gradually being industrialized, especially for agriculture. However, the development of gene technology and biotechnology still face challenges in fundamental technology research and development, as well as in ethics, law, and social perception. It should be encouraged to increase investment in scientific research, strengthen the ethical and legal framework, enhance risk assessment and regulation, and promote the coordinated development of gene technology and biotechnology with the economy and society.

Keywords: Gene Technology; Biotechnology; Innovative Development

B.7 Report on Clinical Medicine and Health Technology Innovation and Development in 2022

Sun Shengyang, Feng Tianyi / 109

Abstract: Clinical medicine and health technology innovation are key tasks to strengthen innovative and leading technological breakthroughs. Since the 18th National Congress of the Communist Party of China, the Party Central Committee and the State Council have introduced a series of policy measures around the innovation and development of clinical medicine and health technology. The relevant policy system and institutional framework for the innovation and development of clinical medicine and health technology have been basically formed. With the support of relevant policies, the research and experimental development capacity of China's industrial pharmaceutical manufacturing industry above the designated size has been significantly improved, the Product development projects of industrial enterprises in the pharmaceutical manufacturing industry above the designated size have continued to increase, the medical science and technology papers included in SCI have increased significantly, and artificial intelligence technology has been widely used in clinical medicine and health technology innovation. However, at the same time, issues such as the "bottleneck" in medical technology innovation, the need to strengthen research institutions and personnel in medical science, insufficient innovation motivation for enterprises, the factors and evaluation system that affect medical technology evaluation that need to be improved, and the need to improve medical education are also beginning to emerge. In order to further accelerate the innovation and development of clinical medicine and health technology, it is necessary to further strengthen basic research investment in the medical field, strengthen the dominant position of enterprises in clinical medicine and health technology innovation, promote the construction of "new medical disciplines", focus on cultivating medical talents, and accelerate the integration and development of digital technology and medical innovation.

Keywords: Clinical Medicine; Health Technology; AI

B.8 Report on the Innovation and Development of Deep Space, Deep Underground, Deep Sea and Polar Exploration Technologies in 2022

Wang Shengxiao / 122

Abstract: In 2022, China's deep space, deep underground, deep sea and polar exploration technologies have continuously strengthened its original and leading technologies, and made a series of outstanding achievements. Deep space exploration is dominated by the moon and extraterrestrial planets, constantly exploring and developing extraterrestrial resources, also faces problems and challenges in interplanetary orbital flight, long-distance communication, space debris and other aspects. Deep underground exploration has made remarkable progress in seismic exploration technology, geological drilling, geological disaster warning and prevention technology and other aspects, also faces problems and challenges in high investment, technical barriers, data sharing, environmental protection and other aspects. Deep sea

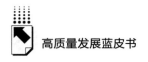

exploration has made important breakthroughs in carrying technology, sensing technology and sampling technology, also faces problems and challenges in data processing, marine law and international competition and other aspects. Polar exploration has made substantial progress in unmanned submersible technology, remote sensing technology and ice exploration technology and other aspects, also faces problems and challenges in data acquisition, comprehensive application and insufficient talent reserve and other aspects. In order to speed up the deep space, deep underground, deep sea and polar exploration technology innovation and development, the main countermeasures are as follows: make long-term planning and policy support, increase capital investment and support, establish multidisciplinary research and development team, promote technological innovation and breakthrough, strengthen international exchanges and cooperation, establish technical pre research and risk assessment mechanism, strengthen personnel training and team building, optimize the project management and evaluation mechanism, strengthen the protection of intellectual property rights, promote standardization and standardization, strengthen the laboratory and the scene, and so on.

Keywords: Deep Space Exploration; Deep Underground Exploration; Deep Sea Exploration; Polar Exploration; Technical Innovation

Ⅲ   Institutional Mechanism

B.9   Analysis of the Progress of the Reform of the Science and
Technology Management System in 2022

Zhou Mi, *Wang Lei* / 140

Abstract: Deepening the reform of the science and technology management system is an important task to comprehensively implement the innovation-driven development strategy, accelerate the construction of the national innovation system, and enhance the country's independent innovation capabilities. This article summarizes the main characteristics of system reform by reviewing the progress of China's science and technology management system reform. It points out that current science and technology management system faces a series of problems such as incomplete scientific research investment mechanism, inadequate scientific research project management, insufficient integration of industry-university-research and inadequate technology evaluation system to meet the requirements of technological development. This article believes that we should further deepen the reform of the science and technology management system by increasing investment in science and technology, strengthening research project management, promoting collaborative innovation, promoting the transformation of scientific and technological achievements, and improving evaluation mechanisms, in order to provide solid institutional support for comprehensive innovation.

Keywords: Science and Technology Management System; Technology Innovation; System Reform

B.10 Analysis on the Progress of Building the Legal Protection System of Intellectual Property Rights in 2022

Li Lei, Wang Yilin / 157

Abstract: The intellectual property system is an important institutional arrangement to promote sustainable social and economic development and stimulate the innovation vitality of the whole society. The Central Committee of the Communist Party of China (CPC) and The State Council have always attached great importance to intellectual property protection. Since the 18th National Congress of the CPC, the strategy of strengthening China with intellectual property rights has been deeply implemented, and the legal protection of intellectual property rights has been increasingly improved. In 2022, the construction of the legal protection system of intellectual property rights has made new progress in improving laws and regulations, perfecting the management system, and strengthening the protection of the whole chain of intellectual property rights. At the same time, there are still many problems in the process of building a powerful country with intellectual property rights, such as weak awareness of the subject of property rights, imperfect provisions of laws and regulations, unbalanced construction of inter-regional guarantee system of the rule of law, and so on. In the future, it is necessary to refine relevant laws and

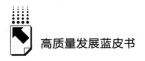
regulations in a problem-oriented manner, strengthen the assessment of intellectual property work, promote the market-based application of intellectual property, and accelerate the construction of a legal protection system for intellectual property with higher-level institutional arrangements.

Keywords: Intellectual Property Rights; Legal Protection; Construction of System

B.11 Analysis of Progress in Building Mechanisms for International Scientific and Technological Exchange Sand Cooperation in 2022

Ding Minglei, Fu Yingduo and Zhou Mi / 174

Abstract: In the face of the current ever-changing world situation, scientific and technological strength has become the main source of core competitiveness for all countries, and international scientific and technological exchanges and cooperation have become an important means of scientific and technological development and progress for all countries. Through combing and summarising the outstanding achievements of China's international scientific and technological exchanges and cooperation in recent years, it is found that the legal basis of China's international scientific and technological exchanges has become more complete, the degree of cooperation has continued to deepen, the channels of exchanges have continued to expand, and the mission of the times has been fully embodied. At the same time, China's international scientific and technological exchanges and cooperation also faces a series of problems, such as the complexity and change of the international situation, the poor effect of the introduction of high-quality talents, the imperfection of the mechanism of cooperation between colleges and universities, the limited influence in the field, and the lack of risk prevention and control of cooperation. This report believes that international scientific and technological exchanges and cooperation should adhere to the leadership of the Party, constantly optimise the top-level design, continuously improve the cooperation mechanism, enhance the attractiveness of talents, give full play to the strengths of universities, and strengthen the risk management ability, in order to further promote the sustained and healthy development of China's international scientific and technological exchanges and cooperation.

Keywords: International Exchange; Technogy Cooperation; Protection of Intellectual Property Rights

B.12　Analysis on the Progress of Transformation and Industrialization of Scientific and Technological Achievements in 2022　　　　　*Peng Xiaojing, An Yan* / 189

Abstract: Promoting the transformation and industrialization of scientific and technological achievements is an inevitable requirement for promoting the transformation of scientific and technological achievements into real productive forces, implementing the strategy of rejuvenating the country through science and education, and building a great modern socialist country in an all-round way. Report based on the analysis of the present situation of science and technology achievements transformation and industrialization in China, found the technology achievements transformation and industrialization has made some achievements, but the rate of conversion and industrialization of scientific and technological achievements of problems still exist. Transformation and industrialization of scientific and technological achievements in different innovation subjects, differences between different industry and enterprise. The carriers, professional service platforms and policy systems for the transformation and industrialization of scientific and technological achievements need to be strengthened. Therefore, countermeasures and suggestions are put forward from the aspects of establishing and improving the mechanism of deep integration of industry, university and research and the integration and innovation of large, medium and micro enterprises, enhancing the functions of service platforms and carriers for the transformation and industrialization of scientific and technological achievements, and improving policies to effectively guarantee the transformation and industrialization of scientific and technological achievements.

Keywords: Transformation of Scientific and Technological Achievements; Industrialization; Technology Innovation

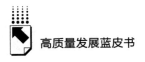
Ⅳ   Investigation Research

B.13   Research Report on the Development of Scientific and Technological Innovation of National Scientific Research Institutions in 2022
——*Taking the China Research Institute of Work Safety as an Example*   *Chen Xiaoyu* / 202

Abstract: In terms of innovation and development, China Research Institute of Work Safety actively participates in the research work of scientific and technological innovation strategy, steadily promotes the innovation of national scientific and technological projects, vigorously promotes the construction of scientific and technological innovation platform conditions, implements various measures to promote talent work, and improves the scientific and technological innovation mechanism. The institute fully mobilizes the enthusiasm and creativity of researchers, encourages scientific and technological innovation and achievement transformation, and strengthens the publicity of emergency popular science in the form of journals, websites, training or book compilation. Through continuous efforts to strengthen innovation, the research institute has further improved the level of scientific and technological achievements, strengthened the construction of talent team, further consolidated the conditions for scientific research and experiment, further optimized the way of scientific research organization and management mechanism, made major breakthroughs in information construction, and further strengthened the role of supporting services. The research institute has also obtained important scientific research achievements such as CO active synchronous disposal technology and equipment, 3D deposition model test system for large tailings pond, tailings pond disaster warning and prediction and emergency support technology platform, power supply breathing pursuit dust mask, efficient and energy-saving dust collection and multi-branch ventilation system for dense fixed polishing and grinding places, and intelligent air volume control technology and equipment.

Keywords: National Scientific Research Institutions; Scientific and Technological Innovation; Safety in Production

B.14 2022 Survey Report on Scientific and Technological Innovation Development of High-Level Research Universities

——*Taking Peking University as an Example*　　*Li Zhibin* / 216

Abstract: High-level research universities are important supports for my country to cope with global talent competition, promote innovation-driven development, and build an innovative country. Promoting the scientific and technological innovation and development of high-level research universities is not only an inevitable choice for my country to achieve high-level scientific and technological self-reliance, but also an inevitable requirement for giving full play to the functions of universities. Since the 18th National Congress of the Communist Party of China, Peking University has always insisted on serving the national development strategy, relying on the advantages of interdisciplinary integration and basic research, continuously strengthening organized scientific research, and accelerating the promotion of high-quality content Unremitting efforts to anchor the direction of building a national strategic scientific and technological force, and constantly write a new chapter in the construction of a world-class university with Chinese characteristics, forming a scientific and technological innovation system based on basic research, vigorously promoting interdisciplinary research, and continuously strengthening organized scientific research. In the next step, Peking University will further strengthen the party's overall leadership over the school, adhere to the correct political direction of running the school; optimize the education system, and cultivate newcomers who are worthy of the great task of national rejuvenation; improve the innovation system, and serve the innovation-driven development strategy in a full range; strengthen The talent system is to build a world-class teaching staff; the governance system is improved to fully release the vitality of running a school; the innovative and open system is used to coordinate the use of domestic and international

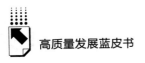

high-quality resources.

Keywords: High-level Research Universities; High-level Scientific and Technological Self-reliance and Self-improvement; Peking University

B.15 Research Report on Scientific and Technological Development of Leading Enterprises in 2022

—*Take China Electronics Information Industry Group Co.,*

LTD as an Example *Li Lei* / 230

Abstract: Network and information industry is a fundamental, strategic and pioneering field in economic and social development in the era of digital economy. China Electronics Information Industry Group Co., LTD. (hereinafter referred to as "China Electronics") is a central enterprise mainly engaged in network security and information. In recent years, the enterprise closely around the national strategy, grasp the development trend of industrial technology, to achieve a high level of scientific and technological self-reliance and self-improvement unremitting efforts. China Electronics has always firmly established the mission positioning of becoming the strategic core force of the national network and information industry, and made breakthroughs in key core technologies through "lane changing overtaking" and "joint innovation". China Electronics vigorously promotes the industrial application of new technologies by optimizing the system and opening the ecology. At the same time, China Electronics insists that human resources are the first resource, reforms the talent work system and mechanism, and introduces external excellent talents in batches by "reverse mixed reform". The successful practice of China Electronics is a vivid embodiment of the realization of high-level scientific and technological self-reliance and self-improvement in reform and innovation. .

Keywords: Leading Enterprises in Scientific and Technological; China Electronics; Scientific and Technological Innovation

Contents ↖↘

Abstract: The State Key Laboratory plays an important role in the national scientific and technological innovation system and is an important base for high-level research, scientific and technological personnel training and academic exchanges. As a State Key Laboratory, the State Key Laboratory of Coal Efficient Utilization and Green Chemical Industry (hereinafter referred to as " Ningxia National Laboratory") jointly built by Ningxia University and the Ministry of Education has played an important role in the efficient utilization of coal and the realization of dual carbon goals in Ningxia and the whole country. It is an inevitable requirement for building a beautiful new Ningxia with socialist modernization to constantly promote high-quality development. This report focuses on the development process and basic situation of Ningxia National Heavy Industry Laboratory, and systematically summarizes the significant achievements made by Ningxia National Heavy Industry Laboratory in recent years in talent team construction, high-level paper publication, key technological innovation, foreign cooperation and exchange, and graduate training. At the same time, Ningxia National Heavy Industries also faces some difficulties in the process of high-quality development, such as insufficient scientific research funds, a shortage of high-level talents, imperfect management mechanisms, and difficulties in transforming scientific and technological achievements. In response to these issues, the report proposes to strive for financial support and expand the overall layout of Ningxia National Heavy Industry Office; Implement internal training and external recruitment strategies, and establish a reasonable talent team; Strengthen top-level design, reform and innovate management systems and operational mechanisms; Improve the conversion rate of scientific and technological achievements through multiple channels and methods; Seize the opportunity of reorganization of State Key Laboratory, and focus on solving the "choke" problem from five aspects.

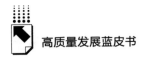
高质量发展蓝皮书

Keywords: State Key Laboratory; Fundamental Research; Efficient Utilization of Coal; Green Chemical Industry

V Region Development

B.17 Suggestions of Beijing International Science and

Technology Innovation Center Developmentin 2022

Dong Lili / 257

Abstract: Beijing's construction of an international science and technology innovation center hasgreat significance to Beijing's realization of high-quality development, Beijing–Tianjin–Hebei collaborative innovation, and national scientific and technological self-reliance. This paper systematically summarizes the major achievements of the construction of Beijing International Science and Technology Innovation Center at this stage, and points out that Beijing has initially built a science and technology innovation center with global influence. Then, this paper deeply analyzes problemsin the construction of Beijing International Science and Technology Innovation Center, including the lack of linkage between innovation elements, uneven development, and large differences in regional development, and puts forward several suggestions for further promoting the construction of Beijing International Science and Technology Innovation Center, including focusing on key areas of scientific and technological research, strengthening the innovation chain to lead the industrial chain, optimizing the innovation and entrepreneurship ecological environment, and improving the regional innovation and development mechanism. The article believes that in order to achieve the construction goal of Beijing International Science and Technology Innovation Center, it is necessary for the government, enterprises, universities and research institutions to work together to form a joint force and jointly promote the construction of Beijing International Science and Technology Innovation Center.

Keywords: Beijing; International Science and Technology Innovation Center; Original Innovation Source; Beijing – Tianjin – Hebei Collaborative Innovation Community

B.18 Suggestions of Shanghai International Science and
Technology Innovation Center Development in 2022

Li Dunrui，Wu Fengyu / 271

Abstract：The construction of Shanghai Science and Technology Innovation Center is an important part of the national innovation strategy, and its practice can be roughly divided into two stages：building the basic framework and building the core of science and technology innovation. Since 2014, Shanghai has made significant progress in building a number of world-class emerging industrial clusters and talent highlands with the Zhangjiang Comprehensive National Science Center as the core. In particular, it has achieved fruitful results in key areas such as integrated circuits, biomedicine, artificial intelligence and aerospace. However, due to the late start and too fast investment, there are still many problems in the construction process of Shanghai Science and Technology Innovation Center, especially the proportion of R&D investment and the efficiency of achievement transformation. From the perspective of the national innovation and development strategy and the integrated construction of the Yangtze River Delta, this report believes that the Shanghai Science and Technology Innovation Center should continue to improve the scientific and technological innovation system, strengthen financial support, and optimize the industrial incubation ecology on the basis of the existing.

Keywords：Shanghai；Science and Technology Innovation Center；Financial Support；Transformation of Achievements

B.19 Development Progress and Suggestions for the Guangdong－
Hong Kong－Macao International Science and
Technology Innovation Center in 2022　　*Wang Yue* / 284

Abstract：The construction of an international science and technology innovation center is the key to the implementation of the "innovation" development concept, the implementation of the innovation driven development strategy, and the

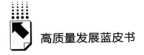

promotion of China's international competitiveness in the new era in the Guangdong—Hong Kong—Macao Greater Bay Area. Based on the review of the current situation of the construction of the Guangdong—Hong Kong—Macao Greater Bay Area International Science and Technology Innovation Center, it is found that the current institutional framework for the construction of the Guangdong Hong Kong Macao International Science and Technology Innovation Center has been basically formed, the innovation level of Guangdong Hong Kong Macao has been improved, the regional collaborative innovation capability has been enhanced, and the technology trading market has been continuously improved, but it still faces weak basic research capabilities, more restrictions on cross-border flow of innovation factors A series of issues such as poor connectivity of innovation soft environments in Guangdong, Hong Kong, and Macao. This report believes that the construction of the Guangdong—Hong Kong—Macao Greater Bay Area International Science and Technology Innovation Center should promote the regional innovation community, create an inclusive and open innovation soft environment, focus on Shenzhen Hong Kong integration, strengthen the connection between the mainland and Hong Kong Macao intellectual industry protection system, build a high-end industrial system, and promote innovation achievements from quantity driven to quality driven, so as to further enhance the innovation capacity of the Guangdong—Hong Kong—Macao Greater Bay Area.

Keywords: Guangdong—Hong Kong—Macao Greater Bay Area; International Science and Technology Innovation Center; Innovation Community

B.20　Development Progress and Suggestions of
　　　　Chengdu—Chongqing Regional Science and Technology
　　　　Innovation Center in 2022　　*Zhang Aimin，Yi Chun* / 295

Abstract: The Chengdu—Chongqing Twin Cities Economic Circle is a major strategic deployment for the Party Central Committee with Comrade Xi Jinping as the core to promote coordinated regional development under the new situation and form a regional economic layout with complementary advantages and high-quality development. The construction of a science and technology innovation center with national influence is the key support and important starting point to ensure the smooth implementation of this strategy, and is an important political task and historical mission entrusted by the state to The ChengDu－Chongqing Twin Cities Economic Circle. In the past three years, Sichuan and Chongqing have focused on the strategic goal of building a science and technology innovation center with national influence, deepened interaction and exchanges between the two places, cooperated to build the Western Science City with the mode of "one city and many parks", built the scientific and technological innovation layout of "two poles, one corridor and many points", and implemented the key tasks of "six one". Remarkable results have been achieved in building regional collaborative innovation systems, improving innovation service platforms, enhancing scientific and technological innovation and achievement transformation capabilities, and promoting the convergence of scientific and technological innovation talents. At the same time, because Chengdu－Chongqing spans different administrative divisions, the multi-point space leads to more scattered scientific and technological resources, the flow of scientific and technological talents across the region is not smooth, and the synergy effect of scientific and technological forces is not strong. Based on this, this paper puts forward some countermeasures and suggestions to further strengthen planning and guidance, integrate scientific and technological resources, deepen military and civilian cooperation, promote personnel exchange, and perfect security system.

Keywords: The Chengdu－Chongqing Twin Cities Economic Circle; The Science and Technology Innovation Center; Innovation-Driven Development

VI International Reference

B.21　Trends and Implications of Scientific and Technological Innovation in the United States in 2022

Zhou Mi, Hu Kexin / 312

Abstract: In the new era, the contradiction between the rising trend of China and the pressure of external containment is intensifying, the global competitive pattern

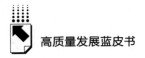

高质量发展蓝皮书

has undergone a major change, and the innovation-driven development strategy has been deeply implemented, led by the construction of a world scientific and technological power, is our country bases on the overall situation the important strategic choice. This report summarizes recent trends in scientific and technological innovation in the United States, it is found that the United States is maintaining its leading position in global science and technology innovation by enacting a series of laws, optimizing key institutions, increasing the intensity of R&D investment, promoting the integration of industry, university and research, giving priority to the deployment of key and emerging technologies, and implementing the strategic game between China and the United States. However, under the competition of Science and technology innovation between China and the United States, our country still faces many challenges, such as the great gap between the total R&D Investment and the United States, the insufficient government public investment, the unbalanced distribution structure of R&D investment, the shortage of " Sticking neck " technology, and the need to perfect the national laboratory system. Accordingly, this report proposes that our country should further improve the national innovation system and realize the self-reliance of science and technology from the perspectives of increasing R&D investment, adjusting the structure of investment allocation, establishing the " Choke " risk detection and early warning mechanism, promoting the construction of the national laboratory legal and regulatory system, strengthening technology tracking and technology prediction, and accelerating the foundation and carrier construction of industrial innovation.

Keywords: Self-reliance and Self-improvement of Science and Technology; American; Science and Technology Innovation

B . 22   Trends and Implications of Scientific and Technological
Innovation in Germany in 2022   *Yang Yan, Wu Xuyang* / 328

Abstract: At present, Germany still leads the world in key scientific and technological innovation indicators such as comprehensive innovation index, research and development investment intensity, research and development human resources level, patent quality, scientific and technological paper output, and the proportion of high-tech products. However, it faces potential challenges in the field of cutting-edge technology innovation and research and development human resources reserve. Entering 2022, the German government continues to anchor its goals on three major sectors: "cultivating Germany's future capabilities", "solving major social challenges" and "building an open innovation and entrepreneurship culture". It focuses on key areas such as material research, quantum technology development, 5G/6G and other next generation communication technology, artificial intelligence, clean energy, digital development, basic research support, and professional talent supply. In general, the scientific and technological innovation strategy of the German government presents several characteristics, such as "emphasizing the continuity and flexibility of policy," "exerting force on the whole chain of innovation," "mainly relying on the market mechanism," and "attaching importance to seeking broad consensus," which form four inspirations for the scientific and technological innovation of our country.

Keywords: Germany; Scientific and Technological Innovation; Global Innovation Index; Cutting-edge Technology Innovation

B.23 Trends and Implications of Scientific and Technological Innovation in Japan in 2022 *Yang Yan, Wu Xuyang* / 344

Abstract: In 2022, Japan's scientific and technological innovation strength remains among the top in the world, its innovation investment remains stable and high, and its innovation output hits a record high. Artificial intelligence, quantum information, fusion energy, biology, materials and other forward-looking technology is still a key area of development. It has formed such major practices as "using technology to foresee and determine the direction of scientific and technological innovation", "investing in basic research with high intensity", "attaching great importance to the sustainable supply of scientific and technological talents", and "strategically promoting scientific and technological diplomacy and opening up and cooperation in scientific and technological innovation". Based on the experience of

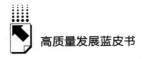
高质量发展蓝皮书

Japan and the actual situation of scientific and technological innovation in China, this paper puts forward four inspirations, including optimizing technology foresight methods, increasing investment in basic research, building a system for training scientific and technological innovation talents, and promoting high-level international scientific and technological exchanges and cooperation.

Keywords：Japan；Technology Foresight；Government－Industry－University－Research Cooperation；Strategy of Innovation

权威报告·连续出版·独家资源

皮书数据库
ANNUAL REPORT(YEARBOOK) DATABASE

分析解读当下中国发展变迁的高端智库平台

所获荣誉

- 2020年，入选全国新闻出版深度融合发展创新案例
- 2019年，入选国家新闻出版署数字出版精品遴选推荐计划
- 2016年，入选"十三五"国家重点电子出版物出版规划骨干工程
- 2013年，荣获"中国出版政府奖·网络出版物奖"提名奖
- 连续多年荣获中国数字出版博览会"数字出版·优秀品牌"奖

皮书数据库   "社科数托邦"
                  微信公众号

成为用户

登录网址www.pishu.com.cn访问皮书数据库网站或下载皮书数据库APP，通过手机号码验证或邮箱验证即可成为皮书数据库用户。

用户福利

- 已注册用户购书后可免费获赠100元皮书数据库充值卡。刮开充值卡涂层获取充值密码，登录并进入"会员中心"—"在线充值"—"充值卡充值"，充值成功即可购买和查看数据库内容。
- 用户福利最终解释权归社会科学文献出版社所有。

数据库服务热线：400-008-6695
数据库服务QQ：2475522410
数据库服务邮箱：database@ssap.cn
图书销售热线：010-59367070/7028
图书服务QQ：1265056568
图书服务邮箱：duzhe@ssap.cn

社会科学文献出版社 皮书系列
SOCIAL SCIENCES ACADEMIC PRESS (CHINA)

卡号：963717298275
密码：

S 基本子库
UB DATABASE

中国社会发展数据库（下设 12 个专题子库）

紧扣人口、政治、外交、法律、教育、医疗卫生、资源环境等 12 个社会发展领域的前沿和热点，全面整合专业著作、智库报告、学术资讯、调研数据等类型资源，帮助用户追踪中国社会发展动态、研究社会发展战略与政策、了解社会热点问题、分析社会发展趋势。

中国经济发展数据库（下设 12 专题子库）

内容涵盖宏观经济、产业经济、工业经济、农业经济、财政金融、房地产经济、城市经济、商业贸易等 12 个重点经济领域，为把握经济运行态势、洞察经济发展规律、研判经济发展趋势、进行经济调控决策提供参考和依据。

中国行业发展数据库（下设 17 个专题子库）

以中国国民经济行业分类为依据，覆盖金融业、旅游业、交通运输业、能源矿产业、制造业等 100 多个行业，跟踪分析国民经济相关行业市场运行状况和政策导向，汇集行业发展前沿资讯，为投资、从业及各种经济决策提供理论支撑和实践指导。

中国区域发展数据库（下设 4 个专题子库）

对中国特定区域内的经济、社会、文化等领域现状与发展情况进行深度分析和预测，涉及省级行政区、城市群、城市、农村等不同维度，研究层级至县及县以下行政区，为学者研究地方经济社会宏观态势、经验模式、发展案例提供支撑，为地方政府决策提供参考。

中国文化传媒数据库（下设 18 个专题子库）

内容覆盖文化产业、新闻传播、电影娱乐、文学艺术、群众文化、图书情报等 18 个重点研究领域，聚焦文化传媒领域发展前沿、热点话题、行业实践，服务用户的教学科研、文化投资、企业规划等需要。

世界经济与国际关系数据库（下设 6 个专题子库）

整合世界经济、国际政治、世界文化与科技、全球性问题、国际组织与国际法、区域研究 6 大领域研究成果，对世界经济形势、国际形势进行连续性深度分析，对年度热点问题进行专题解读，为研判全球发展趋势提供事实和数据支持。

法律声明